한국국가기록연구원 교육총서 4

개정판

기록관리관련법령

이 원 규 지음

 도서출판 선인

한국국가기록연구원 교육총서 4
기록관리관련법령

초판 1쇄 발행   2015년 2월 27일
개정 1판 발행   2017년 1월 17일
개정 1판 2쇄 발행   2020년 3월 10일

기   획 ㅣ (사) 한국국가기록연구원
지   음 ㅣ 이원규
발행인 ㅣ 윤관백
발행처 ㅣ 〔도서출판〕선인

등록 ㅣ 제5-77호(1998.11.4)
주소 ㅣ 서울시 마포구 마포대로4다길 4(마포동 324-1) 곳마루빌딩 1층
전화 ㅣ 02) 718-6252 / 6257
팩스 ㅣ 02) 718-6253
E-mail ㅣ sunin72@chol.com
Homepage ㅣ www.suninbook.com

정가   22,000원
ISBN   979-11-6068-036-2   94020
ISBN   978-89-5933-606-7   (세트)

· 잘못된 책은 바꾸어 드립니다.

발 간 사

　한국국가기록연구원 교육총서를 발간합니다. 2013년 3월의 제1회 전문요원 시험을 코앞에 두고 말입니다. 여러 어려움이 있었습니다. 하지만 시험을 앞두고 교재를 발간하는 일을 미룰 수는 없었습니다. 안 되는 일을 되게 하는 비상한 노력이 있었습니다. 해서 이 총서가 출간 가능했습니다. 연구자들의 속성상 짧은 일정에, 그것도 시험 대비라는 아주 현실적인 목적에서 책을 집필하는 것은 큰 결단을 요구하는 일이었을 겁니다. 집필자들을 설득해주고 또 책 출간을 위해 궂은일을 마다하지 않은 선임연구원들에게 감사의 말을 전합니다. 집필에 응하는 결단을 내려주시고 집중적인 노력을 기울여 주신 집필자 여러분께도 진심으로 감사드립니다.

　교육총서는 여러 의미를 갖는다고 생각합니다. 우선 하나는 기록관리 기본지식의 범위를 명확히 하는 것입니다. 국가기록원이 전문요원 시험에 대비하여 기록관리 직무능력을 정의하는 프로젝트를 시행한 것이 중요한 기반이 되었습니다. 직무를 수행하는 데 필요한 지식을 정의하고 이 지식의 구체적 내용을 서술하는 방식으로 총서를 구성했습니다. 이로써 수험생이나 공부하는 석사과정 학생들이 무엇을 어느 수준까지 공부해야 하는지를 알 수 없어 헤매는 일은 막을 수 있게 되었습니다. 내용이 불충분한 것은 개정 작업을 통해 보완될 것으로 기대하고 있습니다.

　다른 하나는 교과과정의 안정화에 기여하는 것입니다. 각 대학원, 교육원의 교과과정은 그간 나름의 발전을 거듭해왔습니다. 하지만 최소수준의 공통성을 기하는 노력이 요구되기도 하였습니다. 교육총서는 이 요구에 응하는 최초의 작업으로서의 의미를 지닙니다. 이 공통성은 각 교과과정의 독자적 발전을 보장하는 토대가 되기도 할 것입니다. 교육총서 각권에 제시된 참고문헌 역시 교과과정을 이수하는 학생들에게 읽기 자료의 최소 범위를 제시하는 효과를 발휘하리라 기대됩니다.

이 책이 학문의 다양성과 공부하는 학생들의 자주성을 저해하지 않기를 바랍니다. 학문은 주체의 자주성을 전제로 할 때 건전하게 발전할 수 있습니다. 시험에 대비한다는 형식 자체가 단순한 지식 주입의 폐해를 낳을 수 있습니다. 부디 제한적인 의미에서 이 책이 이용되기를 바랍니다. 기본지식을 확인하는 필요에서만 이 책이 사용되고 학문 그 자체는 보다 자주적으로 또 다양하게 발전해가야 한다고 생각합니다.

책 출간에 응해주신 도서출판 선인에 감사드립니다. 시간적으로나 경제적으로나 쉽지 않은 일이었습니다. 사장님의 결단이 없었으면 전문요원 시험 전에 책을 세상에 내지 못했을 것입니다. 세상일은 여러 사람의 따뜻한 조력에 의해 달성된다는 것을 다시 한 번 경험했습니다.

열심히 공부해서 전문요원 시험에 모두 합격하시기를 기원합니다. 시험 합격은 단지 개인적 성취에 머무르지 않을 것입니다. 우리 사회에 내용이 꽉 찬 기록전문가가 더 많아지는 계기가 되리라 믿어 의심치 않습니다. 이 책은 기록정보관리 영역의 발전에 이바지하고자 하는 이들의 작은 노력의 산물입니다. 그 노력은 앞으로도 지속될 것입니다.

2013년 2월
한국국가기록연구원장 김 익 한

추 천 사

1999년「공공기관의 기록물관리에 관한 법률」시행 이후 공공의 영역에서 기록관리는 크나큰 발전을 하였습니다. 몇십 명에 불과하던 정부기록보존소는 이제 몇백 명을 헤아리는 국가기록원으로 성장하였습니다. 성남에 설립된 나라기록관은 규모와 시설 면에서 남부럽지 않은 수준을 갖추었습니다. 또한 대통령기록물관리법이 제정되었고, 세종시에는 대통령기록관이 건립되고 있습니다. 그러나 기록관리에 있어 무엇보다 큰 변화이자 발전은 공공기관에 기록관리 전문인력이 배치된 것이라고 생각합니다. 법령이나 시설이 아무리 뛰어나도 이를 운영하는 전문인력이 없다면 '죽은 법령'이요 '사상누각의 시설'으로 전락할 수밖에 없습니다. 다시 말해 전문인력의 양성과 배치야말로 기록관리 영역에서 가장 중요한 요소입니다. 공공의 영역에 있어 전문인력의 배치는 아직 맹아의 수준입니다. 엄청난 기록물을 생산하고 있는 중앙행정 각 부처에 단 한명의 전문인력이 배치되었을 뿐이고, 한 명의 전문인력마저도 없는 지방자치단체, 교육청, 공기업 등이 대다수입니다.

길다면 길고, 짧다면 짧은 기간 우리나라의 기록관리가 꾸준히 발전하는 속에서 기록관리학도 나름대로 정착해갔고, 학계에도 많은 변화가 있었습니다. 전국 곳곳에 학문의 뿌리를 내릴 수 있는 대학원 과정이 개설되고 많은 연구성과와 연구자 및 전문인력들이 배출되었습니다. 그러나 이러한 양적인 성장에 비례할 만큼 질적인 성장이 뒷받침되지 못한 것도 사실입니다. 기록관리학계에 일부 책임을 지고 있는 본인 스스로도 책임을 통감하고 있습니다.

그러나 다른 학문의 발전과정과 비교해보면, 10여년 남짓 되는 기간에 기록관리학은 정말 큰 발전을 이루었습니다. 나름의 발전을 이룰 수 있었던 배경에는 한국국가기록연구원의 역할이 매우 컸습니다. 그동안 백 권이 넘는 외국의 선진 기록관리학 도서를 번역 출판했고, 세계 기록관리학계의 이슈에 대응하여 '이슈페이퍼'를 출간했고, 여러 프로젝트를 수행하는 과정에서 많은 연구성과물을 산출했습니다. 이밖에 국내외 전문학술회의를 개최하고, 한국기록학회의 창립을 지원하였습니다. 또한 부설기관으로서 한국기록관리학교육원을 창립하여 수많은 전문인력을 양성하였으며, 이들은 공적 영역뿐 아니라 사적 영역에서 기록관리 전문가로서 활동하고 있습니다.

본래 기록물관리 전문요원은 기록관리학 석사 이상 또는 그에 상응하는 기록관리 교육을 이수한 자로 제한되어 있었으나, 정부의 학력규제 완화방침(2010. 6)에 따라 기록물관리 전문요원의 학력요건을 석사에서 학사로 완화하게 되면서 전문성 검증을 위한 시험제도가 도입(2012. 2 시행)되게 되었습니다. 이에 문헌정보학이나 역사학의 학사 소지자로서 기록관리 교육과정을 이수한 졸업생들을 대상으로 2013년 3월 제1회 기록물관리 전문요원 시험이 시행됩니다. 이를 위해 한국국가기록연구원이 이번 시리즈를 발간하는 것은 시의적절할 뿐만 아니라 기록관리학계에도 큰 도움과 지침을 주리라고 생각합니다. 단지 수험생을 위한 수험서를 넘어, 출제의 지침을 제시하고, 나아가 기록관리학계의 '교과서'적인 역할을 기대합니다. 또한 이후 개정과 수정이라는 지속적 연마를 거듭해 '세계적 수준'으로 발전하기를 기원합니다.

2013년 2월
한국기록학회장 이 승 휘

추 천 사

　우리나라에서 기록관리 전문직 교육이 본격적으로 시작된 지 어느덧 햇수로 15년을 헤아리게 되었습니다. 2005년도에 처음으로 당시 「공공기관의 기록물관리에 관한 법률」에 의해 '기록물관리 전문요원'을 선발하여 국가기록원 및 중앙행정부처에 배치한 이후, 지금까지 각급 공공기관에서 전문적인 교육을 받은 기록관리 전문직의 배치가 미흡하게나마 꾸준히 이루어져 오고 있습니다. 그동안 기록관리학 연구와 교육의 수준은 매우 빠른 속도로 성장하여 이제는 상당한 수준에 올랐다고 자부합니다.

　현행 「공공기록물 관리에 관한 법률」에서 규정하고 있는 '기록물관리 전문요원'의 자격기준에 의해서 올해 3월 제1회 기록물관리 전문요원 시험이 시행되게 되었습니다. 기록관리 전문직의 법정 자격기준의 변경이 기록관리 전문직이 성숙함에 따라 자발적으로 이루어진 것이 아니고 정부의 학력규제 완화방침에 따른 타율적인 변화인지라 여러 가지 우려가 없지 않았던 것도 사실입니다. 그러나 이제는 기록물관리 전문요원 시험을 통해 기록관리 전문직의 전문성이 더욱 공고해지기를 기대해야겠지요.

　이처럼 중요한 의미를 가지는 기록물관리 전문요원의 전문성 제고를 위해 한국국가기록연구원의 기획으로 교육 교재가 발간된다고 하니 여간 기쁜 일이 아닙니다. 특히 이 교육총서는 우리나라 기록관리학 분야의 권위 있는 연구진들이 오랜 시간 고민하면서 집필한 결과물입니다. 그러므로 기록관리학을 공부하는 모든 사람들에게 큰 도움이 됨은 물론이거니와, 기록물관리 전문요원 시험을 준비하는 많은 수험생들에게도 좋은 참고자료가 될 것으로 생각됩니다. 나아가서는 이제 막 첫발을 내딛는 기록물관리 전문요원 시험 제도의 안착에도 큰 보탬이 될 것으로 기대합니다.

2013년 2월

한국기록관리학회장 서 혜 란

기록관리분야에 몸을 담은 지 5년 만에 『한국 기록물관리제도의 이해』를 출판한 바 있습니다. 벌써 13년의 시간이 지났습니다. 그 책이 나올 수 있었던 것은 공공기록물관리법령의 제정 작업에 참여하여, 논의와 검토의 모든 과정을 직접 살필 수 있었기 때문입니다. 십수 년의 시간이 지나는 동안 법령이 여러 차례 개정되었습니다. 이번에 새로 내놓은 책에서는 법령 개정 과정에서의 논의를 함께 다루지는 못하였습니다. 따라서 엄밀히 말해서 전작의 개정판일 수는 없겠습니다.

그럼에도 불구하고 굳이 이 책을 내놓게 된 것은, 개정된 법령의 내용을 배워야 하는 기록학 대학원이나 기록관리학 교육원의 학생들을 위한 적당한 교재가 아직 출간되지 않았기 때문입니다. 물론 이 책이 전문적인 학술서의 형식과 내용을 갖추지 못하고, 우리 법령의 특징과 쟁점에 대해 소개하는 수준에서 집필된 이유는 전적으로 저자인 저의 역량이 기대에 미치지 못하기 때문입니다.

법령에 규정된 대로 현장에서 기록관리가 실행되지는 않습니다. 제도에 대한 연구도 전체적으로는 미진한 듯합니다. 이 모두 제도적 상상력의 빈곤이 한 원인이라고 생각됩니다. 그렇기는 하지만 지금 법령의 실천을 지레 포기하는 것은 어리석은 태도가 아닐까 생각합니다. 대안을 찾기 위해서라도 실행을 해봐야 합니다. 정말 제도의 문제인지 아니면 여건의 문제인지, 기술적인 역량의 문제인지 혹은 성숙하지 못한 사람의 문제인지 분별력을 갖고 접근해야 할 일입니다.

물론 앞으로도 법령과 제도는 지속적으로 개선되어야 합니다. 그러니 법령 조항이나 교재의 내용을 외울 필요가 없습니다. 원리적인 이해 위에 우리의 특성과 한계를 잘 파악해두는 것이 중요합니다. 본문에서는 가급적 법령의 내용을 직접 인용하지 않고, 각 장 혹은 각 절마다 해당되는 법령의 규정을 모아두었습니다. 본문을 읽어가며 각주를 단다는 자세로 해당되는 규정을 확인해두는 방식으로 공부하길 기대하면서 집필하였습니다.

또 기록관리는 여러 요소들이 유기적으로 결합되어 있기 때문에, 앞에서 다뤘던 내용이 뒤에 다시 나오기 마련입니다. 중복된 내용이 자주 보이는 것은 어쩔 수 없습니다. 다른 교과에서 보다 자세히 다루게 되는 부분에서는 법령의 내용만 다루고, 그렇지 않을 가능성이 높은 부분에서는 국가기록원이 운영하는 공공표준도 일부 반영하였습니다. 이 교재에서 다룬 법령의 버전은 다음과 같습니다.

공공기록물 관리에 관한 법률(법률 제12844호, 2014.11.19)
공공기록물 관리에 관한 법률 시행령(대통령령 제25985호, 2015.1.6)
공공기록물 관리에 관한 법률 시행규칙(행정자치부령 제1호, 2014.11.19)
공공기관의 정보공개에 관한 법률(법률 제12844호, 2014.11.19)
공공기관의 정보공개에 관한 법률 시행령(대통령령 제12844호, 2014.11.19)
공공기관의 정보공개에 관한 법률 시행규칙(행정자치부령 제8호, 2014.12.10)
보안업무규정(대통령령 제21214호, 2008.12.31)
보안업무규정 시행규칙(대통령훈령 제276호, 2010.10.20)
대통령기록물 관리에 관한 법률(법률 제10009호, 2010.2.4)
대통령기록물 관리에 관한 법률 시행령(대통령령 제25336호, 2014.4.29)

지난 2012년 가을 무렵 초고를 마치고도 지금까지 미뤄들 수밖에 없었던 데에는 제 나름의 사정이 있었습니다. 대학에서 아키비스트로 근무하며 감내해야 하는 직무가 과중한 까닭도 있습니다. 매년 몇 차례의 전시와 출판 업무를 수행하고, 문서와 회계, 시설 등의 행정적 관리업무까지 맡다보니 좀처럼 집필에 집중할 수 없었습니다. 게다가 한국기록전문가협회를 이끌어가는 막중한 임무까지 스스로 떠맡다보니, 과연 어떤 것이 우선 추진해야 할 일인지, 무엇이 공(公)이고 무엇이 사(私)인지 도통 갈피를 잡을 수 없었습니다.

　　대학원과 교육원에서 강의를 하면서 강의 주제와 상관없이 저의 일상생활과 현장에서 겪는 어려움과 보람, 크고 작은 성과와 실패들에 대해 자주 이야기합니다. 대부분의 학생들이 머지않아 저와 같은 현장 아키비스트의 길을 걷게 될 거고, 그 길 위에서 저와 비슷한 고민과 좌절을 맛보게 될 것이며, 웃음과 기쁨 못지않게 눈물과 절망을 경험하게 될 것이기 때문입니다. 어쩌면 저보다 더 많은 일들을 개척해가야 할 것입니다. 어떤 학생은 흥미롭다 하고 어떤 학생은 싫어하기도 합니다. 이 책 역시 저의 삶과 노동, 희망과 분투 속에서 나온 것은 분명합니다. 특히 지난 한 해 그 가혹한 시간을 견디게 해준 하나의 약속이기도 하였습니다. 그러나 탈고하는 마음이 여전히 무거운 까닭은 더 중한 약속이 남았기 때문일 겁니다.

2015년 1월 23일
이 원 규

저자 개정판 서문

2016년의 마지막 밤입니다. 촛불 1천만의 역사가 진행 중입니다. 어둠은 이렇게 멀리 밀려나고 있습니다. 불의와 부정의 시대를 청산하려는 단호한 함성으로 새로운 역사를 기록하고 있습니다.

이 책이 세상에 나오고 2년의 시간이 지났음에도 불구하고 공공분야의 기록관리에 어떠한 진전이 있었는지 물어볼 용기는 차마 나질 않습니다. 지난 가을 ICA 서울총회가 개최되었을 때, 정부는 자랑스러운 우리의 기록문화를 소개하였고, 전자기록관리의 새로운 비전을 제시하기도 하였습니다. 그러나 불과 두어 달이 지나 대통령기록을 비롯한 공공기록관리의 부끄러운 민낯이 드러나고 말았습니다.

제가 근무하는 대학에서는 실무적으로 관여되어 있는 기념관에 화재가 있었습니다. 다행히 사료와 유물에는 불길이 미치지 못하였습니다. 또 저희 대학을 졸업한 국정농단 관련 인물의 기록을 찾아내라는 요구가 많았지만, 불과 20년 전의 기록이 제대로 남아 있지 않아 앞으로도 한동안 곤란을 겪게 될 것으로 생각됩니다. 지난 4년간 대표로 지냈던 한국기록전문가협회는 저의 후임을 뽑지 못하고 있습니다. 제가 이 순간 겪고 있는 번민과 고통들이 이렇습니다. 이 와중에 개정판을 준비하였습니다. 집중하고 몰두할 수 있는 여건이 아니었음을 고작 변명이랍시고 적어둡니다.

이 책을 처음 발표했을 때 이미 언급했던 것처럼 이 책은 교재용으로 만들어졌습니다. 게다가 일차적인 목표로 삼고 있는 것은 어디까지나 우리나라의 현행 제도에 대한 개념적인 이해에 불과합니다. 그도 그럴 것이 대부분의 학생들은, 기록관리법령이 매우 딱딱한 법률 용어로 서술되어 있고 너무나도 많고 복잡한 조항으로 이뤄져 있어 개념적인 논리구성을 따라가기가 벅차다고 합니다.

그간 우리의 기록관리제도를 근본적으로 다시 생각해보자는 의견과 현장의 목소리를 반영해 실제 기록관리 현장의 실무를 충실히 반영하자는 제안도 없지 않았습니다. 모두 나름 타당한 내용을 담고 있어 귀담아 들을 만하다고 생각됩니다. 마음 같아선 이런 이야기들을 보다 풍부하게 반영한 연구서로 묶어내고 싶지만, 그러기엔 좀 더 시간이 필요한 듯합니다. 이 또한 새로운 계기를 만들어내야 할 형편입니다.

공공기록물 관리에 관한 법률(법률 제12844호, 2014.11.19)

공공기록물 관리에 관한 법률 시행령(대통령령 제27460호, 2016.8.29)

공공기록물 관리에 관한 법률 시행규칙(행정자치부령 제79호, 2016.8.29)

공공기관의 정보공개에 관한 법률(법률 제14185호, 2016.5.29)

공공기관의 정보공개에 관한 법률 시행령(대통령령 제27670호, 2016.12.13)

공공기관의 정보공개에 관한 법률 시행규칙(행정자치부령 제90호, 2016.12.13)

보안업무규정(대통령령 제26140호, 2015.3.11)

보안업무규정 시행규칙(대통령훈령 제341호, 2015.4.13)

대통령기록물 관리에 관한 법률(법률 제10009호, 2010.2.4)

대통령기록물 관리에 관한 법률 시행령(대통령령 제27345호, 2016.7.19)

2016년 12월 31일
이 원 규

목   차

▌1장_기록관리법령의 개관

▌2장_기록관리기구

▌3장_기록관리인력

4장_기록관리기준표

5장_처리과에서의 기록관리

6장_(특수)기록관에서의 기록관리

█ 10장_비밀기록의 관리

█ 11장_민간기록의 보존관리

█ 12장_대통령기록의 관리

1장_ 기록관리법령의 개관

1절　기록관리법령의 성격과 체계

1. 기록관리법령의 성격

　기록관리법령은 공공기관의 업무활동을 통해 생성된 기록의 전 생애에 걸친 관리체계를 제도화하고 있다. 이들 기록에는 각 공공기관이 관련 법규와 관행 등에 따라 업무를 수행하는 가운데 그 활동의 사실과 내용을 담게 되며, 따라서 이러한 기록은 업무활동의 기초적인 증거이자 업무지식의 원천으로 취급되어야 한다.

　기록관리법령은 기록의 생성으로부터 보관, 보존, 폐기, 이용 등 체계적인 기록행정을 강제하고 보장하는 행정기초법령으로서, 공무원을 비롯한 공공기관의 모든 종사자들이 의무적으로 준수해야 한다.

　기록관리법령은 공공기관의 업무활동에 대한 행정 감시의 토대가 되는 기록의 유지를 강제하는 도구이자, 국민의 알권리를 실질적으로 보장하는 기록 정보의 공개 및 이용서비스의 제도적 장치이며, 국민과 공공기관 종사자, 업무활동 이해관계자들의 권익을 보호하는 시민사회의 기초법령이다.

　공공기록은 국가와 사회의 역사과정을 해명하는 가장 기본적인 사료이자 국가와 국민의 역사유산으로서 역사적 정통성을 상징한다. 이를 보존관리하고 향유하게 하는 기본적인 제도적 장치로서 기록관리법령은 문화적 역할을 사명의 하나로 삼는다.

　기록관리법령은 국가적 기록유산의 하나인 민간의 기록을 포함하여 사회의 기록문화를 진흥하는 제도로 기능하며, 민간의 조직과 단체도 기록의 체계적 관리와 보존을 실현하도록 하여, 공·사구분을 초월한 문화적 지향성을 갖춘 기록관리의 이념을 발현한다.

기록관리법령은 전문적인 기록관리기구, 전문인력, 전문기법의 전문화 3위 일체를 지향하여, 기록화와 기록관리, 기록보존의 효과를 극대화하는 과학적 방법론의 개발과 적용을 추구한다.

2. 기록관리법령의 체계

기록관리법령 중 법률은 국민의 대표기관인 국회에서 의결된 것으로 행정부만이 아니라 모든 공공기관에 적용된다. 이러한 법률의 실행을 위한 시행령은 제도 운영의 골간을 이루지만, 기본 성격이 행정부의 수반인 대통령의 명령으로서 주로 중앙 정부에 적용된다. 따라서 권력분립에 기초한 헌법기관은 시행령에 준하는 독자적 "규칙"을 제정하여 운영하며, 지방자치단체도 조례에 의해 자치적 요소를 반영하는 것이 가능하다. 시행규칙은 본 법령을 주관하는 중앙기록물관리기관의 상급기관인 행정자치부 장관의 령으로 주로 각종 조치의 일정이나 서식 등의 세부사항을 규정한다.

기록관리법령은 공공기관에서 시행하는 기록관리 전반에 대한 기본규정이며, 보다 전문적이고 구체적인 사항과 관련해서는 중앙기록물관리기관인 국가기록원이 국가기록관리위원회의 심의를 거쳐 제정, 운영하는 기록관리표준에 담을 수 있다. 이러한 표준은 법령과 같은 구속력과 강제력을 갖지는 않지만, 기록관리법령의 관련 조항에 따라 모든 기록물관리기관 및 공공기관에 표준의 이행을 권고할 수 있고, 해당 기관은 이를 따라야 한다.

2절 기록관리법령의 이해를 위한 관점

모든 업무활동은 최초의 입안단계부터 그 과정과 결과가 기록으로 작성되어야 한다. 따라서 업무활동에 참여하는 모든 구성원들은 자신의 업무활동의 일환으로서 기록을 작성하고 운영하며 관리해야 한다. 따라서 체계적인 관리와 안전한 보존을 보장하기 위해서는 기록관리가 제도화 되어야 하며, 이를 기반으로 모든 구성원이 일정한 수준의 기록관리를 실천할 수 있다. 이처럼 제도화된 관리체계 아래서 기록이 생성되고 유지되는 경우에나 비로소 해당 기록의 진본성과 무결성 등의 입증을 보장할 수 있다.

이러한 기록관리법령을 연구하는 주된 방법의 하나는 기록관리의 원리 및 원칙 등에 부합하는지, 이러한 원리와 원칙을 어떻게 반영하고 있는지 등을 중심으로 하는 "원리적 접근"이다. 이 경우 조직문화나 역사적 경험 등에 따른 특성을 보다 정확히 파악할 수 있다.

또 다른 방법의 하나는 외국을 비롯한 모범적 사례와 비교를 통해서 이해하는 "비교적 접근"이다. 이를 통해 우리의 제도적 특성을 확인하고, 또한 최선의 실무를 위한 발전적인 과제를 도출해낼 수 있다.

기록관리제도의 변천 과정 속에서 그 원인과 의미를 찾는 "역사적 접근"도 가능하다. 법령을 실천해가는 가운데 드러난 문제점을 해결하고 개선해가는 과정을 집중적으로 고찰하여, 제도 발전의 특성과 발전 방향을 가늠할 수 있다.

그밖에도 유사한 관련 법령이나 기타 사회 환경과 요구 등에 견주어 분석하는 "사회적 접근"도 가능하다. 특히 국민적인 기대나 기술적인 발전 등에 적절히 조응할 수 있어야 기록관리제도의 성공적인 성취 역시 가능할 수 있다.

이러한 다양한 관점에서 기록관리법령을 분석하고 연구하는 것이 마땅히 필요하지만, 그 어떤 관점에서든 기록관리제도가 끊임없이 바뀌고 개선되어 간다는 것을 전제로 하지 않을 수 없다. 특히 우리의 경우 지난 2000년 처음 기록관리 법령이 발효된 지 불과 10여년이 지났을 뿐인데다가, 그 짧은 시간 동안 공공기관의 행정 환경과 사회의 기록문화 환경은 놀라운 변화를 겪어왔다는 것도 유의해야 한다. 실제로 제도를 운영해가면서 나타나는 문제점을 정밀하게 분석하고 개선점을 찾아보는 시간과 기회가 주어지지 않은 채, 이를 테면 정치적 사건을 비롯한 사회적 요인이나 기술적인 발전 등으로 제도의 변화가 불가피했던 것이 사실이다.

따라서, 현행 법령의 세부 조항에 대한 치밀한 분석도 필요하지만, 이 또한 바뀌거나 바뀌어야 할 것들을 포함하고 있다는 점을 유의해야 한다. 따라서 적어도 주요 제도적 요소에 대해서는 그 변천 과정에 대한 다양한 관점의 분석과 원리적인 측면에서의 검토가 반드시 뒤따라야 한다. 본 교재에서 2000년 처음 제정되었을 때의 구법령을 자주 언급하고, 혹은 때때로 ISO15489와 같은 국제표준을 언급하는 이유도 여기에 있다.

3절 기록관리법령의 총론

법령의 제1장 총칙에서는 본 법령의 목적과 함께 법령의 전반에 적용되는 용어정의나 세부적인 조항에서 다루기 힘든 원칙적인 사항을 규정한다.

1. 적용범위

본 법령의 적용범위는 다음과 같이 설명된다.

> "이 법은 공공기관이 업무와 관련하여 생산·접수한 기록물과 개인 또는 단체가 생산·취득한 기록정보 자료(공공기관이 소유·관리하는 기록정보 자료를 포함한다) 중 국가적으로 보존할 가치가 있다고 인정되는 기록정보 자료 등 공공기록물에 대하여 적용한다."

이에 따르자면, "공공기록물"은 공공기관의 기록과, 민간의 기록으로서 국가적으로 중요성을 인정할 수 있는 기록정보를 망라하는 개념이다. 본 법령의 명칭에서 공공기록물이라는 용어가 사용되고 있는 이유를 보여준다. 특히, 2000년에 발효된 구법령의 명칭에서는 "공공기관의 기록물관리"라는 표현이 사용되어, 민간의 중요 기록물을 포괄하지 못한다는 지적을 반영한 것으로 이해된다. 그러나 이러한 취지의 개념으로는 통상 "국가기록물"이라는 용어를 사용한다는 점에 비춰보건대, 다소 용어상의 혼란이 나타나고 있다고 생각된다. 실제로 민간의 기록으로서 국가적으로 영구히 보존할 만큼 매우 중요한 기록을 "국가기록물"로 지정하는 제도가 법령에 포함되어 있어서, 국가기록물이라는 용어를 "공공기록물"이라는 용어의 하위어로 사용하는 것이 과연 타당한가에 대한 재검토가 필요할 것으로 이해된다.

2. 공공기관의 범위

본 법령에서 규정하는 공공기관은 다음과 같다.

(1) 국가기관, 지방자치단체, 대통령령으로 정하는 기관 (법률 제3조 정의)
(2) 대통령령이 정하는 기관 (시행령 제3조 공공기관의 범위)
  - 「공공기관의 운영에 관한 법률」 제4조에 따른 기관
  - 「지방공기업법」에 따른 지방공사 및 지방공단
  - 특별법에 의하여 설립한 법인(다만, 「지방문화원진흥법」에 의한 문화원 및 특별법에 의하여 설립된 조합·협회를 제외한다)
  - 「유아교육법」, 「초·중등교육법」 및 「고등교육법」, 그 밖에 다른 법률에 따라 설립된 각급 학교

이처럼 본 법률은 공무원을 구성원으로 하는 조직에만 적용되는 것이 아니라, 공공성이 강하고 공공재정이 사용되는 민간의 조직(이하 준공공기관으로 칭함)도 일부 포함하고 있다. 물론, 다른 법률에서 사용하는 공공기관의 범위와 일치하지 않는 점도 있고, 특히 정당, 종교단체, 사회단체, 의료기관 등 공공성이 강하고 공공재정과도 직접 관련된 조직들을 모두 망라하고 있는 것도 아니다.

3. 법률의 위임관계

본 법률은 기록관리에 관한 최상위 규정으로서 다른 법률에 특별한 규정이

있는 경우를 제외하고는 이 법에서 정하는 바에 따르는 것이 마땅하다. 이 법률의 시행에 필요한 사항은 대통령령은 물론, 헌법 정신에 따라 국회와 대법원, 헌법재판소, 중앙선거관리위원회 각각의 규칙으로 정한다. 아울러 국가기관과 지방자치단체를 비롯한 모든 공무원은 이 법에서 정하는 바에 따라 기록물을 보호·관리할 의무를 가지며, 공공기관 및 기록물관리기관의 장은 기록물이 국민에게 공개되어 활용될 수 있도록 적극적으로 노력하여야 한다. 또한, 본 법률에 규정된 민간의 중요기록이나 회수대상 유출기록을 보유하고 있는 민간에 대해서도 법률 준수의 조항 이외에 벌칙 및 과태료 조항을 일부 추가하고 있다.

4. 기록관리와 관련한 범국가적인 원칙

(1) 기록의 진본성, 무결성, 신뢰성 및 이용가능성이 보장될 수 있도록 관리
(2) 기록의 전자적 생산과 관리의 원칙 (비전자기록의 전자화 포함)
 - 전자기록생산시스템, 기록관리시스템, 영구기록관리시스템의 구축·운영
(3) 기록관리의 표준화 원칙
(4) 업무수행의 모든 과정 및 결과가 기록물로 생산·관리될 수 있도록 업무 과정에 기반한 기록관리체계 수립
(5) 기록관리 정책과 절차의 수립·시행 및 기록화
 - 기록관리 현황의 점검, 평가, 국무회의에 보고
(6) 기록의 체계적 관리, 안전한 보존, 효율적 활용을 위한 시설과 장비 구비
 - 중요 기록의 안전한 보존을 위한 이중보존
(7) 체계적이고 전문적인 기록관리를 위한 전문요원 채용, 배치
(8) 기록의 공개 및 이용제공 서비스 보장

이에 따르면, 기록의 생산으로부터 보존과 활용 등에 이르는 모든 관리과정을 전자적으로 운영하는 것을 지향하고 있다는 것을 알 수 있다. 특히, 비전자기록의

전자화까지 규정하고 있다는 점은 구법령과 근본적으로 구분된다. 다만, 관련된 기타 제도 및 실행 요건 등과의 연계성, 적합성, 타당성 등을 검증해가며 효율성과 전자적 운용에 지나치게 편중된 것은 아닌지 검토해볼 필요가 있다고 생각된다.

5. 법령의 주요 용어

법률 제3조 및 시행령 제2조에서 중요 용어를 정의하고 있는데, 기록관리분야의 일반적인 용어나 전문적인 용어는 생략되고 있다. (이하 해당 용어의 정의는 관련 항목에서 설명)

6. 벌칙

법률에서는 "모든 공무원은 이 법에서 정하는 바에 따라 기록물을 보호·관리할 의무를 갖는다. 공공기관 및 기록물관리기관의 장은 기록물이 국민에게 공개되어 활용될 수 있도록 적극적으로 노력하여야 한다."라고 공무원의 의무를 규정하고 있다.

이와 반대로 기록의 관리와 보호를 저해할 경우 강력한 처벌이 내려질 수 있도록 규정하고 있다. 벌칙의 대상이 되는 행위는 다음과 같다.

(1) 기록물을 무단으로 파기한 자
(2) 기록물을 무단으로 국외로 반출한 자
(3) 기록물을 무단으로 은닉하거나 유출한 자
(4) 기록물을 중과실로 멸실시킨 자
(5) 기록물을 고의 또는 중과실로 그 일부 내용이 파악되지 못하도록 손상시킨 자
(6) 제47조를 위반하여 업무처리 중 알게 된 비밀을 누설한 자

이상의 행위는 공무원에 해당하는 사람에 대해 적용시키는 것이지만, 다음의 사항은 민간인에게 적용되는 것이다.

(1) 비공개 기록물에 관한 정보를 목적 외의 용도로 사용한 자
(2) 정당한 사유 없이 제26조제2항에 따른 (민간이 소유하거나 관리하는 유출기록에 대한) 조사를 거부·방해 또는 기피한 자
(3) 제43조제3항에 따른 (국가지정기록 관련) 조사를 거부·방해 또는 기피한 자
(4) 제44조에 따른 (국가지정기록의 변동사항에 대한) 신고를 하지 아니한 자

법률

제1조(목적) 이 법은 공공기관의 투명하고 책임 있는 행정 구현과 공공기록물의 안전한 보존 및 효율적 활용을 위하여 공공기록물 관리에 필요한 사항을 정함을 목적으로 한다.

제2조(적용 범위) 이 법은 공공기관이 업무와 관련하여 생산·접수한 기록물과 개인 또는 단체가 생산·취득한 기록정보 자료(공공기관이 소유·관리하는 기록정보 자료를 포함한다) 중 국가적으로 보존할 가치가 있다고 인정되는 기록정보 자료 등 공공기록물에 대하여 적용한다.

제3조(정의) 이 법에서 사용하는 용어의 뜻은 다음과 같다.
　　1. "공공기관"이란 국가기관, 지방자치단체, 그 밖에 대통령령으로 정하는 기관을 말한다.
　　2. "기록물"이란 공공기관이 업무와 관련하여 생산하거나 접수한 문서·도서·대장·카드·도면·시청각물·전자문서 등 모든 형태의 기록정보 자료와 행정박물(行政博物)을 말한다.
　　3. "기록물관리"란 기록물의 생산·분류·정리·이관(移管)·수집·평가·폐기·보존·공개·활용 및 이에 부수되는 모든 업무를 말한다.

제4조(공무원의 의무) ① 모든 공무원은 이 법에서 정하는 바에 따라 기록물을 보호·관리할 의무를 갖는다.
　② 공공기관 및 기록물관리기관의 장은 기록물이 국민에게 공개되어 활용될 수 있도록 적극적으로 노력하여야 한다.

제5조(기록물관리의 원칙) 공공기관 및 기록물관리기관의 장은 기록물의 생산부터 활용까지의 모든 과정에 걸쳐 진본성(眞本性), 무결성(無缺性), 신뢰성 및 이용가능성이 보장

될 수 있도록 관리하여야 한다.

제6조(기록물의 전자적 생산·관리) 공공기관 및 기록물관리기관의 장은 기록물이 전자적으로 생산·관리되도록 필요한 조치를 마련하여야 하며, 전자적 형태로 생산되지 아니한 기록물도 전자적으로 관리되도록 노력하여야 한다.

제7조(기록물관리의 표준화 원칙) 중앙기록물관리기관의 장은 기록물이 효율적이고 통일적으로 관리·활용될 수 있도록 기록물관리의 표준화를 위한 정책을 수립하여 시행하여야 한다.

제8조(다른 법률과의 관계) 기록물관리에 관하여 다른 법률에 특별한 규정이 있는 경우를 제외하고는 이 법에서 정하는 바에 따른다.

제16조(기록물 생산의 원칙) ① 공공기관은 효율적이고 책임 있는 업무수행을 위하여 업무의 입안단계부터 종결단계까지 업무수행의 모든 과정 및 결과가 기록물로 생산·관리될 수 있도록 업무과정에 기반한 기록물관리를 위하여 필요한 조치를 마련하여야 한다.

제21조(중요 기록물의 이중보존) ① 영구보존으로 분류된 기록물 중 중요한 기록물은 복제본을 제작하여 보존하거나 보존매체에 수록하는 등의 방법으로 이중보존하는 것을 원칙으로 한다.

제28조(기록물관리기관의 시설·장비) ① 중앙기록물관리기관의 장은 기록물의 체계적 관리, 안전한 보존 및 효율적 활용을 위하여 대통령령으로 정하는 바에 따라 기록물관리기관별 시설·장비 기준을 정하여야 한다.
② 기록물관리기관의 장은 제1항에 따른 시설·장비 기준을 준수하여야 하며, 이를 준수하지 아니하는 기록물관리기관에 대하여는 중앙기록물관리기관의 장이 그 시정을 요구할 수 있다.

제41조(기록물관리 전문요원) ① 체계적·전문적인 기록물관리를 위하여 기록물관리기관에는 기록물관리 전문요원을 배치하여야 한다.

제47조(비밀 누설의 금지) 비밀 기록물 관리 업무를 담당하였거나 비밀 기록물에 접근·열람하였던 자는 그 과정에서 알게 된 비밀을 누설하여서는 아니 된다.

제49조(위임규정) 이 법 시행에 필요한 사항은 국회규칙, 대법원규칙, 헌법재판소규칙, 중앙선거관리위원회규칙 및 대통령령으로 정한다.

제50조(벌칙) 다음 각 호의 어느 하나에 해당하는 자(기록물을 취득할 당시에 공무원이나 공공기관의 임직원이 아닌 사람은 제외한다)는 7년 이하의 징역 또는 3천만원 이하의 벌금에 처한다.
  1. 기록물을 무단으로 파기한 자
  2. 기록물을 무단으로 국외로 반출한 자

제51조(벌칙) 다음 각 호의 어느 하나에 해당하는 자(제1호부터 제3호까지의 경우에는 기록물을 취득할 당시에 공무원이나 공공기관의 임직원이 아닌 사람은 제외한다)는 3년 이하의 징역 또는 2천만원 이하의 벌금에 처한다.

　　1. 기록물을 무단으로 은닉하거나 유출한 자

　　2. 기록물을 중과실로 멸실시킨 자

　　3. 기록물을 고의 또는 중과실로 그 일부 내용이 파악되지 못하도록 손상시킨 자

　　4. 제37조제2항을 위반하여 비공개 기록물에 관한 정보를 목적 외의 용도로 사용한 자

제52조(벌칙) 다음 각 호의 어느 하나에 해당하는 자는 2년 이하의 징역 또는 1천만원 이하의 벌금에 처한다.

　　1. 정당한 사유 없이 제26조제2항에 따른 조사를 거부·방해 또는 기피한 자

　　2. 제47조를 위반하여 업무처리 중 알게 된 비밀을 누설한 자

제53조(과태료) ① 다음 각 호의 어느 하나에 해당하는 자에게는 100만원 이하의 과태료를 부과한다.

　　1. 제43조제3항에 따른 조사를 거부·방해 또는 기피한 자

　　2. 제44조에 따른 신고를 하지 아니한 자

② 제1항에 따른 과태료는 중앙기록물관리기관의 장이 부과·징수한다.

시행령

제2조(정의) 이 영에서 사용하는 용어의 정의는 다음과 같다.

　　1. "기록물관리기관의 장"이라 함은 영구기록물관리기관의 경우에는 당해 기관의 장을 말하며, 기록관 또는 특수기록관의 경우에는 기록물관리 부서의 장을 말한다.

　　2. "전자기록물"이라 함은 정보처리능력을 가진 장치에 의하여 전자적인 형태로 작성하여 송신·수신 또는 저장되는 전자문서, 웹기록물 및 행정정보 데이터세트 등의 기록정보자료를 말한다.

제3조(공공기관의 범위) 「공공기록물 관리에 관한 법률」(이하 "법"이라 한다) 제3조제1호에서 "대통령령으로 정하는 기관" 이란 다음 각 호의 어느 하나에 해당하는 기관을 말한다.

　　1. 「공공기관의 운영에 관한 법률」 제4조에 따른 기관

　　2. 「지방공기업법」에 따른 지방공사 및 지방공단

　　3. 특별법에 의하여 설립한 법인(다만, 「지방문화원진흥법」에 의한 문화원 및 특별법에 의하여 설립된 조합·협회를 제외한다)

　　4. 「유아교육법」, 「초·중등교육법」 및 「고등교육법」, 그 밖에 다른 법률에 따라 설립된 각급 학교

제4조(기록물 관리의 원칙) ① 기록물은 법 제5조에 따라 기록물의 진본성(眞本性)·무결성(無缺性)·신뢰성 및 이용가능성을 보장하기 위하여 이 영이 정하는 기준과 절차에 따라 관리되어야 하며, 「산업표준화법」 제12조에 따른 한국산업표준에 적합하여야 한다.

② 공공기관 및 기록물관리기관의 장은 제1항에 따라 기록물관리 정책 및 절차를 수립·시행하며, 그 결과를 기록물로 남겨 관리하여야 한다.

③ 공공기관 및 기록물관리기관의 장은 기록물이 전자적으로 생산·관리되도록 중앙기록물관리기관의 장이 정하는 바에 따라 전자기록생산시스템, 기록관리시스템 또는 영구기록관리시스템을 구축·운영하여야 하며, 전자적 형태로 생산되지 아니한 기록물을 전자적으로 관리하고 활용하기 위하여 기록물 전자화계획을 수립·시행하여야 한다.

01 공공기록물 관리에 관한 법령의 적용대상이 되는 공공기관의 범주에서 벗어나는 것은?

① 「소비자기본법」에 따른 한국소비자원
② 2018 평창 동계올림픽대회 및 장애인동계올림픽대회 조직위원회
③ 「정당법」 제4조에 의해 중앙선거관리위원회에 등록된 정당
④ 「초·중등교육법」에 따라 대학에 병설된 학교

02 공공기록물 관리에 관한 법령에서 표방하는 기록관리 원칙에 해당되지 않는 것은?

① 중요 기록물의 안전한 보존을 위한 이중보존
② 사본 기록의 수집 및 보존 제외
③ 30년 보존 비공개 기록의 공개
④ 기록의 전자적 관리

03 공공기록물 관리에 관한 법령에 의해 처벌되는 사항에서 벗어나는 것은?

① 과실에 의해 기록의 내용이 파악되지 않게 된 손상
② 비공개 기록에 관한 정보의 목적 외 사용
③ 공공기록의 무단 국외 반출
④ 국가지정기록의 위탁 거부

2장_ 기록관리기구

1절 기록관리기구의 성격

1. 기록관리법령의 체계

　현대 기록관리체계의 대표적인 모형이라고 할 3단계 관리체계는 기록의 생애주기론과 맞물려 발전해왔다. 기록의 현용단계 - 준현용단계 - 비현용 및 영구보존단계에 적합하게 주체나 장소, 관리행위, 주요 이용자, 서비스 방식 등이 모두 구분될 것을 전제로 한 것이다.

　기록은 하나의 차원이 아니라 다른 복합적인 요소로 인한 다차원의 성격을 지니고 있다는 새로운 관점에 기초하여, 생산을 전후한 초기 시점에서 전문적으로 계획된 관리를 집중함으로써, 기록관리의 전 과정을 압축적이고 분절됨 없이 실행한다는 관리방식도 발전해왔다. 국내에서는 "연속체론"이라고 번역되어 왔으나, 연속이라는 한자의 의미로 본다면 라이프싸이클론이 단계적 연속을 의미하고, 레코드 컨티뉴엄 콘셉트(record continuum concept)의 컨티뉴엄은 오히려 "동시성"의 의미 정도로 해석되어야 바람직하다고 생각된다. 이러한 레코드 컨티뉴엄 콘셉트가 라이프싸이클론을 비판하며 대두되었으니 상호 대립적인 것으로 이해되는 측면도 있지만, 기록관리의 전 과정에서 적절한 기록관리조치를 구분하여 계획하고 실행할 수 있도록 하는 틀은 생애주기론의 도움을 받는다.

　참고로, 중국의 경우도 레코드 컨티뉴엄 콘셉트와 유사하게 "문서당안일체화론"이 이론화되어 왔는데, 문서와 당안의 관리체계 개혁이 추진되었던 1930년대에 이미 "문서당안연쇄법"이라는 표현으로 자생적인 개념화와 방법론의 개발이 대두된 바 있다.

　우리 법령에서 규정한 처리과 - (특수)기록관 - 영구기록물관리기관의 관리체계는 다분히 3단계론에 입각한 것으로 보인다. 그러나 앞으로 구체적인 규정을 살펴보면서 이해해가겠지만, 결론적으로 말해서 우리의 관리체계는 전통적인 3단계론과는 다르다.

흔히 레코드센터에 해당한다고 말하는 (특수)기록관은 준현용단계 전체를 담당하는 것도 아니며, 자체적으로 준영구나 영구의 보존도 담당한다. 아카이브즈에 해당한다는 영구기록물관리기관은 영구보존 기록만 수집하는 것이 아니고, 일반 국민을 위주로 하는 서비스에 그치지도 않는다. 게다가 기록관리의 단계적인 조치를 가늠하는 일정의 통제보다는, 기록정보의 공개와 활용을 보장하기 위한 전자적 관리와 초기 생산관리의 체계화를 위한 제도적 장치에 집중한다. 또한 기관별 "기록관체제" 역시 레코드 컨티뉴엄 콘셉트와 관련하여 발전해온 방법론을 구현하기에 유리해 보인다.

2. 분산과 집중, 독자성과 통일성

기록관리기구와 관련하여 살펴볼 하나의 관점은 집중적인 보존인가 분산적인 보존인가의 문제이다. 물론 그 자체가 제도의 수준을 입증하는 기준은 아니다. 국가의 차원에서 보자면 단 하나의 아카이브즈만을 갖는 나라는 없다. 기본적으로는 분산보존인 셈이다.

다만, 출처의 원칙으로 알려진 것에서도 알 수 있듯이, 그것이 생산기관을 의미하는 것이든 아니면 업무활동의 맥락을 의미하는 것이든, 하나의 출처에서 나온 영구기록은 하나의 아카이브즈에 귀결되고, 또 그 안에서 다른 출처의 기록과 뒤섞여버려 자신의 생성 맥락에서 비롯된 본연의 특성과 가치를 상실하지 않도록 하는 것이 원칙이다. 이처럼 출처의 관점에서 보자면 집중보존을 원칙으로 삼는 것이다.

우리의 경우 권력분립의 이념과 지방자치의 정신에 따라 각 헌법기관과 지방자치의 계통에 따라서 독자적인 영구기록물관리기관을 설립하도록 규정하고 있다. 헌법기관이 영구기록물관리기관을 설립하지 못할 때에는 중앙기록물관리기관(국가기록원)에 위탁해야 한다. 의지와 여건을 갖춘다면 작은 기초자치단체도 영구기록물관리기관을 만들 수 있도록 허용하고 있으며, 법령을 준수해야 하는 준공공기관에 해당하는 기관은 (특수)기록관 자체가 영구보존의 업무까지 수행하도록 규정하고 있다. 국가적 차원에서의 분산보존을 제도화하고 있는 것이다.

다른 한편으로는 각 기관마다 하나의 기록관 혹은 특수기록관을 설치하도록 하여 기관단위의 집중보존을 규정하고 있다. 실·국 등 중간행정단위별이나 혹은 기록의 유형이나 종류별로, 혹은 특수 성격의 비공개기록만을 대상으로 하여 (특수)기록관을 분할 설치하는 것은 현재의 규정으로서는 허용하고 있지 않다. 심지어 대부분의 전자기록을 저장하는 메인서버를 운영하는 부서라도, 그 자체가 (특수)기록관이 아닌 한에는 역시 이관의 규정에 따라야 한다. 또 이러한 기관별 (특수)기록관은 역시 하나의 관할 영구기록물관리기관을 갖고 장기보존대상을 그곳으로만 이관해야 한다.

이러한 기록보존의 분산과 집중을 균형 있고 일관되게 뒷받침하는 제도적 장치의 하나가 표준적인 관리방식이라고 하겠다. 비록 준공공기관이나 혹은 정부기관 중에서도 특수한 수사, 재판 등의 분야에 대해서는 필요한 경우 별도의 관리방식도 허용하고 있기는 하지만, 법률과 시행령, 시행규칙에서 다루는 일반적인 사항은 기본적으로 모든 공공기관에 적용되며, 중앙기록물관리기관이 정하는 바에 따르도록 하는 규정도 곳곳에서 발견된다. 비록 구속력은 법령에 미치지 못하지만 중앙기록물관리기관이 제정하는 표준도 이에 해당한다.

한편, 집중이냐 분산이냐의 문제가 결국 원본 기록을 기준으로 한다는 점에서 생각해보자면, 이러한 차이가 갖는 장점을 최대화하면서도 단점을 적절히 보완하는 방안도 불가피하게 모색되어야 한다. 다시 말해 보존의 분산성을 넘어서고 특수한 관리체계의 불가피성을 수용할 필요가 있는 것이다.

우리의 제도에서 나타나는 대표적인 것이 (특수)기록관이 중요 기록물을 보존매체에 수록하게 되면 매년 중앙기록물관리기관에 보존매체 수록현황을 보고하고, 중앙기록물관리기관이 그중에서 지정한 대상은 보존매체 사본의 형태로 송부하도록 되어 있는 것이다. 또 다른 영구기록물관리기관이 중요 기록물을 보존매체에 수록하면 아예 그 사본을 별도의 선별 절차 없이 중앙기록물관리기관에 송부해야 한다. 비록 원본은 아니지만 공공분야의 중요 기록은 중앙기록물관리기관에 집중되는 효과가 있게 되는 것이다. 안전한 보존과 효율적인 활용이라는 관점에서 보다 창의적인 제도 개발의 여지는 여전히 남아 있다고 할 것이다.

3. 정책기구와 집행기구

　기록관리와 관련하여 제도 및 정책 등을 다루는 행정적인 업무를 중심으로 하는 기구와 실제 기록관리업무를 수행하는 기구로 구분하여 살펴볼 수도 있다. 미국의 NARA나 중국의 국가당안국 등 국가 차원의 주무기관이 대체로 대표적인 정책기구라고 할 수 있다. 미국의 연방레코드센터나 국립기록보존소, 혹은 중국의 중앙당안관과 같은 기구는 기록의 보존관리를 실행하는 집행기구라고 할 수 있다. 물론 중국의 경우처럼 지방정부 차원에서도 정책기구와 집행기구를 분리해서 운영하기도 한다.

　우리나라의 경우 국가적으로 기록관리업무를 총괄하는 중앙기록물관리기관(국가기록원)이나 주요 정책과 사업, 현안 등을 심의하는 국가기록관리위원회는 정책기구로서의 성격을 명확히 갖고 있다. 그러나 앞서 제시한 미국이나 중국과 같이 정책기구와 집행기구가 명확히 구분되지는 않는다. 우리나라에서는 대체로 모든 기록관리기구가 관할하는 범위 안에서 정책, 평가, 지도점검, 교육 등과 관련한 행정권한을 지니며, 동시에 준현용 및 비현용 단계의 보존대상 기록을 직접 취급한다.

　영구기록물관리기관은 자신의 관할 범위 내에서 행정적인 리더십을 갖추는 동시에 영구, 준영구 등 중요 기록물을 보존관리한다. (특수)기록관은 각 기관의 기록물관리부서에 설치되어 독자적인 행정권한을 갖기는 힘든 것으로 이해되지만, 적어도 기본계획을 수립하고 관할 기관과 부서의 기록관리에 대한 지도점검 등의 역할을 통해 적지 않은 영향력을 행사할 수 있다.

다만, 현실적으로 중앙기록물관리기관인 국가기록원이 중앙정부의 한 기관인 행정자치부의 소속기관인 것에서도 볼 수 있듯이, 기록관리기구가 행정기관 혹은 총괄부서의 소속으로 설립되어 있는 상태에서는 독립적인 정책기구로서의 역할은 역시 제한적일 수밖에 없다고 이해된다. 물론 역설적으로 실무를 통해 가다듬은 문제의식을 능동적으로 정책과 사업에 반영하고, 상급 기관 및 소속부서의 행정력을 충분히 활용할 수 있다면, 짧은 연륜과 미흡한 여건을 보완해 가며 정책과 실무의 조화로운 발전을 도모할 수 있을 것으로 기대된다.

4. 행정기구와 문화기구

레코드센터나 아카이브즈라고 불리는 기록관리기구는 기록정보의 안전한 보존과 소장 기록정보의 이용서비스를 핵심기능으로 한다. 앞서 설명한 것과 같은 정책적인 기능, 행정적인 기능은 엄밀히 말해서 이들 기록관리기구의 필수적인 역할이라고 할 수는 없다. 바꾸어 말해 기록관리기구의 본질적인 성격은 전문적인 문화기구라고 해도 과언은 아니다.

그럼에도 불구하고 우리의 현실은 정책적 기능과 분화되지 못한 상태에서, 기록관리기구 내부의 리더십과도 관련된 일이겠지만, 다분히 행정관리적 기능에 치우쳐 있는 것으로 보인다. 하지만 국가 법령이라는 최고의 정책적, 행정적 수단으로 공공분야의 기록관리체계를 정립하려고 해왔음에도 불구하고, 기록관리기구들의 조직화만하더라도 그 완성도는 여전히 제자리에 남겨져 있다. 그 결과는 문화기구적인 기능, 일반 시민과 주민, 학생과 연구자 등을 대상으로 한 기록정보의 다양하면서도 수준 높은 서비스가 여전히 자리 잡지 못하고 있는 것으로 나타나고 있다.

법률

제3조(정의) 이 법에서 사용하는 용어의 뜻은 다음과 같다.

    1. "공공기관"이란 국가기관, 지방자치단체, 그 밖에 대통령령으로 정하는 기관을 말한다.

    4. "기록물관리기관"이란 일정한 시설 및 장비와 이를 운영하기 위한 전문인력을 갖추고 기록물관리 업무를 수행하는 기관을 말하며, 영구기록물관리기관, 기록관 및 특수기록관으로 구분한다.

    5. "영구기록물관리기관"이란 기록물의 영구보존에 필요한 시설 및 장비와 이를 운영하기 위한 전문인력을 갖추고 기록물을 영구적으로 관리하는 기관을 말하며, 중앙기록물관리기관, 헌법기관기록물관리기관, 지방기록물관리기관 및 대통령기록관으로 구분한다.

제15조(국가기록관리위원회) ① 다음 각 호의 사항을 심의하기 위하여 국무총리 소속으로 국가기록관리위원회(이하 "위원회"라 한다)를 둔다.

    1. 기록물관리에 관한 기본정책의 수립

    2. 기록물관리 표준의 제정ㆍ개정 및 폐지

    3. 영구기록물관리기관 간의 협력 및 협조 사항

    4. 대통령 기록물의 관리

    5. 비공개 기록물의 공개 및 이관시기 연장 승인

    6. 국가지정기록물의 지정 및 해제

    7. 그 밖에 기록물관리와 관련하여 위원회의 위원장이 심의에 부치는 사항

제19조(기록물의 관리 등) ② 공공기관은 대통령령으로 정하는 기간 이내에 기록물을 소관 기록관 또는 특수기록관으로 이관하여야 한다. 다만, 소관 기록관 또는 특수기록관이 설치되지 아니한 공공기관의 경우에는 대통령령으로 정하는 바에 따라 공공기관의 장이 지정하는 부서로 기록물을 이관하여야 한다.

③ 기록관이나 특수기록관은 보존기간이 30년 이상으로 분류된 기록물을 대통령령으로 정하는 기간 이내에 소관 영구기록물관리기관으로 이관하여야 한다.

⑥ 공공기관은 기록물의 원활한 수집 및 이관을 위하여 대통령령으로 정하는 바에 따라 매년 기록물의 생산현황을 소관 기록물관리기관에 통보하여야 한다. 이 경우 중앙행정기관의 소속 기관에 기록관 또는 특수기록관을 설치하였을 때에는 중앙행정기관의 기록관 또는 특수기록관이 그 생산현황을 취합하여 중앙기록물관리기관에 통보하여야 한다.

⑦ 중앙기록물관리기관의 장은 공공기관 기록물의 관리 상태를 정기적으로 또는 수시로 점검하여야 한다. 다만, 국가정보원의 소관 기록물에 대하여는 국가정보원장과 협의하여 그 방법 및 절차 등을 따로 정할 수 있다.

제21조(중요 기록물의 이중보존) ② 기록물관리기관이 보존하는 기록물 중 보존매체에 수록된 중요 기록물은 안전한 분산 보존을 위하여 대통령령으로 정하는 바에 따라 그 기록물의 보존매체 사본을 중앙기록물관리기관에 송부하여야 한다.

③ 중앙기록물관리기관의 장은 국가적으로 보존할 가치가 있는 기록물에 대하여는 기록물관리기관에 그 기록물을 보존매체에 수록하고 보존매체 사본을 송부하여 줄 것을 요청할 수 있다.

시행령

제2조(정의) 이 영에서 사용하는 용어의 정의는 다음과 같다.

    1. "기록물관리기관의 장"이라 함은 영구기록물관리기관의 경우에는 당해 기관의 장을 말하며, 기록관 또는 특수기록관의 경우에는 기록물관리 부서의 장을 말한다.

제52조(중요 기록물의 이중보존) ① 법 제21조제2항에 따라 영구기록물관리기관의 장은 매년 8월 31일까지 그 기관이 전년도에 제작한 보존매체 사본을 중앙기록물관리기관의 장에게 제출하여야 한다.

② 기록관 및 특수기록관의 장은 매년 8월 31일까지 그 기관의 전년도 보존매체 수록 목록을 중앙기록물관리기관의 장에게 제출하여야 한다.

③ 중앙기록물관리기관의 장은 제2항에 따라 취합된 목록 중 이중보존이 필요한 기록물을 선별하여 매년 10월 31일까지 해당 기록관 또는 특수기록관에 송부 대상 보존매체 사본 및 송부시기를 통보하여야 한다.

2절 영구기록물관리기관

　영구기록물관리기관은 관할 공공기관들의 기록관리를 총괄하는 기관이자 해당 기관들의 중요 기록을 장기간 보존하는 기관이다. 이들 영구기록물관리기관은 영구기록관리시스템을 운영해야 한다. 현재 행정자치부 소속으로 중앙기록물관리기관을 설치하도록 규정하고 있고, 이에 근거해 행정자치부 소속의 국가기록원이 국가의 기록관리를 총괄하는 중앙기록물관리기관인 동시에 중앙 행정부 중심의 장기보존대상 기록을 보존관리한다. 권력분립의 정신에 입각하여 국회, 대법원, 헌법재판소, 중앙선거관리위원회 등에도 각각 영구기록물관리기관이 설치되어 운영되고 있다.

　또한 아직 한 곳도 정식으로 설립되어 있지는 않지만, 지방자치의 정신에 따라 17개 광역자치단체에 의무적으로 지방기록물관리기관을 설치하도록 규정하고 있다. 기초자치단체인 시, 군, 구나 교육자치체인 17개 지방교육청도 역시 영구기록물관리기관을 설립할 수 있다. 광역자치단체나 기초자치단체의 경우는 중앙기록물관리기관과 협의하여 각각 공동의 지방기록물관리기관을 설치할 수 있는데, 이 경우 일종의 지방자치단체조합으로서의 법적 지위를 가질 수 있다. 반면에 지역교육지원청의 경우는 영구기록물관리기관을 설치할 수 있도록 허용되지 않는다. 마지막으로 중앙기록물관리기관의 소속으로 대통령기록의 전문적인 관리와 전시 등 활용을 담당하는 대통령기록관을 두도록 되어 있는데, 대통령기록물의 관리에 대한 설명에서 자세히 살펴보기로 한다.

　한편 구법령에서는 이상의 영구기록물관리기관과 유사한 기능을 담당하는 기관이 공공기관에 설치되어 운영되고 있다면 그 역시 일종의 영구기록물관리기관으로 인정할 수 있는 근거를 갖고 있었는데 신법령에서는 채택되지 않았다. 시행령에서 구체적인 대상 기관을 지정하도록 되어 있었으나 실제로는 어느 곳도 지정하지 않았던 탓도 있겠지만, 그렇다고 근거 규정을 삭제할 정도로 무의미한 규정인지는 검토가 필요하다고 이해된다.

이들 영구기록물관리기관 중 중앙기록물관리기관의 소속으로 설치하도록 규정되어 있는 대통령기록관을 제외하고는 특별히 그 설치방식을 규정하고 있지는 않다. 다만, 중앙기록물관리기관인 국가기록원이 현재 중앙행정부처인 행정자치부의 소속으로 설치되어 있고, 헌법기관기록물관리기관 역시 행정기관 혹은 도서관 등의 소속으로 조직되어 있다. 헌법재판소는 심판사무국이 영구기록물관리기관으로 지정되어 있고, 대법원 산하 법원행정처 전산정보관리국 소속으로 법원기록보존소가 설치되어 있으며, 중앙선거관리위원회는 사무처 행정국에 기록관리과가 담당하며, 국회는 국회도서관 소속으로 기록보존소가 설립되어 있다. 이처럼 현재로서는 공공분야의 영구기록물관리기관들이 일반 행정기구로부터 독립되어 전문적인 문화기관으로서 역할 할 수 있기를 기대하기는 어려운 형편이다.

한편 중앙기록물관리기관에는 대통령기록관만이 아니라, 30년 이하의 보존기간을 부여받아 이관된 기록을 보존하기 위한 시설로 중간관리시설을 설치할 수 있도록 되어 있다. 이처럼 유한한 보존기간을 부여받는 기록이 영구기록물관리기관에 이관되는 것이 바람직한가의 문제는 차치하고라도, 이들 중간관리시설이 단순히 보존시설로서만이 아니라 보다 의미 있는 역할을 찾아야 할 것으로 이해된다.

이하는 법률에서 규정하고 있는 영구기록물관리기관의 업무이다. 다만, 이들 영구기록물관리기관의 기록물 보존관리에 대한 사항은 거의 생략되어 있다. 수집 범위나 보존관리의 기본방침 등에 대해서도 조문으로 규정되어 있지는 않고, 시행령과 시행규칙 등의 하위 법령에서 개별적으로 다뤄지고 있다.

중앙기록물관리기관	헌법기관기록물관리기관	지방기록물관리기관
기록물관리를 총괄·조정, 기록물을 영구보존·관리하기 위해 행정자치부 소속으로 설치·운영	소관 기록물의 영구보존 및 관리를 위하여 설치·운영	소관 기록물의 영구보존 및 관리를 위하여 조례로 정하는 바에 따라 설치·운영
기록물관리 기본정책 수립 및 제도 개선	관할 공공기관의 기본계획의 수립·시행	관할 공공기관의 기본계획의 수립·시행
표준화 정책 수립 및 표준 개발·운영	중앙기록물관리기관의 장이 표준의 이행과 통계현황 등 필요한 사항에 관하여 협조를 요청하면 협조해야 함. 관할 공공기관의 관련 통계의 작성·관리	중앙기록물관리기관이 표준의 이행, 국가위임사무에 관한 기록물의 원본 또는 사본의 이관, 통계현황 등에 관하여 협조를 요청하면 협조해야 함. 관할 공공기관의 관련 통계의 작성·관리
관련 통계의 작성·관리		
전자적 관리체계 구축 및 표준화	-	-
기록물관리의 방법 및 보존 기술의 연구·보급	-	-
기록물관리 종사자에 대한 교육·훈련	관할 기록물관리 종사자에 대한 교육·훈련	관할 기록물관리 종사자에 대한 교육·훈련
기록물관리에 관한 지도·감독 및 평가	관할 공공기관에 대한 지도·감독 및 지원	관할 공공기관에 대한 지도·감독 및 지원 / 관할 지방자치단체에 대한 지도 (시·도기록물관리기관만 해당)
다른 기록물관리기관과의 연계 및 협조	중앙기록물관리기관과의 협조에 의한 기록물의 상호활용 및 보존의 분담	중앙기록물관리기관과의 협조에 의한 기록물의 상호활용 및 보존의 분담
기록물관리 교류·협력	-	-
-	-	관할 공공기관 관련 향토자료 등의 수집
30년 이하 보존기록물 위한 중간시설 설치 가능	-	-
그 밖에 이 법에서 정하는 사항	그 밖에 기록물관리에 관한 사항	그 밖에 기록물관리에 관한 사항

법률

제9조(중앙기록물관리기관) ① 기록물관리를 총괄·조정하고 기록물을 영구보존·관리하기 위하여 행정자치부장관은 그 소속으로 영구기록물관리기관을 설치·운영하여야 한다.

② 제1항에 따라 행정자치부장관 소속으로 설치·운영되는 영구기록물관리기관(이하 "중앙기록물관리기관"이라 한다)은 다음 각 호의 업무를 수행한다.

   1. 기록물관리에 관한 기본정책의 수립 및 제도의 개선
   2. 기록물관리 표준화 정책의 수립 및 기록물관리 표준의 개발·운영
   3. 기록물관리 및 기록물관리 관련 통계의 작성·관리
   4. 기록물의 전자적 관리체계 구축 및 표준화
   5. 기록물관리의 방법 및 보존기술의 연구·보급
   6. 기록물관리 종사자에 대한 교육·훈련
   7. 기록물관리에 관한 지도·감독 및 평가
   8. 다른 기록물관리기관과의 연계·협조
   9. 기록물관리에 관한 교류·협력
   10. 그 밖에 이 법에서 정하는 사항

③ 중앙기록물관리기관의 장은 공공기관으로부터 이관받은 기록물을 효율적으로 관리하기 위하여 필요한 경우에는 중간 관리시설을 설치·운영할 수 있다.

제10조(헌법기관기록물관리기관) ① 국회, 대법원, 헌법재판소 및 중앙선거관리위원회는 소관 기록물의 영구보존 및 관리를 위하여 영구기록물관리기관을 설치·운영할 수 있다. 이 경우 영구기록물관리기관을 설치·운영하지 아니할 때에는 대통령령으로 정하는 바에 따라 중앙기록물관리기관에 소관 기록물의 관리를 위탁하여야 한다.

② 제1항에 따라 국회, 대법원, 헌법재판소 및 중앙선거관리위원회에 설치·운영하는 영구기록물관리기관(이하 "헌법기관기록물관리기관"이라 한다)은 다음 각 호의 업무를 수행한다.

   1. 관할 공공기관의 기록물관리에 관한 기본계획의 수립·시행
   2. 관할 공공기관의 기록물관리 및 기록물관리 관련 통계의 작성·관리
   3. 관할 공공기관의 기록물관리에 관한 지도·감독 및 지원
   4. 중앙기록물관리기관과의 협조에 의한 기록물의 상호활용 및 보존의 분담
   5. 관할 공공기관의 기록물관리 종사자에 대한 교육·훈련
   6. 그 밖에 기록물관리에 관한 사항

③ 헌법기관기록물관리기관의 장은 중앙기록물관리기관의 장이 기록물관리에 대한 표준의 이행과 기록물관리 관련 통계현황 등 기록물의 효율적 관리를 위하여 필요한 사항에 관하여 협조를 요청하면 협조하여야 한다.

제11조(지방기록물관리기관) ① 특별시 장·광역시장·특별자치시장·도지사 또는 특별자치도지사는 소관 기록물의 영구보존 및 관리를 위하여 특별시·광역시·특별자치시·도 또는 특별자치도(이하 "시·도"라 한다)의 조례로 정하는 바에 따라 영구기록물관리기관(이하 "시·도기록물관리기관"이라 한다)을 설치·운영하여야 한다.

② 특별시·광역시·특별자치시·도·특별자치도 교육감(이하 "시·도교육감"이라 한다)은 소관 기록물의 영구보존 및 관리를 위하여 시·도의 조례로 정하는 바에 따라 영구기록물관리기관(이하 "시·도교육청기록물관리기관"이라 한다)을 설치·운영할 수 있다. 이 경우 시·도교육감이 시·도교육청기록물관리기관을 설치·운영하지 아니할 때에는 대통령령으로 정하는 바에 따라 소관 기록물을 시·도기록물관리기관에 이관하여야 한다.

③ 시장·군수·구청장(자치구의 구청장을 말한다. 이하 같다)은 소관 기록물의 영구보존 및 관리를 위하여 시·군·자치구의 조례로 정하는 바에 따라 영구기록물관리기관(이하 "시·군·구기록물관리기관"이라 한다)을 설치·운영할 수 있다. 이 경우 시장·군수·구청장이 시·군·구기록물관리기관을 설치·운영하지 아니할 때에는 대통령령으로 정하는 바에 따라 소관 기록물을 시·도기록물관리기관에 이관하여야 한다.

④ 지방자치단체의 장은 기록물관리를 효율적으로 하기 위하여 필요한 경우에는 대통령령으로 정하는 바에 따라 영구기록물관리기관을 공동으로 설치·운영할 수 있다.

⑤ 시·도기록물관리기관(제2항 후단 및 제3항 후단에 따라 시·도교육감 또는 시장·군수·구청장으로부터 소관 기록물을 이관받은 경우를 포함한다), 시·도교육청기록물관리기관, 시·군·구기록물관리기관 및 제4항에 따라 공동으로 설치·운영되는 영구기록물관리기관(이하 "지방기록물관리기관"이라 한다)은 다음 각 호의 업무를 수행한다.

  1. 관할 공공기관의 기록물관리에 관한 기본계획의 수립·시행
  2. 관할 공공기관의 기록물관리 및 기록물관리 관련 통계의 작성·관리
  3. 관할 공공기관의 기록물관리에 관한 지도·감독 및 지원
  4. 관할 지방자치단체의 기록물관리에 관한 지도(시·도기록물관리기관만 해당한다)
  5. 중앙기록물관리기관과의 협조에 의한 기록물의 상호활용 및 보존의 분담
  6. 관할 공공기관의 기록물관리 종사자에 대한 교육·훈련
  7. 관할 공공기관 관련 향토자료 등의 수집
  8. 그 밖에 기록물관리에 관한 사항

⑥ 국가는 지방기록물관리기관의 설치·운영에 필요한 경비의 일부를 예산의 범위에서 보조할 수 있다.

⑦ 지방기록물관리기관의 장은 중앙기록물관리기관의 장이 기록물관리에 대한 표준의 이행, 국가위임사무에 관한 기록물의 원본 또는 사본의 이관, 그 밖에 기록물관리 관련

통계현황 등 기록물의 효율적 관리를 위하여 필요한 사항에 관하여 협조를 요청하면 협조하여야 한다.

시행령

제2조(정의) 이 영에서 사용하는 용어의 정의는 다음과 같다.

9. "영구기록관리시스템"이라 함은 영구기록물관리기관에서 영구기록물 관리를 전자적으로 수행하는 시스템을 말한다.

6조(중앙기록물관리기관) ① 법 제9조제1항에 따른 중앙기록물관리기관은 국가기록원으로 한다.

② 중앙기록물관리기관의 장은 다음 각 호의 업무를 수행하기 위하여 법 제9조제3항에 따른 중간 관리시설을 설치·운영할 수 있다.

1. 공공기관으로부터 이관받은 기록물중 보존기간이 30년 이하인 기록물의 관리
2. 폐지기관으로부터 이관받은 기록물중 보존기간이 30년 이하인 기록물의 관리

제7조(헌법기관 기록물의 위탁관리) ① 국회·대법원·헌법재판소·중앙선거관리위원회가 법 제10조제1항에 따른 영구기록물관리기관을 설치하지 아니한 경우에는 보존기간이 30년 이상인 기록물을 보존기간 기산일부터 10년이 경과한 다음 연도 중에 중앙기록물관리기관에 위탁하여 관리하여야 한다.

② 중앙기록물관리기관은 기록물의 공개·활용, 보존처리, 보존비용 등 기록물의 위탁관리에 필요한 사항을 위탁기관과 협의하여 정할 수 있다.

제8조(지방기록물관리기관 미설치기관의 기록물 이관) 특별시·광역시·도교육감 또는 특별자치도교육감, 시장·군수·구청장(자치구의 구청장을 말한다)이 지방기록물관리기관을 설치하지 아니한 경우에는 법 제11조제2항 후단 및 제3항 후단에 따라 보존기간이 30년 이상인 기록물을 보존기간의 기산일부터 10년이 경과한 다음 연도 중에 관할 특별시·광역시·도 또는 특별자치도(이하 "시·도"라 한다) 지방기록물관리기관으로 이관하여야 한다.

제9조(지방기록물관리기관의 공동설치) ① 법 제11조제4항에 따른 지방기록물관리기관의 공동설치는 시·도 또는 시·군·구(지방자치단체인 구를 말한다) 단위로 한다. 이 경우 지방기록물관리기관은 「지방자치법」 제159조에 따라 설립된 지방자치단체조합으로 보며, 같은 법 제160조부터 제164조까지의 규정을 적용한다.

② 제1항에 따라 지방자치단체가 지방기록물관리기관을 공동으로 설치·운영하고자 하는 경우에는 중앙기록물관리기관과 다음 각 호의 사항에 대하여 협의하여야 한다.

1. 설치 위치 및 시설·장비

  2. 조직 구성 및 직원의 선임 방법
  3. 설치 및 운영에 필요한 예산 확보 방안
  4. 그 밖에 지방기록물관리기관의 공동 설치·운영에 필요한 사항
③ 중앙기록물관리기관의 장은 지방기록물관리기관의 공동 설치·운영과 관련하여 필요한 사항을 지방자치단체에 요청할 수 있으며, 지방자치단체는 특별한 사정이 없는 한 이에 따라야 한다.

3절 기록관 및 특수기록관

　공공기관의 기록관리를 위하여 단위 기관별로 (특수)기록관을 설치하도록 되어 있다. 이 (특수)기록관은 기록관리시스템을 사용해야 한다. 설치 대상이 되는 공공기관은 시행령에 규정되어 있다. 일반적인 행정기관의 작은 소속기관을 제외하고는 일정한 조직적 규모를 갖고 있는 대부분의 공공기관은 해당 기관별로 (특수)기록관을 설치해야 한다. 다만, 준공공기관으로서 기준에 미흡한 경우는 비록 기록관이라는 조직을 별도로 설치하지는 않는다 하더라도 해당 기관의 장이 정하는 부서가 기록관의 역할을 수행하며 본 법령을 준수해야 한다. 중등이하 학교는 대체로 자체 기록관을 두지 않고 관할 교육청 등의 기록관이 지정된다. 만일 특정 공공기관의 소속기관으로서 영구기록물관리기관과의 협의와 승인을 통해 (특수)기록관을 별도로 설치하게 되는 경우, 모기관의 (특수)기록관과 어떠한 업무체계를 만들어야 하는지 새로 검토되어야 한다.

　또한, 영구기록물관리기관 자신의 업무활동에 대한 기록은 어떻게 처리할 것인지, 만일 모기관이 있는 경우라면 기록관을 별도로 설치하지 않고 모기관의 기록관으로 이관해야 하는지에 대해서도 다소 불명확한 점도 있다. 다만, 지방자치단체의 경우 광역자치단체인 시와 도, 시도교육청, 다시 말해서 시청이나 도청, 시교육청이나 도교육청 등은 지방기록물관리기관을 설립하더라도 자신들의 기록관리를 위한 기록관을 역시 만들어하며, 공동으로 지방기록물관리기관을 만드는 경우에도 마찬가지이다. 대신에 기초자치단체인 시, 군, 구가 독자적으로 지방기록물관리기관을 만들 경우에는 별도의 기록관을 만들 필요가 없는 것으로 규정하고 있다.

　특수기록관은 기록관을 설치해야 하는 기관으로서, 다른 기관과는 달리 특수한 업무를 수행하면서 그에 따라 비공개기록을 주로 생성하고, 또 이런 특수한 성격의 비공개기록들을 오래도록 해당 기관에서 유지할 필요가 있는 경우에 설립한다. 곧 조직과 업무, 기록의 특수성을 감안해서 제도화된 것이다. 법률에 의하면 통일·외교·안보·수사·정보 분야의 기록물을 생산하는 공공기관에 해당하는 것으로, 다시 시행령에 나열되어 있다. 특수기록관이 설치되지 아니한 경우에는 그 소속기관에도 특수기록관을 설치할 수 없다. 이렇게 특수기록관 설치대상이 중앙행정기관에 속하거나 그 소속 기관으로 제한되어 규정되고 있고, 중앙행정기관의 수반인 대통령의 령인 대통령령으로 규정되어 있다는 것은 기억해둘 필요가 있다. 본 규정의 취지를 살려서 기타 헌법기관이나 지방자치단체에도 적용될 필요가 있는지는 다시 검토될 수 있다.

일반적으로 준현용단계의 기록을 담당하는 역할을 하는 레코드센터는 우리의 경우처럼 각 기관마다 설치하는 방식이 아니라, 여러 기관이 공동으로 설치하여 운영하는 경우가 보다 보편적이다. 그것은 무엇보다 기록을 생산한 기관의 공간과 설비, 인력, 비용 등을 절감하고 전문적인 서비스를 보장하려는 현실적인 이유에서 비롯되었다.

미국의 연방정부에서 운영하는 레코드센터는 국립기록보존소와 마찬가지로 NARA 소속으로 설치되어 각기 여러 개의 연방정부기관을 대상으로 운영된다. 따라서 레코드센터와 아카이브즈는 하나의 조직에 속한 다른 기구일 뿐으로, 매우 긴밀한 연속적인 업무관계를 보장할 수 있다. 그러나 기록의 생산기관과 별개의 기관이고, 또한 생산기관으로부터 거리도 떨어져 있기 때문에 대체로 업무상 참고활용이 빈번하지 않은 시점에 진입한 준현용단계의 기록을 보존관리한다.

반면에 우리와 유사한 중국의 각 기관별 당안실은 해당 기관의 내부조직으로 설치되며, 당안관리의 정책기구인 당안국의 소속기관인 당안관이 여러 기관의 당안실로부터 장기보존대상 기록을 이관받아 보존관리한다. 당안실과 당안관의 관계는 당안국을 매개로 업무상의 지도와 지휘를 받을 뿐이다. 대신에 당안실은 해당 기관의 내부조직으로 업무부서와 같은 공간을 공유하며 손쉽게 업무상의 필요에 대응할 수 있다. 다만, 모든 기관에 공간, 설비, 전문인력 등을 배치해야 하기 때문에 현실 여건에 제약받기 쉽다. 참고로 근래 중국에서도 연합당안실(공동 레코드센터)의 필요성이 제기되고 있다.

우리는 비록 중국과 같이 모든 단위 기관에 기록관을 만드는 것은 아니지만, 기본적으로는 매우 유사한 형태를 지니고 있다고 이해된다. 업무부서와 밀접한 관계를 맺으며 해당 기관의 업무와 기록의 특성을 최대한 반영하는 전문화에 유리하다. 또한 초기 생산관리에 적극 개입하여 효율적이면서도 효과적인 기록관리체계의 근간을 이룰 수 있다. 다만, 역시 해당 기관의 현실 여건에 구애 받으며 업무수행에 어려움을 겪을 수 있다는 점을 유의해야 한다.

한편, 기록관과 특수기록관의 경우 해당 기관의 기록물관리부서에 설치하는 것으로 규정되어 있는데, 적어도 기록관리와 전연 상관없는 부서에 설치되는 모순은 발생하지 않을 것으로 기대된다. 하지만 기록물관리부서라는 것이 "과" 이상의 정규 행정조직 단위를 의미한다면, (특수)기록관은 결국 독립적인 조직도 아니고, "과"에 속하는 수준의 위상이 낮은 조직임을 전제로 하고 있다는 것을 알 수 있다.

기록관과 특수기록관의 역할에 대해서는 다음과 같이 규정되고 있다.

1. 해당 공공기관의 기록물관리에 관한 기본계획의 수립·시행
2. 해당 공공기관의 기록물 수집·관리 및 활용
3. 기록관이 설치되지 아니한 관할 공공기관의 기록물관리
4. 영구기록물관리기관(특수기록관은 중앙기록물관리기관)으로의 기록물 이관
5. 해당 공공기관의 기록물에 대한 정보공개 청구의 접수
6. 관할 공공기관의 기록물관리에 대한 지도·감독 및 지원
7. 그 밖에 기록물관리에 관한 사항

법률

제13조(기록관) ① 공공기관의 기록물을 효율적으로 관리하기 위하여 대통령령으로 정하는 공공기관은 기록관을 설치·운영하여야 한다. 다만, 제14조에 따른 특수기록관을 설치·운영하는 공공기관의 경우에는 그 공공기관 내에 기록관을 설치할 수 없다.

② 기록관은 다음 각 호의 업무를 수행한다.

1. 해당 공공기관의 기록물관리에 관한 기본계획의 수립·시행
2. 해당 공공기관의 기록물 수집·관리 및 활용
3. 기록관이 설치되지 아니한 관할 공공기관의 기록물관리
4. 영구기록물관리기관으로의 기록물 이관
5. 해당 공공기관의 기록물에 대한 정보공개 청구의 접수
6. 관할 공공기관의 기록물관리에 대한 지도·감독 및 지원
7. 그 밖에 기록물관리에 관한 사항

제14조(특수기록관) ① 통일·외교·안보·수사·정보 분야의 기록물을 생산하는 공공기관의 장은 소관 기록물을 장기간 관리하려는 경우에는 중앙기록물관리기관의 장과 협의하여 특수기록관을 설치·운영할 수 있다.

② 특수기록관은 제28조제1항에 따른 시설·장비와 이를 운영하기 위한 전문인력을 갖추어야 한다.

③ 특수기록관은 다음 각 호의 업무를 수행한다.

1. 관할 공공기관의 기록물관리에 관한 기본계획의 수립·시행
2. 해당 공공기관의 기록물 수집·관리 및 활용
3. 특수기록관이 설치되지 아니한 관할 공공기관의 기록물관리
4. 중앙기록물관리기관으로의 기록물 이관
5. 해당 공공기관의 기록물에 대한 정보공개 청구의 접수
6. 관할 공공기관의 기록물관리에 대한 지도·감독 및 지원
7. 그 밖에 기록물관리에 관한 사항

시행령

제2조(정의) 이 영에서 사용하는 용어의 정의는 다음과 같다.

8. "기록관리시스템"이라 함은 기록관 또는 특수기록관에서 기록물 관리를 전자적으로 수행하는 시스템을 말한다.

제10조(기록관의 설치) ① 다음 각 호의 어느 하나에 해당하는 공공기관은 법 제13조제1항에 따라 기록관을 설치·운영하여야 한다. 다만, 제6호에 해당하는 공공기관이 법 제11조제3

항에 따른 지방기록물관리기관(공동 설치한 경우를 제외한다)을 설치·운영하는 경우에는 기록관을 따로 두지 아니하고 그 지방기록물관리기관이 기록관의 업무를 수행한다.

1. 「정부조직법」 제2조에 따른 중앙행정기관
2. 감사원, 국가인권위원회, 방송통신위원회, 국가정보원, 국무조정실, 국무총리비서실
3. 국민권익위원회, 공정거래위원회, 금융위원회, 원자력안전위원회
4. 중앙행정기관의 소속기관 중 지방보훈청, 지방국세청, 인천세관, 서울세관, 부산세관, 대구세관, 광주세관, 고등검찰청, 지방검찰청, 지방교정청, 지방병무청, 지방경찰청, 우정사업본부, 지방우정청, 지방식품의약품안전청, 수도권대기환경청, 유역환경청, 지방환경청 및 국립환경과학원, 지방고용노동청, 중앙노동위원회, 지방국토관리청, 중앙토지수용위원회, 지방해양수산청, 지방항공청, 지방해양경비안전본부, 금융정보분석원
5. 시·도
6. 시·군·구(지방자치단체인 구를 말한다) 및 「제주특별자치도 설치 및 국제자유도시 조성을 위한 특별법」 제10조제2항에 따라 제주자치도에 두는 행정시
7. 시·도 교육청 및 「지방교육자치에 관한 법률」 제34조에 따른 교육지원청
8. 국방부장관이 중앙기록물관리기관의 장과 협의하여 정하는 직할 군 기관
9. 육군·해군·공군 참모총장이 중앙기록물관리기관의 장과 협의하여 정하는 군 기관
10. 관리하여야 하는 기록물의 양이 행정자치부령으로 정하는 기준을 초과하는 다음 각 목의 어느 하나에 해당하는 기관
　　가. 제3조제1호부터 제3호까지의 공공기관
　　나. 「고등교육법」 제2조에 따른 학교 중 사립학교
11. 「고등교육법」 제2조에 따른 학교 중 다음 각 목의 어느 하나에 해당하는 학교
　　가. 「국립학교 설치령」 제3조 및 별표 1에 따른 학교
　　나. 「한국교원대학교 설치령」, 「한국방송통신대학교 설치령」 및 「한국예술종합학교설치령」에 따른 학교
　　다. 국립대학 법인
　　라. 공립대학
12. 그 밖에 영구기록물관리기관의 장이 기록관 설치가 필요하다고 인정되어 지정한 공공기관

② 기록관은 기록물관리부서에 설치함을 원칙으로 한다. 다만, 제3조 각 호의 어느 하나에 해당하는 공공기관 중 제1항제10호 또는 제11호에 해당하지 아니하는 경우에는 다음 각 호의 구분에 따른 부서 등이 기록관의 업무를 수행한다.

1. 제3조제1호부터 제3호까지의 공공기관과 「고등교육법」 제2조에 따른 학교 중 사

　　　립학교: 해당 공공기관의 장이 지정하는 부서

　2. 「유아교육법」 및 「초·중등교육법」에 따라 설립된 학교

　　　가. 국립학교: 관할 중앙행정기관의 기록관(대학·교육대학 부설학교의 경우에는 소속 대학·교육대학의 기록관을 말한다)

　　　나. 공립·사립 학교: 관할 교육청 또는 교육지원청의 기록관

　3. 그 밖의 학교: 중앙기록물관리기관의 장이 지정하는 기관의 기록관

③ 제1항에 따라 기록관을 설치·운영하여야 하는 공공기관이 법 제14조제1항에 따라 특수기록관을 설치·운영하는 경우에는 기록관을 따로 두지 아니하고 그 특수기록관이 기록관의 업무를 수행한다.

④ 제1항에 포함되지 아니한 공공기관에 기록관의 설치가 필요한 경우에는 그 공공기관의 장이 관할 영구기록물관리기관의 장의 승인을 얻어 기록관을 설치·운영할 수 있다.

제11조(특수기록관의 설치) ① 법 제14조제1항에 따른 특수기록관은 통일부, 외교부, 국방부 및 국방부장관이 중앙기록물관리기관의 장과 협의하여 정하는 직할 군 기관, 국민안전처 및 지방해양경비안전본부, 대검찰청·고등검찰청·지방검찰청, 방위사업청, 경찰청 및 지방경찰청, 국가정보원, 육군본부, 해군본부, 공군본부 및 육군·해군·공군 참모총장이 중앙기록물관리기관의 장과 협의하여 정하는 군 기관에 각각 설치할 수 있다. 다만, 그 중앙행정기관에 특수기록관이 설치되지 아니한 경우에는 관할 기관에 특수기록관을 설치할 수 없다.

② 특수기록관은 기록물관리부서에 설치함을 원칙으로 한다.

시행규칙

제2조(기록관 설치기준 및 관리기준)「공공기록물 관리에 관한 법률 시행령」(이하 "영"이라 한다) 제3조 각 호의 어느 하나에 해당하는 공공기관 중 영 제10조제1항제10호에 따라 다음 각 호의 어느 하나에 해당하는 경우에는 기록관을 설치·운영하여야 한다.

　1. 그 기관 및 소속기관의 연간 기록물 생산량이 1천권 이상인 기관

　2. 그 기관 및 소속기관의 보존대상 기록물이 5천권 이상인 기관

4절 국가기록관리위원회

국가기록관리위원회는 기록을 직접 다루지는 않지만 기록관리와 관련한 제도와 정책의 문제로부터 비공개 기록물의 공개재분류에 이르기까지, 각종 주요 사항에 대한 심의를 담당한다. 구법령에서는 국가기록물관리위원회라는 명칭으로 중앙기록물관리기관 산하에 두는 것으로 하였으나, 신법령에서는 국무총리 산하로 격상되었다.

국가기록관리위원회의 주요 심의 대상은 다음과 같다.

1. 기록물관리에 관한 기본정책의 수립
2. 기록물관리 표준의 제정·개정 및 폐지
3. 영구기록물관리기관 간의 협력 및 협조 사항
4. 대통령 기록물의 관리
5. 비공개 기록물의 공개 및 이관시기 연장 승인
6. 국가지정기록물의 지정 및 해제
7. 그 밖에 기록물관리와 관련하여 위원회의 위원장이 심의에 부치는 사항

이들 심의 대상에 대하여 보다 전문적인 조사와 심의를 위해서 그 산하에 전문분야별로 전문위원회를 설치하거나, 여러 전문위에 해당하거나 특별한 사안을 다루기 위한 특별위원회를 둘 수 있다.

국가기록관리위원회의 구성은 중앙기록관리기관의 장과 각 헌법기관에서 추천되는 소속 공무원, 그리고 민간의 학식과 경험이 풍부한 사람들을 포함되어 20명 이내의 위원으로 구성한다. 위원장은 당연히 국무총리가 위원 중에서 임명하며, 기타 민간위원의 경우 3년 임기로 1회 연임할 수 있다. 중앙기록물관리

기관의 소속 공무원 1명이 위원회의 사무를 위해 간사로 활동한다. 헌법기관에서 추천되는 위원은 아마도 헌법기관기록물관리기관과 관련된 사람일 것으로 예측되는데, 국가적인 정책과 제도의 운영에서 헌법기관기록물관리기관이 자신의 역할을 반영할 수 있는 통로라고 할 수 있다. 다만, 같은 영구기록물관리기관이면서도 지방기록물관리기관의 추천 위원이 배제되는 것에 대해서는 재검토의 여지가 있을 수 있다고 생각된다.

전문위원회의 경우는 소관 분야 전문가 및 관계기관 공무원 중 중앙기록물관리기관의 장의 추천으로 9인 이내의 위원을 국가기록관리위원회 위원장이 임명 또는 위촉하는데, 국가기록관리위원회 위원장이 국가기록관리위원회 위원 중에서 간사위원을 임명하며, 간사위원이 전문위원회를 주관한다. 공무원이 아닌 위원의 임기는 3년으로 한다. 특별위원회의 위원은 별도의 위원을 위촉하거나 임명하지 않고, 국가기록관리위원회 위원장이 국가기록관리위원회 및 전문위원회 위원 중에 간사위원 1명을 포함하여 9인 이내의 위원을 선임한다.

국가기록관리위원회의 정기회의는 분기별로 개최하며, 위원장이 임시회를 소집할 수 있다. 위원회의 회의는 재적위원 과반수의 출석으로 개의하고 출석위원 과반수의 찬성으로 의결한다. 위원회는 심의를 위해 필요할 경우 관련 공공기관 및 기록물관리기관에 관련 자료의 제출을 요청할 수 있다. 위원회의 회의는 반드시 회의록을 작성해야 한다. 전문위원회는 국가기록관리위원회 위원장 또는 간사위원이 필요하다고 인정할 경우 개최하며, 재적위원 과반수의 출석으로 개의하고 출석위원 과반수의 찬성으로 의결한다. 물론 회의 결과를 상급기관인 국가기록관리위원회에 보고하여야 한다. 특별위원회의 경우는 대체로 특정의 사안을 다루는 것이므로 일정한 운영기간이 설정되기 마련인데, 기간연장이 필요할 경우는 국가기록관리위원회의 의결로 정해야 한다. 활동기간이 종료되기 전까지 결과보고서를 국가기록관리위원회에 제출하여야 한다.

법률

제15조(국가기록관리위원회) ① 다음 각 호의 사항을 심의하기 위하여 국무총리 소속으로
  국가기록관리위원회(이하 "위원회"라 한다)를 둔다.
    1. 기록물관리에 관한 기본정책의 수립
    2. 기록물관리 표준의 제정 · 개정 및 폐지
    3. 영구기록물관리기관 간의 협력 및 협조 사항
    4. 대통령 기록물의 관리
    5. 비공개 기록물의 공개 및 이관시기 연장 승인
    6. 국가지정기록물의 지정 및 해제
    7. 그 밖에 기록물관리와 관련하여 위원회의 위원장이 심의에 부치는 사항
② 위원회는 위원장 1명을 포함하여 20명 이내의 위원으로 구성하고, 위원은 다음 각 호의
사람 중에서 국무총리가 임명하거나 위촉한다.
    1. 국회사무총장, 법원행정처장, 헌법재판소사무처장 및 중앙선거관리위원회사무총
       장이 추천하는 소속 공무원
    2. 중앙기록물관리기관의 장
    3. 기록물관리에 관한 학식과 경험이 풍부한 사람
③ 위원회의 위원장은 국무총리가 위원 중에서 임명하거나 위촉한다.
④ 제2항제3호에 따른 위원의 임기는 3년으로 하며, 한 차례만 연임할 수 있다.
⑤ 위원회는 다음 각 호의 사항을 적은 회의록을 작성 · 보존하여야 한다. 이 경우 필요
하다고 인정되면 속기 · 녹음 또는 녹화를 할 수 있다.
    1. 일시 및 장소
    2. 참석위원의 수 및 성명
    3. 그 밖에 참석자 및 배석자의 성명
    4. 상정안건 및 결정사항
    5. 그 밖의 토의사항
⑥ 위원회의 사무를 지원하기 위하여 위원회에 간사 1명을 두며, 간사는 중앙기록물관리
기관의 소속 공무원으로 한다.
⑦ 위원회의 효율적인 운영을 위하여 위원회에 전문위원회나 특별위원회를 둔다.
⑧ 제1항부터 제7항까지에서 정한 사항 외에 위원회, 전문위원회 및 특별위원회의 구성
및 운영 등에 필요한 사항은 대통령령으로 정한다.

시행령

제12조(국가기록관리위원회 운영) ① 법 제15조에 따른 국가기록관리위원회(이하 "국가기

록관리위원회"라 한다)의 위원장(이하 "위원장"이라 한다)은 위원회의 업무를 총괄하며 회의의 의장이 된다.

② 국가기록관리위원회의 회의는 분기별로 개최한다. 다만, 위원장이 필요하다고 인정하는 때에는 임시회를 소집할 수 있다.

③ 국가기록관리위원회의 회의는 재적위원 과반수의 출석으로 개의하고 출석위원 과반수의 찬성으로 의결한다.

④ 위원장은 회의 운영에 필요하다고 인정하는 때에는 법 제15조제1항 각 호의 사항을 심의하기 위하여 관련 공공기관 및 기록물관리기관에 관련 자료의 제출을 요청할 수 있다.

⑤ 중앙기록물관리기관의 장은 국가기록관리위원회의 위촉위원에 대하여는 예산의 범위 안에서 수당, 여비, 그 밖에 필요한 경비를 지급할 수 있다.

⑥ 그 밖에 국가기록관리위원회의 운영에 관하여 필요한 사항은 국가기록관리위원회의 의결을 거쳐 위원장이 정한다.

제13조(전문위원회의 구성 · 운영) ① 법 제15조제1항 각 호의 사항을 전문적으로 조사 · 심의하기 위하여 법 제15조제7항에 따라 해당 분야별로 전문위원회를 구성 · 운영한다.

② 전문위원회는 간사위원 1인을 포함하여 9인 이내의 위원으로 구성하며 공무원이 아닌 위원의 임기는 3년으로 한다.

③ 간사위원은 국가기록관리위원회의 위원 중에서 위원장이 임명하며, 전문위원회를 주관한다.

④ 위원은 소관 분야 전문가 및 관계기관 공무원 중 중앙기록물관리기관의 장의 추천으로 위원장이 임명 또는 위촉한다.

⑤ 회의는 위원장 또는 간사위원이 필요하다고 인정할 경우 개최하며, 재적위원 과반수의 출석으로 개의하고 출석위원 과반수의 찬성으로 의결한다.

⑥ 간사위원은 개최된 회의 결과를 국가기록관리위원회에 보고하여야 한다.

제14조(특별위원회의 구성 · 운영) ① 법 제15조제7항에 따라 특별위원회는 수 개의 전문위원회 소관과 관련되거나 특별한 사안에 대하여 심의가 필요할 경우 국가기록관리위원회의 의결로 구성 · 운영한다.

② 제1항에 따른 특별위원회의 운영기간 및 기간연장은 국가기록관리위원회의 의결로 정한다.

③ 특별위원회의 위원은 간사위원 1인을 포함하여 9인 이내의 위원으로 하고, 국가기록관리위원회 및 전문위원회 위원 중에서 위원장이 선임한다.

④ 특별위원회는 활동기간이 종료되기 전까지 결과보고서를 국가기록관리위원회에 제출하여야 한다.

제15조(국가기록관리위원회 등의 운영지원) 중앙기록물관리기관의 장은 국가기록관리위
원회, 전문위원회 및 특별위원회(이하 이 조에서 "위원회등"이라 한다)를 효율적으로 운
영하기 위하여 다음 각 호의 사항을 지원하여야 한다.
1. 위원회등의 운영에 필요한 예산, 인력, 사무에 관한 사항
2. 위원회등의 회의 준비, 안건작성에 관한 사항
3. 위원회등의 기능과 관련된 조사 및 연구에 관한 사항
4. 그 밖에 위원회등의 업무지원과 관련하여 위원장이 요청하는 사항

5절 기록물관리기관의 시설 및 장비

  (특수)기록관이나 영구기록물관리기관 등 기록물관리기관은 법정 시설 및 장비 기준을 충족해야 한다. 특히 법령에 명시되지 않은 기관이 필요에 의해 기록물관리기관을 별도로 설립하고자 할 때에는 가장 중요한 승인 기준의 하나가 될 것이다. 물론, 기록관보다는 특수기록관이, 그리고 이들보다 더욱 까다로운 시설 및 장비 기준이 영구기록물관리기관에 요구된다.

  눈여겨 볼 규정의 하나는 공간구분을 보존서고와 작업실, 열람실로 구분하고 있다는 것이다. 기록관에는 다른 부서나 다른 기관과 공동으로 사용하는 전산장비가 있는지(예를 들면 전산실에 주전산기가 있는 경우)에 따라 그 기준의 적용 여부가 달라질 수 있고, 또한 이관받은 준영구 이상의 중요기록을 보존매체에 수록하도록 규정하고 있기 때문에 마이크로필름 장비 등을 요구하고는 있으나, 민간용역으로 처리할 경우 역시 감안될 수 있다.

  특수기록관은 특수 성격의 중요 비공개기록이 장기간 보존된다는 점을 고려하여 소독장비 등 보다 보존성을 강조하는 기준이 마련되어 있으며, 행정박물과 시청각기록의 보존서고에 대한 기준도 제시되고 있다. 영구기록물관리기관은 탈산장비의 설치나 공기질의 유지 등까지도 강조되고 있다.

  구법령의 규정과 비교해보자면 전체적으로 보존환경 등의 기준이 강화된 것을 알 수 있는데, 특히 (특수)기록관의 경우 보존기간 30년에 해당하는 것마저 영구기록물관리기관으로 이관하도록 하면서도 시설 및 장비 기준은 보다 까다롭게 되어, 당해 기관의 부담을 최소화하면서도 시설과 장비 등은 현대화하려는 목표를 드러내고 있다.

  (특수)기록관이 자체적으로 30년 이상 기록을 이관하지 않고 장기보존할 수도 있다는 점에서는 그에 적합한 시설 및 장비기준의 적용에 문제가 없는지 유의해야 한다.

법률

제28조(기록물관리기관의 시설·장비) ① 중앙기록물관리기관의 장은 기록물의 체계적 관리, 안전한 보존 및 효율적 활용을 위하여 대통령령으로 정하는 바에 따라 기록물관리기관별 시설·장비 기준을 정하여야 한다.

② 기록물관리기관의 장은 제1항에 따른 시설·장비 기준을 준수하여야 하며, 이를 준수하지 아니하는 기록물관리기관에 대하여는 중앙기록물관리기관의 장이 그 시정을 요구할 수 있다.

시행령

제60조(기록물관리기관의 보존시설·장비 및 환경기준) ① 법 제28조에 따라 기록물관리기관이 갖추어야 하는 보존시설 및 장비의 기준은 별표 6과 같다.

② 기록물관리기관의 장은 법 제28조제2항에 따라 매년 5월 31일까지 시설·장비 및 환경 구축 현황을 중앙기록물관리기관에 통보하여야 하며, 중앙기록물관리기관의 장은 기록물관리기관의 시설·장비 및 환경 기준 준수 여부를 지속적으로 관리하여야 한다.

[별표 6] 기록물관리기관의 보존시설 및 장비의 기준(제60조제1항 관련)

01 우리나라 기록물관리기관의 성격에 대한 설명으로 적당한 것은?

① 특수기록관은 비공개기록만을 취급한다.
② 국사편찬위원회는 중앙기록물관리기관 소속의 영구기록물관리기관으로 인정된다.
③ 하나의 기록관은 하나의 영구기록물관리기관의 관할에 들어간다.
④ 기록관은 준현용단계의 기록만을 보존관리한다.

02 우리나라 영구기록물관리기관의 설립에 관한 설명으로 잘못 짝 지어진 것은?

① 국가기록관리위원회 — 국무총리 소속으로 설치
② 중앙선관위 영구기록물관리기관 — 선거관리위원회 규칙에 의해 행정국이 담당
③ 개별대통령기록관 — 국가기록원 소속으로 설치
④ 서울기록원 — 기초자치단체 및 교육청, 서울역사박물관 등과 협동조합으로 설치

03 우리나라 영구기록물관리기관의 역할에 관한 설명으로 적합한 것은?

① 지방기록물관리기관 — 미설치 시 국가기록원에 위탁 가능
② 중앙기록물관리기관 — 10년 이상 보존기록물 위한 중간시설 설치
③ 대통령기록관 — 국무총리 등 대통령 핵심 참모의 기록을 보존할 별도 시설 운영
④ 헌법기록물관리기관 — 관할 공공기관에 대한 지도 및 감독, 지원

04 다음 중 기록관에 대한 설명으로서 잘못된 것은?

① 특수기록관은 중앙행정기관 및 소속 기관 중에 둔다.
② 연간 생산량이 천권이 넘는 중학교의 경우 기록관을 설치해야 한다.
③ 해당 공공기관의 정보공개 접수창구가 된다.
④ 해당 공공기관의 기록물관리에 대한 총괄적인 책임을 지닌다.

05 다음 중 기록관리법령에 명시되지 않은 위원회는?

① 국가기록관리특별위원회
② 정보공개위원회
③ 기록물평가심의회
④ 기록물공개심의회

06 다음 중 기록물관리기관의 시설 및 장비 기준에 대한 설명으로 적합하지 않은 것은?

① 시설, 장비, 환경 구축 현황을 매년 중앙기록물관리기관에 통보해야 한다.
② 공간구분은 보존서고, 작업실, 열람실로 구분된다.
③ 특수기록관은 마이크로필름 촬영 및 이용 설비를 갖추어야 한다.
④ 기록관의 보존서고는 반드시 이동식 서가를 설치하지 않아도 된다.

3장_ 기록관리인력

개 요

　기록관리에 필요한 인력은 기록관리의 전문적인 직능과 관련되어 있다. 이러한 기록관리의 직능은 각 분야의 전문성과도 밀접히 관련된다. 그러한 의미에서 보자면 기록관리업무에 포괄되는 전문인력은 매우 구체적이고 다양하다. 기록의 생산과 보존, 활용 등 전반에 걸친 인적 구성은 기록관리분야에 한정되지 않는다. 기록의 생산자인 업무담당자로부터 사실상 기록의 체계적 관리가 비롯되기 때문이다.

　기록관리기구의 관리자나 행정담당자들도 기록관리기구의 특수한 사명과 역할, 기록관리의 직능과 전문적 활동을 충분히 이해하여야 한다. 특히, 보조적 위치에서건 혹은 주도적 위치에서건 기록의 전문적이고 체계적인 관리를 위해서는 인적 구성원들의 역할이 유기적으로 결합되어야 한다.

　통상 광의의 아키비스트가 아카이브즈에 복무하는 모든 인원을 일컫는 것도 의미가 크다. 이들은 모두 자신의 전문역량에 맞는 역할이 부여되어야 하며, 서로의 역할과 직능에 대해 포괄적인 이해를 갖추어야 한다.

　기록을 만들어내고 업무에 활용하며, 등록과 편철, 분류, 정리 등 초기 기록관리를 실행하고, 정보공개 여부를 일차적으로 판단하는 업무부서의 모든 업무담당자들도 사실상 기록관리를 실제적으로 실행하는 존재라고 이해되어야 한다. 업무와 기록관리를 일체화시키는 것이 현대 기록관리의 기법이나 우리 법령의 기초이다. 법률에서 기록관리와 관련해 모든 공무원의 의무를 규정하고 있는 이유도 여기에 있다.

1절 기록관리 인력구성

1. 기록물관리전문요원

기록관리법령이 제정되면서 가장 획기적인 제도의 하나로 도입된 것이 바로 기록물관리전문요원제도이다. 기록관리를 학문적으로 훈련받은 인력을 기록관리 현장의 주도적인 위치에 수용하려는 제도이다. 법률에서도 기록관리 전문화의 대표적인 제도로 규정하고 있다. 기록관리학 대학원을 졸업한 사람이나 혹은 행정자치부 장관이 인정하는 전문적인 교육과정을 이수하여 국가시험에 합격한 경우가 이에 해당한다. 예외로 2019년 2월 말까지 전문적인 교육과정을 이수한 군인 또는 군무원의 경우 (특수)기록관 소속의 전문요원으로 인정한다.

행정자치부 장관이 인정하는 전문교육 과정은 1년 이상의 집합교육을 통해 총 24학점 이상을 이수해야 하며, 기록관리에 관한 연구 논문을 제출하도록 규정하고 있어, 사실상 대학원 석사과정에 버금가는 요구를 담고 있다. 해당 교육원의 교수요원에 대해서도, 조교수 이상의 자격을 갖춘 사람이나 기록관리 분야와 관련된 실무·연구 또는 강의경력이 3년 이상인 사람으로 제한하고 있다.

구 분	교과 내용
기초영역	정부조직 및 행정론, 기록관리학개론, 기록관리 관련 법령
전문영역	기록평가·선별론, 기록조직론, 기록보존론, 기록정보서비스론, 전자기록관리론, 기록시스템론, 업무분석론, 민간기록관리론
기타	기록관리 실습, 논문지도

특히 이러한 교육과정을 이수한 사람은 다시 중앙기록물관리기관이 매년 실시하는 전문요원 자격시험을 통과해야 대학원을 졸업한 사람들과 함께 기록물관리전문요원 채용에 응시할 수 있다. 자격시험의 필수과목은 기록관리학개론(기록관리 관련 법령 포함)과 전자기록관리론, 선택과목은 기록평가·선별론, 기록조직론, 기록보존·기록정보서비스론 등이다. 이러한 시험을 위하여 행정자치부 장관은 중앙기록물관리기관의 장을 비롯해 학식과 경험이 풍부한 사람 중에서 5인의 시험자문위원회를 구성하며, 위촉된 위원은 3년의 임기와 1차 연임의 규정을 마련하고 있다. 행정자치부장관은 시험의 출제·검토 및 채점 등을 위해 시험과목별로 전문적인 지식을 가진 사람을 시험위원으로 위촉한다.

이처럼 관련 대학원을 졸업하였거나 교육과정을 거쳐 자격시험에 합격한 기록물관리전문요원 자격자 중에서 자격증의 필요가 있는 경우 행정자치부(국가기록원)에 자격증 발급을 요청할 수 있다.

최종적으로 채용시험에 합격하여 기록물관리기관에 근무하게 되는 전문요원은 기록물관리기관의 전체 정원의 4분의 1 이상(4분의 1이 1인 미만인 때에는 1인 이상) 배치되어야 하며, 이들은 기록물 이관, 평가, 분류, 정리(整理)·기술(記述), 폐기, 보존 등의 업무를 수행하게 된다.

2. 기록관리 일반 종사자

기록물관리기관에는 전문요원이 아닌 종사자들이 함께 근무하게 되는데, 이들 종사자는 기록물관리기관에 보직되기 전이나 또는 보직된 후 6개월이 지나기 전까지 중앙기록물관리기관의 장이 정하는 기록물관리 교육과정을 이수하여야 한다. (특수)기록관이나 영구기록물관리기관의 간부급으로 보직을 맡게 되는 기타 직원도 마찬가지다. 특히, 관리책임을 맡는 기록물관리기관의 장들이 기록물관리기관으로서의 직무 특성과 책임을 충분히 이해하고, 자신의 경력과 연륜을 적극 투영하여 행정적 전문성을 살리는 것이 필요하다.

 법령에 따르면, (특수)기록관이나 영구기록물관리기관의 경우도 기록물관리에 관한 교육을 실시하도록 되어 있는데, 이는 일반적으로 해당 기관이나 관할 기관의 업무담당자들을 대상으로 하거나 혹은 관할 기록물관리기관의 업무에 관한 직무교육으로 진행될 것으로 생각된다. 기록물관리기관의 일반 종사자에 대한 교육은 중앙기록물관리기관이 책임지고 교육 및 훈련 대책을 강구하고, 교육훈련규정을 만들어 운영하는 것으로 규정되어 있다. 물론 필요한 경우는 국내외 교육기관에 위탁할 수도 있다.

 기타 전문요원이든 일반 종사자든 기록물관리기관의 장은 보존서고의 관리 책임자를 지정하여 서고의 출입과 기록물의 입출고를 통제해야 한다.

3. 처리과 기록물관리책임자

 이밖에도 기록관리와 관련하여 법령에 명시된 인원으로는 기록물관리책임자가 있다. 이들은 각 처리과에서 지정되는 사람으로, 처리과에서 시행되는 초기 기록관리업무를 주도적으로 실행하게 된다. (특수)기록관의 입장에서는 각 처리과의 기록물관리책임자들의 협조가 필수적이고, 처리과에서의 초기 기록관리를 성공적으로 운영하기 위해서는 이들에 대한 지속적인 교육을 실행하고 협력체계를 갖추는 것이 주된 과제의 하나라고 할 수 있다.

법률

제4조(공무원의 의무) ① 모든 공무원은 이 법에서 정하는 바에 따라 기록물을 보호·관리할 의무를 갖는다.

 ② 공공기관 및 기록물관리기관의 장은 기록물이 국민에게 공개되어 활용될 수 있도록 적극적으로 노력하여야 한다.

제9조(중앙기록물관리기관) ② 제1항에 따라 행정자치부장관 소속으로 설치·운영되는 영구기록물관리기관(이하 "중앙기록물관리기관"이라 한다)은 다음 각 호의 업무를 수행한다.

　5. 기록물관리의 방법 및 보존기술의 연구·보급
　6. 기록물관리 종사자에 대한 교육·훈련

제10조(헌법기관기록물관리기관) ② 제1항에 따라 국회, 대법원, 헌법재판소 및 중앙선거관리위원회에 설치 · 운영하는 영구기록물관리기관(이하 "헌법기관기록물관리기관"이라 한다)은 다음 각 호의 업무를 수행한다.

　　5. 관할 공공기관의 기록물관리 종사자에 대한 교육 · 훈련

제11조(지방기록물관리기관) ⑤ 시 · 도기록물관리기관, 시 · 도교육청기록물관리기관, 시 · 군 · 구기록물관리기관 및 제4항에 따라 공동으로 설치 · 운영되는 영구기록물관리기관(이하 "지방기록물관리기관"이라 한다)은 다음 각 호의 업무를 수행한다.

　　6. 관할 공공기관의 기록물관리 종사자에 대한 교육 · 훈련

제13조(기록관) ② 기록관은 다음 각 호의 업무를 수행한다.

　　6. 관할 공공기관의 기록물관리에 대한 지도 · 감독 및 지원

제14조(특수기록관) ③ 특수기록관은 다음 각 호의 업무를 수행한다.

　　6. 관할 공공기관의 기록물관리에 대한 지도 · 감독 및 지원

제41조(기록물관리 전문요원) ① 체계적 · 전문적인 기록물관리를 위하여 기록물관리기관에는 기록물관리 전문요원을 배치하여야 한다.

② 기록물관리 전문요원의 자격 및 배치인원 등에 관하여 필요한 사항은 국회규칙, 대법원규칙, 헌법재판소규칙, 중앙선거관리위원회규칙 및 대통령령으로 정한다.

③ 중앙기록물관리기관의 장은 기록물관리 전문요원을 포함한 전문인력의 수요 파악 및 양성 등에 관한 계획을 수립하여야 한다.

제42조(기록물관리 교육 · 훈련) 중앙기록물관리기관의 장은 대통령령으로 정하는 바에 따라 기록물관리 종사자의 능력 향상을 위한 교육 · 훈련 대책을 마련하여야 한다.

시행령

제78조(기록물관리 전문요원의 자격과 배치) ① 법 제41조제2항에 따른 기록물관리 전문요원은 다음 각 호의 어느 하나에 해당하는 사람으로 한다.

　　1. 기록관리학 석사학위 이상을 취득한 자
　　2. 다음 각 목의 어느 하나에 해당하는 사람으로서 행정자치부령으로 정하는 기록관리학 교육과정을 이수하고, 행정자치부장관이 시행하는 기록물관리 전문요원 시험에 합격한 사람
　　　가. 기록관리학 학사학위를 취득한 사람
　　　나. 역사학 또는 문헌정보학 학사학위 이상을 취득한 사람

② 기록물관리기관의 전체 정원의 4분의 1 이상(4분의 1이 1인 미만인 때에는 1인 이상)을 기록물 이관, 평가, 분류, 정리(整理) · 기술(記述), 폐기, 보존 등의 업무수행을 위한

기록물관리 전문요원으로 배치하여야 하며, 그 밖에 기록물관리를 위하여 필요한 전문
인력을 배치하여야 한다.

③ 제1항제2호에 따라 행정자치부장관이 시행하는 기록물관리 전문요원 시험의 과목
및 방법 등에 관하여 필요한 사항은 행정자치부령으로 정한다.

④ 삭제

⑤ 행정자치부장관은 제1항에 따른 기록물관리 전문요원의 자격요건을 갖춘 사람에게
행정자치부령으로 정하는 바에 따라 기록물관리 전문요원 자격증을 발급하여야 한다.

⑥ 행정자치부장관은 기록물관리 전문요원 시험에서 부정한 행위를 한 사람에 대해서
는 그 시험을 정지 또는 무효로 하거나 합격 결정을 취소하고, 그 처분이 있었던 날부
터 2년간 시험의 응시자격을 정지할 수 있다.

제78조의2(군 기관 기록물관리 전문요원에 관한 특례) 제78조에도 불구하고 국방부장관이
정하는 기준에 해당하는 군인 또는 군무원 중 행정자치부령으로 정하는 기록관리학 교
육과정을 이수한 사람(2019년 2월 28일까지 이수한 사람에 한정한다)으로서 제10조제1
항제8호 및 제9호에 따라 설치되는 기록관 또는 특수기록관 소속으로 근무하는 경우 해
당 군인 또는 군무원은 제78조제1항에 따른 기록물관리 전문요원의 자격을 갖춘 것으
로 보아 제78조제2항에 따른 기록물관리 전문요원의 업무를 수행할 수 있다.

제79조(기록물관리 종사자 등에 대한 교육훈련) ① 법 제9조제2항제6호 및 법 제42조에 따
라 중앙기록물관리기관의 장은 기록물관리 종사자에 대한 기록물관리 전문교육훈련을
실시하여야 한다.

② 중앙기록물관리기관의 장은 제1항의 규정에 의한 기록물관리 전문교육훈련을 시행
하기 위한 교육훈련 운영규정을 제정 시행하여야 한다.

③ 중앙기록물관리기관의 장은 필요한 경우 기록물관리 종사자의 소속 기관장과 협의
하여 국내외 기록관리 교육기관에 교육훈련을 위탁할 수 있다.

④ 기록물관리 전문요원이 아닌 기록물관리기관의 종사자는 기록물관리기관에 보직되
기 전 또는 보직된 후 6개월이 지나기 전까지 중앙기록물관리기관의 장이 정하는 기록
물관리 교육과정을 이수하여야 한다.

시행규칙

제15조(기록물관리책임자) ① 공공기관은 기록물관리 업무를 체계적으로 수행하기 위하여
처리과별로 기록물관리책임자를 지정하여야 한다.

② 기록물관리책임자는 다음 각 호의 업무를 수행한다.

1. 기록물 및 기록물철의 등록·관리에 관한 사항
2. 처리과별 기록관리기준표 작성·관리에 관한 사항

3. 단위과제별 기록물철 작성기준의 수립에 관한 사항
4. 기록물의 정리·보관 및 이관에 관한 사항
5. 간행물의 등록 및 관리에 관한 사항
6. 그 밖에 처리과의 기록물관리에 관한 사항

제29조(서고 관리책임자 지정) 기록물관리기관의 장은 서고별로 관리책임자를 지정하고, 그 관리책임자에 의하여 서고의 출입과 기록물의 입·출고가 통제되도록 하여야 한다.

제42조(기록관리학 교육과정) 영 제78조제1항에 따라 행정자치부령으로 정하는 기록관리학 교육과정은 별표 16과 같다

제42조의2(기록물관리 전문요원 시험의 실시) ① 영 제78조제3항에 따른 기록물관리 전문요원 시험(이하 "시험"이라 한다) 과목은 다음 각 호와 같다.
  1. 필수과목: 기록관리학개론(기록관리 관련 법령 포함), 전자기록관리론
  2. 선택과목: 기록평가·선별론, 기록조직론, 기록보존·기록정보서비스론
② 시험은 필기시험으로 하고, 필수과목 시험은 객관식으로 하며, 선택과목 시험은 3개 과목 중 2개 과목을 선택하여 응시하고 기입형을 포함한 주관식으로 실시한다.
③ 시험의 합격자는 각 과목 만점의 40퍼센트 이상, 전 과목 총점의 60퍼센트 이상을 득점한 사람으로 한다. 다만, 필수과목 시험에서 만점의 40퍼센트 미만에 해당하는 점수를 받은 과목이 있는 응시자의 선택과목 시험은 채점하지 아니한다.
④ 시험은 매년 1회 실시하는 것을 원칙으로 하되, 행정자치부장관이 필요하다고 인정하는 경우에는 그 횟수를 증감할 수 있다.
⑤ 행정자치부장관은 제1항에 따른 시험을 실시하려는 경우에는 시험 일시·장소, 응시원서의 제출기간, 그 밖에 필요한 사항을 시험일 30일전까지 공고하여야 한다.
⑥ 시험에 응시하려는 사람은 행정자치부장관이 정하는 응시원서를 제출하여야 한다.
⑦ 행정자치부장관은 합격자를 결정한 경우에는 합격자 명단을 행정자치부 인터넷 홈페이지 등에 공고하고 합격자에게 통지하여야 한다.
⑧ 그 밖에 시험의 시행에 필요한 사항은 행정자치부장관이 정한다.

제42조의3(시험자문위원회) ① 시험의 실시에 관하여 행정자치부장관의 자문에 응하기 위하여 행정자치부장관 소속 하에 시험자문위원회(이하 "위원회"라 한다)를 둔다.
② 위원회는 다음 각 호의 사항에 관하여 행정자치부장관의 자문에 응한다.
  1. 시험의 출제 방향
  2. 시험의 난이도
  3. 그 밖에 시험의 시행에 필요한 사항
③ 위원회는 위원장을 포함하여 5인으로 구성하되, 위원장은 중앙기록물관리기관의 장이 되고, 위원은 기록물관리 또는 시험에 관한 학식과 경험이 풍부한 사람 중에서 행정

자치부장관이 위촉하는 사람이 된다.

④ 위원의 임기는 3년으로 하고, 1차에 한하여 연임할 수 있다.

⑤ 위원장은 위원회의 회의를 소집하고, 그 의장이 된다.

⑥ 위원회의 회의는 재적의원 과반수의 출석으로 개의하고, 출석의원 과반수의 찬성으로 의결한다.

제42조의4(시험위원의 위촉) ① 행정자치부장관은 시험의 출제 · 검토 및 채점 등을 위해 시험과목별로 전문적인 지식을 가진 사람을 시험위원으로 위촉한다.

② 제1항에 따라 위촉된 시험위원에게는 예산의 범위에서 수당과 여비를 지급할 수 있다.

제42조의5(자격증의 발급 및 재발급 등) ① 영 제78조제5항에 따라 기록물관리 전문요원 자격증을 발급받으려는 사람은 별지 제23호서식의 신청서에 다음 각 호의 서류를 첨부하여 행정자치부장관에게 제출하여야 한다.

　　1. 신분증 사본(주민등록증, 운전면허증, 여권사본, 장애인등록증에 한한다.) 또는 주민등록등본

　　2. 영 제78조제1항에.따른 기록물관리 전문요원의 자격요건에 해당함을 증명하는 서류

② 행정자치부장관은 발급신청서를 접수한 경우에는 신청인의 자격요건을 확인한 후 별지 제24호서식의 기록물관리 전문요원 자격증을 신청인에게 발급하여야 한다.

③ 자격증을 발급받은 사람이 그 자격증을 잃어 버렸거나 못 쓰게 되어 자격증을 다시 발급받으려고 할 때에는 별지 제23호서식의 신청서를 행정자치부장관에게 제출하여야 한다.

④ 자격증의 기재사항을 변경하려는 사람은 별지 제23호서식의 신청서에 기록물관리 전문요원 자격증과 기재사항의 변경을 증명하는 서류를 첨부하여 행정자치부장관에게 제출하여야 한다.

[별표 16] 기록관리학 교육과정(제42조 관련)

　　1. 이수학점 및 수료의 기준

　　　　가. 이수학점 기준: 기록관리학 교육과정의 이수단위는 학점으로 하고, 학점은 16시간 이상의 강의(실습을 포함한다)를 1학점으로 하며, 이수하여야 할 최소학점은 24학점으로 할 것

　　　　나. 수료 기준: 기록관리학 교육과정의 수료자는 최소 학점(24학점) 이상을 이수하고, 기록물 관리에 관한 연구 논문을 제출한 자로 할 것

　　2. 교육 기간 및 방법 기준

　　　　기록관리학 교육과정의 수업연한은 1년 이상으로 하고, 교육방법은 집합교육으로 할 것

3. 교육과목 개설 기준

기록관리학 교육과정은 다음의 영역별 교육과목에 관한 강좌를 개설한 교육과정으로 하되, 제42조의2제1항에 따른 필수과목 및 선택과목에 대한 강좌는 반드시 개설한 과정으로 할 것

구분	교과 내용
기초 영역	정부조직 및 행정론, 기록관리학개론, 기록관리 관련 법령
전문 영역	기록평가·선별론, 기록조직론, 기록보존론, 기록정보서비스론, 전자기록관리론, 기록시스템론, 업무분석론, 민간기록관리론
기타	기록관리 실습, 논문지도

4. 교수요원 기준

가. 기록관리학 교육과정의 교수요원은 다음 중 어느 하나에 해당하는 사람으로 할 것

　1)「고등교육법」제16조 및「대학교원 자격기준 등에 관한 규정」제2조에 따른 조교수 이상의 자격을 갖춘 사람

　2) 기록물관리 분야와 관련된 실무·연구 또는 강의경력이 3년 이상인 사람

나. 기록관리학 교육과정의 교수요원 중 1인은 교육과정 운영을 전담하는 교수요원으로 배치할 것

2절 기록관리인력의 직무윤리

1. ICA 제정 윤리강령

아키비스트 윤리강령 Code of Ethics
(1996년 9월 6일 ICA 제13차 북경총회에서 채택)

전문

A. 아키비스트를 위한 윤리강령은 마땅히 기록보존 전문직에게 적합한 고매한 행위 규범을 정립하는 것이어야 한다. 기록보존 전문직의 신규 종사자에게는 그들이 지켜야 할 행위 규범을 안내해주는 것이어야 하고, 경험이 있는 아키비스트에게 는 전문직 종사자로서의 책무를 상기시켜주는 것이어야 하며, 또한 기록보존 전 문직에 대한 국민 대중의 신뢰를 고취시키는 것이어야 한다.

B. 이 강령에서 아키비스트라 함은 보존 기록물에 대한 관리와 보호, 보관, 보존 및 행정 운영에 종사하고 있는 모든 사람들을 망라한다.

C. 아키비스트를 고용하고 있는 기관이나 전문적 기록보존기관은 마땅히 이 강령의 실행을 촉진하는 정책과 실무를 채택하도록 권장되어야 한다.

D. 이 강령은 기록보존 전문직 종사자들에게 윤리적 규범을 제공하고자 제정된 것 이지, 어떠한 특정한 문제에 대한 해결책의 제공을 의도하는 것은 아니다.

E. 모든 원칙들은 각각 그에 대한 주석과 함께 제시되며, 따라서 이 아키비스트 윤 리강령은 원칙과 주석으로 구성된다.

F. 이 강령은 기록보존기관과 기록보존 전문단체의 실행 의지에 달려 있다. 이는 교 육의 형태는 물론, 의문사항이 있을 때 지침을 제공하고, 비윤리적 행위를 조사

하며, 필요시 제재를 가하는 조직을 설립하는 형태를 취할 수 있다.

강령   Code

1. 아키비스트는 보존 기록물이 무결성을 유지하도록 보호해야 하며, 그럼으로써 보존 기록물이 계속해서 과거에 대한 신뢰할만한 증거로서 지속될 수 있도록 보장해야 한다.

 - 아키비스트의 주임무는 자신이 보호, 보관하고 있는 보존 기록물의 무결성을 유지하는 일이다. 아키비스트는 이 임무를 수행함에 있어서, 때로는 상충하기도 하지만, 고용주들, 소유자들, 자료의 대상자 및 이용자들의 과거와 현재, 미래의 정당한 권리와 이익을 존중해야 한다. 객관성과 공평성이야말로 아키비스트의 전문직으로서의 의식과 자격을 가늠하는 척도이다. 아키비스트는 사실을 은폐하거나 왜곡시키기 위해 증거를 조작하려는 그 어떤 압력에도 저항해야 한다.

2. 아키비스트는 보존 기록물을 역사적, 법률적, 행정적 맥락에서 평가, 선별, 유지해야 하며, 그럼으로써 출처의 원칙을 유지하며, 기록물의 본원적인 상관관계를 보존하고 명료하게 해야 한다.

 - 아키비스트는 반드시 보편적으로 수용되는 원칙과 방법에 따라서 업무를 수행해야 한다. 아키비스트는 전자기록물과 멀티미디어 기록물을 포함하여, 현재 사용 중인 현용 기록물과 준현용 기록물의 생산과 유지, 처분에 있어서나 보존 기록물로서 소장할 기록물의 선별과 수집에 있어서, 그리고 자신이 관할하는 보존 기록물의 보호와 보존 및 보존처리나 기록물의 정리와 기술, 편찬 및 정보를 이용 가능케 하는 일 등에 있어서 전문적 기록보존의 제 원칙에 따라 자신의 직무와 직능을 수행해야 한다. 아키비스트는 자신이 속한 기관의 행정적 요구사항 및 수집정책에 대한 철저한 이해를 판단의 근거로 삼아 공정하게 기록물을 평가해야 한다. 아키비스트는 전문적 기록보존의 제 원칙(소위 출처의 원칙과 원질서 존중의 원칙)과 승인된 기준에 의해 보존대상으로 선별된 기록물에 대해서 자원이 허용하는 한 신속하게 정리, 기술하여야 한다. 아키비스트는 자신이 속한 기관의 목

적과 자원에 따라 기록물을 수집해야 한다. 기록물의 통합성(무결성)이나 안전을 위태롭게 할 때에는 수집을 추진하거나 이관받지 말아야 한다. 다시 말해서, 아키비스트는 기록물이 가장 적당한 보존기관에서 보존될 수 있도록 서로 협력해야 한다. 또한, 아키비스트는 잘못 이관되어온 경우라면 대상 기록물들의 송환에도 서로 협력해야 한다.

3. 아키비스트는 기록물을 장기 보존해가며 보존, 이용하는 동안, 반드시 기록물의 진본성이 유지되도록 보호해야 한다.
- 아키비스트는 전자기록물과 멀티미디어 기록물을 포함하여 보존대상 기록물을 평가, 정리, 기술, 보존처리, 이용 등 기록보존업무를 수행하는 가운데, 기록물의 보존가치가 손상되지 않도록 보장해야 한다. 그 어떠한 표본적 작업이라고 해도 반드시 신중하게 수립된 방법과 모범에 의해 수행되어야 한다. 원본을 다른 형식으로 대체하는 작업은 기록물의 법률적 가치, 본원적 가치, 정보적 가치에 입각해서 수행되어야 한다. 기밀 기록물을 파일로부터 일시적으로 분리시켜 놓고 있는 경우에는, 반드시 그 이용자가 이 사실을 알 수 있도록 해야 한다.

4. 아키비스트는 보존 기록물이 계속적으로 접근 가능하고 명료하게 이해될 수 있도록 보장해야 한다.
- 아키비스트는 무엇보다 기록물을 생산하고 축적해온 개인이나 기관의 활동에 대한 핵심적 증거를 구하기 위해, 보존되어야 하는 기록물과 폐기되어야 하는 기록물을 선별해야 하는데, 그와 동시에 기록물에 대한 연구의 수요가 변화되어간다는 것을 또한 반드시 명심해야 한다. 아키비스트는 아무리 흥미로운 기록물이라고 하더라도, 출처가 불분명한 경우에는 기록물의 수집이 불법적인 거래를 조장할 수 있다는 점을 명확히 인식해야 한다. 아키비스트는 보존 기록물의 절도 용의자를 체포하여 기소하는 일에 있어서 다른 아키비스트나 사법기관과 협력하여야 한다.

5. 아키비스트는 보존 기록물에 대한 자신의 조치들을 반드시 기록해야 하며, 또한 정당화할 수 있어야 한다.

- 아키비스트는 기록물의 전 생명주기에 걸친 올바른 기록보유의 실행을 주창해야 하며, 새로운 기록 형태와 새로운 정보관리 방식을 제기함에 있어서는 기록물 생산자와 협력하여야 한다. 아키비스트는 기존에 생산된 기록물을 수집하는 일에 관심을 기울여야 할 뿐만 아니라, 현용 정보체계와 기록보존 체계가 가치 있는 기록물의 보존에 적합하게 바로 초기단계부터 결합되도록 보장해야 한다. 아키비스트는 기록물을 이관하는 공무원이나 기록물 소유자와 협의할 때, 가능하면 이관과 기증, 판매의 권한, 예산지원과 이익, 처리수행 계획, 저작권과 이용 조건 등의 요소들을 충분히 고려하여 합리적인 결정을 모색해야 한다. 아키비스트는 기록물의 취득과 보존처리, 그리고 수행된 모든 기록보존업무에 대한 기록을 작성하여 영구기록으로 남겨야 한다.

6. 아키비스트는 보존 기록물에 대해 최대한의 이용이 가능하도록 장려해야 하며, 모든 이용자에게 공평한 서비스를 제공해야 한다.

- 아키비스트는 소장하고 있는 모든 기록물에 대해 적절한 일반 검색수단과 특정의 고유한 검색수단 양자 모두를 작성해야 한다. 또한 아키비스트는 모든 사람들에게 공평한 조언을 제공해야 하며, 균형잡힌 서비스를 제공하기 위해 모든 유용한 자원을 동원해야 한다. 아키비스트는 소장 기록물에 관한 정당한 질문에 대해 친절하면서도 도움이 되려는 마음가짐으로 응답해야 하며, 기관 차원의 정책과 소장 기록물의 보존, 법률적 검토사항, 개인의 권리, 기증자와의 협약 등에 어긋나지 않는 범위에서, 소장 기록물을 가능한 한 최대한 이용할 수 있도록 장려해야 한다. 아키비스트는 기록물을 이용하려는 사람들에게 제한 사항을 설명해 주어야 하며, 또한 공평하게 적용해야 한다. 아키비스트는 기록물의 접근 및 이용에 대해 불합리한 제한이 가해지지 않도록 해야 하는데, 다만 수집의 조건으로서 한정된 일정시기 동안 이용의 제한을 가하도록 명시하는 방안을 제시하거나 승인할 수는 있다. 아키비스트는 기록물 수집 시점에 체결된 모든 협약을 충실하게 준수하고 공평하게 적용해야 한다. 그러나, 아울러 기록물을 자유롭게 이용하도록 하기 위해, 환경적 요인들의 변화가 발생하는 대로 그에 따라 이용조건을 재조정해야 한다.

7. 아키비스트는 기록물에 대한 접근과 기록물에 담긴 사적인 정보를 동시에 존중
   해야 하며, 관련 법령의 범위 안에서 업무를 수행해야 한다.
 - 아키비스트는 국가안보와 마찬가지로 기업과 개인의 사적인 정보 역시 훼손됨
   없이 보호해야 한다. 이점은 특히 전자기록물의 경우처럼 내용의 갱신이나 삭제
   가 다반사로 일어나는 경우에 그러하다. 아키비스트는 반드시 기록물을 만든 개
   인이나 기록물 내용의 대상이 되는 개인의 사적인 정보를 존중해야 하며, 특히
   그들이 당해 기록물의 사용이나 처분에 관해 아무런 발언권도 갖지 못하는 경우
   에 더욱 존중해야 한다.

8. 아키비스트는 자신에게 부여되는 특별한 신뢰를 일반 대중의 이익을 위해 사용
   해야 하며, 자신이나 다른 사람의 이익을 위해 부당하게 자신의 지위를 이용하지
   않아야 한다.
 - 아키비스트는 전문직으로서의 고결성과 객관성, 공평성에 손상을 줄 수 있는 행
   위를 해서는 안 된다. 아키비스트는 기관이나 이용자, 동료들에게 손실을 끼치면
   서 금전적인 이익이나 혹은 별도의 개인적인 이익을 얻어서는 안 된다. 또한, 아
   키비스트는 자기 자신의 이익을 위해 원본 기록물을 따로 모으거나 그 어떠한 기
   록물의 상거래에도 참여해서는 안 된다. 아키비스트는 대중에게 이해관계의 갈
   등으로 비칠 수 있는 행위를 하지 말아야 한다. 아키비스트는 자신의 기관이 소
   장하고 있는 기록물을 개인적인 연구와 출판에 사용할 수 있지만, 그러한 작업이
   동일한 소장 기록물을 이용하는 다른 사람들과 동일한 조건에서 수행될 때에만
   가능하다. 아키비스트는 이용이 제한되어 있는 기록물을 취급하는 업무 중에 얻
   게 된 관련 정보를 폭로하거나 이용해선 안된다. 아키비스트는 개인적인 연구 및
   출판에 관한 관심이 전문가로서의 책무나 고용된 직무의 정당한 수행을 방해할
   여지를 남겨두어선 안 된다. 아키비스트가 자기 기관의 소장 기록물을 이용할 경
   우, 다른 연구자들의 미간행 발굴 성과에 대한 지식을 자신이 이용할 계획이라는
   것을 해당 연구자들에게 먼저 통지하지 않은 채로 그에 관한 지식을 사용할 수
   없다. 아키비스트는 기관의 기록물에 의한 저작을 포함하여, 자신의 전문분야에
   관한 타인의 저작을 비평, 논평할 수 있다. 아키비스트는 전문분야 밖의 사람들
   이 자신의 업무 수행과 책무에 대해 부당하게 간여할 여지를 두어선 안 된다.

9. 아키비스트는 자신의 보존기록에 대한 지식을 체계적이고 지속적으로 쇄신하고, 자신의 연구 성과와 경험의 결과를 나눔으로써, 자신의 탁월한 전문성을 갖추도록 추구해야 한다.

- 아키비스트는 애써 자신의 전문적 식견과 기술을 개발하고, 전문 지식체계에 기여하며, 자신으로부터 교육이나 업무활동을 지도받는 사람들이 충분히 그들의 책무를 수행할 만한 준비를 갖추도록 보장하기 위해 노력해야 한다.

10. 아키비스트는 자신의 전문분야와 기타 다른 전문직 종사자들과의 협력 활동을 통해, 세계 기록유산의 보존과 이용을 촉진해야 한다.

- 아키비스트는 전문직 동료들과의 협력은 증진시키고 갈등은 피하도록 노력해야 하며, 기록보존의 제반 표준과 윤리에 보다 충실하도록 장려하는 방식으로 여러 어려움들의 해결을 모색해야 한다. 아키비스트는 상호 존중과 이해를 바탕으로 유관 전문직 종사자들과 협력해야 한다.

2. 한국기록전문가협회 제정 윤리강령

"한국기록전문가윤리강령"
(2014)

전문

기록정보의 관리와 보존, 공개와 이용에 대한 사회적 기대에 부응하기 위하여, 한국 기록전문가들의 전문적인 직무 활동은 보다 활성화되고 확장되어야 한다. 그와 동시에, 정치적, 사회적, 경제적, 제도적 환경으로부터 기록전문가들의 전문적인 직무 활동이 제약, 변질되거나 침해받지 않아야 한다.

본 강령에서 언급하는 기록전문가란, 특히 기록의 관리와 보존의 업무를 수행하는 전문기관의 전문직을 주된 대상으로 한다. 다만, 비전문기관의 기록전문직이나, 전문기관의 비전문직 업무담당자의 경우도, 기록의 관리 및 보존 업무와 관련한 업무를 수행함에 있어서는 본 강령을 준수하도록 교육 및 권장되어야 한다.

이를 위해 기록전문가를 고용하고 있는 기관은 마땅히 이 강령의 실행을 촉진하는 정책과 실천을 채택하도록 권장되어야 한다. 이는 교육의 형태는 물론, 의문사항이 있을 때 지침을 제공하고, 본 강령에 위배되는 비윤리적 행위를 조사하며, 필요시 제재를 가하는 제도를 수립하는 형태를 취할 수 있다.

그러나 이 강령이 특정한 문제의 해결책을 제공하는 것을 목적으로 하지는 않는다. 다만, 기록전문직의 신규 종사자에게는 그들이 지켜야 할 행위 규범을 안내해주는 것이어야 하고, 경력이 있는 기록전문가에게는 전문직 종사자로서의 책무를 다시금 상기시켜주는 것이어야 하며, 또한 기록전문가에 대한 국민 대중의 신뢰를 고취시키는 것이어야 한다.

이 강령은 1996년 제13차 총회에서 채택된 국제기록보존협의회(ICA)의 "아키비스트 윤리강령(Code of Ethics)"에 기초하여, 한국기록전문가협회의 연구모임에서 우리 기록전문직들이 처한 여건과 과제에 대한 검토와 보완을 거쳐 제안되었다. 이 제안은 협회의 자문단과 협회원들의 회람 및 요청에 근거하여 일부 수정을 거쳤으며, 최종적으로 2014년 7월 한국기록전문가협회의 제2회 대한민국 아키비스트 캠프에서 정식 채택되었다.

강령

1. 기록은 조직이나 개인이 수행한 업무와 활동의 구체적인 사실과 내용을 담은 증거이자 가치 있는 정보자원이며, 또한 조직과 개인의 집단적인 기억과 역사적인 유산이다. 기록전문가는 이러한 기록의 성격과 가치를 유지, 보호하며, 안전한 보존과 원활한 이용 제공을 보장하기 위한 직무를 책임 있게 수행해야 한다.

2. 기록전문가는 기록의 체계적인 관리와 보호, 이용 제공 등의 전문적인 직무를 통해, 조직과 업무담당자의 기록에 대한 업무상 요구와 이해 당사자들의 현재와 미래의 요구를 충족시켜야 한다. 아울러 교육적, 학술적, 역사적 목적으로 기억과 기록을 재활용하려는 요구 또한 충족시킴으로써 사회의 문화발전에 기여해야 한다.

3. 기록전문가는 기록관리체계를 설계, 실행, 유지, 운용, 발전시켜가는 역할을 비롯해, 기록의 생애주기 전반에 걸친 관리에 대하여 가장 우선적인 책임을 갖는다. 관련 제도와 정책, 표준, 기법 등의 개발과 수립에 참여하고, 업무수행과 기록관리가 통합된 체계 속에서 운용될 수 있도록 개발된 규범과 기법을 교육, 지도하는 등 관련 서비스를 제공해야 한다. 또한 기록의 평가와 보존, 처분, 기록정보의 이용 제공 등 기록관리 업무의 수행을 위하여 전문적인 지식과 실무 역량을 발휘해야 한다.

4. 기록전문가는 기록을 유지, 관리하는 동안, 진본성, 신뢰성, 무결성, 이용가능성 등 행위의 증거로서 기록이 갖춰야 할 기본요건을 보호해야 한다. 특히 수집, 평가, 정리, 보존처리, 이용제공의 실무과정에서 기록의 기본요건과 보존가치가 손상되지 않도록 보장해야 한다. 이를 위하여 기록의 관리와 관련된 구체적인 행위

와 조치, 기록관리 정책과 체계 등에 대하여 기록화해야 하며, 책임 있는 절차에 의해 지속적이고 정규적으로 운용되는 기록관리체계에 의해 신뢰할만한 기록관리가 실행될 수 있도록 모니터링과 감사 등을 실행해야 한다.

5. 기록전문가는 기록관리와 관련하여 공표된 국가법령과 표준은 물론, 전문단체에 의해 채택된 직무 관련 규약 등을 자발적으로 준수하여야 한다. 또한, 전문적인 기록관리의 원칙과 과학성이 입증된 기록관리 이론과 실무의 전통을 존중하여야 한다. 기록전문가 자신이 속한 기관의 요구와 여건에 근거하여 제한된 업무를 수행하는 경우에도, 준수하거나 존중해야 하는 범주를 벗어나지 않는 직무태도를 견지해야 한다.

6. 기록전문가는 자신이 취급하는 기록정보의 원활한 이용과 최대한의 이용, 공평한 이용을 보장하기 위하여 법제적, 기술적, 문화적 환경에 대한 깊은 이해를 가져야 하며, 간행, 전시, 교육 등의 활동을 통해 기록의 이용을 활성화시키기 위하여 노력해야 한다. 특히, 자신이 속한 기록관리기구의 기록 이용에 관한 합리적 정책과 기준, 절차 등을 수립해야 하며, 수집, 정리, 기술, 매체전환 등의 전문적 직무 수행을 통해 접근과 이용의 편의와 효율의 진전을 모색해야 한다.

7. 기록전문가는 기록정보의 정당하고 공평한 이용을 보장하는 또 다른 방법의 하나로, 국가의 안보와 조직의 기밀에 해당하거나 혹은 개인 등의 사적인 정보나 저작권 및 초상권 보호 등의 대상이 되는 정보에 불법적으로 접근, 유포하거나, 훼손하는 일이 없도록 보호해야 한다. 특히, 특정한 사람이나 조직이 자신의 권한과 손익이 결부되어 있음에도 미처 파악할 수 없거나 의견을 피력할 수 없는 조건 아래서 관련 기록정보가 이용되거나 처분되는 일이 발생하지 않도록 유의해야 한다.

8. 기록전문가는 민주주의, 인권존중, 평화유지, 환경보호 등 국가와 사회의 보편적인 가치를 옹호하며, 정치적, 사회적, 문화적 갈등과 격차를 해소하기 위해, 전문

적인 직무와 사회적 활동의 모든 영역에서 자발적 실천을 모색해야 한다. 특히, 전문적인 직무와 관련하여 부당한 간섭의 여지를 남겨두지 않도록 유의해야 하며, 강제와 차별이 관행적으로 존재하거나 특별한 계기로 발생되는 경우 이를 최소화 혹은 단기화 하도록 적극 노력해야 한다.

9. 기록전문가는 전문적 직무를 담당하는 생활인이자 사회공동체의 일원임을 자각하여, 사회 전반의 기록문화를 증진하고 조직과 개인의 기록화 역량을 강화하는 일에 책임의식을 지니고, 자신의 전문적 지식과 역량에 따라 다양한 방식으로 사회적 책무를 실천하기 위해 분투해야 한다. 이를 통해 기록전문가에 대한 존중과 신뢰가 직업과 직무의 범위에서만 아니라, 사회와 문화 영역 전반에 걸쳐 인정될 수 있도록 노력해야 한다.

10. 기록전문가는 자신의 전문적 지식과 실무 역량을 끊임없이 쇄신하기 위해 교육, 훈련과 연구 등의 활동에 참여해야 한다. 이를 통해 기록관리에 관한 전문 지식 체계의 발전에 기여하고, 자신으로부터 교육이나 지도를 받는 사람들이 충분한 역량을 갖출 수 있도록 보장해야 한다. 아울러 기록전문가는 동료들과의 협력을 증진시키고 갈등을 피하도록 노력해야 하며, 상호 존중과 이해를 바탕으로 유관 전문분야의 전문가들과 협력하여 기록정보와 다양한 문화유산의 보존과 이용을 발전시켜가야 한다.

단원학습문제   **3장 기록관리인력**

01 기록관리법령에서 다루는 기록물관리인력제도와 관련 없는 것은?

① 기록물관리기관의 서고관리책임자 지정제
② 기록물관리기관 신규 임용자에 대한 전문교육 이수제
③ 정보공개의 재분류를 위한 보안취급인가자의 배치
④ 기록관리학 교육원 출신 전문요원 자격시험 합격자에 대한 자격증발급제

02 1996년 ICA 총회에서 채택된 "아키비스트 윤리강령"의 내용과 거리가 먼 것은?

① 아키비스트라 함은 국가의 법령에 의하여 전문가 자격을 검증받은 기록물
관리기관 종사자를 지칭한다.
② 아키비스트는 현용 정보체계와 기록보존 체계가 결합되도록 보장해야 한다.
③ 기록물의 완전성이나 안전을 위태롭게 할 때에는 수집을 추진하거나 이관받
지 말아야 한다.
④ 아키비스트는 이용이 제한되어 있는 기록이라 하더라도 다른 이용자와 동일한
조건에서 개인적인 연구와 출판에 사용할 수 있다.

03 한국기록전문협회에서 채택한 국내 기록전문가윤리강령의 내용으로서 적합한
것은?

① 기록전문가는 제도와 정책 개발 대신 평가, 보존, 처분, 이용 등의 실무에 대한
책임을 진다.
② 기록전문가는 정치분야의 기관이나 조직에 근무하거나 대중적 활동에 참여할
수 없다.
③ 기록전문가는 자신으로부터 교육이나 지도를 받는 사람들이 기록관리업무에
관한 충분한 역량을 갖출 수 있도록 보장해야 한다.
④ 아키비스트는 이용이 제한되어 있는 기록이라 하더라도 개인적 연구와 출판에
사용할 수 있는 우선권을 갖는다.

4장_ 기록관리기준표

개　요

　　기록분류체계는 기록의 통제와 검색 등을 위하여 "기록을 조직화하고 내적인 질서를 부여하여 그 유기적 관계"를 구조화한 것이다. 기록분류체계는 "분류기준"의 적용에 따라 이질적인 기록의 다양성을 보여주는 수평적 구성을 표현하는 동시에, "분류근거"의 적용에 따라 동질적인 기록의 맥락성을 보여주는 수직적 구성을 표현하기도 한다.

　　기록분류체계는 수평적 다양성과 수직적 맥락성이 통합된 중층적 구조를 형성하여, 개별적인 기록건이나 아이템 수준으로부터 기록철과 파일 혹은 폴더의 수준, 그리고 기록시리즈와 기록군의 수준에 이르기까지, 생성되는 모든 기록에 대한 통합적이고 구조적인 확인과 이해를 가능하게 한다. 이로써 기록분류체계는 기록의 분류와 접근을 비롯하여, 전 생애에 걸친 체계적 관리와 통제의 핵심적 골간으로 기능한다.

　　기록분류체계는 대량의 기록을 이질적인 것은 서로 구분하고 동질의 것은 의미있는 집합체로 모으는 일정한 기준과 근거를 적용한 것이다. 이러한 기준과 근거로서는 흔히 생산조직과 생산자, 주제와 소재, 연대나 특정의 기간, 기능과 활동, 지역과 장소, 종류와 유형, 매체 등이 다양하게 사용될 수 있다. 특히 접근과 검색이나 관리의 편의를 위해서는 가장 친숙하면서도 의미 있는 기준을 적용할 수도 있다. 또한 이러한 다양한 기준들이 때론 서로 다른 기준의 의미마저 내포할 수도 있다. 그러나 생성되는 기록 모두에 안정적으로 일관되고 객관적으로 적용할 수 있고, 무엇보다 하나의 기록이 다른 여러 기록집합체에 동시에 속하게 되는 결과를 방지할 수 있어야 비로소 이상적인 분류체계를 완성할 수 있다.

　　기록의 3대 분류법으로 알려져 있는 것 중에 연도 분류법의 경우는 일반적으로 업무활동이 연도별로 기획되고 수행, 종결되므로 연도별 업무의 내용과 특성을 이해하기에 유용하며, 또한 기록을 정리하거나 이관하는 것도 대체로 연도를 단위로 하고 있어 기록의 분류가 용이하다. "일제시기"나 "제3공화국시기" 등과 같이 특정의 성격과 의미를 강하게 지닌 일련의 기간을 단위로 삼는 것도 가능하다. 그러나 포괄하는 기간이 너무 짧다든가 연도가 무의미할 경우, 혹은 기록의 연도가 불분명한 경우에는 적용할 수 없다.

조직기구 분류법은 기록의 생성과 활용 주체나 업무활동의 주체에 따라 분류하는 가장 일반적 방식으로서, 분류체계를 이해하기에 가장 용이하면서도, 기록의 생성과 작용의 실상을 명확하게 반영하고, 주제분류법의 장점도 취할 수 있다. 다만, 조직기구가 너무 단출하거나 인원이 적고 업무기능이 간단한 경우는 바람직하지 않으며, 조직 기구의 변동이 잦거나 변동의 규모가 큰 경우에도 적용시킬 수 없다.

기능 분류법은 기록의 내용과 업무활동의 성격을 근거로 분류함으로써, 실제 업무활동의 면모를 가장 잘 반영할 수 있으며, 기능과 업무활동 및 주제 분야에 따른 검색에 매우 유용하다. 다만, 기록의 내용과 주제가 복잡하고 업무활동 역시 지속적으로 변화하기 마련이므로, 일반적으로는 하위분류에 적용되는 경향이 있으며, 조직기구 분류법이 상위분류에 적합하지 않은 경우에만 상위분류에도 적용하게 된다.

한편, 이미 일반적으로 알려져 있는 바와 같이 기록분류체계는 기록의 보존기간표나 처리일정표, 보안분류체계 등 다양한 기록관리도구를 만들어내는 근간이 된다. 그 이유는 물론 기록의 동질성에 의거하여 하나의 시리즈에 속하는 기록은 동일한 관리가 가능하기 때문이다. 물론 이러한 기록관리도구는 그 역시 목적을 달리한다. 기록처리일정표는 말 그대로 어떤 중요한 기록관리조치의 일정을 담고 있다. 이관하는 시기나 재분류하는 시기, 혹은 보존매체에 수록하는 시기나 공개하는 시기도 일정하게 통제할 수 있다.

우리 법령에서는 생성되는 기록의 일관된 관리를 위하여 기록의 분류체계와 해당 기록의 표준적인 관리기준을 결합한 기록관리기준표를 사용하도록 규정하고 있다. 구법령에서 기록물분류기준표를 사용하였던 것과 기본적으로는 동일한 취지를 갖고 있으나 세부사항에서는 적지 않은 변화가 있다.

1절 기록분류체계

1. 업무기능과 업무활동 기록분류체계

오늘날 표준적인 기록분류체계는 모든 기록이 업무기능-업무활동-업무행위의 맥락을 배경으로 생성되어 작용한다는 원리를 반영한다. 특정의 업무 사실과 내용이 담긴 기록은 특정의 기능과 활동, 행위와 직접 연관된다. 이러한 맥락의 관점에서 모든 기록은 자신의 고유한 위치를 갖게 된다. 따라서 맥락에 근거하여 분류체계를 설정하는 것이 기록을 구조적으로 파악하는 데에 가장 효과적이며, 또한 기록의 내용과 의미, 업무의 사실과 내용에 대한 이해와 접근을 용이하게 한다는 것을 의미한다.

역할과 업무의 분장이 명확한 조직의 경우는 맥락과 조직(생산자)과의 연관성 역시 명확하기 마련이다. 다만, 업무기능과 업무활동, 업무행위 등도 역시 불변의 것은 아니라는 점, 그리고 업무 간의 연관성에 따라 기록 역시 상이한 맥락을 배경으로 생성되는 다른 기록과 연계되기도 한다는 점을 유의해야 한다. 이러한 업무기능과 업무활동에 기반을 둔 기록분류체계를 개발하기 위해서는 업무활동분석과 기록조사가 함께 진행되어야 한다.

기록분류체계는 일반적으로 고유한 업무활동을 하는 독립적인 조직을 단위로 하는 기록군으로부터, 동일한 성격과 특성을 지닌 기록들의 집합인 "기록시리즈"(하위시리즈도 포함)에 이르는 구조를 나타낸다. 일반적인 기록분류체계는 기록군과 같은 상위의 레벨에서는 조직의 구분을 반영하고, 기록시리즈 이하의 하위 레벨에서는 구체적인 기준을 적용한 결과를 반영하여, 기록시리즈의 계층화된 도표나 리스트로 나타낸다. 이는 기록시리즈의 등록에 의한 결과를 반영하는 것이지만, 실제 생성된 후 조직화되는 기록건과 기록철의 구조를 사전에 분류체계에 반영하는 것은 제한적이다. 특히 분류기준과 분류근거에 따라 미리 예정해둔 기록시리즈에 귀속시킬 수 없는 전연 새로운 성격의 기록이 생성되는 경우 기존의 분류체계는 이를 충족시킬 수 없다. 따라서 기록분류체계는 한번 개발된 후 고정적으로 운용하는 것이 아니라, 실제로 생성되는 모든 기록을 포괄하는 데에 충분한 수준의 수용성과 유연성에 기초해야 한다.

■ 기록군(Record Group, Fond, 전종(全宗))

서로 분할될 수 없고 또한 혼합될 수도 없는 기록의 근원적인 구조단위로서 흔히 최상위 레벨을 형성한다. 기록의 생성과 작용의 최정점이자 한계를 반영하는 것으로, 일반적으로는 "출처의 원칙"에 입각하여 하나의 조직이나 가족, 개인이 생산·수집한 전체 기록을 말한다. 다만, 유럽의 퐁(Fond)이나 중국의 전종(全宗)의 경우 아카이브즈가 소장 기록을 역사적 연관성에 의해 구분하는 지적인 분석을 통해 집합체를 형성하는 단위로 사용하기도 한다.

■ 기록시리즈(Record Series)

일정한 기준에 의해 특정한 동질성과 균질성을 지니는 기록집합체를 편성하는 단위이다. 이러한 동질성과 균질성에 근거하여 기록시리즈를 단위로 일관된 기록관리조치를 취할 수 있게 된다. 업무기능과 업무활동의 맥락에 근거한 분류체계를 적용할 경우, 실제로 기록되는 구체적인 내용은 다르더라도 맥락과 구성, 형태와 종류 등이 동일한 기록철이 지속적으로 축적되는 것을 확인할 수 있다. 따라서 일정한 업무 프로세스를 갖고 있는 업무활동별로 시리즈를 설정하는 경우, 일정한 기록철 편성기준을 적용하여 동일한 성격과 구성을 갖는 기록철들로 구성할 수 있다. 다만, 업무의 복잡성, 업무의 분장체계, 생성되는 기록의 수량과 형태 등을 고려하여 업무활동마다 고유한 기록철 편성기준을 갖게 되며, 그 결과 동일한 업무 맥락에서도 여러 개의 이질적인 기록시리즈가 나타날 수 있다. 업무활동의 분석과 더불어 기록조사가 반드시 수행되어야 하는 이유도 여기에 있다.

2. 단위과제와 기록시리즈

일반적으로 하나의 프로세스(process)로 진행되는 업무는 반복적인 활동에 의해 동질한 성격의 사안별 기록철을 만들어낸다. 시작에서부터 끝까지 반복되는 사안단위로 기록철을 만들어내지 않는다 하더라도 동일한 반복 과정을 통해 생성되는 기록을 일정한 기준에 따라 기록철로 묶는 한, 그 기록철들은 서로 매우 밀접한 연관성을 지니게 된다. 다만, 이질적인 성격의 정도에 따라 서로 분리하여 각각 시리즈로 구분하여 달리 취급될 필요가 있는 경우도 발생하게 된다. 따라서 기록시리즈를 개념화하자면 하나의 시리즈는 하나의 맥락에서 비롯되지만, 하나의 맥락이 단지 하나의 시리즈만을 만들어내는 것은 아니다.

기록분류체계의 기본단위는 바로 이러한 기록시리즈이다. 동일한 맥락에서 생성되어 동일한 취급이 필요한 기록집합체로서의 기록시리즈이다. 기록보존기간표가 되었든 기록처리일정표가 되었든 기록을 집합적으로 일정한 수준에서 관리하고 통제하기 위해서는 바로 기록시리즈를 찾아내야 한다. 통상 기록물의 건과 철 단위에서의 등록제도가 있다고 한다면, 이러한 기록시리즈가 중심이 되는 제도 역시 기록시리즈의 파악과 등록 없이는 곤란한 일이다.

그러나 우리의 경우 구법령에서는 단위업무라고 명명하였고, 신법령에서는 단위과제라고 하는 업무맥락의 단위를 상정하고 있을 뿐, 기록의 동질성에 입각한 기록시리즈를 기본단위로 삼지 못하고 있다. 그 이유는 뭐라 설명할 수 없으나, 그 결과는 동일한 관리방식의 적용이 결코 쉽지 않을 것이라는 점이다. 더욱이 중앙행정부의 예산편성을 위한 분류체계를 준용한다든가 하는 방식은 공공기록 전체의 분류체계로 삼기에는 한계가 명확하다고 할 수 있다. 목적이 다른 분류체계는 결과 역시 다르게 나타날 것이다.

우리의 경우 정책분야 - 정책영역 - 대기능 - 중기능 - 소기능 - 단위과제 등 6단계 계층구분에 입각한 정부기능분류체계는 행정자치부가 운영하며, 이러한 정부기능분류체계를 적용하지 못하는 기관은 관할 영구기록물관리기관과 협의해 별도의 기능분류를 수행하도록 되어 있다. 영구기록물관리기관이 설립되지 않으면 이마저도 혼선에 빠질 수밖에 없는 일이다. 시행령 제2조 정의에 의하면, 정부기능분류체계는 (중앙) 정부가 수행하는 기능을 범정부적으로 표준화한 기능분류체계와 각 부처의 과제관리를 위한 목적별 분류체계로 구성된 분류체계이다.

참고로, "기록관리기준표 작성 및 관리 절차" (기록관리업무표준 NAK/S 4:2012 (v2.1))에서 정의하고 있는 정부업무기능연계모델(Business Reference Model, BRM) 에 대해서도 기억해둘 필요가 있다. 그에 따르면, "정부 기능을 서비스 및 업무 처리절차에 따라 체계적으로 구조화한 정부업무 기능분류체계로서, 정부업무기능연계모델은 정부기능을 분류, 연계하여 전체 중앙행정기관의 단위과제별 기본정보와 유관정보를 조회할 수 있도록 함으로써 행정기관 간 정보공유를 통합하여 협업시스템을 구축하기 위해 사용한다."

다시 돌아와서 일단 하나의 단위과제가 하나의 기록시리즈를 생성하는 것으로 전제하고 있는 듯한 인상을 주는 것은 사실이다. 단위과제란 정부기능분류체계의 소기능(小機能)을 유사성, 독자성 등을 고려하여 영역별, 절차별로 세분한 업무를 말한다는 정의가 그것이다. 특히 "절차"(process)의 개념은 기록시리즈를 도출해내는 중요한 단서가 된다는 점에서 유의해야 한다.

또한 여러 기관이 동일하거나 혹은 유사한 업무기능과 업무활동을 하는 경우도 적지 않다. 그런 의미에서 "공통업무", "유사업무", "고유업무" 등의 개념이 사용될 수 있으나 현재 법령에서는 별도로 규정하고 있지 않다. 게다가 같은 용어의 같은 표현으로 된 업무기능과 업무활동이라고 하더라도 업무패턴의 세세한 부분까지 완전히 동일하다고 상정하는 것은 곤란하다. 더욱이 조직문화나 업무 규모, 업무분장, 역사경험, 지역, 인구, 환경 등 업무에 영향을 주는 모든 요소까지를 고려한다면, 그러한 업무활동과 기록의 중요도나 가치 등이 또한 동일하다고 단정할 수는 없을 것이다. 그러한 점에서 공통업무나 유사업무에 기록관리기준표를 지나치게 획일적으로 적용하는 것은 바람직하지 않을 것이다.

한편, 구법령에서 사용했던 단위업무 개념은 신법령의 단위과제라는 개념과 유사하지만, 기록의 형태, 유형 등의 구분도 반영하는 개념이었다. 특정의 업무단위로부터 생성되는 기록물이라도, 대장이나 카드 등과 같은 이질적인 형태나 유형의 기록물이 만들어지고, 이러한 차이가 기록을 관리하는 기준에도 영향을 미쳐 불가피하게 각각을 달리 취급해야 할 필요가 있는 경우 단위업무를 나누어 구분하도록 하였던 것이다. 서로 이질적인 성격의 기록을 하나의 동일한 기록시리즈에 포함시키지 않으려는 것이었다. 이렇게 달리 취급하는 방식의 하나가 기록관리기준 중에 특수목록이라는 개념을 통해 일종의 검색어를 지정하려고 하였던 것에서도 드러난다.

특수목록은 해당 단위과제에서 산출되는 기록철 혹은 기록건에 특별히 검색을 효율화시키기 위해 특정 종류의 용어를 등록단계에서 표기하도록 강제하는 제도였는데, 만일 서로 이질적인 종류의 기록이 하나의 단위과제에서 산출되면 표준화시킬 수 없기 때문에 결국 각기 다른 단위과제로 나누어야 했던 것이다.

법률

제18조(기록물의 등록·분류·편철 등) 공공기관은 업무수행 과정에서 기록물을 생산하거나 접수하였을 때에는 대통령령으로 정하는 바에 따라 그 기록물의 등록·분류·편철 등에 필요한 조치를 하여야 한다. 다만, 기록물의 특성상 그 등록·분류·편철 등의 방식을 달리 적용할 필요가 있다고 인정되는 수사·재판 관련 기록물의 경우에는 관계 중앙행정기관의 장이 중앙기록물관리기관의 장과 협의하여 따로 정할 수 있다.

제19조(기록물의 관리 등) ① 공공기관은 대통령령으로 정하는 바에 따라 기록물의 보존기간, 공개 여부, 비밀 여부 및 접근권한 등을 분류하여 관리하여야 한다.

시행령

제2조(정의) 이 영에서 사용하는 용어의 정의는 다음과 같다.
　　4. "기록물철"이라 함은 기록물관리의 기본단위로서 단위과제의 범위 안에서 관련 기

　　　록물을 편철한 1개 이상의 묶음을 말한다.

　　5. "정부기능분류체계"라 함은 정부가 수행하는 기능을 범정부적으로 표준화한 기능 분류체계와 각 부처의 과제관리를 위한 목적별 분류체계로 구성된 분류체계를 말 한다.

　　6. "단위과제"라 함은 정부기능분류체계의 소기능(小機能)을 유사성, 독자성 등을 고 려하여 영역별, 절차별로 세분한 업무를 말한다.

제22조(기록물의 분류) 법 제18조에 따라 공공기관은 제25조에 따른 기록관리기준표에 따 라 처리과별·단위과제별로 해당 기록물을 분류하여 관리하여야 한다.

제25조(기록관리기준표) ① 법 제19조제1항에 따라 공공기관은 업무과정에 기반을 둔 기록 관리기준표를 작성·운영하여야 하며, 기록관리기준표의 관리항목은 업무설명, 보존기 간 및 보존기간 책정 사유, 비치기록물 해당 여부, 보존장소, 보존방법, 공개여부 및 접 근권한 등의 관리기준을 포함하여야 한다. 이 경우 기록관리기준표는 제2조제8호에 따 른 기록관리시스템으로 생성·관리하여야 한다.

② 제1항에 따른 기록관리기준표는 행정자치부장관이 정하는 정부기능분류체계의 단위 과제별로 작성하는 것을 원칙으로 하되, 공개여부 및 접근권한 등은 공공기관별로 달리 정할 수 있다. 다만, 공공기관의 장은 정부기능분류체계를 적용할 수 없는 경우 관할 영구기록물관리기관의 장과 협의하여 별도의 기능분류방식을 사용할 수 있다.

⑤ 공공기관은 매년 기록물 정리기간 종료 직후 전년도에 신규로 시행하였거나 보존기 간이 변경된 단위과제명, 단위과제 업무설명 및 단위과제별 보존기간 등을 관보(지방자 치단체의 경우에는 공보를 말한다) 또는 그 기관의 홈페이지 등 정보통신망에 고시하여 야 한다. 다만, 국가정보원장은 중앙기록물관리기관의 장과 협의하여 국가정보원의 고 시범위를 달리 정할 수 있다.

시행규칙

제15조(기록물관리책임자) ① 공공기관은 기록물관리 업무를 체계적으로 수행하기 위하여 처리과별로 기록물관리책임자를 지정하여야 한다.

② 기록물관리책임자는 다음 각 호의 업무를 수행한다.

　　2. 처리과별 기록관리기준표 작성·관리에 관한 사항

　　3. 단위과제별 기록물철 작성기준의 수립에 관한 사항

제16조(기록관리기준표) ① 영 제25조제1항에 따른 기록관리기준표 작성시 비밀 관련 정보 가 포함되어 있는 경우에는 자료의 작성 및 제출은 서면으로 하고 영구기록물관리기관 으로 제출된 사본의 예고문은 제출일부터 1개월이 지난 달의 말일에 파기하는 것으로 한다.

2절 기록관리기준

기록관리기준표에서 다루고 있는 기록관리기준은 단위과제별로 업무설명, 보존기간 및 사유, 비치기록물 여부와 비치기간, 보존장소, 보존방법, 공개여부, 접근권한 등으로 규정되어 있다.

구법령에서는 이외에도 검색어 혹은 색인어에 준하는 의미를 지닌 특수목록(검색어 항목)이 반영되어 있었고, 처리과에서의 기록건 혹은 기록철을 등록하는 과정에서 해당 기록의 단위업무에 특수목록이 지정되어 있는 경우 반드시 이를 입력해야만 등록이 완료되도록 규정하고 있었다.

기록관리기준표의 관리항목에는 빠져 있지만, 기록관리기준표를 통해서 운영되는 단위과제별로 해당 기록물을 기록물철로 편철하는 기록물철 작성기준도 있다.

1. 보존기간

일반적으로 기록의 보존기간은 유한보존과 영구보존으로 구분할 수 있는데, 해당 기록의 생성맥락에 따른 증거나 참고대상으로서 사용되는 것 이외에도 각종의 다양한 목적으로 사용될 가능성이 높은 경우 대체로 영구보존과 같은 장기보존의 대상이 된다. 반대로 단지 업무와 관련한 용도로서만 다시 사용될 것이라면 대체로 그 필요기간에 근거해 일정한 기간 동안의 보존대상으로 책정된다. 물론 업무상의 필요기간은 업무담당자들의 판단이 가장 정확할 것이다. 영구보존대상의 경우라도 업무상의 필요기간을 상정할 수 없는 것도 아니고, 업무담당자가 영구보존의 필요 여부를 전연 알 수 없는 것도 아니다.

우리나라의 경우 보존기간은 1년, 3년, 5년, 10년, 30년, 준영구, 영구 등 7종으로 정하고 있는데, 유한보존에 속하는 보존기간의 종류를 이처럼 고정적으로 정해놓아야만 하는 것은 아니다. 다만 우리의 경우 과거 사무관리규정에 근거하여 보존기간을 책정하던 때부터 오랜 기간 동안 사용해왔기 때문에 익숙하다는 장점도 있고, 아직 보존기간의 운용에 대한 기법이 충분히 논의되지 못한 상황이다보니 불가피하게 만든 규정이라고 이해된다. 다만, 기록관리의 표준화를 도모한다는 명분으로 획일화가 이뤄질 우려 역시 상존하고 있다는 것을 유념해야 한다. 이에 대한 지나친 개입은 자칫 업무활동의 제약이 될 수도 있기 때문이다.

우리 법령에 따르면, 기록관리기준표에 규정되는 기록의 보존기간은 중앙기록물관리기관에서 정하는 보존기간준칙에 따라 각 기관에서 정하되, 변동이 있을 경우나 신설되는 단위과제의 경우 10월 말까지 관할 영구기록물관리기관과 협의를 시작하고 12월 말까지 영구기록물관리기관이 확정하여 통보해야 한다. 대통령기록과 수사, 재판, 정보, 보안 관련기록은 보존기간의 구분과 책정기준을 달리 할 수도 있다.

시행령 제26조 별표 1의 보존기간책정기준을 유심히 살펴볼 필요가 있다. 특히, 이후에 다루게 될 의무적인 기록의 생산대상에 해당하는 경우 그 기록은 대체로 영구보존의 대상이 될 것으로 예상된다. 준공공기관은 별도로 지정하는 경우를 빼고는 독자적으로 운영할 수 있다.

흥미로운 것은 영구기록물관리기관의 장이 기록의 보존기간에 대한 최고의 통제권한을 갖는다는 점이다. 예를 들면 단위과제의 보존기간을 직접 정할 수 있는 권한이 있다든가 혹은 협의과정에서도 변경을 요구할 수 있다든가 하는 것이다. 그 결과 매년 기록물정리기간 종료 후 기록물관리기준표의 변경된 내용 등을 관보나 홈페이지 등에 고시해야 한다.

또 하나, 보존기간의 계산이 시작되는 기산일은 기록의 처리가 완결된 날이 속하는 다음 연도의 1월 1일이라는 점도 반드시 기억해두어야 한다. 보존기간 1년차가 되는 이 해에 기록물정리가 이뤄지고, 그 결과를 반영한 생산현황통보도 이뤄진다.

2. 비치기록물

비치기록물은 카드·도면·대장 등과 같이 주로 사람·물품 또는 권리관계 등에 관한 사항의 관리나 확인 등에 수시로 사용되어 처리과에서 계속 비치·활용하여야 하는 기록을 말한다. 과거 사무관리규정만 운용되고 있던 시절엔 업무가 종결되어도 빈번한 참고활용 때문에 업무담당자가 계속 관리하는 기록을 의미하였지만, 지금은 현용단계가 매우 길거나 예측할 수 없어서 한 동안 처리과에 두면서 기록하는 내용이 추가되거나 계속 현용 업무에 직접 적용해가는 기록을 의미한다. 예를 들면 인사기록카드나 건축도면, 시설관리대장 등이라고 생각하면 적당할 것이다.

이러한 비치기록물은 현용단계가 언제까지일지 모르는 것이 대부분이나 언젠가 종결 처리될 계기가 생겨나기 마련이다. 예를 들어서 인사기록카드의 경우는 당사자가 퇴직할 때, 건축도면의 경우 해당 건물이 헐리거나 재건축으로 더 이상 유용하지 않을 때, 시설관리대장의 경우 시설물의 파괴나 불용처리가 이뤄질 때 현용단계가 종료될 것이다. 이때부터 비로소 준현용단계에 진입하여 기록정리나 이관 등이 이뤄지게 될 것이다.

3. 공개구분

기록의 공개구분은 건이나 쪽 단위로 시행하도록 기록관리법령과 정보공개법령에 일관되게 설명되고 있다. 또한 시간의 경과 등에 따라 공개구분 역시 변화해가게 된다. 그럼에도 기록관리기준표에서 단위과제별 관리기준에 포함하고 있는 것은 이해하기 어려운 부분이다. 다만 정보공개법상의 행정정보공표제도에 근거해 공개의 구체적 범위, 공개의 주기·시기 및 방법 등을 미리 정하여 공표하고, 그에 따라 정기적으로 공개하는 대상이 되는 업무를 밝혀두는 데에는 도움이 될 수 있을 것으로 이해된다.

4. 접근권한구분

기록관리에 있어서 접근의 관점은 크게 다섯 가지로 정리되어 왔다. 첫째는 대상이 되는 기록, 둘째는 주체가 되는 접근권자, 셋째는 접근에 의해 허용되는 행위, 넷째는 접근이 이뤄지는 조건, 다섯째는 접근 허용의 기간 등이 그것이다. 덧붙이자면 접근의 시도 및 행위에 대한 기록화와 모니터링이 포함된다.

우리나라에서는 기록과 접근자를 기준으로 기록의 내용과 목록정보에 대한 접근범위를 설정하는 것으로 규정하고 있다.

5. 보존방법

기록관리기준표의 단위과제에 보존방법을 지정하는 것은 곧 동일한 기록시리즈에 해당하는 기록을 일관되게 보존하는 효과가 있을 것으로 기대된다. 보존방법에 대한 규정은 구법령에서는 준영구와 영구 보존대상 비전자기록에 적용하는 것이었는데, 기록물관리기관이 보존중인 비전자기록 모두를 대상으로 확대하여 규정하였다.

기록 원본만을 보존하는 원본보존, 기록을 보존매체에 수록한 후 원본에 대해서는 폐기할 수 있는 대체보존, 원본과 보존매체본 두 가지 다 보존하는 병행보존으로 구분한다. 특히, 대체보존의 경우는 보존기간이 10년 이하일 경우 전자매체 또는 마이크로필름으로 보존매체를 삼아야 하고, 30년 이상인 기록은 마이크로필름에 수록하여 보존해야 한다.

비록 법령에서는 일반적으로 전자기록의 경우 역시 전자적 방식으로 지속하여 보존해가는 것을 원칙으로 삼고 있지만, 보존가치가 매우 높은 경우라면 마이크로필름 등 육안식별이 가능한 보존매체를 사용하도록 규정하고 있다. 물론 이 경우는 아마도 영구 보존대상을 의미하는 것이리라 짐작되는데, 뒤에서 다시 살펴볼 중요 기록물의 이중보존제도에 의해 전자기록 원본의 지속적인 전자보존과 함께, 육안 판독이 가능한 방식의 보존매체도 사용해야 하고, 다시 중앙기록물관리기관에 대한 보존매체수록 통보와 보존매체 사본의 이관 대상이 된다는 것을 기억해두어야 한다. 이는 기록관리법령이 기록의 전자적 생산과 관리를 원칙으로 하면서도, 전통적인 마이크로필름 등의 보존매체 역시 중시하고 있다는 것을 보여준다.

시행령 [별표 2]

기록물의 보존방법별 구분 기준

구분	대상기록물
원본과 보존매체를 함께 보존하는 방법	1. 보존 가치가 매우 높은 기록물 2. 증명자료 또는 업무참고자료로서 열람 빈도가 매우 높을 것으로 예상되는 기록물 3. 원본의 형상 또는 재질 등이 특이하여 문화재적 가치가 있을 것으로 예상되는 기록물 4. 그 밖에 필요하다고 인정되는 기록물
원본을 그대로 보존하는 방법	1. 보존가치는 높으나 열람 빈도가 높지 아니할 것으로 예상되는 기록물 2. 그 밖에 어느 정도의 기간이 지난 후에 보존방법을 결정하는 것이 타당하다고 인정되는 기록물
원본은 폐기하고 보존매체만 보존하는 방법	원본을 보존하지 아니하고 내용만 보존하여도 보존 목적을 달성할 수 있다고 인정되는 기록물

6. 보존장소

기록의 최종적인 보존장소를 의미하는 보존장소의 개념은 기본적으로 영구기록물관리기관으로의 이관대상이 되는 기록에 적용하는 개념이다. 곧 이관대상 기록 중에서 사전에 협의와 승인을 거쳐 일부는 영구기록물관리기관에 이관하지 않고 자체 (특수)기록관에서 장기보존하는 것을 허용하는 제도이다.

30년 이상의 보존대상 중 사료적 가치가 높지 않은 기록과 준공공기관의 기록이 이에 해당한다. 물론 준공공기관의 기록 중에서도 특별히 지정되는 것은 이관해야 한다. 이 제도는 다시 말해서 기록관이나 특수기록관이 영구기록물관리기관과 장기보존의 역할을 일부 분담한다는 것을 보여주며, 특히 준공공기관의 기록관은 영구기록물관리기관의 역할도 담당한다는 것을 보여준다.

한편, 기록관리법령에서 일종의 기록시리즈를 의미하는 단위과제에 적용되는 것이면서도 기록관리기준에서 생략되는 것으로는 "기록철 작성기준"이 있다. 이는 과거 구법령에서는 "편철기준"이라는 용어로 불리기도 했는데, 하나의 단위과제에서 생성되는 기록을 기록철로 편철하는 일정한 기준을 각 해당 업무를 담당하는 처리과에서 정하도록 하고 있다. 그러나 기록의 편철이 지닌 중요성을 고려할 때 기록관리기준표의 주요 항목으로 취급하는 것이 바람직할 것으로 이해된다.

법률

제19조(기록물의 관리 등) ① 공공기관은 대통령령으로 정하는 바에 따라 기록물의 보존기간, 공개 여부, 비밀 여부 및 접근권한 등을 분류하여 관리하여야 한다.

제21조(중요 기록물의 이중보존) ① 영구보존으로 분류된 기록물 중 중요한 기록물은 복제본을 제작하여 보존하거나 보존매체에 수록하는 등의 방법으로 이중보존하는 것을 원칙으로 한다.

② 기록물관리기관이 보존하는 기록물 중 보존매체에 수록된 중요 기록물은 안전한 분산 보존을 위하여 대통령령으로 정하는 바에 따라 그 기록물의 보존매체 사본을 중앙기록물관리기관에 송부하여야 한다.

③ 중앙기록물관리기관의 장은 국가적으로 보존할 가치가 있는 기록물에 대하여는 기록물관리기관에 그 기록물을 보존매체에 수록하고 보존매체 사본을 송부하여 줄 것을 요청할 수 있다.

시행령

제2조(정의) 이 영에서 사용하는 용어의 정의는 다음과 같다.

　　3. "비치기록물"이라 함은 카드·도면·대장 등과 같이 주로 사람·물품 또는 권리관계 등에 관한 사항의 관리나 확인 등에 수시로 사용되어 「행정 효율과 협업 촉진에 관한 규정」 제3조제4호에 따른 처리과(이하 "처리과"라 한다)에서 계속 비치·활용하여야 하는 기록물을 말한다.

제23조(편철 및 관리) ① 법 제18조에 따라 공공기관은 업무수행과정이 반영되도록 단위과 제의 범위 안에서 1개 이상의 기록물철을 만들어 해당 기록물을 편철하여야 하며, 처리 과의 장은 단위과제별 기록물철 작성기준을 정하여 기록물이 체계적으로 편철·관리되 게 하여야 한다.

제25조(기록관리기준표) ①법 제19조제1항에 따라 공공기관은 업무과정에 기반을 둔 기록 관리기준표를 작성·운영하여야 하며, 기록관리기준표의 관리항목은 업무설명, 보존기 간 및 보존기간 책정 사유, 비치기록물 해당 여부, 보존장소, 보존방법, 공개여부 및 접 근권한 등의 관리기준을 포함하여야 한다. 이 경우 기록관리기준표는 제2조제8호에 따 른 기록관리시스템으로 생성·관리하여야 한다.

시행규칙

제31조(비치기록물의 지정) ① 처리과의 장은 제32조 및 제40조에 불구하고 비치기록물로 지정된 기록물철에 대하여는 기록관리기준표로 정하는 비치기간까지 그 처리과에서 보 관할 수 있다.

② 비치기록물을 보존하고 있는 처리과의 장은 비치기록물의 비치기간이 종료된 경우 에는 다음 연도 중에 기록관 또는 특수기록관으로 이관하여야 한다.

③ 기록관 또는 특수기록관의 장은 제2항에 따라 인수한 기록물중 보존기간 기산일부터 10년이 경과한 기록물로서 보존기간이 30년 이상인 기록물은 인수한 다음 연도 중으로 영구기록물관리기관으로 이관하여야 한다.

④ 제3항에 불구하고 제3조 각 호의 어느 하나에 해당하는 공공기관의 기록물은 그 공 공기관에서 보존한다. 다만, 영구기록물관리기관이 국가적 보존가치가 높아 수집·보존 이 필요하다고 지정한 기록물은 관할 영구기록물관리기관으로 이관하여야 한다.

시행령

제25조(기록관리기준표) ③ 단위과제별 보존기간은 중앙기록물관리기관의 장이 정하는 보 존기간 준칙에 따라 공공기관에서 정하여 시행하되, 행정자치부령으로 정하는 절차에 따라 관할 영구기록물관리기관의 장과 협의하여 확정한다. 다만, 제3조 각 호의 어느 하나에 해당하는 공공기관은 행정자치부령으로 정한 기관을 제외하고는 그 공공기관의 장이 정하여 시행한다.

④ 제3항에 따른 협의과정에서 영구기록물관리기관의 장이 특별히 보존기간을 달리 정 할 필요가 있다고 판단하여 단위과제별 보존기간의 변경을 요구한 경우에는 그 공공기 관의 장은 이를 반영하여 기록관리기준표의 해당 사항을 수정하여야 한다.

⑤ 공공기관은 매년 기록물 정리기간 종료 직후 전년도에 신규로 시행하였거나 보존기

간이 변경된 단위과제명, 단위과제 업무설명 및 단위과제별 보존기간 등을 관보(지방자치단체의 경우에는 공보를 말한다) 또는 그 기관의 홈페이지 등 정보통신망에 고시하여야 한다. 다만, 국가정보원장은 중앙기록물관리기관의 장과 협의하여 국가정보원의 고시범위를 달리 정할 수 있다.

제26조(보존기간) ① 기록물의 보존기간은 영구, 준영구, 30년, 10년, 5년, 3년, 1년으로 구분하며, 보존기간별 책정기준은 별표 1과 같다. 다만, 「대통령기록물 관리에 관한 법률」 제2조제1호에 따른 대통령기록물, 수사·재판·정보·보안 관련 기록물은 소관 중앙행정기관의 장이 중앙기록물관리기관의 장과 협의하여 보존기간의 구분 및 그 책정기준을 달리 정할 수 있다.

② 기록물의 보존기간은 단위과제별로 책정한다. 다만, 영구기록물관리기관의 장은 특별히 보존기간을 달리 정할 필요가 있다고 인정되는 단위과제에 대하여는 보존기간을 직접 정할 수 있다.

③ 보존기간의 기산일은 단위과제별로 기록물의 처리가 완결된 날이 속하는 다음 연도의 1월 1일로 한다. 다만, 여러 해에 걸쳐서 진행되는 단위과제의 경우에는 해당 과제가 종결된 날이 속하는 다음 연도의 1월 1일부터 보존기간을 기산한다.

시행규칙

제16조(기록관리기준표) ① 영 제25조제1항에 따른 기록관리기준표 작성시 비밀 관련 정보가 포함되어 있는 경우에는 자료의 작성 및 제출은 서면으로 하고 영구기록물관리기관으로 제출된 사본의 예고문은 제출일부터 1개월이 지난 달의 말일에 파기하는 것으로 한다.

② 영 제25조제3항에 따라 공공기관은 신설 또는 변경된 단위과제에 대하여 매년 10월 31일까지 관할 영구기록물관리기관과 협의하여야 하며, 10월 31일 후에 발생하는 신설 또는 변경 단위과제는 사안 발생 즉시 협의를 요청하여야 한다.

③ 영구기록물관리기관은 단위과제별 보존기간 검토결과를 매년 12월 31일까지 해당 공공기관에 통보하여야 한다.

제17조(단위과제별 보존기간의 협의·확정) 영 제25조제3항 단서에서 "행정자치부령으로 정한 기관"이란 다음 각 호의 기관을 말한다.

1. 「공공기관의 운영에 관한 법률」제4조에 따른 기관 중 중앙기록물관리기관의 장이 지정하여 고시하는 기관
2. 특별법에 따라 설립된 법인 중 중앙기록물관리기관의 장이 지정하여 고시하는 기관
3. 「지방공기업법」에 따른 지방공사 및 지방공단 중 관할 지방기록물관리기관의 장이 지정하여 고시하는 기관

4. 「초·중등교육법」과 「고등교육법」, 그 밖에 다른 법률에 의하여 설립된 각급 학교 중 관할 영구기록물관리기관의 장이 지정하여 고시하는 기관

시행령

제27조(공개여부의 구분관리) 기록물은 건 단위로 공개여부를 구분하고 제20조제1항에 따른 기록물 등록정보로 관리되도록 하여야 한다.

제28조(접근권한 관리) ① 법 제19조제1항에 따라 공공기관은 생산·접수, 보존 기록물의 무결성 보장 및 비공개 기록물의 체계적 관리를 위하여 접근범위를 구분하여 관리할 수 있도록 필요한 조치를 수립·시행하여야 한다.

② 접근권한은 기록물 및 접근자를 기준으로 기록물 내용 및 목록정보로 구분하여 접근범위를 설정하여야 한다.

③ 공공기관 및 기록물관리기관의 장은 전자기록생산시스템, 기록관리시스템 및 영구기록관리시스템에서 생산·보존하고 있는 기록물에 대한 접근·접근시도에 관한 사항, 이력정보 등을 관리하여야 한다. 이 경우 접근이력, 처리상황 등의 관리정보는 해당 시스템으로 자동 생성되도록 하여야 하며, 임의로 수정·삭제할 수 없어야 한다.

시행령

제29조(보존방법) ① 기록물관리기관이 보존중인 전자적 형태로 생산되지 아니한 기록물은 다음 각 호의 어느 하나의 방법으로 보존하여야 하며, 기록물의 보존방법별 구분기준은 별표 2와 같다.

    1. 원본과 보존매체를 함께 보존하는 방법

    2. 원본을 그대로 보존하는 방법

    3. 원본은 폐기하고 보존매체만 보존하는 방법

② 제1항제3호의 방식으로 기록물을 보존하려는 경우에는 다음 각 호의 구분에 따라 보존매체에 수록하여야 한다.

    1. 보존기간 10년 이하인 기록물: 전자매체(전자기록물을 저장할 수 있는 저장장치로서 정보처리능력을 가진 장치에 의하여 구동 또는 연결되는 저장장치를 말한다. 이하 같다) 또는 마이크로필름

    2. 보존기간 30년 이상인 기록물: 마이크로필름

③ 기록물관리기관의 장은 보존가치가 매우 높은 전자기록물에 대하여는 마이크로필름 등 육안으로 식별이 가능한 보존매체에 수록하여 관리하여야 한다.

시행규칙

제24조(보존매체 종류와 규격) 영 제39조 및 영 제49조에 따른 보존매체의 종류와 규격은
별표 11과 같다.

시행령

제30조(보존장소) ① 보존기간이 10년 이하인 기록물은 보존기간 종료시까지 관할 기록관
또는 특수기록관에서 보존한다.
② 보존기간이 30년 이상인 기록물은 관할 영구기록물관리기관으로 이관하여 보존하여
야 한다. 다만, 다음 각 호의 어느 하나에 해당하는 기록물은 기록관 또는 특수기록관
에서 보존할 수 있다.
  1. 영구기록물관리기관의 장이 사료적 가치가 높지 아니하다고 지정한 기록물
  2. 제3조 각 호의 어느 하나에 해당하는 공공기관의 기록물. 다만, 국가적 보존가치
     가 높아 관할 영구기록물관리기관의 장이 수집·보존이 필요하다고 인정하여 지
     정한 기록물을 제외한다.
③ 공공기관이 보존중인 기록물이 제2항제1호에 해당하여 그 기관의 기록관 또는 특수
기록관에서 계속 관리하고자 하는 경우에는 관할 영구기록물관리기관과 협의하여야 한다.

단원학습문제   **4장 기록관리기준표**

01 단위과제에 대한 정의에서 괄호 안에 들어갈 적당한 단어는?

> "단위과제라 함은 (   )의 소기능을 유사성, 독자성 등을 고려하여
> (   ), (   )로 세분한 업무를 말한다."

① 국가업무체계 – 기능별 – 목적별
② 정부기능분류체계 – 정부조직별 – 사안별
③ 정부기능분류체계 – 영역별 – 절차별
④ 국가업무체계 – 정책분야별 – 정책영역별

02 기록물분류기준표와 기록관리기준표의 설명으로서 적합한 것은?

① 분류기준표의 단위업무는 조직분류의 최하단위를 의미하였다.
② 분류기준표에서는 단위과제 하위에 하나의 단위사안을 지정하도록 하였다.
③ 기록관리기준표에서 비치기록물은 하나의 단위과제를 형성한다.
④ 기록관리기준표는 기록철 작성기준을 관리기준의 하나로 포함한다.

03 기록관리기준표에서 사용하는 관리기준의 설명으로 적당한 것은?

① 보존기간 – 기록관에서 폐기되기까지 기록을 유지해야 하는 기간
② 처리일정 – 보존기간이 종료되는 시점과 처분방식
③ 편철기준 – 단위과제 아래에 생성되는 기록을 편철하는 일정한 기준
④ 보존장소 – 해당 단위과제를 통해 생성되는 기록이 최종적으로 보존되는 위
   치로, (특수)기록관 및 영구기록물관리기관으로 표기

04 다음 중 보존방법별 구분기준으로 적당하지 않은 것은?

① 원본만 보존 – 보존가치는 높으나 열람 빈도가 높지 않을 것으로 예상되는 기록
② 대체보존 – 전자화한 비전자기록물
③ 병행보존 – 문화재적 가치가 있을 것으로 생각되는 기록
④ 대체보존 – 내용만 보존해도 보존 목적을 달성할 수 있는 기록

5장_ 처리과에서의 기록관리

개 요

　처리과에서는 업무를 수행하는 가운데 다양하면서도 대량의 기록을 생성하게 된다. 그중 어떤 것은 직접 작성하여 생산하는 경우도 있고, 어떤 것은 관련기관이나 타 부서로부터 접수하는 경우도 있다. 접수하는 경우라고 하더라도 그에 의해 새로운 업무정보를 얻고 업무행위를 하게 됨으로써, 접수기록도 마침내 당해 처리과의 업무활동 기록이 된다.

　그러나 실질적으로 업무활동에 어떠한 영향도 미치지 못하고, 어떠한 업무행위도 유발하지 않으며, 어떠한 업무상의 책임을 발생시키지 않는 기록도 만들어지거나 접수될 수 있다. 처리과에서 작성한 기록이라고 하더라도 업무의 증거로서의 의미가 없다고 판단되는 기록이 있을 수도 있다. 이러한 경우 통상 당해 기관의 기록으로서 공식적인 관리나 통제의 대상에 포함시키지 않게 된다. 이러한 선별의 행위는 일반적으로 획득(capture)이라는 용어로 표현된다. 우리 법령에서는 이 같은 획득을 제도화하고 있지는 않지만, 업무와 관련하여 생성된 기록이라면 모두 등록대상으로 삼는다는 표현이 그러한 의미를 내포하고 있다고 할 수 있다.

　기록관리법령은 처리과에서의 초기 기록관리를 매우 중시한다. 만일 처리과에서 등록과 편철, 정리 등이 순조롭지 못할 경우에는 이후의 보존과 공개, 이관 업무 등도 사실상 불가능하게 되거나 많은 혼란을 초래하게 될 것이다. 특히, 기록의 등록은 관리 및 통제의 대상인 기록을 확인하는 단계이고, 기록의 정리는 준현용 단계로 성격이 변화된 기록을 확정하는 단계로서, (특수)기록관으로서도 대신할 수 없는 처리과의 고유한 기록관리업무이다. 따라서 (특수)기록관은 이를 늘 관심 있게 지켜보며 적절한 관리가 실시되도록 지도와 감독, 지원을 수행해야 한다. 우리의 (특수)기록관이 처리과와 같은 기관에 속하고 근접한 위치에 있기 때문에 이러한 초기 기록관리를 성공적으로 이끌어가는 데에 유리할 것으로 이해된다.

1절 기록의 생산

　일반적으로는 업무활동의 위험분석을 통해 반드시 생산되고 유지되어야 하는 필수기록을 확인하고 이를 보장하는 체계를 만드는 것이 출발이다. 여기서 말하는 필수기록이 영구보존 대상의 기록을 의미하는 것은 아니다. 단순히 말하자면 업무의 증거로서 작성되어 필요로 하는 기간 동안 반드시 보호되고 유지되어야 하는 기록을 의미한다. 이러한 필수기록의 개념이 우리 법령에 명확히 드러나지는 않는다. 업무의 입안단계부터 종결단계까지 모든 과정과 결과가 기록으로 생산되고 관리되어야 한다는 원칙이 규정되어 있을 뿐이다. 따라서 위험분석 등의 사전절차도 제도화되어 있지 않다.

　대신에 우리나라는 기록의 생산의무규정이 마련되어 있다. 우리나라는 업무활동 과정에서 생성되는 기록뿐만 아니라, 생산의무에 해당하는 기록의 종류를 규정하고 필요시에는 영구기록물관리기관이 직접 생산하도록 규정하고 있다. 또한 나아가 공식적으로 결재 또는 접수한 기록은 물론이고, 결재과정에서 발생한 수정내용 및 이력 정보, 업무수행과정의 보고사항, 검토사항 등도 기록으로 남겨 관리하도록 규정하고 있다. 생산의무화되어 있는 기록의 대부분은 영구보존 될 가능성이 높지만, 그렇다고 반드시 영구보존 되는 것은 아니다.

　30년 이상 장기보존할 중요 기록의 경우 보존성이 우수한 기록매체와 재료로 생산하도록 제시하고 있는 것도 흥미롭다. 이것은 업무담당자가 기록을 만들어 낼 해당 업무의 단위과제와 보존기간을 기록관리기준표에서 확인하면 얼마든지 가능한 일일 것이다. 이 규정은 종이와 잉크, 필기구 등 한정된 기록매체에 대한 규정일 뿐이지만, 준영구 이상의 기록이라면 보존되는 내내 상태점검의 대상이 되는 만큼, 최고의 상태등급을 받을 수 있는 재질의 기록매체로 생산하는 것이 바람직하다.

시행규칙 [별표 15]

30년 이상 보존기록물의 기록재료

구 분	재 료 기 준	비 고

1. 종 이	- 문서의 작성은 한지류 및 보존용지 1종인 보존복사용지, 보존백상지, 보존아트지로 작성
	- 문서의 보관은 보존용 판지로 제작된 장기보존용표지 또는 보관용기에 보관
		- 보존용지 1종 규격
		  화학펄프 100퍼센트, pH 7.5 이상, 탄산칼슘 2퍼센트 이상
		- 보존용 판지 규격
		  pH7.5 이상, 탄산칼슘 3퍼센트 이상

2. 잉 크	- 먹, 탄소형·안료형 잉크, 보존용 잉크 사용	- pH 7.0 이상, 내광성 4호 이상, 산·알칼리용액(표백제 포함)에 무변화
3. 필기구	- 사무용프린터용 토너, 탄소형 싸인펜, 흑색 안료형 필기구류 및 보존용 필기구류	- pH 7.0 이상, 내광성 4호 이상, 산·알칼리용액(표백제 포함)에 무변화

시행령 [별표 3]

기록물의 상태검사 기준

1. 종이류 기록물
 가. 재 질

구분	대상기록물
1등급	한지류 또는 중성용지에 먹, 보존용 필기류, 사무용프린터로 작성한 기록물
2등급	산성 또는 중성 재활용지에 흑색 및 청색볼펜, 잉크, 등사, 타자로 작성한 기록물
3등급	산성 재활용지 또는 신문용지에 흑색 및 청색외의 색볼펜, 수용성 싸인펜, 형광 필기구류, 연필로 작성한 기록물

종이의 수소이온농도(pH)가 7.0 이상이면 중성용지이고, 그 미만이면 산성용지로 구분함

2. 시청각기록물
 가. 재 질

종류	구분	구분기준
오디오 및 비디오류	1등급	재기록이 불가능한 비접촉판독식 광디스크
	2등급	디지털형 접촉판독식 테이프 및 플라스틱 재질의 음반
	3등급	아날로그형 접촉판독식 테이프
영화 필름 및 일반 사진·필름류	1등급	·폴리에틸렌·폴리에스테르를 기본재료로 한 흑백의 영화 필름 및 사진 필름 ·인화용지를 기본재료로 한 흑백의 사진
	2등급	·폴리에틸렌·폴리에스테르를 기본재료로 한 천연색 영화 필름 및 사진 필름 ·인화용지를 기본재료로 한 천연색 사진
	3등급	셀룰로스아세테이트·질산염 또는 유리를 기본재료로 한 필름

법령에서는 기록의 생산원칙으로 "효율적이고 책임 있는 업무수행을 위하여 업무의 입안단계부터 종결단계까지 업무수행의 모든 과정 및 결과가 기록물로 생산·관리될 수 있도록 업무과정에 기반을 둔 기록물관리를 위하여 필요한 조치를 마련하여야 한다"고 표현하고 있다.

아울러 기록이 전자문서시스템, 업무관리시스템, 행정정보시스템 등을 통해 전자적으로 생산되어 전자적으로 관리되도록 필요한 조치를 마련하여야 하며, 전자적 형태로 생산되지 아니한 기록도 전자적으로 관리되도록 노력하여야 한다고 규정하고 있는 점을 유의할 필요가 있다. 결국 전자적 기록으로 단일화하여 관리하려는 의도를 갖고 있다고 하겠는데, 그 타당성에 대해서도 재검토가 필요하겠지만, 이러한 비전자기록의 전자화가 바람직하기 위해서는 일반적으로는 처리과에서 원본 내지는 진본을 확인하고 등록하는 시점에서 수행하는 것이 필요하다고 생각된다.

한편, 조사·연구서 또는 검토서와 주요 회의의 회의록, 속기록 또는 녹음기록, 그리고 주요 업무수행과 관련된 시청각 기록의 생산을 의무로 규정하고 있다. 이러한 특수 성격의 기록을 생산의무대상으로 규정하는 것은 일반적인 방식은 아니지만, 우리의 기록관리 역사나 행정관행상 특히 미진했던 부분을 보완하기 위한 것으로 이해할 수 있다.

조사·연구서 또는 검토서는 중요한 업무활동의 결정이 이뤄지기 전에 미리 검토한 결과를 기록으로 작성하여 해당 결정의 근거를 밝혀두려는 목적으로 생산의무화 하였다고 이해된다. 다만, 업무관리시스템을 통해 단위과제별로 관련 기록을 생산·관리하는 경우에는 별도의 조사·연구서 등을 작성하지 않을 수 있다고 규정되어 있는데, 이러한 결정의 근거를 밝혀두려는 제도적 취지를 살리는 것이 전제되어야 한다. 조사·연구서 또는 검토서의 작성 대상은 다음과 같다.

1. 법령의 제정 또는 개정 관련 사항
2. 조례의 제정 또는 개정이나 이에 상당하는 주요 정책의 결정 또는 변경

3. 「행정절차법」에 의하여 행정예고를 하여야 하는 사항

4. 국제기구 또는 외국정부와 체결하는 주요 조약·협약·협정·의정서 등

5. 「국가재정법 시행령」제13조제1항 및 제14조에 해당하는 대규모 사업·공사

6. 그 밖에 기록물관리기관의 장이 필요하다고 인정하는 사항

아울러 이러한 조사·연구서 또는 검토서에는 다음의 사항이 포함되어야 한다.

1. 조사·연구 또는 검토 배경

2. 제안자 등 관련자의 소속·직급 및 성명

3. 기관장 또는 관계기관의 지시·지침 또는 의견

4. 관련 현황과 검토 내용

5. 각종 대안과 조치 의견

6. 예상되는 효과 또는 결과의 분석 등

또한, 다음과 같은 중요 회의에 대해서는 그 회의의 내용과 회의에서 이뤄지는 의사결정의 과정을 남겨두기 위하여, 회의록을 필수적으로 작성해야 한다.

1. 대통령이 참석하는 회의

2. 국무총리가 참석하는 회의

3. 주요 정책의 심의 또는 의견조정을 목적으로 차관급 이상의 주요 직위자를 구성원으로 하여 운영하는 회의

4. 정당과의 업무협의를 목적으로 차관급 이상의 주요 직위자가 참석하는 회의

5. 개별법 또는 특별법에 따라 구성된 위원회 또는 심의회 등이 운영하는 회의

6. 지방자치단체장, 교육감 및 「지방교육자치에 관한 법률」제34조에 따른 교육장이 참석하는 회의

7. 조사·연구서 또는 검토서의 작성대상이 되는 사항에 관한 심의 또는 의견조정을 목적으로 관계기관의 국장급 이상 공무원 3인 이상이 참석하는 회의

8. 그 밖에 회의록의 작성이 필요하다고 인정되는 주요 회의

회의록에는 회의의 명칭, 개최기관, 일시 및 장소, 참석자 및 배석자 명단, 진행 순서, 상정 안건, 발언 요지, 결정 사항 및 표결 내용에 관한 사항이 포함되어야 하며, 전자기록생산시스템을 통하여 회의록을 생산 또는 등록하여 관리하여야 한다. 대통령이 참석하는 회의, 국무총리가 참석하는 회의, 주요 정책의 심의 또는 의견조정을 목적으로 차관급 이상 주요 직위자가 참여하는 회의, 개별법이나 특별법에 따라 구성되는 위원회 또는 심의회 등이 운영하는 회의 중 영구기록물관리기관의 장이 지정하는 회의는 회의록과 함께 속기록 또는 녹음기록 중 어느 하나를 생산하여야 하며, 녹음기록의 경우에는 녹취록을 함께 생산하여야 한다. 이러한 속기록 또는 녹음기록(녹취록을 포함한다)은 그 기록의 전부 또는 일부를 보존기간의 기산일부터 10년을 초과하지 아니하는 범위 내에서 공개하지 않을 수 있다. 대통령이 참가하는 회의의 경우는 대통령지정기록과 마찬가지로 보존기간의 기산일부터 15년을 초과하지 아니하는 범위 내에서 공개하지 아니할 수 있다.

이러한 회의록은 그 회의를 소집 또는 주관하는 공공기관이 작성하여야 하며, 주관기관이 불분명하거나 공공기관이 아닌 경우에는 대상 회의의 참석자 중 회의 안건과 관련하여 업무의 연관성이 가장 높은 공공기관을 정하여, 해당 공공기관이 작성하여야 한다.

날로 비중이 늘어가는 시청각기록은 현장감과 생동감으로 말미암아 증거적 성격이 매우 강하다. 공공기관은 다음 각 호의 어느 하나에 해당하는 사항에 대하여 시청각기록을 생산하여야 한다. 이 경우 시청각기록은 전자기록생산시스템으로 등록·관리함을 원칙으로 하며, 시행 전·시행 과정 및 시행 후의 주요 상황을 체계적으로 파악할 수 있도록 생산하여야 한다.

1. 대통령·국무총리 및 중앙행정기관의 장, 지방자치단체장 및 교육감, 교육장 등 주요 직위자의 업무 관련 활동과 인물사진

  2. 외국의 원수·수상, 그 밖에 주요 외국인사의 주요 동정 중 대한민국과 관련되는 사항

  3. 국가 및 지방자치단체의 주요 행사

  4. 국제기구 또는 외국과의 조약·협약·협정·의정서·교류 등의 추진과 관련된 주요 활동

  5. 「국가재정법 시행령」 제13조제1항 및 제14조에 해당되는 대규모 사업·공사

  6. 대규모의 토목·건축공사 등의 실시로 본래의 모습을 찾기 어렵게 되는 사항

  7. 철거 또는 개축 등으로 사라지게 되는 건축물이나 각종 형태의 구조물이 사료적 가치가 높아 시청각기록물로 그 모습을 보존할 필요가 있는 사항

  8. 다수 국민의 관심사항이 되는 주요사건 또는 사고로서 공공기관의 장이 시청각기록물의 작성·보존이 필요하다고 인정하는 사항

  9. 증명적 가치가 매우 높아 그 현장 또는 형상을 시청각기록물로 보존할 필요가 있는 사항

  10. 국내 최초의 출현물로서 사료적 가치가 높은 사항

  11. 그 밖에 시청각기록물의 생산이 필요하다고 인정되는 사항

또한 대통령 취임식, 국가장의행사와 국가적 차원의 국제행사 또는 체육행사, 다수의 외국 국가원수 또는 행정수반이 참석하는 국제회의, 공공기관의 장과 중앙기록물관리기관의 장이 협의하여 정한 대규모 사업·공사 등에 대해서는 동영상 형태의 시청각기록을 생산하여야 한다. 이 경우 촬영 개요 및 시간별 촬영 세부사항 등을 포함한 설명문을 별도로 작성하여야 한다.

법률

제5조(기록물관리의 원칙) 공공기관 및 기록물관리기관의 장은 기록물의 생산부터 활용까지의 모든 과정에 걸쳐 진본성(眞本性), 무결성(無缺性), 신뢰성 및 이용가능성이 보장될 수 있도록 관리하여야 한다.

제6조(기록물의 전자적 생산·관리) 공공기관 및 기록물관리기관의 장은 기록물이 전자적으로 생산·관리되도록 필요한 조치를 마련하여야 하며, 전자적 형태로 생산되지 아니

한 기록물도 전자적으로 관리되도록 노력하여야 한다.

제16조(기록물 생산의 원칙) ① 공공기관은 효율적이고 책임 있는 업무수행을 위하여 업무의 입안단계부터 종결단계까지 업무수행의 모든 과정 및 결과가 기록물로 생산·관리될 수 있도록 업무과정에 기반한 기록물관리를 위하여 필요한 조치를 마련하여야 한다.

제17조(기록물의 생산의무) ① 공공기관은 주요 정책 또는 사업 등을 추진하려면 대통령령으로 정하는 바에 따라 미리 그 조사·연구서 또는 검토서 등을 생산하여야 한다.

② 공공기관은 대통령령으로 정하는 바에 따라 주요 회의의 회의록, 속기록 또는 녹음기록을 작성하여야 한다. 이 경우 속기록 또는 녹음기록은 그 기록물의 원활한 생산 및 보호를 위하여 대통령령으로 정하는 기간 동안 공개하지 아니할 수 있다.

③ 공공기관은 주요 업무수행과 관련된 시청각 기록물 등을 대통령령으로 정하는 바에 따라 생산하여야 한다.

④ 영구기록물관리기관의 장은 주요 기록물 보존을 위하여 관련 기록물을 직접 생산할 필요가 있다고 인정하는 경우에는 관련 공공기관의 장과 협의하여 그 공공기관 또는 행사 등에 소속 공무원을 파견하여 기록하게 할 수 있다.

제29조(기록매체 및 용품 등)② 중앙기록물관리기관의 장은 기록물관리에 사용되는 기록매체·재료 등에 관하여 보존에 적합한 규격을 정하여야 하며, 그 규격의 제정·관리 및 인증 등에 필요한 사항은 대통령령으로 정한다.

시행령

제2조(정의) 이 영에서 사용하는 용어의 정의는 다음과 같다.

> 7. "전자기록생산시스템"이라 함은 「행정업무의 효율적 운영에 관한 규정」 제3조제10호부터 제12호까지의 규정에 따른 전자문서시스템, 업무관리시스템, 행정정보시스템을 말한다.

제4조(기록물 관리의 원칙) ③공공기관 및 기록물관리기관의 장은 기록물이 전자적으로 생산·관리되도록 중앙기록물관리기관의 장이 정하는 바에 따라 전자기록생산시스템, 기록관리시스템 또는 영구기록관리시스템을 구축·운영하여야 하며, 전자적 형태로 생산되지 아니한 기록물을 전자적으로 관리하고 활용하기 위하여 기록물 전자화계획을 수립·시행하여야 한다.

제16조(기록화 및 기록관리 대상) 공공기관은 공식적으로 결재 또는 접수한 기록물을 포함하여 결재과정에서 발생한 수정내용 및 이력 정보, 업무수행과정의 보고사항, 검토사항 등을 기록물로 남겨 관리하여야 한다.

제17조(조사·연구서 또는 검토서의 작성) ① 법 제17조제1항에 따라 공공기관이 다음 각

호의 어느 하나에 해당하는 사항을 추진하고자 하는 경우에는 미리 조사·연구서 또는 검토서를 작성하여 보존하여야 한다. 다만, 업무관리시스템을 도입하여 단위과제별로 관련 기록물을 생산·관리하는 경우에는 별도의 조사·연구서 등을 작성하지 아니할 수 있다.

  1. 법령의 제정 또는 개정 관련 사항
  2. 조례의 제정 또는 개정이나 이에 상당하는 주요 정책의 결정 또는 변경
  3. 「행정절차법」에 의하여 행정예고를 하여야 하는 사항
  4. 국제기구 또는 외국정부와 체결하는 주요 조약·협약·협정·의정서 등
  5. 「국가재정법 시행령」 제13조제1항 및 제14조에 해당하는 대규모 사업·공사
  6. 그 밖에 기록물관리기관의 장이 조사·연구서 또는 검토서의 작성이 필요하다고 인정하는 사항

② 제1항에 따른 조사·연구서 또는 검토서에는 다음 각 호의 사항이 포함되어야 한다.

  1. 조사·연구 또는 검토 배경
  2. 제안자 등 관련자의 소속·직급 및 성명
  3. 기관장 또는 관계기관의 지시·지침 또는 의견
  4. 관련 현황과 검토 내용
  5. 각종 대안과 조치 의견
  6. 예상되는 효과 또는 결과의 분석 등

제18조(회의록의 작성·관리) ① 법 제17조제2항에 따라 공공기관이 다음 각 호의 어느 하나에 해당하는 회의를 개최하는 경우에는 회의록을 작성하여야 한다.

  1. 대통령이 참석하는 회의
  2. 국무총리가 참석하는 회의
  3. 주요 정책의 심의 또는 의견조정을 목적으로 차관급 이상의 주요 직위자를 구성원으로 하여 운영하는 회의
  4. 정당과의 업무협의를 목적으로 차관급 이상의 주요 직위자가 참석하는 회의
  5. 개별법 또는 특별법에 따라 구성된 위원회 또는 심의회 등이 운영하는 회의
  6. 지방자치단체장, 교육감 및 「지방교육자치에 관한 법률」 제34조에 따른 교육장이 참석하는 회의
  7. 제17조제1항 각 호의 어느 하나에 해당하는 사항에 관한 심의 또는 의견조정을 목적으로 관계기관의 국장급 이상 공무원 3인 이상이 참석하는 회의
  8. 그 밖에 회의록의 작성이 필요하다고 인정되는 주요 회의

② 제1항에 따른 회의록에는 회의의 명칭, 개최기관, 일시 및 장소, 참석자 및 배석자 명단, 진행 순서, 상정 안건, 발언 요지, 결정 사항 및 표결 내용에 관한 사항이 포함되어야 하며, 전자기록생산시스템을 통하여 회의록을 생산 또는 등록하여 관리하여야 한다.

이 경우 제1항제1호부터 제3호까지, 제5호 및 제6호에 해당하는 회의 중 영구기록물관리기관의 장이 지정하는 회의는 회의록과 함께 속기록 또는 녹음기록 중 어느 하나를 생산하여야 하며, 녹음기록의 경우에는 녹취록을 함께 생산하여야 한다.

③ 제2항에 따라 속기록 또는 녹음기록(녹취록을 포함한다)을 생산한 공공기관은 법 제17조제2항에 따라 그 기록물의 전부 또는 일부를 보존기간의 기산일부터 10년을 초과하지 아니하는 범위 내에서 공개하지 아니할 수 있다. 다만, 제1항제1호에 해당하는 경우에는 보존기간의 기산일부터 15년을 초과하지 아니하는 범위 내에서 공개하지 아니할 수 있다.

④ 회의록(제2항 후단에 따른 회의의 경우에는 속기록 또는 녹음기록을 포함한다)은 그 회의를 소집 또는 주관하는 공공기관이 작성하여야 하며, 주관기관이 불분명하거나 공공기관이 아닌 경우에는 대상 회의의 참석자 중 회의 안건과 관련하여 업무의 연관성이 가장 높은 공공기관을 정하고, 해당 공공기관이 작성하도록 한다.

제19조(시청각기록물의 생산) ① 법 제17조제3항에 따라 공공기관은 다음 각 호의 어느 하나에 해당하는 사항에 대하여 시청각기록물을 생산하여야 한다. 이 경우 시청각기록물은 전자기록생산시스템으로 등록·관리함을 원칙으로 하며, 시행 전·시행 과정 및 시행 후의 주요상황을 체계적으로 파악할 수 있도록 생산하여야 한다.

1. 대통령·국무총리 및 중앙행정기관의 장, 지방자치단체장 및 교육감, 교육장 등 주요 직위자의 업무 관련 활동과 인물사진
2. 외국의 원수·수상, 그 밖에 주요 외국인사의 주요 동정 중 대한민국과 관련되는 사항
3. 국가 및 지방자치단체의 주요 행사
4. 국제기구 또는 외국과의 조약·협약·협정·의정서·교류 등의 추진과 관련된 주요 활동
5. 「국가재정법 시행령」 제13조제1항 및 제14조에 해당되는 대규모 사업·공사
6. 대규모의 토목·건축공사 등의 실시로 본래의 모습을 찾기 어렵게 되는 사항
7. 철거 또는 개축 등으로 사라지게 되는 건축물이나 각종 형태의 구조물이 사료적 가치가 높아 시청각기록물로 그 모습을 보존할 필요가 있는 사항
8. 다수 국민의 관심사항이 되는 주요사건 또는 사고로서 공공기관의 장이 시청각기록물의 작성·보존이 필요하다고 인정하는 사항
9. 증명적 가치가 매우 높아 그 현장 또는 형상을 시청각기록물로 보존할 필요가 있는 사항
10. 국내 최초의 출현물로서 사료적 가치가 높은 사항
11. 그 밖에 시청각기록물의 생산이 필요하다고 인정되는 사항

② 공공기관의 장은 다음 각 호의 어느 하나에 해당하는 사항에 대해서는 동영상기록물

을 생산하여야 한다. 이 경우 촬영 개요 및 시간별 촬영 세부사항 등을 포함한 설명문을 별도로 작성하여야 한다.

1. 제1항제1호 중 대통령 취임식
2. 제1항제3호 중 「국가장법」에 따른 장의행사(葬儀行事)와 국가적 차원에서 추진이 필요하다고 인정되어 특별법으로 정한 국제행사 또는 체육행사
3. 제1항제4호 중 다수의 외국 국가원수 또는 행정수반이 참석하는 국제회의
4. 제1항제5호 중 공공기관의 장과 중앙기록물관리기관의 장이 협의하여 정한 대규모 사업·공사
5. 그 밖에 동영상기록물의 생산이 필요하다고 인정되는 사항

시행규칙

제38조(기록재료의 기준) 영 제61조에 따른 기록재료의 기준은 별표 15와 같다.

2절 기록의 등록

일반적으로는 기록관리의 출발을 "capture"(획득)에서부터 찾고 있는데, 이렇게 획득된 기록은 곧 등록의 대상이 되어, 이를 통해 기관의 공식적이고 법률적인 효력을 지니는 정상적인 기록으로서의 지위를 갖게 된다. 우리의 경우 획득의 단계를 생략하고 업무수행 과정에서 생산, 접수하였을 때에는 모두 등록하도록 규정되어 있다. 이점에서 초본, 회람본, 열람본, 최종본 등 등록대상이 되는 기록의 제한에 대한 논란이 발생하였던 것도 유의해야 하며, 또한 등록대상이 되지 않는 버전(version)의 기록의 처리와 처분 등에 대해서도 제도적 취약점이 있다는 점을 유념해야 한다.

기록의 등록은 기록의 계층에 따라 시리즈에 대한 등록, 기록철에 대한 등록, 기록건에 대한 등록 등으로 구분할 수 있겠는데, 시리즈의 등록은 기록관리기준표에 단위과제를 설정하는 것이라고 해도 과언은 아니다. 기록철의 등록은 수행한 업무에 직접 관련되어 생성된 기록들을 묶어서 관리하는 가운데 발생한다. 일반적으로 첫 기록이 생성되어 건단위의 등록을 시행하면서, 해당 기록이 어느 기록철로 편성되어야 하는가, 앞으로 생성되는 기록들은 어떻게 함께 편성할 것인가를 따지는 과정에서 새로운 기록철이 생성된다. 물론 지속되는 업무기능의 성격상 당연히 특정한 업무활동이 진행될 것으로 예측될 수도 있는만큼, 경우에 따라서는 기록철을 미리 생성해둘 수 있는 경우도 있다.

기록의 건단위 등록은 업무수행 과정에서 생산하거나 접수하였을 때 등록이 진행된다. 건단위 등록의 경우 구법령에서는 등록대장서식을 제시하였으나, 신법령에서는 전자기록생산시스템으로 등록하도록 되어 있을 뿐 별도로 제시하지 않고 있다. 어쨌든 기록건을 등록하면 자동으로 생성되는 등록번호가 해당 기록의 고유번호가 된다. 다만, 업무관리시스템 또는 행정정보시스템으로 생산된 행정정보 중 기록의 특성상 등록번호를 부여할 수 없는 경우에는, 전자기록생산시스템으로 해당 기록의 고유한 식별번호를 부여하여 등록번호를 대체할 수 있다. 기록건에 부여되는 등록번호는 시스템 구분, 처리과 기관코드와 연도별 등록일련번호로 구성한다. 준공공기관의 경우는 기록의 등록번호 표기방식과 구성을 달리할 수 있다.

이러한 기록의 등록정보는 임의로 수정 또는 삭제되지 아니하도록 관리하여야 하며, 처리과마다 지정해 운영하는 기록물관리책임자가 관할한다. 만일 기록의 등록정보를 수정하고자 할 때에는 처리과의 기록물관리책임자의 확인 하에 조치할 수 있으며 수정일자, 수정내용 및 수정사유 등을 전자적으로 관리하여야 한다. 유의해야 할 것은 공식문서 이외에의 다음과 같은 중요 기록도 등록하도록 규정하고 있다는 점이다.

1. 대통령·국무총리 및 중앙행정기관의 장, 지방자치단체장, 교육감 및 교육장 등 주요 직위자의 업무관련 메모·일정표·방문객명단 및 대화록
2. 조사·연구서 또는 검토서를 작성해야 하는 사항과 관련된 문서가 결재 또는 검토과정에서 반려되거나 중요한 내용을 수정하기 위하여 재작성된 경우에는 반려된 문서 또는 재작성 전의 원본문서
3. 그 밖에 영구기록물관리기관의 장이 정하는 기록물

이 중에서 두 번째의 경우는 통상 기록의 버전(version)을 관리하는 것과 유사하다고 할 수 있으나, 우리의 경우는 특히 기록에 담긴 결정의 책임소재를 명확히 하기 위한 것으로 해석된다. 물론 최종 결재가 이뤄지지 않은 것이어서 그 내용의 법률적 효력은 없다. 이러한 기록들도 전자기록생산시스템에 의해 등록하는 것이 원칙이나, (특수)기록관에서 직접 수집한 기록은 기록관리시스템으로 등록할 수도 있다.

한편, 기록물의 본문과 첨부물의 규격차이가 심하거나 상호 다른 기록매체로

구성되어 있는 등, 첨부물을 본문과 분리하여 각각 관리할 필요가 있는 경우에는 첨부물을 별도로 등록하여야 한다. 이 경우 첨부물의 등록번호는 본문의 생산등록번호 또는 접수등록번호에 첨부일련번호를 추가한 번호로 구성한다.

기록물의 등록시기에 대한 규정도 마련되어 있는데, 특히 비공식기록으로서 등록하여 관리해야 하는 기록의 경우, 반려된 문서 또는 재작성 전의 원본문서의 경우에는 반려된 직후 또는 재작성된 문서로 교체된 직후에 생산등록번호를 부여한다. 다만, 전자기록생산시스템이 반려 또는 재작성전 문서를 원본의 첨부형태로 관리하는 경우에는 별도의 등록번호를 부여하지 않을 수 있다. 기록관 또는 특수기록관이 직접 수집한 기록의 경우에는 기록관리시스템에 의하여 획득된 시점에 등록번호를 부여한다. 생산등록번호 또는 접수등록번호를 기록에 표기하는 경우에는 처리과 기관코드에 갈음하여 처리과명을 표기한다.

그밖에도 사진·필름류의 시청각기록물에 대하여는 촬영물 중 보존대상 기록물로 적합한 작품을 선정한 후 생산등록번호를 부여하고, 영화·비디오·오디오류의 시청각기록물에 대하여는 촬영·녹화 또는 녹음된 기록물을 편집하여 기록물이 완성된 후 생산등록번호를 부여한다. 다만, 편집장비를 보유하지 않은 공공기관의 경우에는 편집되지 않은 상태의 기록을 그대로 등록할 수 있다.

법률

제18조(기록물의 등록·분류·편철 등) 공공기관은 업무수행 과정에서 기록물을 생산하거나 접수하였을 때에는 대통령령으로 정하는 바에 따라 그 기록물의 등록·분류·편철 등에 필요한 조치를 하여야 한다. 다만, 기록물의 특성상 그 등록·분류·편철 등의 방식을 달리 적용할 필요가 있다고 인정되는 수사·재판 관련 기록물의 경우에는 관계 중앙행정기관의 장이 중앙기록물관리기관의 장과 협의하여 따로 정할 수 있다.

제19조(기록물의 관리 등) ① 공공기관은 대통령령으로 정하는 바에 따라 기록물의 보존기간, 공개 여부, 비밀 여부 및 접근권한 등을 분류하여 관리하여야 한다.

시행령

제4조(기록물 관리의 원칙) ① 기록물은 법 제5조에 따라 기록물의 진본성(眞本性)·무결성

(無缺性)·신뢰성 및 이용가능성을 보장하기 위하여 이 영이 정하는 기준과 절차에 따라 관리되어야 하며, 「산업표준화법」 제12조에 따른 한국산업표준에 적합하여야 한다.
③ 공공기관 및 기록물관리기관의 장은 기록물이 전자적으로 생산·관리되도록 중앙기록물관리기관의 장이 정하는 바에 따라 전자기록생산시스템, 기록관리시스템 또는 영구기록관리시스템을 구축·운영하여야 하며, 전자적 형태로 생산되지 아니한 기록물을 전자적으로 관리하고 활용하기 위하여 기록물 전자화계획을 수립·시행하여야 한다.

제20조(기록물의 등록) ① 공공기관이 기록물을 생산 또는 접수한 때에는 그 기관의 전자기록생산시스템으로 생산 또는 접수 등록번호를 부여하고 이를 그 기록물에 표기하여야 하며, 중앙기록물관리기관의 장이 정하는 등록정보를 전자적으로 생산·관리하여야 한다. 다만, 「행정업무의 효율적 운영에 관한 규정」 제3조제11호 및 제12호에 따른 업무관리시스템 또는 행정정보시스템으로 생산된 행정정보 중 기록물의 특성상 등록번호를 부여할 수 없는 경우에는 전자기록생산시스템으로 해당 기록물의 고유한 식별번호를 부여하여 등록번호로 대체할 수 있다.
② 공공기관은 제1항에 따른 등록정보를 임의로 수정 또는 삭제되지 아니하도록 관리하여야 한다.
③ 제1항에 따른 등록번호는 각각 시스템 구분, 처리과 기관코드와 연도별 등록일련번호로 구성한다. 다만, 제3조 각 호의 어느 하나에 해당하는 공공기관이 생산·접수하는 기록물의 등록번호 표기방식과 구성은 그 기관의 장이 정한다.
④ 공공기관은 기록물의 본문과 첨부물의 규격차이가 심하거나 상호 다른 기록매체로 구성되어 있는 등, 첨부물을 본문과 분리하여 각각 관리할 필요가 있는 경우에는 첨부물을 별도로 등록하여야 한다. 이 경우 첨부물의 등록번호는 본문의 생산등록번호 또는 접수등록번호에 첨부일련번호를 추가한 번호로 구성한다.

제21조(공식문서외의 중요기록물의 등록·관리) ① 법 제18조에 따라 공공기관은 다음 각 호의 어느 하나에 해당하는 경우에는 그 기록물을 등록하여 관리하여야 한다.
  1. 대통령·국무총리 및 중앙행정기관의 장, 지방자치단체장, 교육감 및 교육장 등 주요 직위자의 업무관련 메모·일정표·방문객명단 및 대화록
  2. 제17조제1항 각 호의 어느 하나에 해당하는 사항과 관련된 문서가 결재 또는 검토 과정에서 반려되거나 중요한 내용을 수정하기 위하여 재작성된 경우에는 반려된 문서 또는 재작성 전의 원본문서
  3. 그 밖에 영구기록물관리기관의 장이 정하는 기록물
② 제1항에 따른 기록물의 등록은 그 기록물을 생산한 공공기관에서 전자기록생산시스템으로 등록하여야 하며, 기록관에서 직접 수집한 기록물은 기록관리시스템으로 등록할 수 있다.

제27조(공개여부의 구분관리) 기록물은 건 단위로 공개여부를 구분하고 제20조제1항에 따른 기록물 등록정보로 관리되도록 하여야 한다.

제28조(접근권한 관리) ① 법 제19조제1항에 따라 공공기관은 생산·접수, 보존 기록물의 무결성 보장 및 비공개 기록물의 체계적 관리를 위하여 접근범위를 구분하여 관리할 수 있도록 필요한 조치를 수립·시행하여야 한다.

② 접근권한은 기록물 및 접근자를 기준으로 기록물 내용 및 목록정보로 구분하여 접근범위를 설정하여야 한다.

③ 공공기관 및 기록물관리기관의 장은 전자기록생산시스템, 기록관리시스템 및 영구기록관리시스템에서 생산·보존하고 있는 기록물에 대한 접근·접근시도에 관한 사항, 이력정보 등을 관리하여야 한다. 이 경우 접근이력, 처리상황 등의 관리정보는 해당 시스템으로 자동 생성되도록 하여야 하며, 임의로 수정·삭제할 수 없어야 한다.

제34조(전자기록생산시스템의 등록정보 관리) 전자기록생산시스템은 기록물 및 기록물철의 등록·분류정보에 대한 검색·활용 기능을 제공하여야 하며, 제32조 및 제33조에 따른 기록물 이관 및 생산현황 보고시 중앙기록물관리기관의 장이 정하는 방식에 따라 목록 및 전자기록물 파일에 대한 전송정보 파일 생성 및 전송 기능을 갖추어야 한다.

제34조의2(전자기록생산시스템의 구축·개선 시 사전협의 등) ① 중앙행정기관(대통령 소속 기관과 국무총리 소속 기관을 포함한다. 이하 같다)과 그 소속 기관, 지방자치단체(이하 이 조에서 "행정기관"이라 한다)의 장은 전자기록생산시스템을 구축하거나 전자기록생산시스템의 기록물관리 기능을 개선하려는 때에는 미리 중앙기록물관리기관의 장과 협의하여야 한다.

② 중앙기록물관리기관의 장은 제1항에 따라 행정기관의 장이 협의를 요청한 전자기록생산시스템의 구축 또는 기능개선에 대하여 법 제20조제1항 각 호에 따른 기록물관리 사항 등을 검토하여 행정기관의 장에게 통보하여야 한다. 이 경우 행정기관의 장은 중앙기록물관리기관의 장의 검토 결과를 반영하여야 한다.

③ 중앙기록물관리기관의 장은 행정기관이 운영하는 전자기록생산시스템의 기록물관리 기능 등을 점검하고, 전자기록생산시스템을 보완할 필요가 있다고 판단되는 경우 행정기관의 장에게 시정을 요구할 수 있다. 이 경우 시정 요구를 받은 행정기관의 장은 특별한 사유가 없으면 시정 요구에 따라야 한다.

시행규칙

제4조(기록물의 등록) 영 제20조제1항 및 영 제21조제2항에 따라 전자기록생산시스템에 기록물을 등록하여 생산등록번호 또는 접수등록번호를 부여하는 시점은 다음 각 호의 어느 하나에 따른다.

1. 결재권자가 결재하거나 보고받은 기록물에 대하여는 결재 또는 보고가 끝난 후 생산등록번호를 부여한다.
2. 영 제21조제1항제2호에 따라 등록하여 관리하여야 하는 반려된 문서 또는 재작성 전의 원본문서의 경우에는 반려된 직후 또는 재작성된 문서로 교체된 직후에 생산등록번호를 부여한다. 다만, 전자기록생산시스템이 반려 또는 재작성전 문서를 원본의 첨부형태로 관리하는 경우에는 별도의 등록번호를 부여하지 않을 수 있다.
3. 사진·필름류의 시청각기록물에 대하여는 촬영물 중 보존대상 기록물로 적합한 작품을 선정한 후 생산등록번호를 부여한다.
4. 영화·비디오·오디오류의 시청각기록물에 대하여는 촬영·녹화 또는 녹음된 기록물을 편집하여 기록물이 완성된 후 생산등록번호를 부여한다. 다만, 편집장비를 보유하지 않은 공공기관의 경우에는 편집되지 않은 상태의 기록물을 그대로 등록할 수 있다.
5. 접수기록물에 대하여는 접수와 동시에 접수등록번호를 부여한다.
6. 기록관 또는 특수기록관이 직접 수집한 기록물의 경우에는 기록관리시스템에 의하여 획득된 시점에 등록번호를 부여한다.

제5조(생산·접수등록번호의 표기) ① 영 제20조제1항에 따른 기록물의 생산기관에서 부여하는 생산등록번호는 다음 각 호의 방법으로 표기한다.
1. 기안문·시행문 등 생산등록번호 또는 문서번호란이 설치되어 있는 기록물은 생산등록번호란 또는 문서번호란에 생산등록번호를 표기한다.
2. 문서관리카드는 관리정보의 문서번호란에 생산등록번호를 표기한다.
3. 생산등록번호란 또는 문서번호란이 설치되어 있지 않은 문서·카드류·도면류 등의 기록물은 그 기록물의 좌측 상단의 여백에 별표 1의 표시를 하여 생산등록번호를 표기한다.
4. 사진 또는 필름류의 기록물은 사진 뒷면이나, 그 사진·필름 등을 넣은 봉투 또는 그 사진·필름 등을 부착한 종이의 좌측 상단의 여백에 별표 1의 표시방법에 따라 생산등록번호를 표기한다. 다만, 동일한 내용의 사진과 필름 등에 대하여는 동일한 생산등록번호를 표기한다.
5. 테이프·디스크·디스켓류의 기록물에 대하여는 그 기록물과 그 보존용기에 별표 1의 표시방법에 따라 생산등록번호를 표기한다.
6. 그 밖에 기록물의 재질 또는 규격상 기록물 자체에 생산등록번호를 표기하기 곤란한 기록물에 대하여는 그 기록물을 넣은 봉투 또는 보존용기에 별표 1의 표시방법에 따라 생산등록번호를 표기한다.
② 영 제20조제1항에 따라 기록물의 접수기관에서 부여하는 접수등록번호는 다음 각 호

의 방법으로 표기한다.

    1. 시행문 서식 또는 접수인에 의하여 접수된 기록물은 접수번호란에 접수등록번호를 표기한다.

    2. 시행문 서식 또는 접수인에 의하여 접수된 기록물 외의 접수기록물에 대하여는 제1항 각 호와 동일한 방법으로 우측 상단의 여백에 별표 1의 표시방법에 따라 접수등록번호를 표기한다.

③ 제1항과 제2항에 따라 생산등록번호 또는 접수등록번호를 그 기록물에 표기하는 경우에는 영 제20조제3항에 따른 처리과 기관코드에 갈음하여 처리과명을 표기한다.

④ 제1항 및 제2항에도 불구하고 기록물 등록번호를 그 기록물에 표기할 수 없는 전자기록물의 경우에는 등록번호를 표기하는 대신 그 등록번호를 등록정보로 관리할 수 있다.

제6조(등록사항의 수정방법) 영 제20조제1항에 따라 관리하는 등록정보를 수정하고자 할 때에는 기록물관리책임자의 확인 하에 조치할 수 있으며 수정일자, 수정내용 및 수정사유 등을 전자적으로 관리하여야 한다.

제7조(기록물의 분류 및 편철시기) 영 제22조 및 영 제23조제1항에 따른 기록물의 분류 및 편철은 등록과 동시에 실시하여야 한다.

제15조(기록물관리책임자) ① 공공기관은 기록물관리 업무를 체계적으로 수행하기 위하여 처리과별로 기록물관리책임자를 지정하여야 한다.

② 기록물관리책임자는 다음 각 호의 업무를 수행한다.

    1. 기록물 및 기록물철의 등록·관리에 관한 사항

    2. 처리과별 기록관리기준표 작성·관리에 관한 사항

    3. 단위과제별 기록물철 작성기준의 수립에 관한 사항

    4. 기록물의 정리·보관 및 이관에 관한 사항

    5. 간행물의 등록 및 관리에 관한 사항

    6. 그 밖에 처리과의 기록물관리에 관한 사항

제18조(기록물 공개여부 구분표시) ① 영 제27조에 따른 기록물의 공개여부 구분표시는 "공개, 부분공개, 비공개" 중 하나를 선택하여 표시하여야 한다.

② 제1항 중 부분공개 또는 비공개의 경우에는 해당 정보를 "부분공개( )" 또는 "비공개( )"로 표시하고, 「공공기관의 정보공개에 관한 법률」 제9조제1항 각 호의 번호중 해당 번호를 괄호 안에 표시하여 함께 관리하여야 한다.

3절 기록의 편철

  기록철은 대체로 단위과제별로 하나 이상의 복수로 생성되는데 처리과의 장이 정하는 단위과제별 기록철 작성기준(편철기준)에 의해 관련 기록만으로 편성된다. 생산 혹은 접수한 기록건을 등록하는 과정에서 어느 기록철에 편성되어야 하는가를 결정하면서 기록의 편철이 이뤄지고, 해당 기록철이 어느 단위과제를 수행하는 것이었나를 구분하는 가운데 기록의 단위과제별 분류가 동시에 이뤄지는 것이다. 따라서 기록의 분류 및 편철은 등록과 동시에 이뤄지게 된다.

  기록철의 등록은 최초의 기록건이 생성될 때 이뤄지며, 최종적으로는 종결처리된 기록의 정리행사를 거쳐 더 이상 기록건을 추가하지 않도록 닫히게 되면서 등록을 완료하게 된다. 기록철에 부여되는 고유번호는 분류번호라고 부르며, 시스템 구분과 처리과 기관코드, 단위과제 식별번호와 기록철 식별번호, 그리고 분철할 경우의 권호수를 포함하는 것으로 구성된다.

  전자적 형태로 생산되지 않은 기록은 기록철의 표지, 보존상자 또는 보존봉투와 색인목록에 그 기록철의 분류번호를 표시하여야 하며, 테이프·디스크·디스켓류의 기록에 대하여는 본체와 보존상자에 적합한 규격으로 그 기록철의 분류번호를 표시하여야 한다. 전자기록으로 구성되어 있는 기록철의 분류번호는 해당 전자기록철의 등록정보로 관리한다.

  물론 전자적인 기록을 모아놓은 기록철과 전자적으로 생성되지 않는 기록철이 하나의 업무활동 과정에서 만들어지게 된다면 어떻게 처리하는 것이 바람직할지 검토가 필요하다. 기본적으로 기록은 전자적으로 생성하고, 만일 비전자기록이 생성될 경우 전자화하여 관리하는 것을 원칙으로 하고 있다. 이점을 십분 실무적으로 반영하려면 비전자기록이 생성되면 곧 처리과에서 직접 전자화하여 등록, 분류, 편철 등을 진행하는 것이 바람직하다. 적어도 하나의 업무활동으로 전자기록과 비전자기록 두 가지의 기록철이 생성될 가능성을 유의하면서 같은 기록철 제목을 부여한다든지, 같은 분류번호를 부여하는 등의 조치를 취하도록 제도화할 필요가 있다.

한편, 전자적 형태로 생산되지 않은 기록철을 신규로 작성한 경우에는 전자기록생산시스템으로부터 기록철 표지를 전산으로 출력하여 그 기록철의 표지로 사용하여야 한다. 기록물정리가 끝나면 또한 해당 기록철에 포함되는 기록건의 색인목록을 출력하여 표지 아래에 포함시킨다. 기록철의 등록항목 역시 신법령에서 제시되고 있지 않지만, 그 내용을 수정하고자 하는 경우에는 기록물관리 책임자의 확인 하에 조치할 수 있으며 수정일자, 수정내용 및 수정사유 등을 전자적으로 관리하여야 한다.

법령에서는 일반문서류와 카드류, 도면류, 시청각류에 대한 편철의 표준적인 방식을 규정하고 있다. 특히 일반문서류의 편철은 처리과에서 업무가 진행 중일 때에는 진행문서화일을 사용하고, 업무처리가 완결된 기록은 보존용 표지로 바꾸고, 표지와 색인목록을 포함하여 발생순서나 논리적 순서로 편철하도록 한다. 100매 이내로 다루기 쉽도록 편철하며 필요하다면 분철을 해야 한다. 기록물정리가 끝나면 보낸 기관, 받은 기관, 쪽표시, 전자문서여부 등을 포함하는 색인목록을 출력할 수 있다. 이렇게 보존용 표지로 바꾼 기록철은 상자번호와 생산연도, 생산기관과 업무명 등을 적은 보존상자로 편성하여 관리하도록 규정하고 있다.

카드류나 도면류는 30매 정도를 기준으로 보존봉투를 편성하도록 되어 있다. 사진, 필름류는 색인목록에 건단위로 사진설명과 사진형태를 적게 되어 있고, 기타 오디오, 영화, 비디오는 내용요약을 하도록 되어 있다.

기록건과 기록철의 등록사항은 실제로 업무과정에서 생성되어 공식적인 관리대상으로 확정된 기록의 구체적인 면모를 보여준다. 이러한 등록정보를 자세히 살피고 분석할 수 있다면 기록의 생산, 등록, 분류, 편철, 보존기간, 보존방법, 공개구분 등 처리과에서의 기록관리를 전반적으로 투명하게 들여다볼 수 있다.

법률

제18조(기록물의 등록·분류·편철 등) 공공기관은 업무수행 과정에서 기록물을 생산하거나 접수하였을 때에는 대통령령으로 정하는 바에 따라 그 기록물의 등록·분류·편철 등에 필요한 조치를 하여야 한다. 다만, 기록물의 특성상 그 등록·분류·편철 등의 방식을 달리 적용할 필요가 있다고 인정되는 수사·재판 관련 기록물의 경우에는 관계 중앙행정기관의 장이 중앙기록물관리기관의 장과 협의하여 따로 정할 수 있다.

시행령

제2조(정의) 이 영에서 사용하는 용어의 정의는 다음과 같다.

    4. "기록물철"이라 함은 기록물관리의 기본단위로서 단위과제의 범위 안에서 관련 기록물을 편철한 1개 이상의 묶음을 말한다.

제22조(기록물의 분류) 법 제18조에 따라 공공기관은 제25조에 따른 기록관리기준표에 따라 처리과별·단위과제별로 해당 기록물을 분류하여 관리하여야 한다.

제23조(편철 및 관리) ① 법 제18조에 따라 공공기관은 업무수행과정이 반영되도록 단위과제의 범위 안에서 1개 이상의 기록물철을 만들어 해당 기록물을 편철하여야 하며, 처리과의 장은 단위과제별 기록물철 작성기준을 정하여 기록물이 체계적으로 편철·관리되게 하여야 한다.

② 공공기관이 제1항에 따라 기록물철을 작성한 경우에는 전자기록생산시스템으로 기록물철 분류번호를 부여하고 그 기록물철에 이를 표기하여야 하며, 중앙기록물관리기관의 장이 정하는 등록정보를 생산·관리하여야 한다. 다만, 2권 이상으로 분철된 기록물철은 기록물철의 분류번호 중 기록물철 식별번호 다음에 괄호를 하고 괄호 안에 권호수를 기입한다.

③ 기록물철의 분류번호는 시스템 구분, 처리과 기관코드, 단위과제 식별번호 및 기록물철 식별번호로 구성한다.

④ 공공기관은 전자적 형태로 생산되지 아니한 기록물을 행정자치부령이 정하는 방식에 따라 기록물 분류기준 및 기록물 종류별 관리에 적합한 보존용 파일 및 용기에 넣어 안전하게 관리하여야 한다.

제34조(전자기록생산시스템의 등록정보 관리) 전자기록생산시스템은 기록물 및 기록물철의 등록·분류정보에 대한 검색·활용 기능을 제공하여야 하며, 제32조 및 제33조에 따른 기록물 이관 및 생산현황 보고시 중앙기록물관리기관의 장이 정하는 방식에 따라 목록 및 전자기록물 파일에 대한 전송정보 파일 생성 및 전송 기능을 갖추어야 한다.

시행규칙

제7조(기록물의 분류 및 편철시기) 영 제22조 및 영 제23조제1항에 따른 기록물의 분류 및 편철은 등록과 동시에 실시하여야 한다.

제8조(기록물철의 작성 및 등록정보의 관리) ① 전자적 형태로 생산되지 않은 기록물철을 신규로 작성한 경우에는 전자기록생산시스템으로부터 별표 2의 기록물철 표지를 전산으로 출력하여 그 기록물철의 표지로 사용하여야 한다.

② 영 제23조제2항에 따라 관리하는 기록물철의 등록정보를 수정하고자 하는 경우에는 기록물관리책임자의 확인 하에 조치할 수 있으며 수정일자, 수정내용 및 수정사유 등을 전자적으로 관리하여야 한다.

제9조(일반문서류의 편철 및 관리) ① 처리과에서 업무가 진행중에 있거나 또는 업무에 활용중인 일반문서류는 별표 3의 규격에 따른 진행문서파일에 발생순서 또는 논리적 순서에 따라 끼워 넣어 관리한다.

② 제1항에 따른 편철시 기록물철의 맨 위에는 별표 2의 기록물철 표지를 놓고, 그 다음에는 별지 제1호서식의 색인목록을 놓은 다음 문서를 순서대로 배열하는 방법으로 편철한다.

③ 일반문서류의 기록물철당 편철량은 100매 이내로 함을 원칙으로 하되, 편철하여야 할 기록물의 양이 지나치게 많은 경우에는 2권 이상으로 나누어 편철하고, 각 기록물철에는 동일한 제목과 분류번호를 부여하고 괄호 안에 권 호수만 다르게 표시하여야 한다.

④ 처리완결된 일반문서류는 진행문서파일에서 분리하여 별표 4의 보존용 표지를 추가로 씌워 편철용 클립 또는 집게로 고정시킨 후 별표 5의 규격에 따른 보존상자에 단위과제별로 넣어 관리한다.

⑤ 제4항에 따른 보존상자의 측면에는 별표 6의 보존상자 표지를 붙여야 한다.

제10조(카드류의 편철 및 관리) ① 카드류는 처리과에서 비치활용기간이 종료될 때까지 편철하지 않은 상태로 카드보관함에 넣어 관리한다.

② 처리과에서 비치활용이 끝난 카드류는 별표 7의 카드류 보존봉투에 넣어 편철한 후 이를 보존상자에 넣어 관리한다.

③ 제2항에 따라 카드류를 보존봉투에 넣어 편철하는 경우에는 각 보존봉투의 맨 위에는 별지 제1호서식의 색인목록을 놓고 그 목록순서에 따라 카드를 배열하여야 하며, 보존봉투당 카드의 편철량은 30건 이내로 함을 원칙으로 한다.

제11조(도면류의 편철 및 관리) ① 도면류는 기록물철 단위로 별표 8의 도면류 보존봉투에 편 상태로 넣어 관리한다.

② 제1항에 따라 도면류를 편철하는 경우에는 맨 위에는 별지 제1호서식의 색인목록을 놓고 그 목록순서에 따라 도면을 배열하여야 하며, 보존봉투당 도면의 편철량은 30매

이내로 함을 원칙으로 한다.

③ 편철된 도면류의 보존봉투는 도면보관함에 편 상태로 눕혀서 관리한다.

제12조(사진·필름류의 편철 및 관리) ① 사진·필름류는 기록물철 단위로 그 사진·필름의 규격에 적합한 별표 9의 사진·필름류 보존봉투에 넣어 편철한 후 보존상자에 넣어 관리한다.

② 제1항에 따라 사진·필름류를 편철하는 경우에는 맨 위에는 별지 제1호서식의 색인목록을 놓고 그 목록순서에 따라 기록물을 배열하여야 한다.

제13조(기록물철의 분류번호 표시) ① 전자적 형태로 생산되지 않은 기록물은 기록물철의 표지, 보존상자 또는 보존봉투와 색인목록에 그 기록물철의 분류번호를 표시하여야 한다.

②테이프·디스크·디스켓류의 기록물에 대하여는 본체와 보존상자에 적합한 규격으로 별표 10에 따른 분류번호 표시를 하여 그 기록물철의 분류번호를 표시하여야 한다.

③ 전자기록물로 구성되어 있는 기록물철의 분류번호는 해당 전자기록물철의 등록정보로 관리한다.

제15조(기록물관리책임자) ① 공공기관은 기록물관리 업무를 체계적으로 수행하기 위하여 처리과별로 기록물관리책임자를 지정하여야 한다.

② 기록물관리책임자는 다음 각 호의 업무를 수행한다.

  1. 기록물 및 기록물철의 등록·관리에 관한 사항
  2. 처리과별 기록관리기준표 작성·관리에 관한 사항
  3. 단위과제별 기록물철 작성기준의 수립에 관한 사항
  4. 기록물의 정리·보관 및 이관에 관한 사항
  5. 간행물의 등록 및 관리에 관한 사항
  6. 그 밖에 처리과의 기록물관리에 관한 사항

4절 기록의 정리 및 생산현황통보

　공공기관의 처리과는 업무가 종결된 기록에 대하여 정리해야 한다. 그러나 실질적으로 (특수)기록관이나 영구기록물관리기관은 처리과에서 어떤 업무가 종결되어 어떤 기록이 준현용단계에 들어가 정리되어야 하는지 알 수가 없다. 이러한 점은 생성된 기록의 등록여부가 해당 기록의 법적 효력을 좌우함에도 책임이 따르거나 불이익이 우려되는 경우 업무담당자가 등록하지 않고 은폐해도 좀처럼 알아낼 수 없는 것과 마찬가지이다.

　이러한 맹점이 따르기는 하지만, 업무처리가 종결된 기록을 정리함으로써 비로소 준현용단계로 들어가는 기록의 완성된 모습을 확인할 수 있다. 공공기관은 매년 2월 말까지 전년도에 생산을 완결한 기록에 대하여 다음 사항을 포함하는 기록물정리를 실시한다.

1. 전자기록생산시스템에 등록되지 않은 기록물이 있는지 여부를 확인하여 누락 기록물을 추가로 등록한다.
2. 등록정보와 실제 기록물 상태가 일치되는지 여부를 확인하여 미비사항을 보완한다.
3. 접근권한, 공개여부, 비밀여부를 확인하여 해당 항목의 변경이 필요한 경우에는 등록정보를 수정한다.
4. 생산등록번호 또는 접수등록번호가 표시되지 않은 기록물이 있는지 여부를 확인하여 누락된 기록물의 생산등록번호 또는 접수등록번호를 표기한다.
5. 전자적 형태로 생산되지 않은 기록물의 경우 등록정보상의 쪽수와 실제기록물의 쪽수가 일치되는지 여부를 확인한 후 기록철 단위의 면표시를 최종적으로 확정·표기한다.
6. 기록철을 생산연도별·보존기간별로 구분하여 보존상자에 담는다. 이 경우 생산연도는 그 기록철의 종료연도를 기준으로 한다.

7. 비치활용이 종료된 카드류를 보존봉투에 담아 이관할 수 있도록 편철·정리한다.
8. 그 밖에 기록물관리기관의 장이 정하는 기록물의 정리에 관한 사항을 행한다.

이러한 정리의 결과는 기록건 및 기록철의 등록정보에 반영하여야 한다. 이렇게 정리된 기록은 매년 5월 31일까지 관할 (특수)기록관에 전년도 기록물생산현황으로 통보되는데, 정리 결과가 반영된 기록의 등록정보를 전자기록생산시스템을 통하여 제출한다.

이렇게 통보된 생산현황자료는 이후 이관과 직결되어 활용된다. 등록 누락 여부에 대해서까지 확인하지는 못하더라도, 종결된 업무의 기록은 누락 없이 반드시 (특수)기록관이 이관받을 수 있도록 보장하는 가장 강력한 제도적 장치라고 할 수 있다. 나아가 앞에서 설명했던 대로 생산현황자료는 (특수)기록관이 처리과에서의 초기 기록관리 실상을 소상하게 들여다볼 수 있게 해준다.

법률

제18조(기록물의 등록·분류·편철 등) 공공기관은 업무수행 과정에서 기록물을 생산하거나 접수하였을 때에는 대통령령으로 정하는 바에 따라 그 기록물의 등록·분류·편철 등에 필요한 조치를 하여야 한다. 다만, 기록물의 특성상 그 등록·분류·편철 등의 방식을 달리 적용할 필요가 있다고 인정되는 수사·재판 관련 기록물의 경우에는 관계 중앙행정기관의 장이 중앙기록물관리기관의 장과 협의하여 따로 정할 수 있다.

제19조(기록물의 관리 등) ⑥ 공공기관은 기록물의 원활한 수집 및 이관을 위하여 대통령령으로 정하는 바에 따라 매년 기록물의 생산현황을 소관 기록물관리기관에 통보하여야 한다. 이 경우 중앙행정기관의 소속 기관에 기록관 또는 특수기록관을 설치하였을 때에는 중앙행정기관의 기록관 또는 특수기록관이 그 생산현황을 취합하여 중앙기록물관리기관에 통보하여야 한다.

시행령

제24조(기록물의 정리) ① 법 제18조에 따라 공공기관은 매년 2월말까지 전년도에 생산을 완결한 기록물에 대하여 행정자치부령이 정하는 바에 따라 공개여부·접근권한 재분류, 분류·편철 확정 등을 하여야 한다.

② 제1항에 따른 기록물 정리 결과는 제20조제1항 및 제23조제2항에 따른 기록물 및 기록물철 등록정보에 반영하여야 한다.

제33조(처리과의 기록물생산현황 통보) 법 제19조제6항에 따라 공공기관은 매년 5월 31일까지 관할 기록관 또는 특수기록관의 장에게 전년도의 기록물 생산현황을 통보하여야 한다. 이 경우 기록물 생산현황의 통보는 중앙기록물관리기관의 장이 정하는 방식에 따라 제20조제1항 및 제23조제2항에 따른 기록물 등록정보를 전자기록생산시스템을 통하여 제출한다.

제34조(전자기록생산시스템의 등록정보 관리) 전자기록생산시스템은 기록물 및 기록물철의 등록·분류정보에 대한 검색·활용 기능을 제공하여야 하며, 제32조 및 제33조에 따른 기록물 이관 및 생산현황 보고시 중앙기록물관리기관의 장이 정하는 방식에 따라 목록 및 전자기록물 파일에 대한 전송정보 파일 생성 및 전송 기능을 갖추어야 한다.

시행규칙

제14조(기록물의 정리) ① 영 제24조에 따른 기록물의 정리는 다음 각호의 사항을 포함하여 실시한다.

1. 전자기록생산시스템에 등록되지 않은 기록물이 있는지 여부를 확인하여 누락기록물을 추가로 등록한다.
2. 등록정보와 실제 기록물 상태가 일치되는지 여부를 확인하여 미비사항을 보완한다.
3. 접근권한, 공개여부, 비밀여부를 확인하여 해당 항목의 변경이 필요한 경우에는 등록정보를 수정한다.
4. 생산등록번호 또는 접수등록번호가 표시되지 않은 기록물이 있는지 여부를 확인하여 누락된 기록물의 생산등록번호 또는 접수등록번호를 표기한다.
5. 전자적 형태로 생산되지 않은 기록물의 경우 등록정보상의 쪽수와 실제기록물의 쪽수가 일치되는지 여부를 확인한 후 기록물철 단위의 면표시를 최종적으로 확정·표기한다.
6. 기록물철을 생산연도별·보존기간별로 구분하여 보존상자에 담는다. 이 경우 생산연도는 그 기록물철의 종료연도를 기준으로 한다.
7. 비치활용이 종료된 카드류를 보존봉투에 담아 이관할 수 있도록 편철·정리한다.
8. 그 밖에 기록물관리기관의 장이 정하는 기록물의 정리에 관한 사항을 행한다.

② 공공기관의 장은 필요하다고 인정되는 경우 부서별 또는 처리과별로 기록물 정리일정을 달리하여 실시할 수 있다.

제15조(기록물관리책임자) ① 공공기관은 기록물관리 업무를 체계적으로 수행하기 위하여 처리과별로 기록물관리책임자를 지정하여야 한다.

② 기록물관리책임자는 다음 각 호의 업무를 수행한다.

  1. 기록물 및 기록물철의 등록·관리에 관한 사항

  2. 처리과별 기록관리기준표 작성·관리에 관한 사항

  3. 단위과제별 기록물철 작성기준의 수립에 관한 사항

  4. 기록물의 정리·보관 및 이관에 관한 사항

  5. 간행물의 등록 및 관리에 관한 사항

  6. 그 밖에 처리과의 기록물관리에 관한 사항

제21조(기록물생산현황의 작성시기) 영 제33조 및 영 제42조에 따른 기록물 생산현황은 기록물의 정리가 완료되어 그 결과가 전자기록생산시스템의 등록정보에 반영된 후 작성하여야 한다.

5절　기록의 이관

　정리가 끝난 기록은 현용단계를 마치고 준현용단계에 들어갔음을 의미한다. 보존기간의 계산 역시 정리행사가 있는 해의 1월 1일부터 시작된다. 정리가 끝난 기록은 보존기간이 시작된 후 2년 이내에 (특수)기록관으로 이관되어야 하는데, 아주 빈번한 참고활용이 필요하거나 혹은 해당 기관에는 (특수)기록관이 없어서 상급 기관의 (특수)기록관으로 넘겨야 하는 경우에는, 10년의 범위 내에서 이관연기를 신청할 수도 있다. 다만, 이렇게 (특수)기록관으로의 이관을 연기하고자 할 경우 관할 영구기록물관리기관에 이관연기신청서를 제출하도록 시행규칙에서 규정하고 있는 것은 납득할 수 없다. 아마도 소관 (특수)기록관에 제출해야 하는 것을 잘못 표현하고 있는 것으로 생각된다.

　한편, 비치기록물의 경우는 빈번한 참고 때문이 아니라, 기록의 성격 자체가 현용단계가 오래 유지되는 기록이어서 처리과에서 한동안 비치하게 되는 기록을 의미한다. 비치기록의 경우도 이관사유가 발생하면 (특수)기록관으로 곧 이관해야 한다. 반면에 업무관리시스템으로 생산된 기록물은 매 1년 단위로 전년도 생산기록물을 기록관 또는 특수기록관으로 이관한다.

　이관은 기본적으로는 기록철 단위로 이뤄지지만, 비밀기록이나 비밀이었던 기록의 경우처럼 개별 기록물로 이관되는 경우도 있다. 비전자기록은, 다소 번거롭게 느껴지는데, 정리를 통해 생산연도별·보존기간별로 구분하여 보관하던 보존상자에서 이관대상 기록철을 새로 단위과제별로 구분하여 보존상자를 재편성한 후 이관목록과 함께 제출하여야 한다.

　이관목록은 이관연기가 승인된 기록을 제외하고 철단위와 건단위의 이관으로 구분하여 서식화되어 있다. 작년에 생산된 모든 기록을 이관하는 업무관리시스템의 경우는 별도의 이관목록을 만들 필요 없이 생산현황통보로 제출된 등록정보로 대신한다. 전자기록물을 이관하는 경우에는 진본성, 무결성 등이 보장될 수 있도록 이관대상 기록물을 검수(檢收)하고, 오류가 없는 기록물에 대하여 행정전자서명 및 전자기록물이 해당 공공기관에 제시된 시점을 확인한 정보(이하 "시점확인 정보"라 한다)를 포함하여 이관하여야 한다.

(특수)기록관은 비전자기록을 인수하는 경우에는 원본 및 목록의 일치여부나 물리적 상태의 확인 등 검수절차를 거쳐야 하며, 전자기록물을 인수하는 경우에는 행정전자서명의 확인 등 그 전자기록물의 진본확인 절차를 거쳐야 하며, 메타데이터(metadata) 오류, 바이러스 검사 등 품질검사를 실시하여야 한다. (특수)기록관은 기록물의 진본 확인절차, 품질검사 및 검수절차 과정에서 미비사항 또는 오류사항을 발견한 경우에는 이를 이관을 요청한 처리과로 즉시 통보하여야 하며, 해당 처리과는 미비사항 또는 오류사항을 수정·보완한 후에 재이관하여야 한다.

한편 기록관으로 이관되지 않고 일시적으로나마 처리과에 남게 되는 기록의 관리에 대해서는 별다른 규정을 갖고 있지 않는데, 단지 처리과 기록물관리책임자의 역할 중 하나로 기록물의 정리·보관 및 이관에 관한 사항이라고 규정되어 있는 정도이다. 물론 정리행사를 거치면서 이미 보존상자 등에 담겨 있겠지만, 이후 처리과 단위의 통합 캐비닛에 보관한다든지, 이용과 통제를 어떻게 실현할지 등등 처리과에서의 보관을 위한 실무 내용이 규정되어 있지는 않다.

법률

제19조(기록물의 관리 등) ① 공공기관은 대통령령으로 정하는 바에 따라 기록물의 보존기간, 공개 여부, 비밀 여부 및 접근권한 등을 분류하여 관리하여야 한다.

② 공공기관은 대통령령으로 정하는 기간 이내에 기록물을 소관 기록관 또는 특수기록관으로 이관하여야 한다. 다만, 소관 기록관 또는 특수기록관이 설치되지 아니한 공공기관의 경우에는 대통령령으로 정하는 바에 따라 공공기관의 장이 지정하는 부서로 기록물을 이관하여야 한다.

제35조(기록물의 공개 여부 분류) ① 공공기관은 소관 기록물관리기관으로 기록물을 이관하려는 경우에는 그 기록물의 공개 여부를 재분류하여 이관하여야 한다. 다만, 공공기

관의 기록관 또는 특수기록관이 영구기록물관리기관으로 기록물을 이관하는 경우로서 제2항에 따라 기록물을 이관하기 전 최근 5년의 기간 중 해당 기록물의 공개 여부를 재분류한 경우에는 공개 여부 재분류 절차를 생략하고 기록물을 이관할 수 있다.

시행령

제31조(비치기록물의 지정) ① 처리과의 장은 제32조 및 제40조에 불구하고 비치기록물로 지정된 기록물철에 대하여는 기록관리기준표로 정하는 비치기간까지 그 처리과에서 보관할 수 있다.

② 비치기록물을 보존하고 있는 처리과의 장은 비치기록물의 비치기간이 종료된 경우에는 다음 연도 중에 기록관 또는 특수기록관으로 이관하여야 한다.

제32조(기록물의 이관) ① 법 제19조제2항에 따라 공공기관은 공공기관의 기록물을 처리과에서 보존기간의 기산일부터 2년의 범위 내에서 보관한 후 기록물철 단위로 관할 기록관 또는 특수기록관으로 이관하여야 한다. 다만, 업무관리시스템으로 생산된 기록물은 매 1년 단위로 전년도 생산기록물을 기록관 또는 특수기록관으로 이관한다.

② 제1항에 불구하고 제3조 각 호의 어느 하나에 해당하는 공공기관은 제10조제1항제10호 및 제11호에 의해 기록관을 설치하여야 하는 공공기관을 제외하고는 해당 공공기관의 장이 지정한 부서로 기록물을 이관한다.

③ 제1항 및 제2항에 불구하고 기록관 또는 특수기록관이 설치되지 아니하거나 업무에 수시로 참고할 필요가 있는 경우에는 보존기간의 기산일부터 10년의 범위 내에서 기록물철 단위로 이관시기를 연장할 수 있다.

④ 공공기관이 전자기록물을 이관하는 경우에는 진본성, 무결성 등이 보장될 수 있도록 이관대상 기록물을 검수(檢收)하고, 오류가 없는 기록물에 대하여 행정전자서명 및 전자기록물이 해당 공공기관에 제시된 시점을 확인한 정보(이하 "시점확인 정보"라 한다)를 포함하여 이관하여야 한다. 이 경우 이관을 위한 전자매체, 포맷, 방식 및 데이터 규격은 중앙기록물관리기관의 장이 정한다.

⑤ 공공기관이 전자적 형태로 생산되지 아니한 기록물을 이관하는 경우에는 행정자치부령이 정하는 바에 따라 이관대상 기록물철을 단위과제별로 구분하여 보존상자에 넣은 후 이관목록과 함께 제출하여야 한다.

제35조(처리과 기록물 인수) ① 기록관 또는 특수기록관은 그 공공기관 및 소속기관의 이관 대상 기록물을 인수·관리하여야 한다.

② 기록관 또는 특수기록관이 전자기록물을 인수하는 경우에는 행정전자서명의 확인 등 그 전자기록물의 진본확인 절차를 거쳐야 하며, 메타데이터(metadata) 오류, 바이러스 검사 등 품질검사를 실시하여야 한다.

③ 기록관 또는 특수기록관이 전자적 형태로 생산되지 아니한 기록물을 인수하는 경우에는 원본 및 목록의 일치 여부, 물리적 상태 확인 등의 검수절차를 거쳐야 한다.

④ 기록관 또는 특수기록관의 장은 제2항 또는 제3항에 따른 기록물의 진본 확인절차, 품질검사 및 검수절차 과정에서 미비사항 또는 오류사항을 발견한 경우에는 이를 이관을 요청한 처리과로 즉시 통보하여야 하며, 해당 처리과는 미비사항 또는 오류사항을 수정·보완한 후에 재이관하여야 한다.

⑤ 기록관 또는 특수기록관의 장은 인수절차 종료시 그 결과를 해당 처리과에 통보하여야 하며, 그 처리과는 인수완료 결과를 통보받기 전까지 이관한 전자기록물을 보존하여야 한다.

⑥ 제5항에 따라 인수완료 결과를 통보받은 처리과의 장은 해당 전자기록물을 물리적으로 복구가 불가능하도록 삭제 또는 파기하여야 한다. 다만, 처리과는 해당 전자기록물을 업무상 참고할 필요가 있는 경우에는 사본임을 확인할 수 있는 조치를 취한 후에 삭제 또는 파기하지 않고 활용할 수 있다.

⑦ 제1항부터 제6항까지의 규정에도 불구하고 제3조 각 호의 어느 하나에 해당하는 공공기관은 기록물의 인수 및 검수 절차를 따로 정하여 시행할 수 있다.

시행규칙

제19조(기록물의 이관목록 작성) 영 제32조제5항 및 영 제40조제4항에 따라 기록물의 이관목록은 별지 제2호서식에 따른다. 다만, 영 제32조제1항 단서에 따라 이관되는 기록물의 경우에는 생산현황통보시 제출된 등록정보로 이관목록을 대체한다.

제20조(기록물 이관시기의 연장) 영 제32조제3항, 영 제40조제1항 단서 및 영 제41조제3항에 따라 기록물의 이관시기를 연장하고자 하는 경우에는 관할 영구기록물관리기관의 장에게 별지 제3호서식의 기록물이관시기 연장신청서를 제출하여야 한다.

단원학습문제   **5장 처리과에서의 기록관리**

01 생산의무화 되어 있는 기록에 대한 설명으로서 적절하지 않은 것은?

① 행정예고 대상의 사항은 시청각기록을 생산하여야 한다.

② 조사서나 연구서, 검토서 등에는 예상되는 효과나 결과의 분석이 포함되어야 한다.

③ 법령 제정이나 개정 관련 사항에 대한 의견조정을 위한 국장급 이상 공무원들의 회의는 회의록을 남겨야 한다.

④ 영구기록물관리기관장이 지정하는 회의는 녹음기록을 남겨야 하며 10년을 넘지 않는 범위에서 비공개할 수 있다.

02 시청각기록의 생산에 대한 설명으로 적당한 것은?

① 사료적 가치가 높지 않은 공공시설의 철거 중에 발생한 사고는 시청각기록을 작성할 필요가 없다.

② 동영상기록에 대한 설명문도 동영상에 포함하여 촬영해야 한다.

③ 이웃 국가의 자연재해에 대해 해외 공관을 통해 시청각기록을 생산해야 한다.

④ 특별법으로 정한 국제적인 행사는 동영상 형태의 시청각기록을 생산해야 된다.

03 기록의 등록제도에 포함되는 것은?

① 기록건의 등록항목에는 기록관리기준표의 단위과제코드가 포함된다.

② 기록의 등록 및 등록정보의 수정은 처리과에서만 가능하다.

③ 주요 직위자의 방문객 대화록이 작성된다면 반드시 등록해야 한다.

④ 국제 조약의 체결과 관련해 재작성된 기록의 재작성전 기록은 등록하지 않아도 된다.

04 기록의 편철에 대한 규정으로 적당한 것은?

① 기록철의 편철과 등록으로 부여되는 분류번호에는 단위과제코드가 포함된다.

② 기록물철의 작성기준은 기록관에서 최종 확정한다.

③ 하나의 단위과제에는 반드시 하나의 기록물철이 만들어져야 한다.

④ 인화된 사진은 카드류와 유사하게 30매를 기준으로 보존봉투에 담아 편철한다.

05 기록의 정리과정에 해당되지 않는 것은?

① 기록의 공개여부를 확인하여 재분류하고 필요한 경우 등록정보를 수정한다.
② 기록물철을 단위과제별로 구분하여 보존상자에 담는다.
③ 등록정보와 기록물을 비교, 확인하고 미비사항을 보완한다.
④ 등록되지 않은 기록이 발견되면 추가로 등록한다.

06 처리과에서 기록관으로의 기록 이관에 대한 규정으로 적절하지 않은 것은?

① 처리과로부터 생산현황통보된 기록은 대부분 그 이듬해에 이관될 기록들이다.
② 비치기간이 종료된 비치기록물은 다음 연도 중에 기록관으로 이관해야 한다.
③ 전자기록물의 이관을 위해 처리과는 행정전자서명 및 시점확인 정보를 포함해 이관해야 한다.
④ 업무참고가 빈번한 전자기록이라고 하더라도 처리과에 사본형태로 남겨둬서는 안 된다.

6장_ (특수)기록관에서의 기록관리

개 요

   (특수)기록관은 시행령에 규정되어 있는 공공기관별로 구성되는 기록물관리기관이다. 기본적인 사명은 기록의 생산부터 활용까지의 모든 과정에 걸쳐 진본성(眞本性), 무결성(無缺性), 신뢰성 및 이용가능성이 보장될 수 있도록 관리한다는 기록관리의 원칙에 근거하여, 당해 기관 및 (특수)기록관이 설치되지 않는 소속기관의 기록관리에 대한 총괄적인 책임을 지닌다. 따라서 (특수)기록관이 수행하는 기록관리 정책 및 절차는 전반적으로 기록화되어야 한다. 기록이 효율적이고 통일적으로 관리·활용될 수 있도록 중앙기록물관리기관이 시행하는 기록관리의 표준화를 수용하여야 한다.

   또한 기록이 전자적으로 생산·관리되도록 필요한 조치를 마련하여야 하며, 전자적 형태로 생산되지 아니한 기록도 전자적으로 관리되도록 노력하여야 한다는 원칙 아래, 중앙기록물관리기관의 장이 정하는 바에 따라 기록관리시스템을 구축·운영하여야 하며, 전자적 형태로 생산되지 아니한 기록을 전자적으로 관리하고 활용하기 위하여 기록물 전자화계획을 수립·시행하여야 한다. 전자기록의 생산·이관·보존 및 폐기 등 기록관리 전 과정에서 전자기록을 안전하게 관리해야 하는 것은 물론이다.

   일반적인 관점에서 보자면 하나의 기관에 꼭 하나의 집중형 기록관리부서가 있어야 하는 것은 아니다. 통상 업무체계 혹은 행정체계상 독립성이 강한 경우는 그러한 분립적인 단위마다 기록관리부서를 설치하는 분산형도 가능하다. 또한 반대로 효율성의 측면 혹은 경제성의 측면에서 복수의 기관을 대상으로 운영되는 공동형 혹은 연합형도 가능하다. 우리나라의 경우 기본적으로 모(母)기관에 해당하는 경우에는 반드시 하나의 (특수)기록관을 설치하는 집중형 모델을 채택하고 있으며, 소속기관에도 반드시 설치해야 하는 경우는 시행령에 나열해두었다. 한 기관에 복수의 (특수)기록관을 두지 않으며, 정부조직법 등에 의해 분립된 기관이 공동으로 운영하는 연합적 성격의 (특수)기록관도 법령상 보장되지 않는다. 시행령에 규정되지 않은 소속기관 중 (특수)기록관을 설립하려고 할 때에는 협의와 승인을 받아야 한다.

1절 (특수)기록관의 설치

　　(특수)기록관은 당해 기관의 "기록물관리부서"에 설치하는 것을 원칙으로 하고 있어, 독립적인 조직으로서의 지위는 부여하고 있지 않다. 따라서 (특수)기록관의 장은 해당 기록물관리부서의 장이 된다. 하지만 기록물관리부서에 (특수)기록관을 설치한다는 것이 무엇을 의미하는 지는 명확하지 않은 것 같다. (특수)기록관 자체를 "기록물관리기관"이라고 정의하면서도 기록물관리부서에 속하는 조직으로 설치한다는 것이 너무나 혼란스럽다. 아마도 기록물관리부서를 "과"나 "팀" 수준의 조직이라고 해석하고 (특수)기록관을 그 이하의 조직으로 설치하는 것을 기본으로 판단하고 있는 것으로 해석된다.

　　한편, 기초자치단체 및 제주자치도의 행정시가 단독으로 영구기록물관리기관을 설립하면 별도의 기록관을 두지 않아도 된다. 이 경우를 제외하고는 영구기록물관리기관이 만들어지더라도 그 자체가 기록관 설치대상 기관이라면 반드시 기록관도 설치해야 한다.

　　한편 2015년부터 적용되는 개정 시행령에 따르면 각급 학교에 기록관 설치 여부에 대해 조금 복잡해졌으므로 살펴봐둘 필요가 있다. 우선 관리하여야 하는 기록의 양이 행정자치부령으로 정하는 기준을 초과하는「고등교육법」제2조에 따른 학교 중 사립학교는 물론이고,「고등교육법」제2조에 따른 학교 중「국립학교 설치령」제3조 및 별표 1에 따른 학교와「한국교원대학교 설치령」,「한국방송통신대학교 설치령」및「한국예술종합학교설치령」에 따른 학교, 그리고 국립대학 법인과 공립대학은 기록관의 의무적인 설치대상 기관이다.

　　이러한 의무대상에서 제외되는 학교들, 다시 말하자면 행정자치부령으로 정하는 기준을 초과하더라도 위에서 지정하지 않은 학교나, 기준을 넘지 않는「고등교육법」제2조에 따른 학교 중 사립학교는 해당 공공기관의 장이 지정하는 부서가 기록관의 역할을 하게 되며,「유아교육법」및「초·중등교육법」에 따라 설립된 학교 중에서 국립학교는 관할 중앙행정기관의 기록관이 해당 학교의 기록관이 되며, 그런 학교 중에서 대학·교육대학의 부설인 경우는 소속 대학·교육대학의 기록관이 해당 학교의 기록관이 된다. 또 공립·사립 학교는 관할 교육청 또는 교육지원청의 기록관, 그 밖의 학교는 중앙기록물관리기관의 장이 지정하는 기관의 기록관이 이들 학교의 기록관 역할을 하게 된다.

대학에 해당하는 교육기관들은 그나마 기록관을 설치하거나 지정된 부서가 기록관 기능을 담당하게 되지만, 그 이하의 교육기관에서는 자체적인 기록관은 설치하지 않는 것으로 규정된 것이다. 학교를 처리과 수준의 기관으로 취급해 오던 관행이 낳은 결과라고도 생각되지만, 문제는 조금 복잡하게 나타날 것으로 예상된다. 학교 차원의 기록관리와 기록보존에 심각한 공백이 생기게 될 뿐만 아니라, 해당 학교들의 기록 중에서 30년 이상 보존이 필요한 기록은 지방기록물관리기관도 아니고 자신들의 학교도 아닌 다른 기관에 설치된 기록관에 남게 될 것이며, 또 기록관 역시 장기보존의 부담이 크게 가중되는 결과를 가져올 것이다.

기타 본 법령을 준수해야 하는 준공공기관에 해당하는 기관의 경우, 그 기관 및 소속기관의 연간 기록물 생산량이 1천권 이상인 기관이거나 그 기관 및 소속기관의 보존대상 기록물이 5천권을 초과하는 기관의 경우만 기록관을 공식적으로 설치하고, 그 기준에 미치지 못할 경우는 기관장이 지정하는 부서가 기록관의 역할을 한다. 물론 시행령에서 나열하고 있는 기관이 아니라고 하더라도, 기록관의 설치가 필요한 경우에는 소관 영구기록물관리기관의 승인을 얻어 기록관을 설치·운영할 수 있다.

기록관을 설치해야 하는 공공기관으로서 통일·외교·안보·수사·정보 분야의 기록을 생산하는 공공기관은 소관 기록을 장기간 관리하려는 경우 중앙기록물관리기관과 협의하여 특수기록관을 설치·운영할 수 있다. 시행령에서는 통일부, 외교부, 국방부 및 국방부장관이 중앙기록물관리기관의 장과 협의하여 정하는 직할 군 기관, 국민안전처 및 지방해양경비안전본부, 대검찰청·고등검찰청·지방검찰청, 방위사업청, 경찰청 및 지방경찰청, 국가정보원, 육군본부, 해군본부, 공군본부 및 육군·해군·공군 참모총장이 중앙기록물관리기관의 장과 협의하여 정하는 군 기관에 각각 설치할 수 있다고 규정한다. 이들 기관은 기본적으로 중앙행정기관이거나 그에 속하는 기관이므로, 소관 영구기록물관리기관은 곧 중앙기록물관리기관이다. 이들은 자신의 고유하면서도 특수한 업무과정에서 생성되는 비공개기록을 30년 이상 보존관리하다가 이관할 수 있다.

(특수)기록관의 기록관리업무는 관할 공공기관의 처리과와 관련해 수행하는 기록관리 관련 업무와 소관 영구기록물관리기관과의 관련 속에서 수행하는 업무, 그리고 자체적으로 수행하는 기록관리업무 등으로 나누어 생각해볼 수 있다. 처리과와 관련해서는 기록관리의 지도, 감독과 지원을 비롯해 기록의 이관, 정보공개 접수처리 업무 등을 수행한다. 영구기록물관리기관과 관련해서는 물론 30년 이상 중요 기록의 이관이 가장 핵심적인 업무이다. (특수)기록관 자체의 업무로는 평가 및 폐기, 보존매체수록, 기타 서고관리 등을 들 수 있다.

또한, (특수)기록관은 레코드센터와 달리 영구기록물관리기관과 같은 조직에 속하는 것이 아니라 기록을 생산한 기관에 속하는 조직이므로 영구기록물관리기관보다 해당 기관과 밀접한 관련을 갖는다. 소속 인력이나 예산, 장비, 공간 등도 생산기관에 속하게 된다. 따라서 처리과에서 진행되는 초기 기록관리에 보다 용이하게 개입할 수 있다는 중요한 특성을 지닌다. 전통적인 기록관리 단계론의 모델과 형태상으로는 유사하면서도 오히려 컨티뉴엄 컨셉트에 입각한 초기 기록관리의 강화에 보다 유리하다고 이해된다.

(특수)기록관은 업무처리가 종결된 기록을 보존기간 기산일로부터 2년 이내에 이관받아 보존관리한다. 현용단계가 종결된 기록의 업무상 참고를 위한 이용제공도 (특수)기록관의 몫이다. 이러한 점은 외국의 레코드센터와 동일하다고 할 수 있지만, 우리의 경우 참고활용을 위한 모든 기간을 (특수)기록관에서 보존되는 것은 아니다. 보존기간 기산일로부터 10년이 지난 다음해에 보존기간 30년 이상의 중요기록을 영구기록물관리기관으로 이관한다. 이 때문에 기록 시리즈

별로 참고활용기간을 별도로 파악할 필요가 없다. 대신에 영구기록물관리기관이 일부 이러한 참고활용 서비스를 제공해야 한다. 또한 준영구 이상의 보존기간을 부여받는 기록 중에서 역사자료적 가치가 적은 경우는 (특수)기록관에서 장기보존을 할 수 있다.

이러한 (특수)기록관은 마땅히 보존시설과 장비를 갖춰야 하며, 매년 5월 31일까지 시설·장비 및 환경 구축 현황을 중앙기록물관리기관에 통보하여야 한다. 중앙기록물관리기관은 기록물관리기관의 시설·장비 및 환경 기준 준수 여부를 지속적으로 관리하여야 한다.

법률

제13조(기록관) ① 공공기관의 기록물을 효율적으로 관리하기 위하여 대통령령으로 정하는 공공기관은 기록관을 설치·운영하여야 한다. 다만, 제14조에 따른 특수기록관을 설치·운영하는 공공기관의 경우에는 그 공공기관 내에 기록관을 설치할 수 없다.

② 기록관은 다음 각 호의 업무를 수행한다.

    1. 해당 공공기관의 기록물관리에 관한 기본계획의 수립·시행

    2. 해당 공공기관의 기록물 수집·관리 및 활용

    3. 기록관이 설치되지 아니한 관할 공공기관의 기록물관리

    4. 영구기록물관리기관으로의 기록물 이관

    5. 해당 공공기관의 기록물에 대한 정보공개 청구의 접수

    6. 관할 공공기관의 기록물관리에 대한 지도·감독 및 지원

    7. 그 밖에 기록물관리에 관한 사항

제14조(특수기록관) ① 통일·외교·안보·수사·정보 분야의 기록물을 생산하는 공공기관의 장은 소관 기록물을 장기간 관리하려는 경우에는 중앙기록물관리기관의 장과 협의하여 특수기록관을 설치·운영할 수 있다.

② 특수기록관은 제28조제1항에 따른 시설·장비와 이를 운영하기 위한 전문인력을 갖추어야 한다.

③ 특수기록관은 다음 각 호의 업무를 수행한다.

    1. 관할 공공기관의 기록물관리에 관한 기본계획의 수립·시행

    2. 해당 공공기관의 기록물 수집·관리 및 활용

    3. 특수기록관이 설치되지 아니한 관할 공공기관의 기록물관리

4. 중앙기록물관리기관으로의 기록물 이관
5. 해당 공공기관의 기록물에 대한 정보공개 청구의 접수
6. 관할 공공기관의 기록물관리에 대한 지도·감독 및 지원
7. 그 밖에 기록물관리에 관한 사항

시행령

제2조(정의) 이 영에서 사용하는 용어의 정의는 다음과 같다.

1. "기록물관리기관의 장"이라 함은 영구기록물관리기관의 경우에는 당해 기관의 장을 말하며, 기록관 또는 특수기록관의 경우에는 기록물관리 부서의 장을 말한다.
8. "기록관리시스템"이라 함은 기록관 또는 특수기록관에서 기록물 관리를 전자적으로 수행하는 시스템을 말한다.

제10조(기록관의 설치) ①다음 각 호의 어느 하나에 해당하는 공공기관은 법 제13조제1항에 따라 기록관을 설치·운영하여야 한다. 다만, 제6호에 해당하는 공공기관이 법 제11조제3항에 따른 지방기록물관리기관(공동 설치한 경우를 제외한다)을 설치·운영하는 경우에는 기록관을 따로 두지 아니하고 그 지방기록물관리기관이 기록관의 업무를 수행한다.

1. 「정부조직법」 제2조에 따른 중앙행정기관
2. 감사원, 국가인권위원회, 방송통신위원회, 국가정보원, 국무조정실, 국무총리비서실
3. 국민권익위원회, 공정거래위원회, 금융위원회, 원자력안전위원회
4. 중앙행정기관의 소속기관 중 지방보훈청, 지방국세청, 인천세관, 서울세관, 부산세관, 대구세관, 광주세관, 고등검찰청, 지방검찰청, 지방교정청, 지방병무청, 지방경찰청, 우정사업본부, 지방우정청, 지방식품의약품안전청, 수도권대기환경청, 유역환경청, 지방환경청 및 국립환경과학원, 지방고용노동청, 중앙노동위원회, 지방국토관리청, 중앙토지수용위원회, 지방해양수산청, 지방항공청, 지방해양경비안전본부, 금융정보분석원
5. 시·도
6. 시·군·구(지방자치단체인 구를 말한다) 및 「제주특별자치도 설치 및 국제자유도시 조성을 위한 특별법」 제10조제2항에 따라 제주자치도에 두는 행정시
7. 시·도 교육청 및 「지방교육자치에 관한 법률」 제34조에 따른 교육지원청
8. 국방부장관이 중앙기록물관리기관의 장과 협의하여 정하는 직할 군 기관
9. 육군·해군·공군 참모총장이 중앙기록물관리기관의 장과 협의하여 정하는 군 기관

10. 관리하여야 하는 기록물의 양이 행정자치부령으로 정하는 기준을 초과하는 다음 각 목의 어느 하나에 해당하는 기관
　　가. 제3조제1호부터 제3호까지의 공공기관
　　나. 「고등교육법」 제2조에 따른 학교 중 사립학교
11. 「고등교육법」 제2조에 따른 학교 중 다음 각 목의 어느 하나에 해당하는 학교
　　가. 「국립학교 설치령」 제3조 및 별표 1에 따른 학교
　　나. 「한국교원대학교 설치령」, 「한국방송통신대학교 설치령」 및 「한국예술종합학교설치령」에 따른 학교
　　다. 국립대학 법인
　　라. 공립대학
12. 그 밖에 영구기록물관리기관의 장이 기록관 설치가 필요하다고 인정되어 지정한 공공기관
② 기록관은 기록물관리부서에 설치함을 원칙으로 한다. 다만, 제3조 각 호의 어느 하나에 해당하는 공공기관 중 제1항제10호 또는 제11호에 해당하지 아니하는 경우에는 다음 각 호의 구분에 따른 부서 등이 기록관의 업무를 수행한다.
　1. 제3조제1호부터 제3호까지의 공공기관과 「고등교육법」 제2조에 따른 학교 중 사립학교: 해당 공공기관의 장이 지정하는 부서
　2. 「유아교육법」 및 「초·중등교육법」에 따라 설립된 학교
　　가. 국립학교: 관할 중앙행정기관의 기록관(대학·교육대학 부설학교의 경우에는 소속 대학·교육대학의 기록관을 말한다)
　　나. 공립·사립 학교: 관할 교육청 또는 교육지원청의 기록관
　3. 그 밖의 학교: 중앙기록물관리기관의 장이 지정하는 기관의 기록관
③ 제1항에 따라 기록관을 설치·운영하여야 하는 공공기관이 법 제14조제1항에 따라 특수기록관을 설치·운영하는 경우에는 기록관을 따로 두지 아니하고 그 특수기록관이 기록관의 업무를 수행한다.
④ 제1항에 포함되지 아니한 공공기관에 기록관의 설치가 필요한 경우에는 그 공공기관의 장이 소관 영구기록물관리기관의 장의 승인을 얻어 기록관을 설치·운영할 수 있다.
제11조(특수기록관의 설치) ① 법 제14조제1항에 따른 특수기록관은 통일부, 외교부, 국방부 및 국방부장관이 중앙기록물관리기관의 장과 협의하여 정하는 직할 군 기관, 국민안전처 및 지방해양경비안전본부, 대검찰청·고등검찰청·지방검찰청, 방위사업청, 경찰청 및 지방경찰청, 국가정보원, 육군본부, 해군본부, 공군본부 및 육군·해군·공군 참모총장이 중앙기록물관리기관의 장과 협의하여 정하는 군 기관에 각각 설치할 수 있다. 다만, 그 중앙행정기관에 특수기록관이 설치되지 아니한 경우에는 관할 기관에 특수기

록관을 설치할 수 없다.

② 특수기록관은 기록물관리부서에 설치함을 원칙으로 한다.

시행규칙

제2조(기록관 설치기준 및 관리기준) 「공공기록물 관리에 관한 법률 시행령」(이하 "영"이라 한다) 제3조 각 호의 어느 하나에 해당하는 공공기관 중 영 제10조제1항제10호에 따라 다음 각 호의 어느 하나에 해당하는 경우에는 기록관을 설치·운영하여야 한다.

   1. 그 기관 및 소속기관의 연간 기록물 생산량이 1천권 이상인 기관
   2. 그 기관 및 소속기관의 보존대상 기록물이 5천권 이상인 기관

2절 기록의 인수

처리과로부터 이관되어 (특수)기록관이 인수하는 기록은 기본적으로 현용단계가 종결된 준현용단계의 기록이다. 이러한 기록은 처리과가 기록물 정리행사를 마치고 그 결과를 전자기록시스템으로 운영되는 기록물 등록정보에 반영한 후 기록물생산현황으로 작성하여야 한다. 매년 5월 31일까지 관할 기록관 또는 특수기록관의 장에게 전년도의 기록물생산현황을 전자기록생산시스템으로 제출해야 한다.

물론 작년도에 생성된 모든 기록의 등록정보인지, 아니면 현용단계가 종결되어 정리행사까지 마쳐 곧 이관되어야 하는 기록에 대해서만 생산현황통보를 하는 지는 불명확하다. 이러한 생산현황통보제도는 기본적으로 기록의 원활한 수집과 이관을 위한 것이므로 정리까지 마치고 이관의 대상이 되는 기록을 대상으로 한다고 해석될 수 있다.

다만, 앞서 설명했던 것처럼 처리과에서의 기록관리를 상세하게 살펴보기 위해서는 정리가 완료된 기록만이 아니라 생성된 모든 기록에 대한 정보를 살펴볼 수 있도록 적용하는 것이 바람직하다고 생각된다. 특히, 생성된 기록을 공식기록으로서 등록하는 일이나 현용단계의 종결처리는 처리과의 역할이므로, 이에 대해 (특수)기록관이 지도하고 감독하는 역할을 강화하는 것이 기록관체제의 장점을 살리는 일이 될 수 있다.

한편, 보존기간 1년차에 기록물정리와 생산현황보고가 이뤄지므로, 이에 포함되는 기록은 곧 다음해까지 이관되는 기록임을 예고해주는 의미를 갖는다고 할 수 있다. 다만, (특수)기록관이 설치되지 않거나, 업무에 수시로 참고할 필요가 있는 경우에는 보존기간의 기산일부터 10년의 범위 내에서 기록철 단위로 이관시기를 연기할 수 있다. 시행규칙에서는 이처럼 이관시기를 연기하고자 하는 경우는 관할 영구기록물관리기관으로 기록물이관시기 연장신청서를 제출하도록 되어 있는데 이해가 되지 않는 점이 없지 않다. (특수)기록관이 설치되지 않는 경우에 대한 해석도 쉽지 않은데다가, (특수)기록관이 설치되어 있지만 처리과에서의 업무참고가 많아 이관을 연기하는 경우라면 해당 (특수)기록관이 아니라 왜 영구기록물관리기관에 신청서를 제출해야 하는지 납득이 되지 않는다. 조항을 가다듬을 필요가 있다.

한편 비치기록물을 보존하고 있는 처리과의 장은 비치기간이 종료된 경우에는 다음 연도 중에 기록관 또는 특수기록관으로 이관하여야 한다.

이렇게 본다면 생산현황통보된 기록의 등록정보가 모두 곧바로 다음해의 이관대상에 대한 정보가 되는 것은 아니다. 따라서 불가피하게 이관목록이 별도로 작성되어야 한다. 물론 전년도에 생성된 모든 기록을 이관대상으로 삼는 업무관리시스템의 기록은 별도의 이관목록을 다시 작성하지 않는다.

(특수)기록관은 기록을 인수하면서 각종 검수절차를 거쳐야 하며, 처리과는 인수완료 결과를 통보받기 전까지는 이관한 전자기록을 보존하다가, 인수완료 결과를 통보받은 이후 해당 전자기록을 물리적으로 복구가 불가능하도록 삭제 또는 파기하여야 한다. 다만, 처리과는 해당 전자기록을 업무상 참고할 필요가 있는 경우에는 사본임을 확인할 수 있는 조치를 취한 후에 삭제 또는 파기하지 않고 활용할 수 있다. 이 규정 역시 폐기 등과 관련해 다시 정비될 필요가 있다.

법률

제19조(기록물의 관리 등) ② 공공기관은 대통령령으로 정하는 기간 이내에 기록물을 소관 기록관 또는 특수기록관으로 이관하여야 한다. 다만, 소관 기록관 또는 특수기록관이 설치되지 아니한 공공기관의 경우에는 대통령령으로 정하는 바에 따라 공공기관의 장이 지정하는 부서로 기록물을 이관하여야 한다.

⑥ 공공기관은 기록물의 원활한 수집 및 이관을 위하여 대통령령으로 정하는 바에 따라 매년 기록물의 생산현황을 소관 기록물관리기관에 통보하여야 한다. 이 경우 중앙행정기관의 소속 기관에 기록관 또는 특수기록관을 설치하였을 때에는 중앙행정기관의 기록관 또는 특수기록관이 그 생산현황을 취합하여 중앙기록물관리기관에 통보하여야 한다.

시행령

제2조(정의) 이 영에서 사용하는 용어의 정의는 다음과 같다.

    3. "비치기록물"이라 함은 카드·도면·대장 등과 같이 주로 사람·물품 또는 권리관계 등에 관한 사항의 관리나 확인 등에 수시로 사용되어 「행정 효율과 협업 촉진에 관한 규정」 제3조제4호에 따른 처리과(이하 "처리과"라 한다)에서 계속 비치·활용하여야 하는 기록물을 말한다.

제31조(비치기록물의 지정) ① 처리과의 장은 제32조 및 제40조에 불구하고 비치기록물로 지정된 기록물철에 대하여는 기록관리기준표로 정하는 비치기간까지 그 처리과에서 보관할 수 있다.

    ② 비치기록물을 보존하고 있는 처리과의 장은 비치기록물의 비치기간이 종료된 경우에는 다음 연도 중에 기록관 또는 특수기록관으로 이관하여야 한다.

제32조(기록물의 이관) ① 법 제19조제2항에 따라 공공기관은 공공기관의 기록물을 처리과에서 보존기간의 기산일부터 2년의 범위 내에서 보관한 후 기록물철 단위로 관할 기록관 또는 특수기록관으로 이관하여야 한다. 다만, 업무관리시스템으로 생산된 기록물은 매 1년 단위로 전년도 생산기록물을 기록관 또는 특수기록관으로 이관한다.

    ② 제1항에 불구하고 제3조 각 호의 어느 하나에 해당하는 공공기관은 제10조제1항제10호 및 제11호에 의해 기록관을 설치하여야 하는 공공기관을 제외하고는 해당 공공기관의 장이 지정한 부서로 기록물을 이관한다.

    ③ 제1항 및 제2항에 불구하고 기록관 또는 특수기록관이 설치되지 아니하거나 업무에 수시로 참고할 필요가 있는 경우에는 보존기간의 기산일부터 10년의 범위 내에서 기록물철 단위로 이관시기를 연장할 수 있다.

    ④ 공공기관이 전자기록물을 이관하는 경우에는 진본성, 무결성 등이 보장될 수 있도록 이관대상 기록물을 검수(檢收)하고, 오류가 없는 기록물에 대하여 행정전자서명 및 전자기록물이 해당 공공기관에 제시된 시점을 확인한 정보(이하 "시점확인 정보"라 한다)를 포함하여 이관하여야 한다. 이 경우 이관을 위한 전자매체(전자기록물을 저장할 수 있는 저장장치로서 정보처리능력을 가진 장치에 의하여 구동 또는 연결되는 저장장치를 말한다. 이하 같다), 포맷, 방식 및 데이터 규격은 중앙기록물관리기관의 장이 정한다.

    ⑤ 공공기관이 전자적 형태로 생산되지 아니한 기록물을 이관하는 경우에는 행정자치부령이 정하는 바에 따라 이관대상 기록물철을 단위과제별로 구분하여 보존상자에 넣은 후 이관목록과 함께 제출하여야 한다.

제33조(처리과의 기록물생산현황 통보) 법 제19조제6항에 따라 공공기관은 매년 5월 31일까지 관할 기록관 또는 특수기록관의 장에게 전년도의 기록물 생산현황을 통보하여야 한다. 이 경우 기록물 생산현황의 통보는 중앙기록물관리기관의 장이 정하는 방식에 따

라 제20조제1항 및 제23조제2항에 따른 기록물 등록정보를 전자기록생산시스템을 통하여 제출한다.

제34조(전자기록생산시스템의 등록정보 관리) 전자기록생산시스템은 기록물 및 기록물철의 등록·분류정보에 대한 검색·활용 기능을 제공하여야 하며, 제32조 및 제33조에 따른 기록물 이관 및 생산현황 보고시 중앙기록물관리기관의 장이 정하는 방식에 따라 목록 및 전자기록물 파일에 대한 전송정보 파일 생성 및 전송 기능을 갖추어야 한다.

제35조(처리과 기록물 인수) ① 기록관 또는 특수기록관은 그 공공기관 및 소속기관의 이관 대상 기록물을 인수·관리하여야 한다.

② 기록관 또는 특수기록관이 전자기록물을 인수하는 경우에는 행정전자서명의 확인 등 그 전자기록물의 진본확인 절차를 거쳐야 하며, 메타데이터(metadata) 오류, 바이러스 검사 등 품질검사를 실시하여야 한다.

③ 기록관 또는 특수기록관이 전자적 형태로 생산되지 아니한 기록물을 인수하는 경우에는 원본 및 목록의 일치 여부, 물리적 상태 확인 등의 검수절차를 거쳐야 한다.

④ 기록관 또는 특수기록관의 장은 제2항 또는 제3항에 따른 기록물의 진본 확인절차, 품질검사 및 검수절차 과정에서 미비사항 또는 오류사항을 발견한 경우에는 이를 이관을 요청한 처리과로 즉시 통보하여야 하며, 해당 처리과는 미비사항 또는 오류사항을 수정·보완한 후에 재이관하여야 한다.

⑤ 기록관 또는 특수기록관의 장은 인수절차 종료시 그 결과를 해당 처리과에 통보하여야 하며, 그 처리과는 인수완료 결과를 통보받기 전까지 이관한 전자기록물을 보존하여야 한다.

⑥ 제5항에 따라 인수완료 결과를 통보받은 처리과의 장은 해당 전자기록물을 물리적으로 복구가 불가능하도록 삭제 또는 파기하여야 한다. 다만, 처리과는 해당 전자기록물을 업무상 참고할 필요가 있는 경우에는 사본임을 확인할 수 있는 조치를 취한 후에 삭제 또는 파기하지 않고 활용할 수 있다.

⑦ 제1항부터 제6항까지의 규정에도 불구하고 제3조 각 호의 어느 하나에 해당하는 공공기관은 기록물의 인수 및 검수 절차를 따로 정하여 시행할 수 있다.

제40조(기록관 및 특수기록관의 소관 기록물 이관) ① 법 제19조에 따라 기록관 또는 특수기록관의 장은 보존기간 30년 이상의 기록물을 보존기간의 기산일부터 10년이 경과한 다음 연도 중에 관할 영구기록물관리기관이 제시한 일정에 따라 영구기록물관리기관으로 이관하여야 한다. 다만, 부득이한 사유로 일정기간 동안 이관을 연기하고자 하는 경우에는 이관예정일 1개월 전까지 관할 영구기록물관리기관의 장의 승인을 받아야 한다.

제41조(특수기록관 소관 비공개 기록물의 이관시기 연장) ③ 법 제19조제4항에 따라 특수기록관의 장이 보존기간 기산일부터 30년 경과 후에 이관시기를 연장하고자 하는 경우

에는 이관예정연도 6개월 전까지 대상기록물, 연장시기 및 구체적 연장 사유를 기재하여 중앙기록물관리기관의 장에게 이관시기 연장을 요청하여야 한다.

시행규칙

제19조(기록물의 이관목록 작성) 영 제32조제5항 및 영 제40조제4항에 따라 기록물의 이관목록은 별지 제2호서식에 따른다. 다만, 영 제32조제1항 단서에 따라 이관되는 기록물의 경우에는 생산현황통보시 제출된 등록정보로 이관목록을 대체한다.

제20조(기록물 이관시기의 연장) 영 제32조제3항, 영 제40조제1항 단서 및 영 제41조제3항에 따라 기록물의 이관시기를 연장하고자 하는 경우에는 관할 영구기록물관리기관의 장에게 별지 제3호서식의 기록물이관시기 연장신청서를 제출하여야 한다.

제21조(기록물생산현황의 작성시기) 영 제33조 및 영 제42조에 따른 기록물 생산현황은 기록물의 정리가 완료되어 그 결과가 전자기록생산시스템의 등록정보에 반영된 후 작성하여야 한다.

처리과에서 등록된 기록은 반드시 (특수)기록관으로 이관되어야 한다. 특히 처리과에서 폐기할 수 있는 권한은 비밀기록 사본의 파기 이외에는 없다. 기록의 폐기는 (특수)기록관과 영구기록물관리기관만의 고유기능이다. 다만, 법령의 규정에 의해 사본의 성격을 갖고 처리과에 남겨지는 전자기록을 비롯해, 등록 대상으로 채택되지 않은 초본이나 중간 버전의 기록의 처리와 처분에 대한 규정이 마련될 필요가 있다.

(특수)기록관에서 실행하는 기록의 폐기는 크게 10년 이하 보존 기록과 대체보존이 되는 준영구 이상의 보존 기록을 대상으로 한다. 물론 그 외에 (특수)기록관이 자체적으로 장기보존하는 준영구 보존 기록도 대상이 될 수 있을 것이다.

우선 (특수)기록관은 10년 이하 보존기간의 기록을 보존관리하는 가운데 보존기간이 만료된 기록을 폐기하게 된다. 이 경우 생산부서의 의견조회, 기록물관리 전문요원의 심사 및 기록물평가심의회의 심의를 거쳐 보존기간 재책정, 폐기 또는 보류로 구분하여 처리하여야 한다.

구법령에서는 기록의 철단위로 보존기간을 책정할 때 업무담당자가 기록물분류기준표의 보존기간 표준 등을 참고하되 본인의 판단대로 보존기간을 부여할 수 있었기 때문에 보존기간 만료 시에 다시 의견을 청취할 필요가 없었으나, 신법령에서는 기록관리기준표의 보존기간 기준값이 자동으로 부여되기 때문에 생산부서의 의견조회 단계가 신설되었다고 이해된다.

또한 기록물평가심의회의 위원은 기록의 보존가치 평가에 적합하다고 인정되는 5명 이내의 민간 전문가 및 소속 공무원으로 구성하고, 2명 이상의 민간 전문가를 포함하여야 한다. 다만, 통일, 외교, 안보, 수사, 정보 등의 기록을 생산하는 기관의 경우에는 민간 전문가 참여를 1명 이상으로 할 수 있다. 여기서 소속 공무원이라고 함은 (특수)기록관의 소속 공무원이 아니라 해당 공공기관의 소속 공무원으로 이해되며, 민간 전문가는 잠재적인 이용자를 대변하는 존재로 이해할 수 있을 것이다.

다만, 평가의 결과 보류로 판정되는 경우 사후 조치에 대해서는 명확히 규정되어 있지 않지만, 영구기록물관리기관에서 보존기간 30년에 해당하는 기록을 평가하여 보류로 판단되는 경우 5년 후 다시 평가하는 방식이 준용될 수 있을 것이다. 그렇다 하더라도 조문으로 명시할 필요가 있는 것은 명확하다.

한편, 비전자기록으로서 대체보존 방식이 적용되어 기록 원본을 폐기하고 보존매체만 보존하는 경우에는 기본적으로 생산부서의 의견조회, 기록물관리 전문요원의 심사, 기록물평가심의회의 심의를 거쳐 원본을 폐기할 수 있다. 특히 보존기간 30년 이상의 기록이라면 원본을 보존매체에 수록한 때부터 3년이 지난 후 생산부서의 의견조회, 기록물관리 전문요원의 심사, 기록물평가심의회의 심의를 거쳐야 하며, 30년 보존 이상의 중요 기록임을 감안하여 국가기록관리위원회의 심의까지 거쳐야 한다. 이 경우 관할 영구기록물관리기관은 (특수)기록관과 협의하여 기록 원본 중 보존가치가 있는 원본을 선별·수집·보존할 수도 있다. 이 규정과 관련해 비록 조문에 명확히 규정하고 있지는 않지만 반드시 유의해야 할 것이 있는데, 이런 대체보존 대상의 기록은 일단 영구기록물관리기관으로 이관대상에서 제외되는 기록이어야 한다는 점이다. 30년 이상 보존대상의 기록의 경우도 자체적인 장기보존의 대상으로 이미 결정된 경우에만 이러한 조치가 (특수)기록관 단계에서 이뤄질 수 있다고 해석되어야 한다.

앞에서 살펴보았듯이, 준영구 이상의 중요 기록이라고 하더라도 (특수)기록관에서 장기보존할 수 있도록 승인될 수 있는데, 대체로 역사자료적 가치는 미약한 것이 이에 해당한다. 이중에서 준영구 기록은 (특수)기록관에서 폐기를 위한 평가대상이 될 수 있을 것이다. 이러한 내용 역시 (특수)기록관의 평가와 관련한 규정에는 없지만, 영구기록물관리기관의 평가 및 폐기 관련 규정과의 형평성을 따져본다면 응당 이를 준용할 수 있는 것으로 이해되어야 할 것이다. 이에 따르면, 준영구에 해당하는 기록은 보존기간 기산일부터 70년 경과 시 평가하여 보존기간을 영구로 재책정하거나 보류 또는 폐기로 구분한다. 동종(同種) · 대량 기록 중 보존가치가 낮은 준영구기록에 대해서는 보존기간 기산일부터 50년이 지났을 때에 보존가치를 평가할 수 있다. 이때 보류로 구분된 기록은 평가일부터 10년마다 보존가치를 재평가하여야 한다.

법률

제27조(기록물의 폐기) ① 공공기관이 기록물을 폐기하려는 경우에는 대통령령으로 정하는 바에 따라 제41조제1항에 따른 기록물관리 전문요원의 심사와 제27조의2에 따른 기록물평가심의회의 심의를 거쳐야 한다.

② 영구기록물관리기관이 보존 중인 기록물의 보존가치를 재분류하여 폐기하려는 경우에는 대통령령으로 정하는 기준과 절차를 준수하여야 한다.

③ 제1항의 기록물 폐기의 시행은 민간 등에 위탁할 수 있다. 이 경우 기록물의 폐기가 종료될 때까지 관계 공무원이 참석하여 감독하는 등 기록물이 유출되지 아니하도록 필요한 조치를 하여야 한다.

제27조의2(기록물평가심의회) ① 공공기관의 장 및 영구기록물관리기관의 장은 보존 중인 기록물의 평가 및 폐기를 위하여 민간전문가를 포함한 기록물평가심의회를 구성 · 운영하여야 한다.

② 기록물평가심의회의 구성 · 운영 등에 필요한 사항은 국회규칙, 대법원규칙, 헌법재판소규칙, 중앙선거관리위원회규칙 및 대통령령으로 정한다.

제50조(벌칙) 다음 각 호의 어느 하나에 해당하는 자(기록물을 취득할 당시에 공무원이나 공공기관의 임직원이 아닌 사람은 제외한다)는 7년 이하의 징역 또는 3천만원 이하의 벌금에 처한다.

    1. 기록물을 무단으로 파기한 자

시행령

제29조(보존방법) ① 기록물관리기관이 보존중인 전자적 형태로 생산되지 아니한 기록물은 다음 각 호의 어느 하나의 방법으로 보존하여야 하며, 기록물의 보존방법별 구분기준은 별표 2와 같다.

    1. 원본과 보존매체를 함께 보존하는 방법

    2. 원본을 그대로 보존하는 방법

　　3. 원본은 폐기하고 보존매체만 보존하는 방법

② 제1항제3호의 방식으로 기록물을 보존하려는 경우에는 다음 각 호의 구분에 따라 보존매체에 수록하여야 한다.

　　1. 보존기간 10년 이하인 기록물: 전자매체(전자기록물을 저장할 수 있는 저장장치로서 정보처리능력을 가진 장치에 의하여 구동 또는 연결되는 저장장치를 말한다. 이하 같다) 또는 마이크로필름

　　2. 보존기간 30년 이상인 기록물: 마이크로필름

③ 기록물관리기관의 장은 보존가치가 매우 높은 전자기록물에 대하여는 마이크로필름 등 육안으로 식별이 가능한 보존매체에 수록하여 관리하여야 한다.

제43조(기록관 및 특수기록관의 소관 기록물 평가 및 폐기) ① 기록관 또는 특수기록관의 장은 보존중인 기록물 중 보존기간이 경과한 기록물에 대하여는 법 제27조제1항에 따라 생산부서 의견조회, 법 제41조제1항에 따른 기록물관리 전문요원(해당 기록관 또는 특수기록관 소속 기록물관리 전문요원을 말한다)의 심사 및 제4항에 따른 기록물평가심의회의 심의를 거쳐 보존기간 재책정, 폐기 또는 보류로 구분하여 처리하여야 한다.

② 기록관 또는 특수기록관의 장은 제30조제2항제1호에 해당하는 기록물 중 보존기간이 준영구인 보존 기록물이 보존기간의 기산일부터 70년[동종(同種)·대량 기록물로서 보존가치가 낮은 기록물은 50년]이 경과한 경우에는 제1항에 따른 의견조회, 심사 및 심의와 관할 영구기록물관리기관과의 협의를 거쳐 해당 기록물의 보존가치를 평가하여 보존기간을 영구로 재책정하거나 보류 또는 폐기로 구분하여야 한다.

③ 기록관 또는 특수기록관의 장은 제29조제1항제3호에 따라 기록물 원본을 폐기하고 보존매체만 보존하는 경우에는 제1항에 따른 생산부서의 의견조회, 기록물관리 전문요원의 심사, 기록물평가심의회의 심의를 거쳐 기록물 원본을 폐기할 수 있다. 다만, 보존기간 30년 이상의 기록물은 원본을 보존매체에 수록한 때부터 3년이 지난 후 제1항에 따른 생산부서의 의견조회, 기록물관리 전문요원의 심사, 기록물평가심의회의 심의 및 국가기록관리위원회의 심의를 거쳐 기록물 원본을 폐기할 수 있다.

④ 영구기록물관리기관의 장은 기록관 또는 특수기록관의 장과 협의하여 제3항에 따라 폐기되는 기록물 원본 중 보존가치가 있는 원본은 선별·보존할 수 있다.

⑤ 공공기관의 장은 소관 기록관 또는 특수기록관의 기록물 평가 및 폐기를 위하여 기록물평가심의회를 구성·운영하되, 기록물평가심의회의 위원은 기록물의 보존가치 평가에 적합하다고 인정되는 5명 이내의 민간 전문가 및 소속공무원으로 구성하고, 2명 이상의 민간 전문가를 포함하여야 한다. 다만, 통일, 외교, 안보, 수사, 정보 등의 기록물을 생산하는 기관의 경우에는 민간 전문가 참여를 1명 이상으로 할 수 있다.

제78조(기록물관리 전문요원의 자격과 배치) ②기록물관리기관의 전체 정원의 4분의 1 이

상(4분의 1이 1인 미만인 때에는 1인 이상)을 기록물 이관, 평가, 분류, 정리(整理)·기술(記述), 폐기, 보존 등의 업무수행을 위한 기록물관리 전문요원으로 배치하여야 하며, 그 밖에 기록물관리를 위하여 필요한 전문인력을 배치하여야 한다.

시행규칙

제35조(기록물 평가심의서) 기록물관리기관의 장이 영 제43조 및 영 제54조에 따라 기록물을 평가 및 폐기하고자 하는 때에는 별지 제10호서식에 따른 기록물평가심의서를 작성하고, 이에 따라 기록물을 폐기하여야 한다.

4절 기록의 보존관리

1. 보존매체수록

　중요 기록의 보존매체 수록은 법령상 다소 혼선을 보인다. 우선 (특수)기록관에 이관되어 온 비전자기록은 원본과 보존매체 수록본의 병행보존, 원본만 보존, 보존매체 수록본으로 대체보존 하는 방법 중 하나의 방법으로 보존해야 한다. 특히 영구보존으로 분류된 기록 중 중요한 기록은 복제본을 제작하여 보존하거나 보존매체에 수록하는 등의 방법으로 이중보존하는 것을 원칙으로 한다.

　기록을 수록하는 보존매체는 마이크로필름과 전자매체로 규정되어 있고, 기록을 보존매체에 수록하여 관리하는 경우에는 영구기록물관리기관의 장이 정하는 방식에 따라 보존매체별로 관리번호를 부여하여야 한다. 체계적인 절차에 의해 만들어지는 보존매체 수록본은 원본과 같다고 인정된다.

　특히 대체보존의 방법을 선택할 경우에는 30년 이상 보존대상은 물론 10년 이하 보존의 경우에도 마이크로필름 등 육안으로 식별이 가능한 보존매체에 수록하는 것이 우선적으로 고려되어야 함은 앞에서 살펴본 바와 같다. 보존가치가 매우 높은 전자기록에 대해서도 마이크로필름 등 육안으로 식별이 가능한 보존매체에 수록하여 관리하여야 한다.

　전자기록을 전자매체에 수록하여 보존하고자 하는 경우에는 한 번 입력 후 삭제·수정 또는 재수록이 불가능한 형태의 보존매체를 사용함을 원칙으로 한다. 전자기록을 전자매체로 옮겨 수록하는 때에는 전자매체 수록계획서를 작성하고 이에 따라 수록하여야 한다. 이 경우 전자매체는 공개구분 종류별로 구분하여 수록한다.

 과거 이처럼 (특수)기록관에서 중요 기록을 보존매체에 수록함에도 불구하고, 관할 영구기록물관리기관에 원본 기록을 이관할 때 이 보존매체 수록본을 함께 이관하도록 규정하고 있지는 않았다. 다시 말해서, (특수)기록관에서의 보존매체 수록이 자체적으로 장기보존하게 되는 기록만을 대상으로 하는 것인지, 아니면 일시적으로 보존했다가 영구기록물관리기관으로 이관하게 될 모든 장기보존대상 기록을 대상으로 하는지 명확히 규정하지 않았기 때문이다. 만일 이관할 대상까지를 포함하는 규정이라면, (특수)기록관에서 보존매체에 수록한 원본과 그 결과물인 보존매체본을 함께 넘기도록 해야 하며, 그렇지 않을 땐 영구기록물관리기관에서 해당 기록을 다시 보존매체에 수록해야 하는 일이 발생할 수밖에 없고, 원본과 다름없는 효력을 갖는 것으로 인정되는 보존매체본이 (특수)기록관에 남겨져 운용되는 문제가 발생하게 될 것으로 우려되었던 대목이기도 하다. 이 문제는 법령의 개정을 통해, 관할 영구기록물관리기관으로 이관할 대상은 (특수)기록관에서의 보존매체 수록의 대상에서 제외하는 것으로 규정하여 해결되었다고 이해된다.

시행규칙 [별지 제4호서식]

전자매체 수록계획서

매체번호	수록일자	수록량	전체파일크기	담당자	확인
분류번호	기 록 물 철 제 목			분 량	파일크기

210mm×297mm[백상지 80g/m^2(재활용품)]

 또한 전자매체 수록계획서를 보건대 특정한 고유번호를 부여받는 전자매체에 수록하게 되는 기록철에 대한 정보를 기입하게 되는 방식인데, 실제로 건단위를 기본으로 하게 되는 공개구분별 수록의 방식에 적합하다고 보이지는 않는다. 아울러 비전자기록으로서 전자매체를 보존매체로 선택하는 경우, 통상 전자

화하는 조치를 우선 취하고 이렇게 전자화된 파일을 전자보존매체에 수록하는
절차를 거치게 된다는 점도 유의할 필요가 있다.

이와 관련하여 과거 "광디스크"를 전자기록의 보존매체로 규정했던 것을 개
정하여, 한국산업규격(KS)과 국제표준화기구(ISO) 또는 국제전기표준회의(IEC)
가 정한 규격, 그 밖에 중앙기록물관리기관의 장이 정하는 규격 등의 일정한 규
격을 충족하는 전자매체로 확장하였다는 점을 유의해야 한다. 그러나 (특수)기
록관이든 영구기록물관리기관이든 보존서고 면적기준에서 고정식의 경우 〈전
자기록물 1십만 장당 80m²〉라는 기준이 개정되지 않은 점은 아쉽다.

한편, 기록을 마이크로필름에 수록하여 보존하고자 하는 때에는 마이크로필
름 촬영계획서를 전산으로 작성하고, 이에 따라 촬영하여야 한다. 촬영 시작부
분에 시작표지와 마이크로필름 촬영계획서를 삽입하고, 그 마이크로필름 촬영
계획서상의 순서대로 기록을 수록한 후 그 마이크로필름의 촬영이 끝나는 부분
에 촬영끝 표지를 넣어야 하며 마이크로필름의 컷(cut)번호는 시작표지부터 부
여한다. 촬영이 끝난 마이크로필름의 촬영상태를 검사하는 가운데, 촬영상태가
불량한 부분이 발견된 때에는 재촬영하여야 한다. 마이크로필름의 원본은 시청각
기록 전용서고에 보존하고, 열람 등에 사용하는 마이크로필름은 복제본을 제작
하여 사용함을 원칙으로 한다.

시행규칙 [별지 제5호서식]
마이크로필름 촬영계획서

필름번호	촬영일자	사용필름	필름규격		촬영자	확인
분류번호 제 목	세 부 목 록	분량	촬영 위치 시작	끝	검사결과	확인

한편, 비전자기록을 전자화해서 관리하는 제도와 비전자기록을 전자적인 보존매체에 수록하는 제도가 적지 않은 개념적 혼선을 초래할 수 있다. 비전자기록의 전자화는 시행령에 따르면 전자적 관리와 기록정보서비스의 확대를 목표로 하고 있다는 점에서 안전한 보존을 위한 보존매체 수록제도와 일정한 차이가 있다는 것을 보여준다.

더욱이 전자매체 수록의 경우 공개구분별로 나누어 수록하는 것은 이용제공의 편리성까지를 염두에 두고 있기 때문이라고 이해되지만, 공개재분류가 발생하는 경우 재수록이 불가피한 만큼 혼선을 초래하게 될 것이며, 또한 하나의 기록철에 속한 문건들이 여러 전자매체에 나뉘어 수록되는 바람직하지 못한 결과를 가져올 것이다. 게다가 준영구 기록은 일정 시간 후 평가 및 폐기가 이루어질 수 있도록 제도화되어 있지만, 한 번 입력 후 삭제·수정 또는 재수록이 불가능한 형태의 전자매체에 수록하는 경우라면 사실상 이러한 폐기 역시 불가능하게 될 것이다.

한편 전자기록의 경우도 중요한 경우는 마이크로필름 등 육안 판독이 가능한 방식으로 보존매체에 수록하도록 되어 있는데, 매체상의 특수성으로 볼 때 녹음파일이나 동영상 등의 전자기록까지 이러한 규정에 따라 실현할 수 있는지 의문이 든다. 더욱이 전자기록의 전자매체 수록 방식이 함께 제도화되어 있다는 것도 유의해야 한다. 결국 전자기록은 전자매체에 수록하여 보존하는 것을 기본으로 하고, 비전자기록을 전자화하는 경우나 그밖에 가능한 경우 마이크로필름 등으로도 보존매체에 수록한다고 이해되지만, 제도적으로 명확하다고 볼수는 없다.

한편 (특수)기록관에서 이렇게 보존매체에 수록한 결과는 매년 8월 31일까지 중앙기록물관리기관에 보존매체 수록목록으로 보고되고, 그중 중앙기록물관리기관은 매년 10월 말까지 송부대상 보존매체 사본 및 송부시기를 통보해야 한다. 이는 안전한 분산보존을 제도화한 것으로 국가적으로 중요한 기록이 중앙기록물관리기관에 집중 보존되는 효과가 있을 것이다. 나아가 중앙기록물관리기관은 국가적으로 보존할 가치가 있는 기록에 대해서는 10월 말까지 (특수)기

록관에 그 기록을 보존매체에 수록하고 보존매체 사본을 송부하여 줄 것을 요
청할 수도 있다.

법률

제5조(기록물관리의 원칙) 공공기관 및 기록물관리기관의 장은 기록물의 생산부터 활용까
　지의 모든 과정에 걸쳐 진본성(眞本性), 무결성(無缺性), 신뢰성 및 이용가능성이 보장
　될 수 있도록 관리하여야 한다.

제6조(기록물의 전자적 생산·관리) 공공기관 및 기록물관리기관의 장은 기록물이 전자적
　으로 생산·관리되도록 필요한 조치를 마련하여야 하며, 전자적 형태로 생산되지 아니
　한 기록물도 전자적으로 관리되도록 노력하여야 한다.

제21조(중요 기록물의 이중보존) ① 영구보존으로 분류된 기록물 중 중요한 기록물은 복제
　본을 제작하여 보존하거나 보존매체에 수록하는 등의 방법으로 이중보존하는 것을 원
　칙으로 한다.

　② 기록물관리기관이 보존하는 기록물 중 보존매체에 수록된 중요 기록물은 안전한 분
　산 보존을 위하여 대통령령으로 정하는 바에 따라 그 기록물의 보존매체 사본을 중앙
　기록물관리기관에 송부하여야 한다.

　③ 중앙기록물관리기관의 장은 국가적으로 보존할 가치가 있는 기록물에 대하여는 기
　록물관리기관에 그 기록물을 보존매체에 수록하고 보존매체 사본을 송부하여 줄 것을
　요청할 수 있다.

제28조(기록물관리기관의 시설·장비) ① 중앙기록물관리기관의 장은 기록물의 체계적 관
　리, 안전한 보존 및 효율적 활용을 위하여 대통령령으로 정하는 바에 따라 기록물관리
　기관별 시설·장비 기준을 정하여야 한다.

　② 기록물관리기관의 장은 제1항에 따른 시설·장비 기준을 준수하여야 하며, 이를 준
　수하지 아니하는 기록물관리기관에 대하여는 중앙기록물관리기관의 장이 그 시정을 요
　구할 수 있다.

제29조(기록매체 및 용품 등) ① 기록물관리기관이 기록물을 마이크로필름 또는 전자매체
　에 수록하여 관리할 때에는 중앙기록물관리기관과 상호 유통 및 활용이 가능하도록 중
　앙기록물관리기관에서 정하는 기준에 따라 관리하여야 한다.

　② 중앙기록물관리기관의 장은 기록물관리에 사용되는 기록매체·재료 등에 관하여 보
　존에 적합한 규격을 정하여야 하며, 그 규격의 제정·관리 및 인증 등에 필요한 사항은
　대통령령으로 정한다.

제48조(보존매체에 수록된 기록물의 원본 추정) 기록물관리기관이 대통령령으로 정한 기준과 절차에 따라 보존매체에 수록한 기록물은 원본과 같은 것으로 추정한다.

시행령

제29조(보존방법) ① 기록물관리기관이 보존중인 전자적 형태로 생산되지 아니한 기록물은 다음 각 호의 어느 하나의 방법으로 보존하여야 하며, 기록물의 보존방법별 구분기준은 별표 2와 같다.
  1. 원본과 보존매체를 함께 보존하는 방법
  2. 원본을 그대로 보존하는 방법
  3. 원본은 폐기하고 보존매체만 보존하는 방법
② 제1항제3호의 방식으로 기록물을 보존하려는 경우에는 다음 각 호의 구분에 따라 보존매체에 수록하여야 한다.
  1. 보존기간 10년 이하인 기록물: 전자매체(전자기록물을 저장할 수 있는 저장장치로서 정보처리능력을 가진 장치에 의하여 구동 또는 연결되는 저장장치를 말한다. 이하 같다) 또는 마이크로필름
  2. 보존기간 30년 이상인 기록물: 마이크로필름
③ 기록물관리기관의 장은 보존가치가 매우 높은 전자기록물에 대하여는 마이크로필름 등 육안으로 식별이 가능한 보존매체에 수록하여 관리하여야 한다.

제37조(기록관 및 특수기록관의 보존 기록물 중 전자적 형태로 생산되지 아니한 기록물의 전자적 관리) 기록관 또는 특수기록관의 장은 전자적 형태로 생산되지 아니한 기록물의 전자적 관리 및 기록정보서비스 확대를 위한 전자화 계획을 수립·시행할 수 있다.

제39조(기록관 및 특수기록관의 기록물 보존매체 수록) ① 기록관 또는 특수기록관의 장은 보존 중인 기록물(제30조제2항 본문에 따라 보존장소가 영구기록물관리기관인 기록물을 영구기록물관리기관으로 이관하기 전에 기록관 또는 특수기록관에서 보존하고 있는 경우는 제외한다)을 보존매체에 수록하려는 경우에는 제29조(같은 조 제1항제2호의 경우는 제외한다)의 방법에 따라야 한다.
② 제1항에 따라 기록물을 수록하는 보존매체의 종류와 규격은 행정자치부령으로 정한다.
③ 기록관 및 특수기록관이 기록물을 보존매체에 수록하여 관리하는 경우에는 영구기록물관리기관의 장이 정하는 방식에 따라 기록관 및 특수기록관은 보존매체별로 관리번호를 부여하여야 한다.

제43조(기록관 및 특수기록관의 소관 기록물 평가 및 폐기) ③ 기록관 또는 특수기록관의

장은 제29조제1항제3호에 따라 기록물 원본을 폐기하고 보존매체만 보존하는 경우에는 제1항에 따른 생산부서의 의견조회, 기록물관리 전문요원의 심사, 기록물평가심의회의 심의를 거쳐 기록물 원본을 폐기할 수 있다. 다만, 보존기간 30년 이상의 기록물은 원본을 보존매체에 수록한 때부터 3년이 지난 후 제1항에 따른 생산부서의 의견조회, 기록물관리 전문요원의 심사, 기록물평가심의회의 심의 및 국가기록관리위원회의 심의를 거쳐 기록물 원본을 폐기할 수 있다.

제52조(중요 기록물의 이중보존) ① 법 제21조제2항에 따라 영구기록물관리기관의 장은 매년 8월 31일까지 그 기관이 전년도에 제작한 보존매체 사본을 중앙기록물관리기관의 장에게 제출하여야 한다.

② 기록관 및 특수기록관의 장은 매년 8월 31일까지 그 기관의 전년도 보존매체 수록목록을 중앙기록물관리기관의 장에게 제출하여야 한다.

③ 중앙기록물관리기관의 장은 제2항에 따라 취합된 목록 중 이중보존이 필요한 기록물을 선별하여 매년 10월 31일까지 해당 기록관 또는 특수기록관에 송부 대상 보존매체 사본 및 송부시기를 통보하여야 한다.

시행규칙

제24조(보존매체 종류와 규격) 영 제39조 및 영 제49조에 따른 보존매체의 종류와 규격은 별표 11과 같다.

제25조(전자매체 수록) ① 기록물관리기관이 영 제39조 및 영 제49조에 따라 전자기록물을 전자매체에 수록하여 보존하고자 하는 경우에는 한 번 입력후 삭제·수정 또는 재수록이 불가능한 형태의 보존매체를 사용함을 원칙으로 한다.

② 기록물관리기관이 전자기록물을 전자매체에 수록하는 경우에는 그 보존매체 및 입력자료의 이상 유무를 검사한 후에 수록하여야 한다.

③ 제2항에 따라 전자기록물을 전자매체로 옮겨 수록하는 때에는 별지 제4호서식의 전자매체 수록계획서를 작성하고 이에 따라 수록하여야 한다. 이 경우 전자매체는 공개구분 종류별로 구분하여 수록한다.

④ 기록물관리기관에서 생산한 전자기록물이 수록된 전자매체와 그 보존용기에는 별표 12의 전자매체·마이크로필름 표지를 부착하여야 한다.

제26조(마이크로필름의 제작) ① 기록물관리기관이 영 제39조 및 영 제49조에 따라 기록물을 마이크로필름에 수록하여 보존하고자 하는 때에는 별지 제5호서식의 마이크로필름 촬영계획서를 전산으로 작성하고, 이에 따라 촬영하여야 한다.

② 기록물관리기관이 마이크로필름으로 촬영하는 때에는 촬영 시작부분에 별표 13의

시작표지와 별지 제5호서식의 마이크로필름 촬영계획서를 삽입하고, 그 마이크로필름 촬영계획서상의 순서대로 기록물을 수록한 후 그 마이크로필름의 촬영이 끝나는 부분에 별표 13의 촬영끝 표지를 넣어야 하며 마이크로필름의 컷(cut)번호는 시작표지부터 부여한다.

③ 기록물관리기관은 촬영이 끝난 마이크로필름의 촬영상태를 검사하여야 하며, 촬영상태가 불량한 부분이 발견된 때에는 제1항 및 제2항에 따라 재촬영하여야 한다.

④ 기록물관리기관에서 생산한 마이크로필름과 그 보존용기에는 별표 12의 전자매체·마이크로필름 표지를 부착하여야 한다.

⑤ 기록물이 수록된 마이크로필름의 원본은 시청각기록물 전용서고에 보존하고 열람 등에 사용하는 마이크로필름은 복제본을 제작하여 사용함을 원칙으로 한다.

제33조(보존기록물의 원본열람) 보존기간이 30년 이상이고, 전자적 형태로 생산되지 않은 기록물의 열람은 그 기록물이 수록된 보존매체를 사용하여야 하며, 부득이한 사유로 원본을 열람에 제공하는 때에는 기록물의 열람업무를 담당하는 자가 계속하여 입회하여야 한다.

2. 보존환경 유지 및 보안, 재난대비

　(특수)기록관은 공공기관에서 생성된 모든 기록을 일차적으로 이관받아 보존하므로, 보존환경을 유지하고 보안유지와 재난대비를 위한 행위는 역시 가장 중요한 업무의 하나이다. 따라서 보존시설과 장비에 대한 기준을 준수하지 않는 (특수)기록관에 대하여는 중앙기록물관리기관의 장이 그 시정을 요구할 수 있다.

　(특수)기록관은 기록의 형태와 처리과 등을 구분하여 서고에 배치하여야 하며, 구체적인 배열방식은 기록관 또는 특수기록관의 장이 정한다. 이때 기록을 관리하는 서고에는 서고번호와 서가번호를 표시하고 이를 등록하여 기록의 보존위치를 식별할 수 있게 하여야 한다. 또한 서고별로 관리책임자를 지정하고, 그 관리책임자에 의하여 서고의 출입과 기록의 입·출고가 통제되도록 하여야 한다. 특히 보존기간이 30년 이상인 기록은 서고 외의 지역으로의 반출을 금함

을 원칙으로 하되, 보존기간이 30년 이상인 기록을 부득이한 사유로 서고 외의 지역으로 반출하고자 하는 때에는 그 서고를 관리하는 (특수)기록관의 승인을 받아 기록물반출·반입서를 그 서고관리책임자에게 제출하여야 한다. (특수)기록관은 출입 인원, 보존시설, 전산장비 및 기록 등으로 구분하여 보안대책을 수립·시행하여야 하며, 기록의 대피 우선순위, 근무자 안전규칙 등을 포함하는 재난대비책을 수립·시행하여야 한다.

　보존기간이 30년 이상인 기록물은 미생물과 해충에 의하여 손상이 발생되지 않도록 서고에 입고하기 전에 소독을 실시하여야 하는데, 기록물의 보존상태 및 보존환경 등을 점검하여 그 결과에 따라 소독 제외대상 기록물을 선별할 수도 있다. 이 경우 기록물의 보존상태 및 보존환경에 대한 점검 기준, 점검 방식 및 점검 결과에 따른 소독 제외대상 기록물의 선별 기준 등은 중앙기록물관리기관의 장이 정한다. 아울러 보존기간이 30년 이상인 종이류 기록물 중 산성화 정도가 수소이온농도(pH) 6.5 이하인 기록물은 탈산(脫酸)처리를 하여야 하며, 시청각기록물 및 행정박물도 안전한 보존 및 활용을 위하여 매체변환, 매체수록 등 필요한 조치를 취하여야 한다. 이러한 보존처리가 진행될 때에는 기록물 보존처리서를 작성하여야 한다. 이들 규정은 2017년 3월부터 시행되어야 한다.

　한편, 비전자기록을 보존하기 위한 서고공간의 운영은 점차 비중이 적어질 수 있다. 그렇기는 하지만 비전자기록을 처리과별로 배열하는 방식은 다시 고려해봐야 한다. 처리과의 조직적인 안정성의 문제도 있고, 작은 규모의 (특수)기록관 서고를 효율적으로 운영하기 위해서도 그렇다. (특수)기록관의 서고는 기본적으로 입고되는 것과 출고되는 것을 효과적으로 통제하는 가운데 효율화할 수 있다. 처리과에서 생성되는 모든 기록이 이관되고, 그중 보존기간 30년 이상의 기록이 출고되며, 또한 다른 유한보존 기록은 폐기된다. 다만, 영구기록물관리기관과 협의를 통해 승인을 얻은 장기보존대상 기록이 일부 남게 된다. 따라서 기록의 형태나 유형에 따른 보존공간의 구분을 전제로, 일반 종이기록의 보존공간은 자체적으로 장기보존되는 기록의 보존공간, 영구기록물관리기관으로 이관되는 기록과 평가 후 폐기될 기록의 보존공간 등으로 구분하는 것이 바람직하다. 기록이 출고되는 자리에 새로운 기록이 입고되게 하는 방식이 사용될 수 있다면 적은 공간이라도 성공적으로 운영할 수 있다. 그러기 위해서는 처리과별 지정배열 방식은 적합하지 않다고 이해된다.

법률

제28조(기록물관리기관의 시설·장비) ① 중앙기록물관리기관의 장은 기록물의 체계적 관리, 안전한 보존 및 효율적 활용을 위하여 대통령령으로 정하는 바에 따라 기록물관리기관별 시설·장비 기준을 정하여야 한다.

② 기록물관리기관의 장은 제1항에 따른 시설·장비 기준을 준수하여야 하며, 이를 준수하지 아니하는 기록물관리기관에 대하여는 중앙기록물관리기관의 장이 그 시정을 요구할 수 있다.

시행령

제38조(기록관 및 특수기록관의 서고관리) ① 법 제30조에 따라 기록관 또는 특수기록관의 장은 기록물을 안전하게 보존관리하기 위하여 보존환경의 유지, 보안대책 및 재난대비계획 수립·시행 등 필요한 조치를 취하여야 한다.

② 기록물은 기록물 형태, 처리과 등을 구분하여 서고에 배치하여야 하며, 구체적인 배열방식은 기록관 또는 특수기록관의 장이 정한다.

③ 기록관 또는 특수기록관의 장은 보존중인 기록물에 대하여 행정자치부령이 정하는 기준에 따라 정수점검(整數點檢)과 상태점검을 실시하여야 한다.

제60조(기록물관리기관의 보존시설·장비 및 환경기준) ① 법 제28조에 따라 기록물관리기관이 갖추어야 하는 보존시설 및 장비의 기준은 별표 6과 같다.

② 기록물관리기관의 장은 법 제28조제2항에 따라 매년 5월 31일까지 시설·장비 및 환경 구축 현황을 중앙기록물관리기관에 통보하여야 하며, 중앙기록물관리기관의 장은 기록물관리기관의 시설·장비 및 환경 기준 준수 여부를 지속적으로 관리하여야 한다.

시행규칙

제28조(서고 및 서가번호의 표시) 기록물관리기관의 장은 기록물을 관리하는 서고에는 서고번호와 서가번호를 표시하고 이를 등록하여 기록물의 보존위치를 식별할 수 있게 하여야 한다.

제29조(서고 관리책임자 지정) 기록물관리기관의 장은 서고별로 관리책임자를 지정하고,

그 관리책임자에 의하여 서고의 출입과 기록물의 입·출고가 통제되도록 하여야 한다.

법률

제30조(기록물 보안 및 재난 대책) ① 기록물관리기관의 장은 소관 기록물의 안전한 관리를 위하여 대통령령으로 정하는 바에 따라 기록물에 대한 보안 및 재난 대책을 수립·시행하여야 한다.

시행규칙

제30조(기록물의 보존처리) ① 보존기간이 30년 이상인 기록물은 미생물과 해충에 의하여 손상이 발생되지 않도록 서고에 입고하기 전에 소독을 실시하여야 한다.

② 제1항에도 불구하고 기록물관리기관의 장은 기록물의 보존상태 및 보존환경 등을 점검하여 그 결과에 따라 소독 제외대상 기록물을 선별할 수 있다. 이 경우 기록물의 보존상태 및 보존환경에 대한 점검 기준, 점검 방식 및 점검 결과에 따른 소독 제외대상 기록물의 선별 기준 등은 중앙기록물관리기관의 장이 정한다.

③보존기간이 30년 이상인 종이류 기록물 중 산성화 정도가 수소이온농도(pH) 6.5 이하인 기록물은 탈산(脫酸)처리를 하여야 한다.

④시청각기록물 및 행정박물은 안전한 보존 및 활용을 위하여 매체변환, 매체수록 등 필요한 조치를 취하여야 한다.

⑤기록물관리기관의 장은 제1항, 제3항 및 제4항에 따라 보존처리를 행하는 경우 별지 제6호서식의 기록물보존처리서를 작성하여야 한다.

[시행일 : 2017.3.1.] 제30조제2항, 제30조제3항, 제30조제4항, 제30조제5항

제31조(보존기록물의 점검) ① 영 제38조제3항 및 영 제48조제3항에 따른 보존기록물에 대한 점검주기는 별표 14와 같다. 다만, 영구기록물관리기관에서 보존 중인 조선왕조실록, 지적원도 등 생산 후 70년이 경과한 기록물 중 영구기록물관리기관의 장이 정하는 기록물의 경우에는 별표 14에 따른 점검주기의 2배를 넘지 아니하는 범위에서 영구기록물관리기관의 장이 점검주기를 따로 정할 수 있다.

② 기록물관리기관의 장은 제1항에 따라 기록물이 정기적으로 점검될 수 있도록 별지 제7호서식의 기록물점검서를 작성하고, 이에 따라 기록물을 점검하여야 한다.

③ 기록물관리기관의 장은 제2항에 따른 기록물점검 결과에 따라 복원 및 탈산처리 등 기록물 보존을 위하여 필요한 사후조치를 실시하여야 한다.

제32조(보존기록물의 반출제한) ① 보존기간이 30년 이상인 기록물은 서고 외의 지역으로의 반출을 금함을 원칙으로 한다.

② 보존기간이 30년 이상인 기록물을 부득이한 사유로 서고 외의 지역으로 반출하고자 하는 때에는 그 서고를 관리하는 기록물관리기관의 장의 승인을 받은 별지 제8호서식의 기록물반출·반입서를 그 서고관리책임자에게 제출하여야 한다.

제62조(기록물의 재난·보안대책) 법 제30조에 따라 기록물관리기관의 장은 출입 인원, 보존시설, 전산장비 및 기록물 등으로 구분하여 보안대책을 수립·시행하여야 하며, 기록물의 대피 우선순위, 근무자 안전규칙 등을 포함하는 기록물 재난대비책을 수립·시행하여야 한다.

3. 전자기록의 보존관리

　(특수)기록관은 처리과로부터 인수가 종료된 전자기록중 보존기간이 10년 이상인 경우에는 문서보존포맷 및 장기보존포맷으로 변환하여 관리하여야 하는데, 2018년 1월 1일부터는 인수 완료 결과를 처리과에 통보한 후 1년 이내에 실행해야 한다. 이렇게 보존포맷으로 변화하는 경우 행정전자서명 및 시점확인 정보를 부여하여야 하는데, 행정전자서명이 아닌 다른 전자서명을 사용하는 기관이 생산한 전자기록의 경우에는 중앙기록물관리기관의 장과 협의하여 행정전자서명이 아닌 전자서명 및 시점확인 정보를 부여하여야 한다.

　(특수)기록관은 전자기록을 진본성, 이용가능성 등이 유지될 수 있는 방법이나 형식으로 저장하여야 하며, 승인받지 아니한 접근, 폐기 등으로부터 전자기록을 보호하는 방안을 수립·시행하여야 한다. 이러한 전자기록의 기록매체와 장치에 대한 일반기준이 시행규칙에 제시되어 있다.

　특히 전자기록의 손실을 방지하기 위하여 백업(backup)과 복원 기능을 구비하여야 한다. 영구기록물관리기관으로 전자기록을 이관할 때에는 관리정보 메타데이터를 추가한 장기보존포맷으로 재변환하여야 한다.

법률

제20조(전자기록물의 관리) ① 중앙기록물관리기관의 장은 컴퓨터 등의 정보처리장치에 의하여 생산·관리되는 기록정보 자료(이하 "전자기록물"이라 한다)의 안전하고 체계적인 관리 및 활용 등을 위하여 다음 각 호의 사항을 포함하는 전자기록물 관리체계를 구축·운영하여야 한다.

1. 전자기록물 관리시스템의 기능·규격·관리항목·보존포맷 및 매체 등 관리 표준화에 관한 사항
2. 기록물관리기관의 전자기록물 데이터 공유 및 통합 검색·활용에 관한 사항
3. 전자기록물의 진본성 유지를 위한 데이터 관리체계에 관한 사항
4. 행정전자서명 등 인증기록의 보존·활용 등에 관한 사항
5. 기록물관리기관 간 기록물의 전자적 연계·활용 체계 구축에 관한 사항

② 전자기록물과 전자적으로 생산되지 아니한 기록물의 전자적 관리를 위하여 그 밖에 필요한 사항은 대통령령으로 정한다.

시행령

제2조(정의) 이 영에서 사용하는 용어의 정의는 다음과 같다.

2. "전자기록물"이라 함은 정보처리능력을 가진 장치에 의하여 전자적인 형태로 작성하여 송신·수신 또는 저장되는 전자문서, 웹기록물 및 행정정보 데이터세트 등의 기록정보자료를 말한다.
7. "전자기록생산시스템"이라 함은 「행정 효율과 협업 촉진에 관한 규정」 제3조제10호부터 제12호까지의 규정에 따른 전자문서시스템, 업무관리시스템, 행정정보시스템을 말한다.
8. "기록관리시스템"이라 함은 기록관 또는 특수기록관에서 기록물 관리를 전자적으로 수행하는 시스템을 말한다.

제5조(전자기록물의 보안관리) 공공기관 및 기록물관리기관의 장은 「전자정부법」 제56조제3항에 따라 국가정보원장이 안전성을 확인한 보안조치를 취하여 전자기록물의 생산·이관·보존 및 폐기 등 기록물관리 과정에서 전자기록물을 안전하게 관리하여야 하며, 국가정보원장은 그 이행여부를 확인할 수 있다.

제32조(기록물의 이관) ④공공기관이 전자기록물을 이관하는 경우에는 진본성, 무결성 등이 보장될 수 있도록 이관대상 기록물을 검수(檢收)하고, 오류가 없는 기록물에 대하여 행정전자서명 및 전자기록물이 해당 공공기관에 제시된 시점을 확인한 정보(이하 "시점확인 정보"라 한다)를 포함하여 이관하여야 한다. 이 경우 이관을 위한 전자매체, 포맷,

방식 및 데이터 규격은 중앙기록물관리기관의 장이 정한다.

⑤ 공공기관이 전자적 형태로 생산되지 아니한 기록물을 이관하는 경우에는 행정자치
부령이 정하는 바에 따라 이관대상 기록물철을 단위과제별로 구분하여 보존상자에 넣
은 후 이관목록과 함께 제출하여야 한다.

제35조(처리과 기록물 인수) ②기록관 또는 특수기록관이 전자기록물을 인수하는 경우에
는 행정전자서명의 확인 등 그 전자기록물의 진본확인 절차를 거쳐야 하며, 메타데이터
(metadata) 오류, 바이러스 검사 등 품질검사를 실시하여야 한다.

④ 기록관 또는 특수기록관의 장은 제2항 또는 제3항에 따른 기록물의 진본 확인절차,
품질검사 및 검수절차 과정에서 미비사항 또는 오류사항을 발견한 경우에는 이를 이
관을 요청한 처리과로 즉시 통보하여야 하며, 해당 처리과는 미비사항 또는 오류사
항을 수정 · 보완한 후에 재이관하여야 한다.

⑤ 기록관 또는 특수기록관의 장은 인수절차 종료시 그 결과를 해당 처리과에 통보하여야
하며, 그 처리과는 인수완료 결과를 통보받기 전까지 이관한 전자기록물을 보존하여
야 한다.

⑥ 제5항에 따라 인수완료 결과를 통보받은 처리과의 장은 해당 전자기록물을 물리적으
로 복구가 불가능하도록 삭제 또는 파기하여야 한다. 다만, 처리과는 해당 전자기록
물을 업무상 참고할 필요가 있는 경우에는 사본임을 확인할 수 있는 조치를 취한 후
에 삭제 또는 파기하지 않고 활용할 수 있다.

⑦ 제1항부터 제6항까지의 규정에도 불구하고 제3조 각 호의 어느 하나에 해당하는 공
공기관은 기록물의 인수 및 검수 절차를 따로 정하여 시행할 수 있다.

제36조(기록관 및 특수기록관의 전자기록물 보존) ① 기록관 또는 특수기록관의 장은 인수
가 종료된 전자기록물중 보존기간이 10년 이상인 전자기록물에 대해서는 제35조제5항
에 따른 인수완료 결과를 통보한 후 1년 이내에 중앙기록물관리기관의 장이 정하는 바
에 따라 문서보존포맷 및 장기보존포맷으로 변환하여 관리하여야 한다. (시행일 :
2018.1.1.)

② 기록관 또는 특수기록관의 장은 제1항에 따른 장기보존포맷으로 변환하는 경우에는
행정전자서명 및 시점확인 정보를 부여하여야 한다. 다만, 행정전자서명이 아닌 전
자서명을 사용하는 기관이 생산한 전자기록물의 경우에는 중앙기록물관리기관의 장
과 협의하여 행정전자서명이 아닌 전자서명 및 시점확인 정보를 부여하여야 한다.

③ 기록관 또는 특수기록관의 장이 영구기록물관리기관으로 전자기록물을 이관하고자
하는 경우에는 관리정보 메타데이터를 추가한 장기보존포맷으로 재변환하여야 한다.

④ 전자기록물을 저장하는 설비 · 장비 등의 종류 및 규격은 행정자치부령으로 정한다.

⑤ 기록관 또는 특수기록관의 장은 전자기록물을 진본성, 이용가능성 등이 유지될 수
있는 방법이나 형식으로 저장하여야 하며, 승인받지 아니한 접근, 폐기 등으로부터

전자기록물을 보호하는 방안을 수립·시행하여야 한다.

⑥ 기록관 또는 특수기록관의 장은 전자기록물의 손실을 방지하기 위하여 백업(backup) 과 복원 기능을 구비하여야 한다.

⑦ 제1항 내지 제6항의 규정에도 불구하고 제3조 각 호의 어느 하나에 해당하는 공공기 관은 전자기록물의 보존 방식을 달리 정할 수 있다. 이 경우 당해 공공기관의 장은 전자기록물의 진본성·이용가능성이 보장될 수 있는 조치를 취하여야 한다.

제37조(기록관 및 특수기록관의 보존 기록물 중 전자적 형태로 생산되지 아니한 기록물의 전자적 관리) 기록관 또는 특수기록관의 장은 전자적 형태로 생산되지 아니한 기록물의 전자적 관리 및 기록정보서비스 확대를 위한 전자화 계획을 수립·시행할 수 있다.

제40조(기록관 및 특수기록관의 소관 기록물 이관) ③ 기록관 또는 특수기록관의 장은 제1 항에 따라 전자기록물을 이관하고자 하는 경우에는 진본성·무결성·신뢰성 및 이용가 능성이 보장될 수 있도록 이관 대상 기록물을 검수하고 오류가 없는 전자기록물에 대 하여 진본임을 확인하는 행정전자서명 및 시점확인 정보를 첨부한 후 이관하여야 한다. 이 경우 이관을 위한 전자매체, 포맷, 방식 및 데이터 규격은 중앙기록물관리기관의 장 이 정하는 방식에 따라야 한다.

제44조(기록관 및 특수기록관의 기록물 인수) ② 영구기록물관리기관이 전자기록물을 인 수하는 경우에는 행정전자서명의 확인 등 진본 확인 절차를 수행하여야 하며, 메타데이 터 오류, 바이러스 검사 등 품질검사를 실시하여야 한다. 이 경우 바이러스 검사는 인 수시 1차 검사를 실시하고, 일정 기간 격리보관한 후에 2차 검사를 실시하는 방식으로 한다.

⑤ 영구기록물관리기관의 장은 인수절차 종료시에 그 결과를 해당 공공기관에 통보하 여야 하며, 그 공공기관은 인수완료 결과를 통보받기 전까지 이관한 전자기록물을 보존 하여야 한다.

⑥ 제5항에 따라 인수완료 결과를 통보받은 공공기관은 해당 전자기록물을 물리적으로 복구가 불가능하도록 삭제 또는 파기하여야 한다.

5절 기록의 전자화 및 이용서비스

(특수)기록관은 보존기록 중 전자적 형태로 생산되지 아니한 기록의 전자적 관리 및 기록정보서비스 확대를 위한 전자화 계획을 수립·시행할 수 있다. 그러나 이렇게 전자화된 이후 원본의 처리나 전자화된 파일의 처리에 대해서는 별도의 규정이 마련되어 있지 않고, 비전자기록 전체를 전자화한다는 의미인지도 명확하지 않다. 게다가 이러한 전자화가 현용단계를 지나 (특수)기록관에 이관된 후에 이뤄지는 것이 타당한가도 재검토의 여지가 있다. 오히려 기록의 생산단계인 처리과에서 진본을 확정짓고 관리하는 것이 보다 바람직하다고 할 수 있다.

특히 비전자기록인 원본과 디지털본 두 가지 판본이 존재하게 된다고 하는 것에 따른 관리방식이 결여되어 있는 것이 큰 문제다. 원본을 대신할 정도로 진본성을 인정받기 위해서는 전자화 전반에 대한 좀 더 엄격한 체계가 마련되어야 할 것으로 이해된다. 특히, 비전자기록의 전자화는 비단 (특수)기록관에서만의 일이 아니고, 영구기록물관리기관에서도 마찬가지의 규정을 적용받는 것이다. 따라서 원본 이외에 이러한 전자화한 파일의 이관 여부는 같은 전자화 작업의 중복발생 여부를 결정짓게 될 것이며, 원본 이관 이후 진본 기록의 잔존이라는 문제를 야기할 우려도 있다.

(특수)기록관은 기록관리시스템에서 생산·보존하고 있는 기록에 대한 접근·접근시도에 관한 사항, 이력정보 등을 관리하여야 한다. 이 경우 접근이력, 처리상황 등의 관리정보는 해당 시스템으로 자동 생성되도록 하여야 하며, 임의로 수정·삭제할 수 없어야 한다. 이러한 접근정보나 이력정보, 처리상황 등의 관리정보는 기록의 무결성을 보장하고 보안을 위한 추적의 수단이기도 하지만, 해당 기록의 이용도를 측정하는 도구가 될 수도 있다.

한편 보존기간이 30년 이상이고, 전자적 형태로 생산되지 않은 기록의 열람은 그 기록이 수록된 보존매체를 사용하여야 하며, 부득이한 사유로 원본을 열람에 제공하는 때에는 기록의 열람업무를 담당하는 자가 계속하여 입회하여야 한다. 통상 열람 등의 이용에 제공되는 것은 보존매체라고 하기보다는 이용매체라고 하는 것이 보다 적합한 표현이지만, 어쨌든 30년 이상 보존이 필요한 중요 기록은 원본을 제공하지 않는다는 것을 명확히 하는 규정이라고 이해된다. 기타 (특수)기록관에서의 공개재분류 및 이용서비스 등에 대한 자세한 설명은 제8장에서 살펴본다.

법률

제6조(기록물의 전자적 생산·관리) 공공기관 및 기록물관리기관의 장은 기록물이 전자적으로 생산·관리되도록 필요한 조치를 마련하여야 하며, 전자적 형태로 생산되지 아니한 기록물도 전자적으로 관리되도록 노력하여야 한다.

제20조(전자기록물의 관리) ① 중앙기록물관리기관의 장은 컴퓨터 등의 정보처리장치에 의하여 생산·관리되는 기록정보 자료(이하 "전자기록물"이라 한다)의 안전하고 체계적인 관리 및 활용 등을 위하여 다음 각 호의 사항을 포함하는 전자기록물 관리체계를 구축·운영하여야 한다.
   2. 기록물관리기관의 전자기록물 데이터 공유 및 통합 검색·활용에 관한 사항
   5. 기록물관리기관 간 기록물의 전자적 연계·활용 체계 구축에 관한 사항
② 전자기록물과 전자적으로 생산되지 아니한 기록물의 전자적 관리를 위하여 그 밖에 필요한 사항은 대통령령으로 정한다.

제48조(보존매체에 수록된 기록물의 원본 추정) 기록물관리기관이 대통령령으로 정한 기준과 절차에 따라 보존매체에 수록한 기록물은 원본과 같은 것으로 추정한다.

시행령

제4조(기록물 관리의 원칙) ③공공기관 및 기록물관리기관의 장은 기록물이 전자적으로 생산·관리되도록 중앙기록물관리기관의 장이 정하는 바에 따라 전자기록생산시스템, 기록관리시스템 또는 영구기록관리시스템을 구축·운영하여야 하며, 전자적 형태로 생산되지 아니한 기록물을 전자적으로 관리하고 활용하기 위하여 기록물 전자화계획을

수립·시행하여야 한다.

시행규칙

제33조(보존기록물의 원본열람) 보존기간이 30년 이상이고, 전자적 형태로 생산되지 않은 기록물의 열람은 그 기록물이 수록된 보존매체를 사용하여야 하며, 부득이한 사유로 원본을 열람에 제공하는 때에는 기록물의 열람업무를 담당하는 자가 계속하여 입회하여야 한다.

제34조(기록물의 복원·복제) ②기록물을 전시하는 경우에는 복제본을 사용하는 것을 원칙으로 한다.

6절 생산현황통보 및 이관

　(특수)기록관이 소관 영구기록물관리기관과 연계되어 수행하는 업무의 대표적인 것은 바로 보존기간 30년 이상 기록의 이관이다. 물론 유한보존의 가치를 갖는 기록을 영구기록물관리기관으로 이관하는 것이 타당한가는 논의해볼 여지가 없지 않다. 가장 단순하게 생각해보면 기록의 장기보존에 대한 (특수)기록관의 부담을 덜어주는 측면이 있을 것이다. 또한 30년 정도의 업무상 가치가 있다면 업무 이외의 목적에서 활용하려는 이용요구가 추가로 발생될 가능성도 있다고 판단했을 수 있다.

　그러나 이렇게 업무 위주의 이용도만을 갖는다고 판단되는 유한보존 기록을 생산기관으로부터 다른 영구기록물관리기관으로 이관함으로써 발생하는 변화는 적지 않다. 우선 영구기록물관리기관의 부담이 그만큼 커지는 것이다. 보존공간의 부담은 물론이고, (특수)기록관만큼 손쉬운 업무상의 이용을 보장해주어야 한다. 또한 준영구 이상의 기록과는 다른 기록관리 프로세스를 추가로 운영해야 한다. 우리 제도에서는 중앙기록물관리기관의 경우 바로 이러한 이유로 중간 관리시설을 설치할 수 있게 규정하고 있다. 물론 업무상의 참고에 대한 서비스는 장기보존기록이 11년째 되는 해에 영구기록물관리기관으로 이관하도록 규정한 이상 불가피한 일이다.

　영구기록물관리기관이 일반 국민들을 대상으로 하는 문화기구로 자리 잡고, (특수)기록관이 당해 기관의 기록과 업무지식의 정보센터 역할을 다할 수 있도록 하기 위해서는 이관체계의 문제를 다시금 생각해볼 필요가 있다.

1. 생산현황통보 및 이관협의

(특수)기록관은 매년 8월 31일까지 관할 영구기록물관리기관에 전년도의 생산현황을 통보하여야 한다. 다만, 준공공기관은 특별히 지정되는 경우를 제외하고는 생산현황을 통보하지 아니하고 자체적으로 관리한다. 이러한 기록물생산현황은 처리과로부터 취합한 기록물 등록정보를 기록관리시스템을 통하여 제출하도록 되어 있는데, 안보·정보 분야 기록은 비밀누설의 우려가 있는 경우 중앙기록물관리기관의 장과 협의하여 등록정보 중 일부항목을 제외하고 제출할 수도 있다. 물론 기록관리시스템으로 기록물생산현황을 통보할 수 없는 경우에는 소관 영구기록물관리기관의 장과 협의하여 통보방식을 달리할 수 있다.

이 생산현황통보 자료에 포함된 기록은 (특수)기록관의 경우처럼 올해나 내년에 당장 이관될 대상은 아니다. 10년쯤 지난 후에나 이관될 30년 이상 보존대상 기록과 아예 이관하지 않을 10년 이하의 보존대상 기록, 그리고 (특수)기록관의 자체 장기보존 기록이다. 영구기록물관리기관은 매년 11월 30일까지 공공기관별 이관일정 및 이관대상 등이 포함된 다음 연도의 기록물 수집계획을 수립하며, 이관 3개월 전까지 구체적인 기록의 수집일정 및 대상을 통보하여 집행하는 "주문식 수집"을 실행한다. 다만 부득이한 사유로 일정기간 동안 이관을 연기하고자 하는 경우에는 이관예정일 1개월 전까지 관할 영구기록물관리기관의 승인을 받아 연기할 수 있다. 따라서 10년 전에 제출한 생산현황보고 자료가 곧 이관목록이 될 수는 없다.

한편, 준공공기관의 경우는 특별히 국가적 보존가치가 높아 지정한 경우를 제외하고는 당해 기록관에서 30년 이상의 기록도 함께 장기보존한다. 또한 특수기록관은 소관 비공개 기록의 이관시기를 생산연도 종료 후 30년까지 연기할 수 있으며, 30년이 지난 후에도 업무수행에 사용할 필요가 있는 경우에는 기록물이관시기 연장(기)신청서를 작성하여 중앙기록물관리기관에게 이관시기 연기를 요청할 수 있다. 이 경우에는 이관예정연도 6개월 전까지 대상기록, 연기시기 및 구체적 연기 사유를 기재하여 중앙기록물관리기관에게 이관시기 연기를 요청하여야 한다.

중앙기록물관리기관은 특수기록관으로부터 이관시기 연기를 요청받았거나 이관시기를 협의하는 경우에는 국가기록관리위원회의 심의를 거쳐 이관시기 연기 여부 및 이관시기 등을 정하여야 한다. 그러나 특수기록관에서 보존중인 비공개 기록이 공개기록으로 변경되는 경우에는 발생일부터 3개월 이내에 중앙기록물관리기관에게 대상목록을 통보하여야 하며, 중앙기록물관리기관은 특수기록관 소관 비공개기록 중 이관시기가 경과했거나 공개 재분류 등 이관 사유가 발생한 기록에 대하여는 수집계획을 수립하여 해당 기관에 통보하여야 한다.

국가정보원은 소관 비공개 기록의 이관시기를 생산연도 종료 후 50년까지 연기할 수 있으며, 공개될 경우 국가안전보장에 중대한 지장을 줄 것이 예상되는 정보 업무 관련 기록의 이관시기는 중앙기록물관리기관과 협의하여 따로 정할 수 있는데, 그러기 위해서는 대상 기록, 사유 및 이관시기 등을 중앙기록물관리기관과 협의하여야 한다.

이렇게 보자면, 영구기록물관리기관에 생산현황통보가 과연 필요한가 하는 의문이 들 수 있다. 그러나 "주문식 수집"에 해당하는 영구기록물관리기관에 대한 이관과 수집에서는 이러한 생산현황통보가 불가피하다. 게다가 과거 구법령에서는 이렇게 통보받은 생산현황자료를 검토하면서 영구기록물관리기관이 특정의 기록철에 부과된 보존기간의 변경을 요구할 수 있었다. 이는 다시 말하자면, 영구기록물관리기관의 경우 일종의 기획 수집이 가능했다는 것을 보여준다. 아쉽게도 신법령에서는 생략된 제도이다. 또 하나 영구기록관리기관들은 관할 (특수)기록관과 공공기관의 기록관리를 지도, 감독, 지원할 책임을 갖는데, 그러한 업무의 기초자료를 이러한 생산현황통보제도를 통해서 얻을 수 있을 것으로 이해된다. 또한 생산현황통보된 자료 중에서도 이관대상 기록에 대한 정보는 10년 뒤에 영구기록물관리기관이 책임져야 할 중요 사항을 미리 준비할 수 있도록 하는 강력한 근거가 된다. 서고의 면적, 보존매체 수록의 수량 등을 통해서 공간확보, 인력편성, 소요예산 등 영구기록물관리기관의 경영적 차원에서도 핵심적인 근거가 될 수 있는 것이다. 문제는 분석역량에 달려 있다고 봐도 과언은 아니다.

2. 기록의 이관

　(특수)기록관이 전자적 형태로 생산되지 않은 기록을 이관할 때에는 기록을 보존상자에 넣어 이관목록과 함께 이관하여야 한다. (특수)기록관에서 처리과별로 배열해서 보존했다면 이관하기 위해서 다시 보존상자를 편성하지 않을 수 없다. 전자적 형태로 생산되지 않은 기록을 이관하는 경우에는 원본 및 목록 일치여부, 물리적 상태 확인 등의 검수절차를 수행하여야 하며, 전자기록을 이관하고자 하는 경우에는 진본성·무결성·신뢰성 및 이용가능성이 보장될 수 있도록 이관 대상 기록을 검수하고 오류가 없는 전자기록에 대하여 진본임을 확인하는 행정전자서명 및 시점확인 정보를 첨부한 후 이관하여야 한다. 이 경우 이관포맷, 방식 및 데이터 규격은 중앙기록물관리기관의 장이 정하는 방식에 따라야 한다. 영구기록물관리기관은 행정전자서명의 확인 등 진본 확인 절차를 수행하여야 하며, 메타데이터 오류, 바이러스 검사 등 품질검사를 실시하여야 한다. 이 경우 바이러스 검사는 인수 시 1차 검사를 실시하고, 일정 기간 격리 보관한 후에 2차 검사를 실시하는 방식으로 한다.

　영구기록물관리기관은 기록 진본확인 절차, 품질검사 및 검수과정에서 미비사항 또는 오류사항을 발견한 경우에는 즉시 통보하여야 하며, 해당 공공기관의 장은 미비사항 또는 오류사항을 수정·보완한 후 재이관하여야 한다. 영구기록물관리기관은 인수절차 종료 시에 그 결과를 해당 공공기관에 통보하여야 하며, 그 공공기관은 인수완료 결과를 통보받기 전까지 이관한 전자기록을 보존하다가, 인수완료 결과를 통보받은 후에 비로소 해당 전자기록을 물리적으로 복구가 불가능하도록 삭제 또는 파기하여야 한다.

　이밖에도 행정박물, 시청각기록, 비밀기록 등은 이관절차가 따로 규정되어 있어 유의하여야 한다. 특히 (특수)기록관에서 이뤄진 보존매체 수록본이나 전자화한 파일 등은 소관 영구기록물관리기관으로 이관하도록 규정되어 있지 않다는 것도 유의해야 한다. 반면 대체보존의 필요에 의해 폐기하는 원본의 경우는 소관 영구기록물관리기관이 선별하여 수집할 수도 있다.

법률

제19조(기록물의 관리 등) ③ 기록관이나 특수기록관은 보존기간이 30년 이상으로 분류된 기록물을 대통령령으로 정하는 기간 이내에 소관 영구기록물관리기관으로 이관하여야 한다.

④ 특수기록관은 제3항에도 불구하고 소관 비공개 기록물의 이관시기를 생산연도 종료 후 30년까지 연장할 수 있으며, 30년이 지난 후에도 업무수행에 사용할 필요가 있는 경우에는 대통령령으로 정하는 바에 따라 중앙기록물관리기관의 장에게 이관시기 연장을 요청할 수 있다.

⑤ 국가정보원장은 제4항에도 불구하고 소관 비공개 기록물의 이관시기를 생산연도 종료 후 50년까지 연장할 수 있으며, 공개될 경우 국가안전보장에 중대한 지장을 줄 것이 예상되는 정보 업무 관련 기록물의 이관시기는 대통령령으로 정하는 바에 따라 중앙기록물관리기관의 장과 협의하여 따로 정할 수 있다.

⑥ 공공기관은 기록물의 원활한 수집 및 이관을 위하여 대통령령으로 정하는 바에 따라 매년 기록물의 생산현황을 소관 기록물관리기관에 통보하여야 한다. 이 경우 중앙행정기관의 소속 기관에 기록관 또는 특수기록관을 설치하였을 때에는 중앙행정기관의 기록관 또는 특수기록관이 그 생산현황을 취합하여 중앙기록물관리기관에 통보하여야 한다.

시행령

제30조(보존장소) ② 보존기간이 30년 이상인 기록물은 관할 영구기록물관리기관으로 이관하여 보존하여야 한다. 다만, 다음 각 호의 어느 하나에 해당하는 기록물은 기록관 또는 특수기록관에서 보존할 수 있다.

  1. 영구기록물관리기관의 장이 사료적 가치가 높지 아니하다고 지정한 기록물
  2. 제3조 각 호의 어느 하나에 해당하는 공공기관의 기록물. 다만, 국가적 보존가치가 높아 관할 영구기록물관리기관의 장이 수집·보존이 필요하다고 인정하여 지정한 기록물을 제외한다.

③ 공공기관이 보존중인 기록물이 제2항제1호에 해당하여 그 기관의 기록관 또는 특수기록관에서 계속 관리하고자 하는 경우에는 관할 영구기록물관리기관과 협의하여야 한다.

제31조(비치기록물의 지정) ③기록관 또는 특수기록관의 장은 제2항에 따라 인수한 기록물중 보존기간 기산일부터 10년이 경과한 기록물로서 보존기간이 30년 이상인 기록물은 인수한 다음 연도 중으로 영구기록물관리기관으로 이관하여야 한다.

④ 제3항에 불구하고 제3조 각 호의 어느 하나에 해당하는 공공기관의 기록물은 그 공공기관에서 보존한다. 다만, 영구기록물관리기관이 국가적 보존가치가 높아 수집·보존이 필요하다고 지정한 기록물은 관할 영구기록물관리기관으로 이관하여야 한다.

제40조(기록관 및 특수기록관의 소관 기록물 이관) ① 법 제19조에 따라 기록관 또는 특수기록관의 장은 보존기간 30년 이상의 기록물을 보존기간의 기산일부터 10년이 경과한 다음 연도 중에 관할 영구기록물관리기관이 제시한 일정에 따라 영구기록물관리기관으로 이관하여야 한다. 다만, 부득이한 사유로 일정기간 동안 이관을 연기하고자 하는 경우에는 이관예정일 1개월 전까지 관할 영구기록물관리기관의 장의 승인을 받아야 한다.
② 제1항에 불구하고 제3조 각 호의 어느 하나에 해당하는 공공기관의 기록물은 그 공공기관에서 보존한다. 다만, 국가적 보존가치가 높아 영구기록물관리기관이 지정한 기록물의 경우에는 관할 영구기록물관리기관으로 이관하여야 한다.
③ 기록관 또는 특수기록관의 장은 제1항에 따라 전자기록물을 이관하고자 하는 경우에는 진본성·무결성·신뢰성 및 이용가능성이 보장될 수 있도록 이관 대상 기록물을 검수하고 오류가 없는 전자기록물에 대하여 진본임을 확인하는 행정전자서명 및 시점확인 정보를 첨부한 후 이관하여야 한다. 이 경우 이관을 위한 전자매체, 포맷, 방식 및 데이터 규격은 중앙기록물관리기관의 장이 정하는 방식에 따라야 한다.
④ 제1항에 따라 전자적 형태로 생산되지 아니한 기록물을 이관하고자 하는 경우에는 행정자치부령이 정하는 바에 따라 기록물을 보존상자에 넣어 이관목록과 함께 이관하여야 한다.

제41조(특수기록관 소관 비공개 기록물의 이관시기 연장) ① 법 제19조제4항 및 제5항에 따라 특수기록관의 장이 소관 비공개기록물의 이관시기를 연장하고자 하는 경우에는 이관연장기간, 사유 등을 중앙기록물관리기관의 장에게 통보하여야 한다.
② 법 제19조제4항 및 제5항에 따라 특수기록관에서 보존중인 비공개 기록물이 법 제35조제2항에 따라 공개기록물로 변경되는 경우에는 특수기록관의 장은 발생일부터 3개월 이내에 중앙기록물관리기관의 장에게 대상목록을 통보하여야 하며, 그 기록물은 중앙기록물관리기관의 장이 지정한 날짜에 이관하여야 한다.
③ 법 제19조제4항에 따라 특수기록관의 장이 보존기간 기산일부터 30년 경과 후에 이관시기를 연장하고자 하는 경우에는 이관예정연도 6개월 전까지 대상기록물, 연장시기 및 구체적 연장 사유를 기재하여 중앙기록물관리기관의 장에게 이관시기 연장을 요청하여야 한다.
④ 법 제19조제5항에 따라 국가정보원장이 정보업무 관련 기록물의 이관시기를 따로 정하고자 하는 경우에는 대상 기록물, 사유 및 이관시기 등을 중앙기록물관리기관의 장과 협의하여야 한다.

제42조(기록물 생산현황 통보) ① 법 제19조제6항에 따라 기록관 또는 특수기록관의 장은 매년 8월 31일까지 관할 영구기록물관리기관의 장에게 전년도의 기록물 생산현황을 통보하여야 한다. 다만, 제3조 각 호의 어느 하나에 해당하는 공공기관은 행정자치부령으

로 정하는 기관을 제외하고는 관할 영구기록물관리기관으로 생산현황을 통보하지 아니
하고 자체적으로 관리한다.

② 제1항에 따른 기록물생산현황의 통보는 중앙기록물관리기관의 장이 정하는 방식에
따라 제20조제1항에 따른 기록물 등록정보를 기록관리시스템을 통하여 제출하여야 한
다. 다만, 안보·정보 분야 기록물은 비밀누설의 우려가 있는 경우 중앙기록물관리기관
의 장과 협의하여 등록정보중 일부항목을 제외하고 제출할 수 있다.

③ 제2항에도 불구하고 기록관리시스템으로 기록물생산현황을 통보할 수 없는 경우에
는 소관 영구기록물관리기관의 장과 협의하여 통보방식을 달리할 수 있다.

제43조(기록관 및 특수기록관의 소관 기록물 평가 및 폐기) ③ 기록관 또는 특수기록관의
장은 제29조제1항제3호에 따라 기록물 원본을 폐기하고 보존매체만 보존하는 경우에는
제1항에 따른 생산부서의 의견조회, 기록물관리 전문요원의 심사, 기록물평가심의회의
심의를 거쳐 기록물 원본을 폐기할 수 있다. 다만, 보존기간 30년 이상의 기록물은 원본
을 보존매체에 수록한 때부터 3년이 지난 후 제1항에 따른 생산부서의 의견조회, 기록
물관리 전문요원의 심사, 기록물평가심의회의 심의 및 국가기록관리위원회의 심의를
거쳐 기록물 원본을 폐기할 수 있다.

④ 영구기록물관리기관의 장은 기록관 또는 특수기록관의 장과 협의하여 제3항에 따라
폐기되는 기록물 원본 중 보존가치가 있는 원본은 선별·보존할 수 있다.

제45조(특수기록관 소관 비공개 기록물의 이관시기 연장 협의 및 이관) ① 중앙기록물관리
기관의 장은 제41조제3항 또는 제4항에 따라 특수기록관으로부터 이관시기 연장을 요
청받았거나 이관시기를 협의하는 경우에는 국가기록관리위원회의 심의를 거쳐 이관시
기 연장 여부 및 이관시기 등을 정하여야 한다.

② 중앙기록물관리기관의 장은 특수기록관 소관 비공개기록물 중 제1항에 따른 이관시
기 경과 및 법 제35조제2항에 따른 공개 재분류 등 이관 사유가 발생한 기록물에 대하
여는 이관계획을 수립하여 해당 기관에 통보하여야 한다.

제52조(중요 기록물의 이중보존) ② 기록관 및 특수기록관의 장은 매년 8월 31일까지 그
기관의 전년도 보존매체 수록 목록을 중앙기록물관리기관의 장에게 제출하여야 한다.
③ 중앙기록물관리기관의 장은 제2항에 따라 취합된 목록 중 이중보존이 필요한 기록물
을 선별하여 매년 10월 31일까지 해당 기록관 또는 특수기록관에 송부 대상 보존매체
사본 및 송부시기를 통보하여야 한다.

시행규칙

제19조(기록물의 이관목록 작성) 영 제32조제5항 및 영 제40조제4항에 따라 기록물의 이관
목록은 별지 제2호서식에 따른다. 다만, 영 제32조제1항 단서에 따라 이관되는 기록물

의 경우에는 생산현황통보시 제출된 등록정보로 이관목록을 대체한다.

제20조(기록물 이관시기의 연장) 영 제32조제3항, 영 제40조제1항 단서 및 영 제41조제3항에 따라 기록물의 이관시기를 연장하고자 하는 경우에는 관할 영구기록물관리기관의 장에게 별지 제3호서식의 기록물이관시기 연장신청서를 제출하여야 한다.

제21조(기록물생산현황의 작성시기) 영 제33조 및 영 제42조에 따른 기록물 생산현황은 기록물의 정리가 완료되어 그 결과가 전자기록생산시스템의 등록정보에 반영된 후 작성하여야 한다.

제22조(기록물 수집계획 통지) 영구기록물관리기관의 장은 영 제44조제1항에 따라 수립한 기록물 수집계획에 따라 이관 3개월 전까지 수집대상기관 또는 부서에 그 기록물 수집 일정 및 대상을 통보하여야 한다.

제27조(기록물 생산현황 통보) 영 제42조제1항 단서에서 "행정자치부령으로 정하는 기관"이란 다음 각 호의 기관을 말한다.

　　1. 「공공기관의 운영에 관한 법률」제4조에 따른 기관 중 중앙기록물관리기관의 장이 지정하여 고시하는 기관

　　2. 특별법에 따라 설립된 법인 중 중앙기록물관리기관의 장이 지정하여 고시하는 기관

　　3. 「지방공기업법」에 따른 지방공사 및 지방공단 중 관할 지방기록물관리기관의 장이 지정하여 고시하는 기관

　　4. 「초·중등교육법」과 「고등교육법」, 그 밖에 다른 법률에 의하여 설립된 각급 학교 중 관할 영구기록물관리기관의 장이 지정하여 고시하는 기관

7절 기록관리 평가와 진단

중앙기록물관리기관은 공공기관 기록의 관리 상태를 정기적으로 또는 수시로 점검하여야 하는데, 국가정보원의 소관 기록에 대하여는 국가정보원장과 협의하여 그 방법 및 절차 등을 따로 정할 수 있다. 중앙기록물관리기관에 의해서이뤄지는 기록관리평가는 기본적으로 모든 공공기관의 기록관리현황에 대한 서면조사를 통해 이뤄진다. 중앙기록물관리기관이 국가기록관리위원회의 심의를거쳐 매년 1월 31일까지 공공기관의 기록관리에 관한 평가계획을 수립하여, 해당 공공기관에 평가항목 및 평가지표 등을 사전에 통보한 후 실행한다.

기초자치단체와 지역교육지원청은 당해 기관의 전년도의 기록관리현황을 매년 2월 말까지 관할 광역자치단체장 및 광역단위 교육감에게 제출하여야 한다. 중앙행정기관과 광역자치단체장, 광역단위 교육감은 제출받은 기록관리현황을 포함한 그 기관의 전년도의 기록관리현황을 매년 3월 31일까지 중앙기록물관리기관에 제출해야 하며, 중앙기록물관리기관은 준공공기관에 대해서도 기록관리평가가 필요한 경우 해당 공공기관의 장에게 전년도 기록관리현황의 제출을 요청할 수 있다. 중앙기록물관리기관은 이렇게 매년 제출받은 기록관리현황을 평가한 후, 국가기록관리위원회의 심의를 거쳐 국무회의에 보고하고 그 결과를 공표하여야 한다. 공공기관의 기록관리 실태를 점검한 결과 시정이 필요하다고 판단되는 경우에는 중앙기록물관리기관은 그 공공기관의 장에게 필요한 조치를 요청할 수 있다.

법령상으로는 이처럼 중앙기록물관리기관의 공공기관 기록관리에 관한 평가에 대해서만 구체적으로 규정하고 있지만, 법령에는 영구기록물관리기관들의 업무로서 관할 공공기관의 기록관리에 관한 지도와 감독 및 지원을 명시하고 있다. 따라서 중앙기록물관리기관으로부터의 평가 이외에도 관할 영구기록물관리기관으로부터 각종 지도와 감독, 지원 등을 받게 된다는 것도 유념해야 한다. 그러나 이렇게 지도 및 감독 등을 체계화하기 위해서는 (특수)기록관과 영구기록물관리기관 간에 명확한 관할체계가 확립되어야 한다. 현재처럼 영구기록물관리기관의 설립이 미진한 경우라면 사실상의 지도 및 감독, 지원 등의 효과는 거두기 힘들 것이다.

법률

제9조(중앙기록물관리기관) ② 제1항에 따라 행정자치부장관 소속으로 설치 · 운영되는 영구기록물관리기관(이하 "중앙기록물관리기관"이라 한다)은 다음 각 호의 업무를 수행한다.
　　7. 기록물관리에 관한 지도 · 감독 및 평가

제10조(헌법기관기록물관리기관) ② 제1항에 따라 국회, 대법원, 헌법재판소 및 중앙선거관리위원회에 설치 · 운영하는 영구기록물관리기관(이하 "헌법기관기록물관리기관"이라 한다)은 다음 각 호의 업무를 수행한다.
　　3. 관할 공공기관의 기록물관리에 관한 지도 · 감독 및 지원

제11조(지방기록물관리기관) ⑤ 시 · 도기록물관리기관, 시 · 도교육청기록물관리기관, 시 · 군 · 구기록물관리기관 및 제4항에 따라 공동으로 설치 · 운영되는 영구기록물관리기관은 다음 각 호의 업무를 수행한다.
　　3. 관할 공공기관의 기록물관리에 관한 지도 · 감독 및 지원
　　4. 관할 지방자치단체의 기록물관리에 관한 지도(시 · 도기록물관리기관만 해당한다)

제13조(기록관) ② 기록관은 다음 각 호의 업무를 수행한다.
　　6. 관할 공공기관의 기록물관리에 대한 지도 · 감독 및 지원

제14조(특수기록관) ③ 특수기록관은 다음 각 호의 업무를 수행한다.
　　6. 관할 공공기관의 기록물관리에 대한 지도 · 감독 및 지원

제19조(기록물의 관리 등) ⑦ 중앙기록물관리기관의 장은 공공기관 기록물의 관리 상태를 정기적으로 또는 수시로 점검하여야 한다. 다만, 국가정보원의 소관 기록물에 대하여는 국가정보원장과 협의하여 그 방법 및 절차 등을 따로 정할 수 있다.

제28조(기록물관리기관의 시설 · 장비) ② 기록물관리기관의 장은 제1항에 따른 시설 · 장비 기준을 준수하여야 하며, 이를 준수하지 아니하는 기록물관리기관에 대하여는 중앙기록물관리기관의 장이 그 시정을 요구할 수 있다.

시행령

제60조(기록물관리기관의 보존시설·장비 및 환경기준) ② 기록물관리기관의 장은 법 제28조제2항에 따라 매년 5월 31일까지 시설·장비 및 환경 구축 현황을 중앙기록물관리기관에 통보하여야 하며, 중앙기록물관리기관의 장은 기록물관리기관의 시설·장비 및 환경 기준 준수 여부를 지속적으로 관리하여야 한다.

제63조(기록관리 평가) ① 중앙기록물관리기관의 장은 국가기록관리위원회의 심의를 거쳐 매년 1월 31일까지 공공기관의 기록관리에 관한 평가계획을 수립·시행하여야 하며, 해당 공공기관에 평가항목 및 평가지표 등을 사전에 통보하여야 한다.

② 시장·군수 또는 구청장(자치구의 구청장을 말한다) 및 「지방교육자치에 관한 법률」 제34조에 따른 교육지원청의 장은 당해 기관의 전년도의 기록관리현황을 매년 2월 말까지 관할 특별시장·광역시장·도지사·특별자치도지사(이하 "시·도지사"라 한다) 또는 특별시교육감·광역시교육감·도교육감·특별자치도교육감(이하 "시·도교육감"이라 한다)에게 제출하여야 한다.

③ 중앙행정기관의 장과 시·도지사 또는 시·도교육감은 제2항에 따라 제출받은 기록관리현황을 포함한 그 기관의 전년도의 기록관리현황을 매년 3월 31일까지 중앙기록물관리기관의 장에게 제출하여야 한다.

④ 중앙기록물관리기관의 장은 제3조 각 호의 어느 하나에 해당하는 공공기관에 대한 기록관리 평가가 필요한 경우 해당 공공기관의 장에게 전년도 기록관리현황의 제출을 요청할 수 있다.

⑤ 중앙기록물관리기관의 장은 제3항 및 제4항에 따라 매년 제출받은 기록관리현황을 평가한 후, 국가기록관리위원회의 심의를 거쳐 국무회의에 보고하고 그 결과를 공표하여야 한다.

제64조(기록관리실태 확인·점검의 조치) 중앙기록물관리기관의 장은 법 제19조제7항에 따라 공공기관의 기록관리 실태를 점검한 결과 시정이 필요하다고 판단되는 경우에는 그 공공기관의 장에게 필요한 조치를 요청할 수 있다.

01 기록관의 설치와 관련한 규정으로서 적당하지 않은 것은?

① 일반 중학교에는 기록관을 설치하지 않는다.
② 특수기록관 설치의 대상이 되는 기관의 특수기록관 설치는 의무는 아니다.
③ 특수기록관은 중앙기록물관리기관의 소속으로 설치된다.
④ 기록관은 기록물관리부서의 소속으로 설치하는 것을 원칙으로 한다.

02 처리과로부터 (특수)기록관으로의 기록물 이관에 대한 규정에 적합한 것은?

① 생산현황통보 이후에는 별도의 이관목록이 필요가 없다.
② 비치기간이 종료된 기록은 다음 연도중에 이관해야 한다.
③ 이관이 완료된 처리과의 전자기록은 전량 철저히 파기되어야 한다.
④ 특수기록관의 경우 처리과로부터 이관연기 신청은 허용되지 않는다.

03 기록관에서의 평가 및 폐기에 관한 규정에 포함되지 않은 것은?

① 10년 이하의 유한보존 대상으로 책정된 기록의 폐기
② 민간전문가 및 소속 공무원으로 구성된 기록물평가심의회의 운영
③ 대체보존 방식으로 보존하게 되는 준영구 이상 비전자기록의 폐기
④ 기록관에서 자체적으로 장기보존하는 준영구 기록의 폐기

04 기록관에서의 보존매체 수록과 관련한 규정으로 적당하지 않은 것은?

① 10년 이하 유한보존 대상 비전자기록의 전자화된 파일도 전자보존매체에 수록한다.
② 대체보존을 하게 되는 비전자기록물은 마이크로필름 등 육안판독이 가능한 보존매체에 수록한다.
③ 보존매체로 사용된 마이크로필름 원본은 시청각기록물 전용서고에 보존한다.
④ 매년 8월 말까지 중앙기록물관리기관에 보존매체수록현황을 통보해야 한다.

05 기록관에서의 보존관리에 대한 설명으로 적당한 것은?

① 화재 발생에 대비하여 자동소화시설을 갖추어야 한다.
② 기록의 소독과 탈산처리 등은 특수기록관에서 실시한다.
③ 30년 이상 보존기록과 10년 이하 보존기록은 서고 및 서가를 구분해 배열한다.
④ 서고 및 서가의 번호를 등록하여 기록물의 보존위치를 식별할 수 있어야 한다.

06 기록관에서 영구기록물관리기관으로의 기록 이관과 관련 없는 것은?

① 지방공사 등의 기록중 국가적 보존가치가 높은 기록은 영구기록물관리기관으로 이관하도록 지정될 수 있다.
② 전자기록의 이관의 경우 총 두 차례에 걸친 바이러스 검사를 실시한다.
③ 기록관이 이관계획서를 작성하여 관할 영구기록물관리기관으로 제출한다.
④ 특수기록관의 요청으로 이관이 연기되었던 비공개기록이 공개로 재분류되면 중앙기록물관리기관의 장이 지정한 날짜에 이관해야 한다.

7장_ 영구기록물관리기관에서의 기록관리

개 요

　우리의 제도에서 영구기록물관리기관에 부여한 사명은 두 가지라고 할 수 있다. 하나는 관할 기관들의 기록관리 전반에 대한 리더십을 발휘하는 정책기관으로서의 역할이고, 다른 하나는 자신의 모기관과 관할 기관들의 중요 기록을 수집, 보존관리하며 이용서비스를 제공하는 아카이브즈로서의 역할이다. 이 부분은 우리 기록관리체제의 중요한 특징의 하나이다.

　법률의 정의에서는 "기록물의 영구보존에 필요한 시설 및 장비와 이를 운영하기 위한 전문인력을 갖추고 기록물을 영구적으로 관리하는 기관"이라고만 설명되고 있으나, 구체적인 수행업무기능을 설명하는 조항에서는 정책, 제도 및 기본계획 수립을 비롯해, 통계, 지도·감독 및 지원, 교육·훈련 등을 통해 관할 기관들의 기록관리를 이끌어가는 리더십을 규정하고 있다.

　그러나 이러한 점이 영구기록물관리기관을 비롯하여 기록물관리기관으로 하여금 행정기구로서의 성격을 탈피해 전문적인 문화기구로서의 역할을 발전시켜 가는 데에 어떠한 영향을 주고 있는지는 다시금 검토될 필요가 있다. 아직 지방기록물관리기관 설립이 부진한 것도 어쩌면 이러한 행정기구적인 관점에서 봤을 때 불필요하다는 인식이 남아 부정적인 영향을 미치고 있는 것은 아닌지 따져볼 일이다.

　물론 이러한 행정관리 리더십 자체가 문제가 된다고 할 수는 없다. 기록관리 자체가 행정체계 안에 녹아들어야 본연의 목표를 달성했다고 할 수 있다. 광역자치단체가 관할 기초자치단체를 모두 포괄하는 영구기록물관리기관을 만들고자 한다면 지금까지 도청과 시청 차원의 기록관 운영의 경험이나 역량만으로는 충분하지 않다고 생각된다. 그에 적합한 행정력을 확보해야 한다는 측면도 간과할 수는 없다.

   그러나 역시 영구기록물관리기관의 핵심적 과제는 기록관리의 전문적 리더십을 어떻게 갖추고 발휘할 것인가, 중추 문화기구의 하나로서 어떻게 그 권위를 확보할 것인가에 있다고 이해된다.

   조금 덧붙이자면, 이미 기록을 전문적으로 수집해서 보존하고 서비스하고 있는 기관이라면 우리 법령에서 규정하는 영구기록물관리기관(전문기록물관리기관)으로 인정해주는 제도가 구법령에는 규정되어 있었지만 신법령에서는 삭제되었다. 또 우리 법령에서 규정하는 영구기록물관리기관들은 행정적으로 관할하는 여러 기관들의 다양한 성격의 기록을 모두 포괄하는 종합적 성격의 아카이브즈이다. 특별한 성격의 기관이나 특별 분야의 보다 세분화된 전문아카이브즈는 제도화되어 있지 않다.

1절　기록의 인수 및 수집

1. (특수)기록관으로부터의 이관

영구기록물관리기관은 관할 (특수)기록관으로부터 보존기간이 30년 이상인 기록을 이관받아 보존한다. 이관시기는 이론적으로는 준현용단계가 종결되어 더 이상 업무상의 참고활용이 필요하지 않을 시기에 이관하는 것으로 이해되어 왔지만, 우리의 경우는 보존기간 기산일로부터 11년째 되는 해에 이관하는 것을 일반규정으로 삼고 있다. 예외적인 경우는 특수기록관의 경우처럼 30년 혹은 그 이상으로까지 이관시기를 늦출 수 있는 경우이다.

그러나 보다 구체적인 규정을 살펴보면, 이관대상 기록을 이관시기에 도달하면 자동으로 이관하는 방식이 아니라, 영구기록물관리기관이 수집계획을 세워 수집 대상과 일정을 통보하는 방식, 다시 말해서 "주문식 수집", "맞춤식 수집"의 방식으로 진행되도록 규정하고 있다. 매년 11월 30일까지 공공기관별 이관일정 및 이관대상 등이 포함된 다음 연도의 기록물 수집계획을 수립·시행하여야 하며, 특히 3개월 전까지 대상과 일정을 해당 기관의 (특수)기록관에 통보해야 한다.

게다가 보존기간 30년 이상의 모든 기록이 영구기록물관리기관으로의 이관대상도 아니다. 사료적 가치가 높지 않다고 판단되는 기록은 당해 기관의 기록관이나 특수기록관이 영구기록물관리기관과 협의를 통해 이관대상에서 제외한다. 또한 준공공기관에 해당하는 기관의 기록들은 보존기간이 30년 이상이라고 해도 자체 기록관이나 특수기록관에서 보존한다. 반대로 보존기간이 30년 이상이고 사료적 가치가 충분하다고 판단되는 경우 이관대상에 포함되며, 준공공기관의 기록이라고 해도 국가적으로 중요한 가치가 있다고 하여 영구기록물관리기관이 지정하는 경우는 이관대상에 포함된다.

한편, (특수)기록관에서 실시되는 폐기절차에 의해 보존기간이 30년 이상으로 재분류되는 경우에 관할 영구기록물관리기관에 그 평가결과를 통보하여 이관여부를 다시 협의해야 하지만 법령상으로는 불명확하다. 이들 중에서도 물론 일부는 자체 (특수)기록관에서 보존하도록 승인되는 경우도 없지 않을 것이다.

이처럼 수집계획을 세우고 이관대상을 결정하는 것은 매년 8월 말까지 각 기관의 기록관이나 특수기록관이 제출하는 기록물생산현황통보에 의한다. 물론 시청각기록이나 행정박물 등과 같이 이관시기를 단축하거나 미리 확정짓기 힘든 경우도 있고, 일반 기록의 경우라고 하더라도 부득이한 사유로 일정기간 동안 이관을 연기하고자 하는 경우에는 이관예정일 1월 전까지 영구기록물관리기관의 승인을 받으면 이관연기가 가능하다.

누적되어가는 생산현황자료를 통해 매년 적당한 수준의 기록 수집을 추진할 수 있으며, 특히 영구기록물관리기관의 여건을 충분히 반영해가며 기록 수집을 계획해갈 수 있다는 것은 우리 제도의 가장 중요한 특징의 하나라고 하겠다. 이러한 생산현황통보제도는 특별히 지정하는 경우를 제외하고 준공공기관에는 적용되지 않으며, 안보·정보 분야 기록은 비밀누설의 우려가 있는 경우 중앙기록물관리기관의 장과 협의하여 등록정보 중 일부항목을 제외하고 제출할 수 있으며, 특히 기록관리시스템으로 기록물생산현황을 통보할 수 없는 경우에는 영구기록물관리기관과 협의하여 통보방식을 달리할 수 있다.

이처럼 (특수)기록관으로부터의 기록 수집제도는 보존기간 및 보존장소 등과 관련한 기록관리기준표제도와 생산현황통보제도에 의해 기본적으로 운영된다. 특히 단위과제별로 책정되는 보존기간의 경우는 기록관리기준표의 운영과정에서 관할 영구기록물관리기관과의 협의를 통해 승인되어야 한다. 경우에 따라서는 영구기록물관리기관이 특정의 단위과제에 대해서 보존기간을 지정하거나 변경을 요구할 수 있다. 이러한 요구는 반드시 따라야 한다. 다만, 구법령의 규정과 달라진 것은 특정의 기록철에 부여되는 보존기간을 영구기록물관리기관이 직접 정할 수 있던 것을 신법령에서는 제외하였다는 점이다. 생산현황통보자료를 검토하면서, 필요한 경우 유한보존 대상을 준영구 이상의 이관대상으로 보존기간을 바꿀 것을 요구하여 영구기록물관리기관이 기획력을 갖고 수집할 수 있던 제도가 폐지된 것이다.

2. 예외적인 수집

영구기록물관리기관은 업무를 승계하는 기관이 없는 상태에서 폐지되는 공공기관으로부터 그 기관의 기록을 이관받아야 한다. 국가 또는 지방자치단체의 기관이 준공공기관으로 전환되는 경우 보존기간이 30년 이상인 기록을 보존기간의 기산일부터 10년이 경과한 다음 연도 중에 소관 영구기록물관리기관으로 이관하여야 한다. 민간기관으로 전환되는 경우에는 모든 기록을 지체 없이 소관 영구기록물관리기관으로 이관하여야 한다. 이러한 기록은 주문식 수집과는 상관없는 경우이다.

또한 기록이 유출되어 민간인이 이를 소유하거나 관리하는 경우에는 그 기록을 회수하거나 위탁보존 또는 복제본 수집 등 필요한 조치를 하여야 한다. 선의로 취득한 제3자에게는 필요한 보상을 할 수도 있고, 이러한 기록의 회수를 위하여 관계 공무원으로 하여금 민간인이 소유하거나 관리하는 기록의 목록 및 내용의 확인, 그 밖에 필요한 조사를 하게 할 수도 있다.

나아가 영구기록물관리기관은 특별히 인정되는 경우 관련 공공기관과 협의하여 해당 공공기관 또는 행사 등에 소속 공무원을 파견하여 특정한 사항에 대한 기록을 직접 생산하는 방식으로 수집할 수도 있다. 또한 기록관 또는 특수기록관이 비전자기록을 보존매체로만 보존하려는 경우 폐기될 기록 원본을 영구기록물관리기관이 선별하여 수집해 보존할 수 있다. 중앙기록물관리기관만이 운용하도록 되어 있는 중요기록의 중복보존을 위한 보존매체본 송부제도와 헷갈리지 않도록 유의해야 한다.

이밖에도 민간기록의 국가기록지정이나 수집에 대해서는 중앙기록물관리기관의 역할로 명시되어 있으나, 지방기록물관리기관의 경우 향토자료 등의 수집도 법률에 근거를 남기고 있다.

다만, (특수)기록관으로부터 이관되는 기록에 대한 규정은 원본을 기준으로 하고 있을 뿐, (특수)기록관에서 전자화하고 보존매체에 수록한 산출물의 이관 여부에 대해서는 불명확한 재로 유지되어 왔다. 다만, 보존매체의 수록과 관련해서는 영구기록물관리기관으로 이관할 대상에 대해서는 제외하고 실시하는 규정이 만들어졌는데, 일반적인 전자화와 관련된 규정에 대해서는 여전히 명확하지 않다. 자칫 전자화한 사본 파일이 처리과나 (특수)기록관에 남게 되어 영구기록물관리기관에 이관한 기록에 대한 이용 자체가 불필요하게 되는 형편이 될 수도 있다.

법률

제3조(정의) 이 법에서 사용하는 용어의 뜻은 다음과 같다.

    5. "영구기록물관리기관"이란 기록물의 영구보존에 필요한 시설 및 장비와 이를 운영하기 위한 전문인력을 갖추고 기록물을 영구적으로 관리하는 기관을 말하며, 중앙기록물관리기관, 헌법기관기록물관리기관, 지방기록물관리기관 및 대통령기록관으로 구분한다.

제9조(중앙기록물관리기관) ① 기록물관리를 총괄·조정하고 기록물을 영구보존·관리하기 위하여 행정자치부장관은 그 소속으로 영구기록물관리기관을 설치·운영하여야 한다.

제10조(헌법기관기록물관리기관) ① 국회, 대법원, 헌법재판소 및 중앙선거관리위원회는 소관 기록물의 영구보존 및 관리를 위하여 영구기록물관리기관을 설치·운영할 수 있다. 이 경우 영구기록물관리기관을 설치·운영하지 아니할 때에는 대통령령으로 정하는 바에 따라 중앙기록물관리기관에 소관 기록물의 관리를 위탁하여야 한다.

제11조(지방기록물관리기관) ① 특별시 장·광역시장·특별자치시장·도지사 또는 특별자치도지사는 소관 기록물의 영구보존 및 관리를 위하여 특별시·광역시·특별자치시·도 또는 특별자치도(이하 "시·도"라 한다)의 조례로 정하는 바에 따라 영구기록물관리기관(이하 "시·도기록물관리기관"이라 한다)을 설치·운영하여야 한다.

    ② 특별시·광역시·특별자치시·도·특별자치도 교육감은 소관 기록물의 영구보존 및 관리를 위하여 시·도의 조례로 정하는 바에 따라 영구기록물관리기관(이하 "시·도교육청기록물관리기관"이라 한다)을 설치·운영할 수 있다. 이 경우 시·도교육감이 시·도교육청기록물관리기관을 설치·운영하지 아니할 때에는 대통령령으로 정하는 바에

따라 소관 기록물을 시·도기록물관리기관에 이관하여야 한다.

③ 시장·군수·구청장(자치구의 구청장을 말한다. 이하 같다)은 소관 기록물의 영구보존 및 관리를 위하여 시·군·자치구의 조례로 정하는 바에 따라 영구기록물관리기관(이하 "시·군·구기록물관리기관"이라 한다)을 설치·운영할 수 있다. 이 경우 시장·군수·구청장이 시·군·구기록물관리기관을 설치·운영하지 아니할 때에는 대통령령으로 정하는 바에 따라 소관 기록물을 시·도기록물관리기관에 이관하여야 한다.

⑤ 시·도기록물관리기관, 시·도교육청기록물관리기관, 시·군·구기록물관리기관 및 제4항에 따라 공동으로 설치·운영되는 영구기록물관리기관(이하 "지방기록물관리기관"이라 한다)은 다음 각 호의 업무를 수행한다.

    5. 중앙기록물관리기관과의 협조에 의한 기록물의 상호활용 및 보존의 분담

    7. 관할 공공기관 관련 향토자료 등의 수집

⑦ 지방기록물관리기관의 장은 중앙기록물관리기관의 장이 기록물관리에 대한 표준의 이행, 국가위임사무에 관한 기록물의 원본 또는 사본의 이관, 그 밖에 기록물관리 관련 통계현황 등 기록물의 효율적 관리를 위하여 필요한 사항에 관하여 협조를 요청하면 협조하여야 한다.

제13조(기록관) ② 기록관은 다음 각 호의 업무를 수행한다.

    4. 영구기록물관리기관으로의 기록물 이관

제14조(특수기록관) ③ 특수기록관은 다음 각 호의 업무를 수행한다.

    4. 중앙기록물관리기관으로의 기록물 이관

제15조(국가기록관리위원회) ① 다음 각 호의 사항을 심의하기 위하여 국무총리 소속으로 국가기록관리위원회(이하 "위원회"라 한다)를 둔다.

    5. 비공개 기록물의 공개 및 이관시기 연장 승인

시행령

제8조(지방기록물관리기관 미설치기관의 기록물 이관) 특별시·광역시·도교육감 또는 특별자치도교육감, 시장·군수·구청장(자치구의 구청장을 말한다)이 지방기록물관리기관을 설치하지 아니한 경우에는 법 제11조제2항 후단 및 제3항 후단에 따라 보존기간이 30년 이상인 기록물을 보존기간의 기산일부터 10년이 경과한 다음 연도 중에 관할 특별시·광역시·도 또는 특별자치도(이하 "시·도"라 한다) 지방기록물관리기관으로 이관하여야 한다.

제10조(기록관의 설치) ① 다음 각 호의 어느 하나에 해당하는 공공기관은 법 제13조제1항에 따라 기록관을 설치·운영하여야 한다. 다만, 제6호에 해당하는 공공기관이 법 제11조제3항에 따른 지방기록물관리기관(공동 설치한 경우를 제외한다)을 설치·운영하는

경우에는 기록관을 따로 두지 아니하고 그 지방기록물관리기관이 기록관의 업무를 수
행한다.

　6. 시·군·구(지방자치단체인 구를 말한다) 및 「제주특별자치도 설치 및 국제자유도
　시 조성을 위한 특별법」 제10조제2항에 따라 제주자치도에 두는 행정시

법률

제19조(기록물의 관리 등) ③ 기록관이나 특수기록관은 보존기간이 30년 이상으로 분류된
　기록물을 대통령령으로 정하는 기간 이내에 소관 영구기록물관리기관으로 이관하여야
　한다.

　④ 특수기록관은 제3항에도 불구하고 소관 비공개 기록물의 이관시기를 생산연도 종료
　후 30년까지 연장할 수 있으며, 30년이 지난 후에도 업무수행에 사용할 필요가 있는 경
　우에는 대통령령으로 정하는 바에 따라 중앙기록물관리기관의 장에게 이관시기 연장을
　요청할 수 있다.

　⑤ 국가정보원장은 제4항에도 불구하고 소관 비공개 기록물의 이관시기를 생산연도 종
　료 후 50년까지 연장할 수 있으며, 공개될 경우 국가안전보장에 중대한 지장을 줄 것이
　예상되는 정보 업무 관련 기록물의 이관시기는 대통령령으로 정하는 바에 따라 중앙기
　록물관리기관의 장과 협의하여 따로 정할 수 있다.

　⑥ 공공기관은 기록물의 원활한 수집 및 이관을 위하여 대통령령으로 정하는 바에 따라
　매년 기록물의 생산현황을 소관 기록물관리기관에 통보하여야 한다. 이 경우 중앙행정
　기관의 소속 기관에 기록관 또는 특수기록관을 설치하였을 때에는 중앙행정기관의 기록
　관 또는 특수기록관이 그 생산현황을 취합하여 중앙기록물관리기관에 통보하여야 한다.

시행령

제25조(기록관리기준표) ① 법 제19조제1항에 따라 공공기관은 업무과정에 기반을 둔 기록
　관리기준표를 작성·운영하여야 하며, 기록관리기준표의 관리항목은 업무설명, 보존기
　간 및 보존기간 책정 사유, 비치기록물 해당 여부, 보존장소, 보존방법, 공개여부 및 접
　근권한 등의 관리기준을 포함하여야 한다. 이 경우 기록관리기준표는 제2조제8호에 따
　른 기록관리시스템으로 생성·관리하여야 한다.

　③ 단위과제별 보존기간은 중앙기록물관리기관의 장이 정하는 보존기간 준칙에 따라
　공공기관에서 정하여 시행하되, 행정자치부령으로 정하는 절차에 따라 관할 영구기록물
　관리기관의 장과 협의하여 확정한다. 다만, 제3조 각 호의 어느 하나에 해당하는 공공기
　관은 행정자치부령으로 정한 기관을 제외하고는 그 공공기관의 장이 정하여 시행한다.

④ 제3항에 따른 협의과정에서 영구기록물관리기관의 장이 특별히 보존기간을 달리 정할 필요가 있다고 판단하여 단위과제별 보존기간의 변경을 요구한 경우에는 그 공공기관의 장은 이를 반영하여 기록관리기준표의 해당 사항을 수정하여야 한다.

제40조(기록관 및 특수기록관의 소관 기록물 이관) ① 법 제19조에 따라 기록관 또는 특수기록관의 장은 보존기간 30년 이상의 기록물을 보존기간의 기산일부터 10년이 경과한 다음 연도 중에 관할 영구기록물관리기관이 제시한 일정에 따라 영구기록물관리기관으로 이관하여야 한다. 다만, 부득이한 사유로 일정기간 동안 이관을 연기하고자 하는 경우에는 이관예정일 1개월 전까지 관할 영구기록물관리기관의 장의 승인을 받아야 한다.

② 제1항에 불구하고 제3조 각 호의 어느 하나에 해당하는 공공기관의 기록물은 그 공공기관에서 보존한다. 다만, 국가적 보존가치가 높아 영구기록물관리기관이 지정한 기록물의 경우에는 관할 영구기록물관리기관으로 이관하여야 한다.

③ 기록관 또는 특수기록관의 장은 제1항에 따라 전자기록물을 이관하고자 하는 경우에는 진본성·무결성·신뢰성 및 이용가능성이 보장될 수 있도록 이관 대상 기록물을 검수하고 오류가 없는 전자기록물에 대하여 진본임을 확인하는 행정전자서명 및 시점확인 정보를 첨부한 후 이관하여야 한다. 이 경우 이관을 위한 전자매체, 포맷, 방식 및 데이터 규격은 중앙기록물관리기관의 장이 정하는 방식에 따라야 한다.

④ 제1항에 따라 전자적 형태로 생산되지 아니한 기록물을 이관하고자 하는 경우에는 행정자치부령이 정하는 바에 따라 기록물을 보존상자에 넣어 이관목록과 함께 이관하여야 한다.

제41조(특수기록관 소관 비공개 기록물의 이관시기 연장) ① 법 제19조제4항 및 제5항에 따라 특수기록관의 장이 소관 비공개기록물의 이관시기를 연장하고자 하는 경우에는 이관연장기간, 사유 등을 중앙기록물관리기관의 장에게 통보하여야 한다.

② 법 제19조제4항 및 제5항에 따라 특수기록관에서 보존중인 비공개 기록물이 법 제35조제2항에 따라 공개기록물로 변경되는 경우에는 특수기록관의 장은 발생일부터 3개월 이내에 중앙기록물관리기관의 장에게 대상목록을 통보하여야 하며, 그 기록물은 중앙기록물관리기관의 장이 지정한 날짜에 이관하여야 한다.

③ 법 제19조제4항에 따라 특수기록관의 장이 보존기간 기산일부터 30년 경과 후에 이관시기를 연장하고자 하는 경우에는 이관예정연도 6개월 전까지 대상기록물, 연장시기 및 구체적 연장 사유를 기재하여 중앙기록물관리기관의 장에게 이관시기 연장을 요청하여야 한다.

④ 법 제19조제5항에 따라 국가정보원장이 정보업무 관련 기록물의 이관시기를 따로 정하고자 하는 경우에는 대상 기록물, 사유 및 이관시기 등을 중앙기록물관리기관의 장과 협의하여야 한다.

제42조(기록물 생산현황 통보) ① 법 제19조제6항에 따라 기록관 또는 특수기록관의 장은 매년 8월 31일까지 관할 영구기록물관리기관의 장에게 전년도의 기록물 생산현황을 통보하여야 한다. 다만, 제3조 각 호의 어느 하나에 해당하는 공공기관은 행정자치부령으로 정하는 기관을 제외하고는 관할 영구기록물관리기관으로 생산현황을 통보하지 아니하고 자체적으로 관리한다.

② 제1항에 따른 기록물생산현황의 통보는 중앙기록물관리기관의 장이 정하는 방식에 따라 제20조제1항에 따른 기록물 등록정보를 기록관리시스템을 통하여 제출하여야 한다. 다만, 안보·정보 분야 기록물은 비밀누설의 우려가 있는 경우 중앙기록물관리기관의 장과 협의하여 등록정보중 일부항목을 제외하고 제출할 수 있다.

③ 제2항에도 불구하고 기록관리시스템으로 기록물생산현황을 통보할 수 없는 경우에는 소관 영구기록물관리기관의 장과 협의하여 통보방식을 달리할 수 있다.

제45조(특수기록관 소관 비공개 기록물의 이관시기 연장 협의 및 이관) ① 중앙기록물관리기관의 장은 제41조제3항 또는 제4항에 따라 특수기록관으로부터 이관시기 연장을 요청받았거나 이관시기를 협의하는 경우에는 국가기록관리위원회의 심의를 거쳐 이관시기 연장 여부 및 이관시기 등을 정하여야 한다.

② 중앙기록물관리기관의 장은 특수기록관 소관 비공개기록물 중 제1항에 따른 이관시기 경과 및 법 제35조제2항에 따른 공개 재분류 등 이관 사유가 발생한 기록물에 대하여는 이관계획을 수립하여 해당 기관에 통보하여야 한다.

시행규칙

제17조(단위과제별 보존기간의 협의·확정) 영 제25조제3항 단서에서 "행정자치부령으로 정한 기관"이란 다음 각 호의 기관을 말한다.
 1. 「공공기관의 운영에 관한 법률」제4조에 따른 기관 중 중앙기록물관리기관의 장이 지정하여 고시하는 기관
 2. 특별법에 따라 설립된 법인 중 중앙기록물관리기관의 장이 지정하여 고시하는 기관
 3. 「지방공기업법」에 따른 지방공사 및 지방공단 중 관할 지방기록물관리기관의 장이 지정하여 고시하는 기관
 4. 「초·중등교육법」과 「고등교육법」, 그 밖에 다른 법률에 의하여 설립된 각급 학교 중 관할 영구기록물관리기관의 장이 지정하여 고시하는 기관

제19조(기록물의 이관목록 작성) 영 제32조제5항 및 영 제40조제4항에 따라 기록물의 이관목록은 별지 제2호서식에 따른다. 다만, 영 제32조제1항 단서에 따라 이관되는 기록물의 경우에는 생산현황통보시 제출된 등록정보로 이관목록을 대체한다.

제20조(기록물 이관시기의 연장) 영 제32조제3항, 영 제40조제1항 단서 및 영 제41조제3항

에 따라 기록물의 이관시기를 연장하고자 하는 경우에는 관할 영구기록물관리기관의 장에게 별지 제3호서식의 기록물이관시기 연장신청서를 제출하여야 한다.

제21조(기록물생산현황의 작성시기) 영 제33조 및 영 제42조에 따른 기록물 생산현황은 기록물의 정리가 완료되어 그 결과가 전자기록생산시스템의 등록정보에 반영된 후 작성하여야 한다.

제22조(기록물 수집계획 통지) 영구기록물관리기관의 장은 영 제44조제1항에 따라 수립한 기록물 수집계획에 따라 이관 3개월 전까지 수집대상기관 또는 부서에 그 기록물 수집 일정 및 대상을 통보하여야 한다.

제27조(기록물 생산현황 통보) 영 제42조제1항 단서에서 "행정자치부령으로 정하는 기관"이란 다음 각 호의 기관을 말한다.
1. 「공공기관의 운영에 관한 법률」제4조에 따른 기관 중 중앙기록물관리기관의 장이 지정하여 고시하는 기관
2. 특별법에 따라 설립된 법인 중 중앙기록물관리기관의 장이 지정하여 고시하는 기관
3. 「지방공기업법」에 따른 지방공사 및 지방공단 중 관할 지방기록물관리기관의 장이 지정하여 고시하는 기관
4. 「초·중등교육법」과 「고등교육법」, 그 밖에 다른 법률에 의하여 설립된 각급 학교 중 관할 영구기록물관리기관의 장이 지정하여 고시하는 기관

법률

제21조(중요 기록물의 이중보존) ② 기록물관리기관이 보존하는 기록물 중 보존매체에 수록된 중요 기록물은 안전한 분산 보존을 위하여 대통령령으로 정하는 바에 따라 그 기록물의 보존매체 사본을 중앙기록물관리기관에 송부하여야 한다.
③ 중앙기록물관리기관의 장은 국가적으로 보존할 가치가 있는 기록물에 대하여는 기록물관리기관에 그 기록물을 보존매체에 수록하고 보존매체 사본을 송부하여 줄 것을 요청할 수 있다.

제25조(폐지기관의 기록물관리) ① 공공기관이 폐지된 경우 그 사무를 승계하는 기관이 없을 때에는 폐지되는 공공기관의 장은 지체 없이 그 기관의 기록물을 소관 영구기록물관리기관으로 이관하여야 한다. 다만, 국가 또는 지방자치단체의 기관이 제3조제1호에 따른 대통령령으로 정하는 기관 또는 민간기관으로 전환되는 경우의 기록물관리에 관하여는 대통령령으로 정하는 바에 따른다.
② 공공기관이 폐지된 경우에 그 사무를 승계하는 기관이 있을 때에는 폐지되는 기관의 장과 그 사무를 승계하는 기관의 장은 대통령령으로 정하는 바에 따라 기록물 인수인계가 원활하게 이루어질 수 있도록 조치하여야 한다.

③ 영구기록물관리기관의 장은 폐지되는 기관의 소관 기록물의 체계적인 이관 및 관리 등을 위하여 필요한 경우에는 소속 공무원을 파견할 수 있다.

제26조(기록물의 회수) ① 공공기관의 장 및 영구기록물관리기관의 장은 기록물이 유출되어 민간인이 이를 소유하거나 관리하는 경우에는 그 기록물을 회수하거나 위탁보존 또는 복제본 수집 등 필요한 조치를 하여야 한다. 이 경우 기록물을 회수하였을 때에는 선의로 취득한 제3자에게 대통령령으로 정하는 기준에 따라 필요한 보상을 할 수 있다.
② 공공기관(국가기관과 지방자치단체만 해당한다)의 장 및 영구기록물관리기관의 장은 제1항에 따른 기록물의 회수를 위하여 필요하다고 인정하면 관계 공무원으로 하여금 민간인이 소유하거나 관리하는 기록물의 목록 및 내용의 확인, 그 밖에 필요한 조사를 하게 할 수 있다.

시행령

제43조(기록관 및 특수기록관의 소관 기록물 평가 및 폐기) ③ 기록관 또는 특수기록관의 장은 제29조제1항제3호에 따라 기록물 원본을 폐기하고 보존매체만 보존하는 경우에는 제1항에 따른 생산부서의 의견조회, 기록물관리 전문요원의 심사, 기록물평가심의회의 심의를 거쳐 기록물 원본을 폐기할 수 있다. 다만, 보존기간 30년 이상의 기록물은 원본을 보존매체에 수록한 때부터 3년이 지난 후 제1항에 따른 생산부서의 의견조회, 기록물관리 전문요원의 심사, 기록물평가심의회의 심의 및 국가기록관리위원회의 심의를 거쳐 기록물 원본을 폐기할 수 있다.
④ 영구기록물관리기관의 장은 기록관 또는 특수기록관의 장과 협의하여 제3항에 따라 폐기되는 기록물 원본 중 보존가치가 있는 원본은 선별·보존할 수 있다.

제52조(중요 기록물의 이중보존) ① 법 제21조제2항에 따라 영구기록물관리기관의 장은 매년 8월 31일까지 그 기관이 전년도에 제작한 보존매체 사본을 중앙기록물관리기관의 장에게 제출하여야 한다.
② 기록관 및 특수기록관의 장은 매년 8월 31일까지 그 기관의 전년도 보존매체 수록 목록을 중앙기록물관리기관의 장에게 제출하여야 한다.
③ 중앙기록물관리기관의 장은 제2항에 따라 취합된 목록 중 이중보존이 필요한 기록물을 선별하여 매년 10월 31일까지 해당 기록관 또는 특수기록관에 송부 대상 보존매체 사본 및 송부시기를 통보하여야 한다.

제58조(폐지기관의 기록물관리) ① 법 제25조제1항 단서에 따라 국가 또는 지방자치단체의 기관이 제3조에 따른 공공기관으로 전환되는 경우 그 기관의 장은 보존기간이 30년 이상인 기록물을 보존기간의 기산일부터 10년이 경과한 다음 연도 중에 소관 영구기록물

관리기관으로 이관하여야 한다.

② 국가 또는 지방자치단체의 기관이 민간기관으로 전환되는 경우 그 기관의 장은 모든 기록물을 지체 없이 소관 영구기록물관리기관으로 이관하여야 한다.

④ 법 제25조제2항에 따라 폐지되는 공공기관의 장은 기록물 인계절차의 착수 전까지 인계계획을 중앙기록물관리기관에 통보하여야 하고, 폐지되는 공공기관의 사무를 승계하는 기관의 장은 기록물 인수절차 종료 시 처리 결과를 중앙기록물관리기관에 통보하여야 한다.

2절 기록의 보존관리

영구기록물관리기관의 가장 중요한 사명의 하나가 바로 중요 기록의 안전하면서도 장기적인 보존이다. 우리의 경우 보존기간 30년이라는 유한보존 대상의 기록이 함께 이관되기는 하나, 준영구 및 영구와 같은 장기보존의 가치가 있는 기록이 가장 핵심적인 보존관리 대상인 것은 마찬가지이다. 물론 이들 기록은 궁극적으로는 이용서비스의 대상이 되는 것임과 동시에, 그렇게 하기 위해서라도 후속세대에 이르기까지 안전한 보존을 실현해야 하는 것은 두말할 나위도 없다.

1. 보존매체수록

우선 영구기록물관리기관은 전통적으로 안전한 장기보존을 위해 보존성이 강한 보존매체로 전환하는 업무를 발전시켜왔다. (특수)기록관이든 영구기록물관리기관이든 소장 기록의 보존매체 수록 여부는 일차적으로 기록관리기준표에 제시되는 단위과제별 보존방법으로부터 확인할 수 있다. 이를 근거로 특정의 단위과제 기록의 보존매체 수록이 일관되게 통제될 수 있다. 물론 보존기간이 준영구 이상으로 재분류된 기록이나 보존상태가 급격히 나빠진 기록 등은 기록관리기준표의 보존방법과 상관없이 보존매체 수록의 대상이 될 수 있다.

시행규칙 [별표 11]

보존매체의 종류와 규격(제24조 관련)

종류	마이크로필름	전자매체
규격	한국산업규격(KS)을 충족하는 안전필름	다음 각 호의 어느 하나의 규격을 충족하는 매체 1. 한국산업규격(KS) 2. 국제표준화기구(ISO) 또는 국제전기표준회의(IEC)가 정한 규격 3. 그 밖에 중앙기록물관리기관의 장이 정하는 규격

보존매체 수록에 대한 기본적인 규정은 중요 기록의 "이중보존제도"에서 찾아진다. 이중보존제도는 그 자체가 이중적인 의미를 갖는다. 보존매체에 수록한다는 것이 그 하나고, 이렇게 보존매체에 수록한 기록은 안전한 "분산보존"을 위해 보존매체 사본을 만들어 중앙기록물관리기관에 보내게 된다는 것이 또 다른 하나이다.

우선 법률에서는 영구보존으로 분류된 기록 중 중요한 기록은 복제본을 제작하여 보존하거나 보존매체에 수록하는 등의 방법으로 이중보존하는 것을 원칙으로 규정하고 있다. 특히 기록관리기준의 하나로 적용되는 보존방법에 대한 규정에서는, 전자적 형태로 생산되지 않은 기록을 대상으로 원본보존, 대체보존, 병행보존의 세 가지 방법 중 하나를 정하도록 되어 있다.

비전자기록의 전자화는 이용의 활성화를 위한 것이었다면, 안전한 보존의 실현을 위한 보존매체 수록은 생각 밖으로 마이크로필름 등 육안판독이 가능한 방식을 보다 중시하고 있음을 살펴볼 수 있다. 물론, 보존매체로는 마이크로필름과 전자보존매체 두 가지를 규정하고 있어서 전적으로 마이크로필름을 일반화하는 것은 아니다. 다만, 중요한 전자기록의 경우 역시 마이크로필름 등의 육안판독이 가능한 방식으로 보존매체에 수록하도록 규정하고 있는 것은 유의해야 한다.

한편, 분산보존과 관련한 이중보존제도에 의하면, 영구기록물관리기관의 경우는 매년 8월 31일까지 그 기관이 전년도에 제작한 보존매체 사본을 중앙기록물관리기관의 장에게 제출하여야 한다. 또 기록관 및 특수기록관의 장은 매년 8월 31일까지 그 기관의 전년도 보존매체 수록 목록을 중앙기록물관리기관의 장에게 제출해서, 중앙기록물관리기관이 취합된 목록 중 이중보존이 필요한 기록을 선별하여 매년 10월 31일까지 해당 기록관 또는 특수기록관에 송부 대상 보존매체 사본 및 송부시기를 통보하는 것으로 운영한다. 중앙기록물관리기관이 국가적으로 보존할 가치가 있는 기록에 대하여는 기록물관리기관에 그 기록을 보존매체에 수록하고 보존매체 사본을 송부하여 줄 것을 요청할 수 있다.

이러한 방식에 의해서 국가적으로 중요 기록이 결과적으로는 보존매체 사본의 형태로 중앙기록물관리기관에 집중보존된다. 물론 이러한 세부내용은 대통령령인 시행령에 담겨 있어서 다른 헌법기관들과 조율해야 할 여지가 있는 것도 사실이다. 더욱이 기록관이나 특수기록관이 소관 영구기록물관리기관에 대해 보존매체 사본을 송부하는 제도는 없고, 오로지 중앙기록물관리기관으로 송부한다는 것이 다소 적절하지 않아 보이는 것도 사실이다.

법률

제6조(기록물의 전자적 생산·관리) 공공기관 및 기록물관리기관의 장은 기록물이 전자적으로 생산·관리되도록 필요한 조치를 마련하여야 하며, 전자적 형태로 생산되지 아니한 기록물도 전자적으로 관리되도록 노력하여야 한다.

제21조(중요 기록물의 이중보존) ① 영구보존으로 분류된 기록물 중 중요한 기록물은 복제본을 제작하여 보존하거나 보존매체에 수록하는 등의 방법으로 이중보존하는 것을 원칙으로 한다.

② 기록물관리기관이 보존하는 기록물 중 보존매체에 수록된 중요 기록물은 안전한 분산 보존을 위하여 대통령령으로 정하는 바에 따라 그 기록물의 보존매체 사본을 중앙기록물관리기관에 송부하여야 한다.

③ 중앙기록물관리기관의 장은 국가적으로 보존할 가치가 있는 기록물에 대하여는 기록물관리기관에 그 기록물을 보존매체에 수록하고 보존매체 사본을 송부하여 줄 것을 요청할 수 있다.

제29조(기록매체 및 용품 등) ① 기록물관리기관이 기록물을 마이크로필름 또는 전자매체에 수록하여 관리할 때에는 중앙기록물관리기관과 상호 유통 및 활용이 가능하도록 중앙기록물관리기관에서 정하는 기준에 따라 관리하여야 한다.

제48조(보존매체에 수록된 기록물의 원본 추정) 기록물관리기관이 대통령령으로 정한 기준과 절차에 따라 보존매체에 수록한 기록물은 원본과 같은 것으로 추정한다.

시행령

제4조(기록물 관리의 원칙) ① 기록물은 법 제5조에 따라 기록물의 진본성(眞本性)·무결성(無缺性)·신뢰성 및 이용가능성을 보장하기 위하여 이 영이 정하는 기준과 절차에 따라 관리되어야 하며, 「산업표준화법」 제12조에 따른 한국산업표준에 적합하여야 한다.
② 공공기관 및 기록물관리기관의 장은 제1항에 따라 기록물관리 정책 및 절차를 수립·시행하며, 그 결과를 기록물로 남겨 관리하여야 한다.
③ 공공기관 및 기록물관리기관의 장은 기록물이 전자적으로 생산·관리되도록 중앙기록물관리기관의 장이 정하는 바에 따라 전자기록생산시스템, 기록관리시스템 또는 영구기록관리시스템을 구축·운영하여야 하며, 전자적 형태로 생산되지 아니한 기록물을 전자적으로 관리하고 활용하기 위하여 기록물 전자화계획을 수립·시행하여야 한다.

제7조(헌법기관 기록물의 위탁관리) ① 국회·대법원·헌법재판소·중앙선거관리위원회가 법 제10조제1항에 따른 영구기록물관리기관을 설치하지 아니한 경우에는 보존기간이 30년 이상인 기록물을 보존기간 기산일부터 10년이 경과한 다음 연도 중에 중앙기록물관리기관에 위탁하여 관리하여야 한다.
② 중앙기록물관리기관은 기록물의 공개·활용, 보존처리, 보존비용 등 기록물의 위탁관리에 필요한 사항을 위탁기관과 협의하여 정할 수 있다.

제29조(보존방법) ① 기록물관리기관이 보존중인 전자적 형태로 생산되지 아니한 기록물은 다음 각 호의 어느 하나의 방법으로 보존하여야 하며, 기록물의 보존방법별 구분기준은 별표 2와 같다.
　　1. 원본과 보존매체를 함께 보존하는 방법
　　2. 원본을 그대로 보존하는 방법
　　3. 원본은 폐기하고 보존매체만 보존하는 방법
② 제1항제3호의 방식으로 기록물을 보존하려는 경우에는 다음 각 호의 구분에 따라 보존매체에 수록하여야 한다.
　　1. 보존기간 10년 이하인 기록물: 전자매체(전자기록물을 저장할 수 있는 저장장치로서 정보처리능력을 가진 장치에 의하여 구동 또는 연결되는 저장장치를 말한다. 이하 같다) 또는 마이크로필름
　　2. 보존기간 30년 이상인 기록물: 마이크로필름
③ 기록물관리기관의 장은 보존가치가 매우 높은 전자기록물에 대하여는 마이크로필름 등 육안으로 식별이 가능한 보존매체에 수록하여 관리하여야 한다.

제46조(영구기록물관리기관의 전자기록물 보존 및 관리) ① 영구기록물관리기관의 장은 공공기관이 생산한 전자기록물의 효율적인 이관과 보존 중인 전자기록물의 안전한 보존관리를 위하여 필요한 대책을 수립·시행하여야 한다.

② 영구기록물관리기관은 전자기록물의 진본성·무결성·신뢰성 및 이용가능성이 보장되도록 관리정보 메타데이터와 행정전자서명(행정전자서명이 아닌 전자서명을 포함한다) 및 시점확인 정보 등에 대한 검증을 실시하고, 주기적으로 장기보존포맷을 변환하여야 한다.

③ 전자기록물의 저장은 진본성, 이용가능성 등이 유지될 수 있는 방법이나 형식으로 처리하여야 하며, 승인받지 아니한 접근, 폐기 등으로부터 전자기록물을 보호하는 방안을 수립·시행하여야 한다.

④ 영구기록물관리기관은 각종 재난 등에 의한 전자기록물의 손실을 방지하기 위하여 데이터, 기록매체, 시스템 등에 대한 전자적 복구 체계를 수립·시행하여야 한다.

⑤ 중앙기록물관리기관의 장은 전자기록물을 장기간 보존할 수 있도록 전자기록물의 기술정보에 대한 수집·활용 방안과 기록물관리기관이 보존 중인 전자기록물의 행정전자서명(행정전자서명이 아닌 전자서명을 포함한다)을 장기적으로 검증하기 위한 관리방안을 수립·시행하여야 한다.

제47조(영구기록물관리기관 보존 기록물 중 전자적 형태로 생산되지 아니한 기록물의 전자적 관리) ① 영구기록물관리기관의 장은 기록정보서비스를 확대하기 위하여 보존중인 기록물중 전자적 형태로 생산되지 아니한 기록물의 전자화 계획을 수립·시행하여야 한다.

② 중앙기록물관리기관의 장은 전자적 형태로 생산되지 아니한 기록물의 전자적 관리 및 기록물관리기관 간 전자화기록물의 연계·활용을 위하여 필요한 표준 등을 작성·고시하여야 한다.

제49조(영구기록물관리기관의 보존매체 수록) ① 영구기록물관리기관의 장은 보존 중인 기록물을 보존매체에 수록하려는 경우에는 제29조(같은 조 제1항제2호의 경우는 제외한다)의 방법에 따라야 한다.

② 제1항에 따라 기록물을 수록하는 보존매체의 종류와 규격은 행정자치부령으로 정한다.

③ 영구기록물관리기관이 기록물을 보존매체에 수록하여 관리하는 경우에는 보존매체별로 관리번호를 부여하여야 한다. 이 경우 관리번호 형식은 영구기록물관리기관의 장이 정한다.

제52조(중요 기록물의 이중보존) ① 법 제21조제2항에 따라 영구기록물관리기관의 장은 매년 8월 31일까지 그 기관이 전년도에 제작한 보존매체 사본을 중앙기록물관리기관의 장에게 제출하여야 한다.

② 기록관 및 특수기록관의 장은 매년 8월 31일까지 그 기관의 전년도 보존매체 수록 목록을 중앙기록물관리기관의 장에게 제출하여야 한다.

③ 중앙기록물관리기관의 장은 제2항에 따라 취합된 목록 중 이중보존이 필요한 기록물을 선별하여 매년 10월 31일까지 해당 기록관 또는 특수기록관에 송부 대상 보존매체 사본 및 송부시기를 통보하여야 한다.

제53조(영구기록물관리기관의 기록물 평가 및 폐기) ⑤ 영구기록물관리기관의 장은 보존기간이 30년 이상인 보존 기록물 중 다음 각호의 어느 하나에 해당하는 경우에는 제6항에 따른 절차를 거쳐 기록물을 폐기할 수 있다.

    1. 기록관리기준표에 의한 해당 기록물의 보존기간 변경 등으로 인하여 보존의 필요성이 상실된 것으로 인정되는 경우

    2. 기록물의 심각한 물리적 훼손으로 복원이 불가능하여 그 기록물을 보존매체에 수록하여 대체 보존하고자 하는 경우

⑥ 제5항 각 호의 기록물을 폐기하고자 하는 경우에는 생산기관과의 협의, 제54조에 따른 기록물평가심의회 및 국가기록관리위원회의 심의를 거쳐야 한다.

시행규칙

제24조(보존매체 종류와 규격) 영 제39조 및 영 제49조에 따른 보존매체의 종류와 규격은 별표 11과 같다.

제25조(전자매체 수록) ① 기록물관리기관이 영 제39조 및 영 제49조에 따라 전자기록물을 전자매체에 수록하여 보존하고자 하는 경우에는 한 번 입력후 삭제·수정 또는 재수록이 불가능한 형태의 보존매체를 사용함을 원칙으로 한다.

② 기록물관리기관이 전자기록물을 전자매체에 수록하는 경우에는 그 보존매체 및 입력자료의 이상 유무를 검사한 후에 수록하여야 한다.

③ 제2항에 따라 전자기록물을 전자매체로 옮겨 수록하는 때에는 별지 제4호서식의 전자매체 수록계획서를 작성하고 이에 따라 수록하여야 한다. 이 경우 전자매체는 공개구분 종류별로 구분하여 수록한다.

④ 기록물관리기관에서 생산한 전자기록물이 수록된 전자매체와 그 보존용기에는 별표 12의 전자매체·마이크로필름 표지를 부착하여야 한다.

제26조(마이크로필름의 제작) ① 기록물관리기관이 영 제39조 및 영 제49조에 따라 기록물을 마이크로필름에 수록하여 보존하고자 하는 때에는 별지 제5호서식의 마이크로필름 촬영계획서를 전산으로 작성하고, 이에 따라 촬영하여야 한다.

② 기록물관리기관이 마이크로필름으로 촬영하는 때에는 촬영 시작부분에 별표 13의 시작표지와 별지 제5호서식의 마이크로필름 촬영계획서를 삽입하고, 그 마이크로필름 촬영계획서상의 순서대로 기록물을 수록한 후 그 마이크로필름의 촬영이 끝나는 부분에 별표 13의 촬영끝 표지를 넣어야 하며 마이크로필름의 컷(cut)번호는 시작표지부터

부여한다.

③ 기록물관리기관은 촬영이 끝난 마이크로필름의 촬영상태를 검사하여야 하며, 촬영상태가 불량한 부분이 발견된 때에는 제1항 및 제2항에 따라 재촬영하여야 한다.

④ 기록물관리기관에서 생산한 마이크로필름과 그 보존용기에는 별표 12의 전자매체·마이크로필름 표지를 부착하여야 한다.

⑤ 기록물이 수록된 마이크로필름의 원본은 시청각기록물 전용서고에 보존하고 열람 등에 사용하는 마이크로필름은 복제본을 제작하여 사용함을 원칙으로 한다.

제33조(보존기록물의 원본열람) 보존기간이 30년 이상이고, 전자적 형태로 생산되지 않은 기록물의 열람은 그 기록물이 수록된 보존매체를 사용하여야 하며, 부득이한 사유로 원본을 열람에 제공하는 때에는 기록물의 열람업무를 담당하는 자가 계속하여 입회하여야 한다.

2. 소독, 탈산처리와 서고관리

보존기간이 30년 이상인 기록은 기록관이든 특수기록관이든, 영구기록물관리기관이든 미생물과 해충에 의하여 손상이 발생되지 않도록 서고에 입고하기 전에 소독을 실시하여야 한다. 종이류 기록의 경우는 산성화 정도가 수소이온농도(pH) 6.5 이하인 기록에 대하여는 서고에 입고하기 전에 탈산처리를 실시함을 원칙으로 한다. 이러한 보존처리를 행하는 경우 기록물보존처리서를 작성하여 어떠한 조치가 구체적으로 시행되었는지 기록화하여야 한다.

기록물관리기관의 서고는 기록의 안전한 보존과 체계적 관리, 효율적 활용의 관점에서 관리되어야 한다. 이미 서고의 시설·장비 기준은 알려진 바와 같다. 다만, (특수)기록관과 마찬가지로 영구기록물관리기관의 경우도 매년 5월 31일까지 시설·장비 및 환경 구축 현황을 중앙기록물관리기관에 통보하여야 하며, 중앙기록물관리기관은 시설·장비 및 환경 기준 준수 여부를 지속적으로 관리하여야 한다.

특히 영구기록물관리기관은 기록을 서고에 배치하는 때에는 기록 형태, 생산기관, 보존기간 등을 구분하여야 하며, 여기에 나름대로의 분류체계를 적용하여 배열하도록 되어 있다. 기록은 서고에 입고되면서 서고번호와 서가번호를 중심으로 하는 기록의 보존위치를 등록하여 필요한 경우 손쉽게 접근할 수 있도록 운영한다. 서고별 관리책임자를 지정하고, 그 관리책임자에 의하여 서고의 출입과 기록의 입·출고가 통제되도록 하는 것은 (특수)기록관과도 마찬가지이다. 특히 보존기간이 30년 이상인 기록은 서고 외의 지역으로의 반출을 원칙적으로 금하며, 부득이한 사유로 서고 외의 지역으로 반출하고자 하는 때에는 기록물관리기관장의 승인을 받은 기록물반출·반입서를 그 서고관리책임자에게 제출하여야 한다. 중요 기록의 원본 열람을 제한한다는 것과도 일맥상통하는 제도라고 할 수 있다.

또한 기록의 안전한 관리를 위하여 보안 및 재난 대책을 수립·시행하는 것역시 마찬가지인데, 출입 인원, 보존시설, 전산장비 및 기록 등으로 구분하여 보안대책을 수립·시행하여야 하며, 기록의 대피 우선순위, 근무자 안전규칙 등을 포함하는 기록물 재난대비책을 수립·시행하는 것 역시 (특수)기록관과 마찬가지이다. 특히 영구보존 전자기록의 안전한 관리를 위하여 재난대비 복구체계를 구축·운영하여야 한다.

서고관리 및 재난대비와 관련해서는 구법령과 적지 않은 차이가 있다. 구법령에서는 영구기록물관리기관이 "평가분류제도"를 통해 보존하게 된 준영구 이상 중요 기록에 대한 상대적인 가치평가를 내려 1~3등급화하고, 이를 서고배치에 적용시키도록 규정되어 있었다. 이러한 방식은 신법령처럼 보존기록을 출처별로 배치하는 것이 아니라 재난대비 및 보존처리 구분별로 배열하는 방식이었다. 소위 1등급 서고는 가장 중요한 기록으로서 입고 전에 이미 보존매체수록을 마치게 되고 원본과 함께 보존되면서 유사시 가장 먼저 대피시켜야 하는 기록이었던 것이다. 이러한 평가분류제도가 법령에서 제외된 이상 재난대비 혹은 긴급대피를 위한 대책을 효과적으로 운용할 새로운 제도가 모색될 필요가 남아있다고 하겠다.

법률

제30조(기록물 보안 및 재난 대책) ① 기록물관리기관의 장은 소관 기록물의 안전한 관리를 위하여 대통령령으로 정하는 바에 따라 기록물에 대한 보안 및 재난 대책을 수립·시행하여야 한다.

② 영구기록물관리기관의 장은 전자기록물의 안전한 관리를 위하여 재난대비 복구체계를 구축·운영하여야 한다.

제39조(기록물관리의 표준화) 중앙기록물관리기관의 장은 기록물의 체계적·전문적 관리 및 효율적 활용을 위하여 다음의 사항에 대한 표준을 제정·시행하여야 한다. 다만, 기록물관리 표준과 관련된 사항이 「산업표준화법」에 따른 한국산업표준으로 제정되어 있는 경우에는 그러하지 아니하다.

   5. 기록물 보안 및 재난관리 대책

시행령

제46조(영구기록물관리기관의 전자기록물 보존 및 관리) ① 영구기록물관리기관의 장은 공공기관이 생산한 전자기록물의 효율적인 이관과 보존 중인 전자기록물의 안전한 보존관리를 위하여 필요한 대책을 수립·시행하여야 한다.

② 영구기록물관리기관은 전자기록물의 진본성·무결성·신뢰성 및 이용가능성이 보장되도록 관리정보 메타데이터와 행정전자서명(행정전자서명이 아닌 전자서명을 포함한다) 및 시점확인 정보 등에 대한 검증을 실시하고, 주기적으로 장기보존포맷을 변환하여야 한다.

③ 전자기록물의 저장은 진본성, 이용가능성 등이 유지될 수 있는 방법이나 형식으로 처리하여야 하며, 승인받지 아니한 접근, 폐기 등으로부터 전자기록물을 보호하는 방안을 수립·시행하여야 한다.

④ 영구기록물관리기관은 각종 재난 등에 의한 전자기록물의 손실을 방지하기 위하여 데이터, 기록매체, 시스템 등에 대한 전자적 복구 체계를 수립·시행하여야 한다.

⑤ 중앙기록물관리기관의 장은 전자기록물을 장기간 보존할 수 있도록 전자기록물의 기술정보에 대한 수집·활용 방안과 기록물관리기관이 보존 중인 전자기록물의 행정전자서명(행정전자서명이 아닌 전자서명을 포함한다)을 장기적으로 검증하기 위한 관리 방안을 수립·시행하여야 한다.

제48조(영구기록물관리기관의 서고 관리) ① 영구기록물관리기관의 장은 기록물의 안전한 보존관리를 위하여 보존환경의 유지, 보안대책 및 재난대비 계획의 수립·시행 등 필요한 조치를 취하여야 한다.

② 기록물을 서고에 배치하는 때에는 기록물 형태, 생산기관, 보존기간 등을 구분하여야 하며 영구기록물관리기관의 장이 정하는 분류체계에 따라 배열한다. 이 경우 구체적인 배열방식은 영구기록물관리기관의 장이 정한다.

③ 영구기록물관리기관의 장은 보존 중인 기록물에 대하여 행정자치부령이 정하는 기준에 따라 정수점검과 상태점검을 실시하여야 한다.

제60조(기록물관리기관의 보존시설·장비 및 환경기준) ① 법 제28조에 따라 기록물관리기관이 갖추어야 하는 보존시설 및 장비의 기준은 별표 6과 같다.

② 기록물관리기관의 장은 법 제28조제2항에 따라 매년 5월 31일까지 시설·장비 및 환경 구축 현황을 중앙기록물관리기관에 통보하여야 하며, 중앙기록물관리기관의 장은 기록물관리기관의 시설·장비 및 환경 기준 준수 여부를 지속적으로 관리하여야 한다.

제62조(기록물의 재난·보안대책) 법 제30조에 따라 기록물관리기관의 장은 출입 인원, 보존시설, 전산장비 및 기록물 등으로 구분하여 보안대책을 수립·시행하여야 하며, 기록물의 대피 우선순위, 근무자 안전규칙 등을 포함하는 기록물 재난대비책을 수립·시행하여야 한다.

시행규칙

제28조(서고 및 서가번호의 표시) 기록물관리기관의 장은 기록물을 관리하는 서고에는 서고번호와 서가번호를 표시하고 이를 등록하여 기록물의 보존위치를 식별할 수 있게 하여야 한다.

제29조(서고 관리책임자 지정) 기록물관리기관의 장은 서고별로 관리책임자를 지정하고, 그 관리책임자에 의하여 서고의 출입과 기록물의 입·출고가 통제되도록 하여야 한다.

제30조(기록물의 보존처리) ① 보존기간이 30년 이상인 기록물은 미생물과 해충에 의하여 손상이 발생되지 않도록 서고에 입고하기 전에 소독을 실시하여야 한다.

② 제1항에도 불구하고 기록물관리기관의 장은 기록물의 보존상태 및 보존환경 등을 점검하여 그 결과에 따라 소독 제외대상 기록물을 선별할 수 있다. 이 경우 기록물의 보존상태 및 보존환경에 대한 점검 기준, 점검 방식 및 점검 결과에 따른 소독 제외대상 기록물의 선별 기준 등은 중앙기록물관리기관의 장이 정한다.

③ 보존기간이 30년 이상인 종이류 기록물 중 산성화 정도가 수소이온농도(pH) 6.5 이하인 기록물은 탈산(脫酸)처리를 하여야 한다.

④ 시청각기록물 및 행정박물은 안전한 보존 및 활용을 위하여 매체변환, 매체수록 등 필요한 조치를 취하여야 한다.

⑤ 기록물관리기관의 장은 제1항, 제3항 및 제4항에 따라 보존처리를 행하는 경우 별지

제6호서식의 기록물보존처리서를 작성하여야 한다.

[시행일 : 2017.3.1.] 제30조제2항, 제30조제3항, 제30조제4항, 제30조제5항

제32조(보존기록물의 반출제한) ① 보존기간이 30년 이상인 기록물은 서고 외의 지역으로의 반출을 금함을 원칙으로 한다.

② 보존기간이 30년 이상인 기록물을 부득이한 사유로 서고 외의 지역으로 반출하고자 하는 때에는 그 서고를 관리하는 기록물관리기관의 장의 승인을 받은 별지 제8호서식의 기록물반출·반입서를 그 서고관리책임자에게 제출하여야 한다.

3. 상태점검 및 수리, 복원

　영구기록물관리기관은 보존 중인 기록의 안전성을 보장하기 위하여 최고의 노력을 다해야 한다. 그러한 제도의 하나가 기록관 및 특수기록관과 마찬가지로 정기적인 정수점검과 상태점검이다.

　종이기록, 시청각기록, 핵정박물에 대해 기본 재료 자체의 보존성과 현재의 훼손도를 각각 3등급으로 구분하여 점검하는 방식을 사용한다.

시행령 [별표 3]

기록물의 상태검사 기준

1. 종이류 기록물
　가. 재 질

구분	대상기록물
1등급	한지류 또는 중성용지에 먹, 보존용 필기류, 사무용프린터로 작성한 기록물
2등급	산성 또는 중성 재활용지에 흑색 및 청색볼펜, 잉크, 등사, 타자로 작성한 기록물
3등급	산성 재활용지 또는 신문용지에 흑색 및 청색외의 색볼펜, 수용성 싸인펜, 형광 필기류, 연필로 작성한 기록물

* 비고 : 종이의 수소이온농도(pH)가 7.0 이상이면 중성용지이고, 그 미만이면 산성용지로 구분함

　나. 훼손도

구분	구분기준
1등급	종이의 외양 상 변화가 거의 없고 기록내용을 판독하는 데에 거의 지장이 없는 온전한 상태
2등급	종이의 파손·결실·변색이 있거나 잉크의 탈색·변색이 부분적으로 약간 있으나 기록내용의 판독에는 지장이 없는 상태
3등급	기록내용이 포함된 부분의 훼손·변색·건조 또는 침수(浸水)되거나 곰팡이의 확산, 잉크의 탈색·변색 등으로 기록내용의 판독에 상당한 지장을 초래하는 상태

2. 시청각기록물
가. 재 질

종류	구분	구분기준
오디오 및 비디오류	1등급	재기록이 불가능한 비접촉판독식 광디스크
	2등급	디지털형 접촉판독식 테이프 및 플라스틱 재질의 음반
	3등급	아날로그형 접촉판독식 테이프
영화 필름 및 일반 사진·필름류	1등급	·폴리에틸렌·폴리에스테르를 기본재료로 한 흑백의 영화 필름 및 사진 필름 ·인화용지를 기본재료로 한 흑백의 사진
	2등급	·폴리에틸렌·폴리에스테르를 기본재료로 한 천연색 영화 필름 및 사진 필름 ·인화용지를 기본재료로 한 천연색 사진
	3등급	셀룰로스아세테이트·질산염 또는 유리를 기본재료로 한 필름

나. 훼손도

종류	구분	분류기준
시청각기록물	1등급	외형적인 훼손이나 오염의 흔적이 거의 없으며 내용 및 음성이 온전한 상태
	2등급	외형적인 훼손이나 오염이 발견되나 내용 및 음성 확인에는 거의 문제가 없는 상태
	3등급	·외형적 훼손이나 오염이 심하며 내용 및 음성 확인이 불가능한 부분이 있는 경우 ·외형적 훼손이나 오염은 없으나 내용 및 음성 확인이 불가능한 부분이 있는 경우

3. 행정박물류

종류	구분	분류기준
행정박물	1등급	외양상 변화가 거의 없어 내용을 판독하는 데에 거의 지장이 없으며 형태가 온전한 상태
	2등급	파손·결실·변색이 부분적으로 약간 있으나 기록내용의 판독에는 지장이 없으며, 형태의 확인에는 거의 문제가 없는 상태
	3등급	훼손·변색·부식·건조 또는 침수되거나 곰팡이의 확산 등으로 기록 내용의 판독에 상당한 지장을 초래하거나 형태 손실이 상당부분 일어난 상태

기록 원본뿐만 아니라 보존매체까지도 상태검사 등의 대상이 되는 것은 물론이다. 전자기록의 상태를 검사하는 경우에는 저장장치에 수록된 전자파일에 대한 이용가능성·손상여부 등에 대한 주기적 검사와 저장장치의 이상 유무 등을 확인하여야 한다. 오류사항이 발견된 경우에는 즉시 복구하여야 한다. 이 경우 오류사항의 처리와 관련된 조치내역을 관리하여야 하며, 장기보존포맷으로 재수록한 경우에는 행정전자서명 및 시점확인 정보를 추가하여 관리하여야 한다. 이러한 보존 기록의 점검주기는 (특수)기록관이나 영구기록물관리기관이나 기본적으로는 동일하다. 다만, 영구기록물관리기관에서 보존 중인 조선왕조실록, 지적원도 등 생산 후 70년이 이미 경과한 기록물 중 영구기록물관리기관의 장이 정하는 기록물의 경우에는 점검주기의 2배를 넘지 않는 범위에서 영구기록물관리기관의 장이 점검주기를 따로 정할 수 있다.

구 분		정수점검	상태점검
종이기록물	상태평가 1등급	2년	30년
	상태평가 2등급	2년	15년
	상태평가 3등급	2년	10년
시청각기록물	영화필름	2년	2년
	오디오·비디오	2년	3년
	사진·필름	2년	10년
전자기록물	보존매체	2년	5년
행정박물	금속, 석재, 플라스틱 재질	2년	30년
	종이, 목재, 섬유재질	2년	10년

그 결과에 따라서 영구기록물관리기관과 (특수)기록관은 복원, 탈산처리 등 기록물 보존을 위한 사후조치를 실시해야 한다. 특히, 영구기록물관리기관의 장은 보존 중인 기록물에 대하여 원본과 보존매체의 상태검사를 실시하고, 그 결과에 따라 복원, 보존매체 수록 등 필요한 조치를 취하여야 한다. 특히 비전자기록의 경우 상태검사 기준에 따라 기록의 재질 및 훼손정도를 검사하여 3개 등급으로 구분해야 한다. 만일 훼손정도가 3등급으로 판정된 기록 중 사료적 또는 증빙적 가치가 높다고 인정되는 기록에 대하여는 복원을 시행하여야 한다. 기

록의 수리나 복원은 원본 자체에 대해 조치를 취하게 되는 것인 만큼 기록의 변형이나 영향을 최소화할 수 있도록 필요한 조치를 강구하여야 하며, 기록의 복원 전 형상을 보존매체에 수록하여 보존하는 한편, 어떠한 조치를 실시하였는지 기록물복원처리서에 구체적으로 기록하여야 한다. 특히 중앙기록물관리기관은 과학적이고 체계적인 보존 및 복원 기술의 개발과 개발된 기술의 확산을 위하여 노력하여야 한다.

시행령

제50조(영구기록물관리기관 보존 기록물의 상태검사) ① 영구기록물관리기관의 장은 보존 중인 기록물에 대하여 그 기록물 및 보존매체의 상태검사를 실시하고, 그 결과에 따라 복원, 보존매체 수록 등 필요한 조치를 취하여야 한다.

② 전자기록물의 상태를 검사하는 경우에는 저장장치에 수록된 전자파일에 대한 이용 가능성·손상여부 등에 대한 주기적 검사와 저장장치의 이상유무 등을 확인하여야 한다.

③ 제2항에 따른 상태검사를 통하여 오류사항이 발견된 경우에는 즉시 복구하여야 한다. 이 경우 오류사항의 처리와 관련된 조치내역을 관리하여야 하며, 장기보존포맷으로 재수록한 경우에는 행정전자서명 및 시점확인 정보를 추가하여 관리하여야 한다.

④ 전자적 형태로 생산되지 아니한 기록물의 상태검사는 별표 3의 기록물의 상태검사기준에 따라 그 기록물의 재질 및 훼손정도를 검사하여 3개 등급으로 구분한다.

제51조(영구기록물관리기관의 기록물 복원) ① 영구기록물관리기관의 장은 제50조제4항에 따라 훼손정도가 별표 3의 3등급으로 판정된 기록물 중 사료적 또는 증빙적 가치가 높다고 인정되는 기록물에 대하여는 복원을 시행하여야 한다.

② 제1항에 따라 기록물을 복원하는 경우에는 기록물의 변형을 최소화할 수 있도록 필요한 조치를 강구하여야 한다.

시행규칙

제30조(기록물의 보존처리) ① 보존기간이 30년 이상인 기록물은 미생물과 해충에 의하여 손상이 발생되지 않도록 서고에 입고하기 전에 소독을 실시하여야 한다.

② 제1항에도 불구하고 기록물관리기관의 장은 기록물의 보존상태 및 보존환경 등을 점검하여 그 결과에 따라 소독 제외대상 기록물을 선별할 수 있다. 이 경우 기록물의 보존상태 및 보존환경에 대한 점검 기준, 점검 방식 및 점검 결과에 따른 소독 제외대상 기록물의 선별 기준 등은 중앙기록물관리기관의 장이 정한다.

③ 보존기간이 30년 이상인 종이류 기록물 중 산성화 정도가 수소이온농도(pH) 6.5 이하인 기록물은 탈산(脫酸)처리를 하여야 한다.

④ 시청각기록물 및 행정박물은 안전한 보존 및 활용을 위하여 매체변환, 매체수록 등 필요한 조치를 취하여야 한다.

⑤ 기록물관리기관의 장은 제1항, 제3항 및 제4항에 따라 보존처리를 행하는 경우 별지 제6호서식의 기록물보존처리서를 작성하여야 한다.

 [시행일 : 2017.3.1.] 제30조제2항, 제30조제3항, 제30조제4항, 제30조제5항

제31조(보존기록물의 점검) ① 영 제38조제3항 및 영 제48조제3항에 따른 보존기록물에 대

한 점검주기는 별표 14와 같다. 다만, 영구기록물관리기관에서 보존 중인 조선왕조실록, 지적원도 등 생산 후 70년이 경과한 기록물 중 영구기록물관리기관의 장이 정하는 기록물의 경우에는 별표 14에 따른 점검주기의 2배를 넘지 아니하는 범위에서 영구기록물관리기관의 장이 점검주기를 따로 정할 수 있다.

② 기록물관리기관의 장은 제1항에 따라 기록물이 정기적으로 점검될 수 있도록 별지 제7호서식의 기록물점검서를 작성하고, 이에 따라 기록물을 점검하여야 한다.

③ 기록물관리기관의 장은 제2항에 따른 기록물점검 결과에 따라 복원 및 탈산처리 등 기록물 보존을 위하여 필요한 사후조치를 실시하여야 한다.

제34조(기록물의 복원·복제) ① 영 제51조에 따라 영구기록물관리기관이 기록물 복원작업을 실시하는 때에는 별지 제9호서식에 따른 기록물복원처리서를 작성하여야 하며 복원작업과정을 기록으로 남겨 관리하여야 한다. 이 경우 기록물의 복원 전 형상을 보존매체에 수록하여 보존하여야 한다.

② 기록물을 전시하는 경우에는 복제본을 사용하는 것을 원칙으로 한다.

제23조(전자기록물의 기록매체 및 장치의 기준) 기록물관리기관의 장은 영 제36조 및 제46조에 따른 전자기록물의 저장·이관·백업·복원·보존 등을 위한 기록매체 및 장치는 다음 각 호의 일반 기준을 준수하여야 한다.

1. 전자기록물을 정확하고 신뢰성 있게 수록 및 재생할 수 있어야 한다.
2. 전자기록물을 현재의 저장환경으로부터 새로운 저장환경으로 손상 없이 옮길 수 있어야 한다.
3. 동일한 매체로 복제본 제작이 가능하여야 한다.
4. 수록된 전자기록물을 임의 수정·삭제·위조·변조 등으로부터 물리적으로 보호할 수 있어야 한다.

3절 기록의 평가 및 폐기

영구기록물관리기관에서 소장 기록을 평가하고 폐기하는 경우는 대체로 다음과 같다. 보존기간 30년 이하인 기록의 보존기간이 만료된 때에는 해당 기록의 보존가치를 평가하여 보존기간을 재책정하거나 보류 또는 폐기로 구분하며, 보류로 구분된 기록은 5년마다 보존가치를 재평가한다.

보존기간이 준영구인 기록은 보존기간 기산일부터 70년 경과 시 평가하여 보존기간을 영구로 재책정하거나 보류 또는 폐기로 구분하여야 한다. 다만, 동종(同種)·대량 기록 중 보존가치가 낮은 준영구 기록에 대해서는 보존기간 기산일부터 50년이 지났을 때에 보존가치를 평가할 수 있다. 이때 보류로 구분된 기록은 평가일부터 10년마다 보존가치를 재평가하여야 한다. 이 경우 구법령에서는 M/F 등 육안판독이 가능하게 보존매체 수록 후 폐기하도록 규정하였으나 신법령에서는 폐지되었다. 준영구 비전자기록의 경우 이미 보존매체에 수록되어 있을 가능성이 높으므로 사실상 원본은 폐기 되도 보존매체본은 남게 되는 대체보존의 효과를 갖게 될 것이다.

이처럼 영구기록물관리기관이 보존 중인 기록의 보존가치를 재분류하여 폐기하려는 경우에는 생산기관의 의견조회와 기록물평가심의회의 심의를 거쳐 확정·시행하여야 한다.

이외에 보존기간이 준영구 이상인 보존기록 중 기록관리기준표에 의한 해당 기록의 보존기간 변경 등으로 인하여 영구보존의 필요성이 상실된 것으로 인정되는 경우나, 이미 기록의 심각한 물리적 훼손으로 복원이 불가능하여 그 기록을 보존매체에 수록하여 대체보존 하고자 하는 경우에는, 생산기관과의 협의와 기록물평가심의회의 심의를 거치고, 다시 국가기록관리위원회의 심의를 거쳐 폐기할 수 있다. 물론 기록관리기준표에서 제시하는 보존기간이 유한보존으로 변경되는 경우가 없지 않겠지만, 그렇다고 해서 모두 폐기대상이 되어야 하는 것은 아니다. 더 이상 수집을 안 하더라도 과거에 해당 기록을 중요하다고 판단 했었던 것 자체가 의미 있는 역사적 사실일 수 있기 때문이다. 더욱이 대체보존 등의 방법도 없지 않으므로 폐기에 대해서만큼은 신중을 기하는 것이 바람직하다.

참고로 기록관이나 특수기록관에서 준영구 이상 기록으로서 원본을 보존하 지 아니하고 내용만 보존하여도 보존 목적을 달성할 수 있다고 인정되는 기록 을 대체보존하기로 한 경우, 보존매체에 수록한 때부터 3년이 지난 후 생산부서 의 의견조회, 기록물관리 전문요원의 심사, 기록물평가심의회의 심의 및 국가기 록관리위원회의 심의를 거쳐 기록 원본을 폐기할 수 있다.

이 조항은 영구기록물관리기관에 해당하는 것은 아니지만 보존기간이 준영 구 이상인 경우에 적용하는 것이므로, 궁극적으로 영구기록물관리기관에 이관 되어야 하는 기록에는 적용할 수 없다고 이해된다. 대신 보존기간은 준영구 이 상이지만 영구기록물관리기관에 이관하지 않고 기록관이나 특수기록관에서 자체 적으로 장기보존 하도록 사전에 승인된 기록이라면 이에 적용될 수 있을 것이다.

이런 기록은 법령에서는 영구기록물관리기관의 장이 사료적 가치가 높지 아 니하다고 지정한 기록으로 규정하고 있는데, 개정 이전의 규정대로라면 일종의 비치기록에 해당하는 카드·도면·대장 등과 같이 주로 사람·물품 또는 권리 관계 등에 관한 사항의 관리나 확인 등에 수시로 사용되어 처리과에서 계속 비 치·활용하는 기록이 우선 고려될 수 있을 것이다. 반면에 영구기록물관리기관 에서 대체보존을 실행하는 가운데 원본을 폐기하게 되는 절차에 대한 규정은 오히려 마련되어 있지 않다.

영구기록물관리기관의 기록물평가심의회는 기록 평가에 적합한 민간 전문가, 소속 공무원 등 7인 이내의 위원으로 구성하되, 민간 전문가의 수는 3인 이상으 로 한다. (특수)기록관의 경우는 해당 (특수)기록관 전문요원의 심사가 있고, 또 평가심의회에 참여하는 소속 공무원은 해당 기관의 일반 공무원을 의미하는 데에 반하여, 영구기록물관리기관의 경우는 전문요원의 심사 단계가 명확하지 않은 대신, 해당 영구기록물관리기관의 공무원이 평가심의회에 참여하게 되는 것으로 이해된다. 이대로라면 (특수)기록관에서는 소위 3심제에 의한 폐기가 실행되지만, 영구기록물관리기관에서는 2심제가 되는 셈이다. 다만, 시행규칙에 규정하고 있는 폐기 관련 평가심의서에는 처리과, 전문요원, 심의회 등 3단계 서식을 규정하고 있다.

시행규칙 [별지 제10호서식]

기록물평가심의서

기록물철 분류번호	생산 연도	기록물철 제목	보존기간 만료일	처리과		기록물관리전문요원		심의회 의견
				처리의견	사유	평가의견	사유	

참고로, 관련 공공표준에서는 법령에서 규정하지는 않았지만, 영구기록물관리기관의 평가 담당자와 관련 분야의 전문가에 의해 "예비심사"를 할 수 있다고 규정하고 있다. (NAK/S 5-2:2012(v1.1) "기록물 평가·폐기 절차 - 제2부 : 영구기록물관리기관용")

법률

27조(기록물의 폐기) ① 공공기관이 기록물을 폐기하려는 경우에는 대통령령으로 정하는 바에 따라 제41조제1항에 따른 기록물관리 전문요원의 심사와 제27조의2에 따른 기록물평가심의회의 심의를 거쳐야 한다.

② 영구기록물관리기관이 보존 중인 기록물의 보존가치를 재분류하여 폐기하려는 경우에는 대통령령으로 정하는 기준과 절차를 준수하여야 한다.

③ 제1항의 기록물 폐기의 시행은 민간 등에 위탁할 수 있다. 이 경우 기록물의 폐기가 종료될 때까지 관계 공무원이 참석하여 감독하는 등 기록물이 유출되지 아니하도록 필요한 조치를 하여야 한다.

제27조의2(기록물평가심의회) ① 공공기관의 장 및 영구기록물관리기관의 장은 보존 중인

기록물의 평가 및 폐기를 위하여 민간전문가를 포함한 기록물평가심의회를 구성·운영
하여야 한다.

② 기록물평가심의회의 구성·운영 등에 필요한 사항은 국회규칙, 대법원규칙, 헌법재
판소규칙, 중앙선거관리위원회규칙 및 대통령령으로 정한다.

시행령

제29조(보존방법) ① 기록물관리기관이 보존중인 전자적 형태로 생산되지 아니한 기록물
은 다음 각 호의 어느 하나의 방법으로 보존하여야 하며, 기록물의 보존방법별 구분기
준은 별표 2와 같다.

　　1. 원본과 보존매체를 함께 보존하는 방법

　　2. 원본을 그대로 보존하는 방법

　　3. 원본은 폐기하고 보존매체만 보존하는 방법

② 제1항제3호의 방식으로 기록물을 보존하려는 경우에는 다음 각 호의 구분에 따라 보
존매체에 수록하여야 한다.

　　1. 보존기간 10년 이하인 기록물: 전자매체(전자기록물을 저장할 수 있는 저장장치로
　　　서 정보처리능력을 가진 장치에 의하여 구동 또는 연결되는 저장장치를 말한다.
　　　이하 같다) 또는 마이크로필름

　　2. 보존기간 30년 이상인 기록물: 마이크로필름

③ 기록물관리기관의 장은 보존가치가 매우 높은 전자기록물에 대하여는 마이크로필름
등 육안으로 식별이 가능한 보존매체에 수록하여 관리하여야 한다.

제43조(기록관 및 특수기록관의 소관 기록물 평가 및 폐기) ④ 영구기록물관리기관의 장
은 기록관 또는 특수기록관의 장과 협의하여 제3항에 따라 폐기되는 기록물 원본 중 보
존가치가 있는 원본은 선별·보존할 수 있다.

제53조(영구기록물관리기관의 기록물 평가 및 폐기) ① 영구기록물관리기관의 장은 보존
기간이 30년 이하인 보존 기록물의 보존기간이 만료된 때에는 해당 기록물의 보존가치
를 평가하여 보존기간을 재책정하거나 보류 또는 폐기로 구분하여야 한다. 이 경우 보
류로 구분된 기록물은 5년마다 보존가치를 재평가하여야 한다.

② 영구기록물관리기관의 장은 보존기간이 준영구인 보존 기록물에 대하여는 보존기간
기산일부터 70년 경과시 해당 기록물의 보존가치를 평가하여 보존기간을 영구로 재책
정하거나 보류 또는 폐기로 구분하여야 한다. 다만, 동종(同種)·대량 기록물 중 보존가
치가 낮은 준영구기록물에 대해서는 보존기간 기산일부터 50년이 지났을 때에 보존가
치를 평가할 수 있다.

③ 영구기록물관리기관의 장은 제2항에 따라 평가된 기록물 중 보류로 구분된 기록물은

평가일부터 10년마다 보존가치를 재평가하여야 한다.

④ 제1항부터 제3항까지의 규정에 따른 기록물 평가결과는 생산기관의 의견조회와 제54조에 따른 기록물평가심의회의 심의를 거쳐 확정·시행하여야 한다.

⑤ 영구기록물관리기관의 장은 보존기간이 30년 이상인 보존 기록물 중 다음 각호의 어느 하나에 해당하는 경우에는 제6항에 따른 절차를 거쳐 기록물을 폐기할 수 있다.

    1. 기록관리기준표에 의한 해당 기록물의 보존기간 변경 등으로 인하여 보존의 필요성이 상실된 것으로 인정되는 경우

    2. 기록물의 심각한 물리적 훼손으로 복원이 불가능하여 그 기록물을 보존매체에 수록하여 대체 보존하고자 하는 경우

⑥ 제5항 각 호의 기록물을 폐기하고자 하는 경우에는 생산기관과의 협의, 제54조에 따른 기록물평가심의회 및 국가기록관리위원회의 심의를 거쳐야 한다.

제54조(기록물평가심의회) ① 영구기록물관리기관의 장은 기록물평가심의회를 구성·운영하여야 한다.

② 기록물평가심의회는 기록물 평가에 적합한 민간 전문가, 소속 공무원 등 7인 이내의 위원으로 구성한다. 이 경우 민간 전문가의 수는 3인 이상으로 한다.

③ 그 밖에 기록물평가심의회의 구성 및 운영에 관한 구체적인 사항은 영구기록물관리기관의 장이 정한다.

제78조(기록물관리 전문요원의 자격과 배치) ② 기록물관리기관의 전체 정원의 4분의 1 이상(4분의 1이 1인 미만인 때에는 1인 이상)을 기록물 이관, 평가, 분류, 정리(整理)·기술(記述), 폐기, 보존 등의 업무수행을 위한 기록물관리 전문요원으로 배치하여야 하며, 그 밖에 기록물관리를 위하여 필요한 전문인력을 배치하여야 한다.

시행규칙

제35조(기록물 평가심의서) 기록물관리기관의 장이 영 제43조 및 영 제54조에 따라 기록물을 평가 및 폐기하고자 하는 때에는 별지 제10호서식에 따른 기록물평가심의서를 작성하고, 이에 따라 기록물을 폐기하여야 한다.

4절 기록의 공개 및 활용

영구기록물관리기관에서는 정보공개의 차원에서 소장 기록을 제공하는 것만이 아니라 소장하고 있는 중요 기록을 보다 다양하게 활용할 수 있도록 능동적으로 지원해야 한다. 영구기록물관리기관은 보존기록의 공개 및 열람 편의를 제공하기 위하여 기록을 정리(整理)·기술(記述)·편찬하고, 콘텐츠를 구축하는 등의 사업을 추진하도록 규정되어 있는 것이 바로 이러한 취지라고 하겠다.

공개와 관련해서는 영구기록물관리기관이 기록 생산기관으로부터 30년이 넘도록 기록 비공개 기간의 연장 요청을 받으면, 기록물공개심의회 및 국가기록관리위원회의 심의를 각각 거쳐 해당 기록을 공개하지 않을 수 있다. 이 경우 비공개로 재분류된 기록에 대하여는 비공개 유형별 현황을 관보와 인터넷 홈페이지 등에 공고하여야 하고, 재분류된 연도부터 5년마다 공개 여부를 재분류하여야 한다. 특히 중앙기록물관리기관은 각각의 영구기록물관리기관으로 이관된 기록에 대해 기록의 성격별로 비공개 상한기간을 따로 정할 수도 있다. 또한 영구기록물관리기관은 비공개 기록에 대하여 제한적으로 열람하게 할 수도 있다. 다만, 이처럼 비공개 기록을 열람한 자는 그 기록에 관한 정보를 열람신청서에 적은 목적 외의 용도로 사용할 수 없다.

한편, (특수)기록관과 마찬가지로 보존기간이 30년 이상이고, 전자적 형태로 생산되지 않은 기록의 열람은 그 기록이 수록된 보존매체를 사용하여야 하며, 부득이한 사유로 원본을 열람에 제공하는 때에는 기록의 열람업무를 담당하는 자가 계속하여 입회하여야 한다. 이를 위해 법령에서 규정한 기준과 절차에 따라 보존매체에 수록한 기록은 원본과 같은 것으로 추정하는 것으로 되어 있다. 기록의 전시 활용의 경우에도 원본 대신에 복제본을 사용하는 것을 원칙으로 한다는 것도 유의해둘만하다. 영구기록물관리기관 역시 기록정보서비스를 확대하기 위하여 보존 중인 기록 중 전자적 형태로 생산되지 아니한 기록의 전자화 계획을 수립·시행하여야 한다는 것은 (특수)기록관과도 마찬가지이다.

기타 영구기록물관리기관에서의 공개재분류 및 이용서비스 등에 대한 자세한 설명은 제8장에서 살펴본다.

법률

제37조(비공개 기록물의 열람) ① 영구기록물관리기관의 장은 해당 기관이 관리하고 있는 비공개 기록물에 대하여 다음 각 호의 어느 하나에 해당하는 열람 청구를 받으면 대통령령으로 정하는 바에 따라 이를 제한적으로 열람하게 할 수 있다.
  1. 개인에 관한 정보로서 본인(상속인을 포함한다) 또는 본인의 위임을 받은 대리인이 열람을 청구한 경우
  2. 개인이나 단체가 권리구제 등을 위하여 열람을 청구한 경우로서 해당 기록물이 아니면 관련 정보의 확인이 불가능하다고 인정되는 경우
  3. 공공기관에서 직무수행상 필요에 따라 열람을 청구한 경우로서 해당 기록물이 아니면 관련 정보의 확인이 불가능하다고 인정되는 경우
  4. 개인이나 단체가 학술연구 등 비영리 목적으로 열람을 청구한 경우로서 해당 기록물이 아니면 관련 정보의 확인이 불가능하다고 인정되는 경우
  ② 제1항에 따라 비공개 기록물을 열람한 자는 그 기록물에 관한 정보를 열람신청서에 적은 목적 외의 용도로 사용할 수 없다.
제38조의2(영구기록물관리기관 보존기록물의 활용) 영구기록물관리기관의 장은 그 기관이 보존하고 있는 기록물의 공개 및 열람 편의를 제공하기 위하여 기록물을 정리(整理)·기술(記述)·편찬하고, 콘텐츠를 구축하는 등의 사업을 추진하여야 한다.
제48조(보존매체에 수록된 기록물의 원본 추정) 기록물관리기관이 대통령령으로 정한 기준과 절차에 따라 보존매체에 수록한 기록물은 원본과 같은 것으로 추정한다.

시행령

제73조(비공개기록물의 제한적 열람절차) ① 법 제37조제1항에 따라 비공개기록물을 열람하고자 하는 경우에는 다음 각 호의 사항을 기재한 비공개 기록물 열람신청서를 제출하여야 한다.
  1. 청구인의 이름·주민등록번호·소속·주소 및 연락처(전화번호·전자우편주소 등을 말한다)

  2. 열람 청구 대상 기록물, 청구 목적
  3. 열람신청서에 기재한 목적 내 사용에 대한 동의
② 영구기록물관리기관의 장은 청구 목적을 증명할 수 있는 관련 자료를 요청할 수 있다.
③ 영구기록물관리기관의 장은 10일 이내에 제한적 열람 가능여부를 결정하여 신청인에게 통지하여야 한다. 다만, 생산기관 의견조회, 법 제38조에 따른 기록물공개심의회(이하 "기록물공개심의회"라 한다) 심의 등이 필요한 경우에는 10일의 범위 내에서 제한적 열람 결정을 연장할 수 있다. 이 경우 영구기록물관리기관의 장은 그 사실을 신청인에게 통지하여야 한다.
④ 영구기록물관리기관의 결정에 불복하는 경우 신청인은 7일 이내에 재심의 요청서를 제출할 수 있으며, 영구기록물관리기관은 7일 이내에 기록물공개심의회에서 재결정하여야 한다.
⑤ 제1항 및 제4항에 따른 열람신청서 및 재심의 요청서는 행정자치부령으로 정한다.

시행규칙

제33조(보존기록물의 원본열람) 보존기간이 30년 이상이고, 전자적 형태로 생산되지 않은 기록물의 열람은 그 기록물이 수록된 보존매체를 사용하여야 하며, 부득이한 사유로 원본을 열람에 제공하는 때에는 기록물의 열람업무를 담당하는 자가 계속하여 입회하여야 한다.
제34조(기록물의 복원·복제) ① 영 제51조에 따라 영구기록물관리기관이 기록물 복원작업을 실시하는 때에는 별지 제9호서식에 따른 기록물복원처리서를 작성하여야 하며 복원작업과정을 기록으로 남겨 관리하여야 한다. 이 경우 기록물의 복원 전 형상을 보존매체에 수록하여 보존하여야 한다.
② 기록물을 전시하는 경우에는 복제본을 사용하는 것을 원칙으로 한다.

5절　중앙기록물관리기관의 역할

　영구기록물관리기관의 하나이면서 동시에 국가적인 기록관리업무를 총괄하는 책임을 지는 중앙기록물관리기관은 행정자치부 소속으로 설치하게 되어 있는데 국가기록원이 바로 이에 해당한다. 법령에서 강조되고 있는 부분 몇 가지를 정리해보면 다음과 같다.

1. 표준관련

− 중앙기록물관리기관은 기록의 체계적·전문적 관리 및 효율적 활용을 위하여 다음의 사항에 대한 표준을 제정·시행하여야 하며, 기록관리 표준의 확대·보급을 위하여 지도·교육 등 필요한 조치를 하여야 한다.

　1. 전자기록물의 관리체계 및 관리항목
　2. 기록물관리 절차별 표준기능
　3. 기록물 종류별 관리 기준 및 절차
　4. 기록물관리기관의 유형별 표준모델
　5. 기록물 보안 및 재난관리 대책
　6. 그 밖에 기록물의 효율적 관리를 위하여 필요한 사항

− 중앙기록물관리기관은 기록관리 표준을 제정·시행하기 위하여 표준화 계획을 수립하고, 표준의 제정안·개정안 및 폐지안을 작성하여야 한다. 표준의 제정안·개정안 및 폐지안은 그 내용을 관보 및 인터넷 홈페이지 등에 20일간 고시하여 이해관계인의 의견을 들은 후, 국가기록관리위원회의 심의를 거쳐야 한다. 중앙기록물관리기관은 국가기록관리위원회의 기록관리 표준 관련

전문위원회에 사전 심의를 의뢰할 수 있다.

- 중앙기록물관리기관은 기록관리에 사용되는 기록매체 · 재료 등에 관하여 보존에 적합한 규격을 정하여야 하며, 중앙기록물관리기관이 기록매체 및 재료의 규격을 제 · 개정, 폐지하고자 하는 경우에는 국가기록관리위원회의 심의를 거쳐야 한다. 이 경우 표준관련 사항은 전문위원회에 사전 심의를 의뢰할 수 있다.
- 중앙기록물관리기관은 컴퓨터 등의 정보처리장치에 의하여 생산 · 관리되는 기록정보 자료의 안전하고 체계적인 관리 및 활용 등을 위하여 다음 각 호의 사항을 포함하는 전자기록물 관리체계를 구축 · 운영하여야 한다.
  1. 전자기록물 관리시스템의 기능 · 규격 · 관리항목 · 보존포맷 및 매체 등 관리 표준화에 관한 사항
  2. 기록물관리기관의 전자기록물 데이터 공유 및 통합 검색 · 활용에 관한 사항
  3. 전자기록물의 진본성 유지를 위한 데이터 관리체계에 관한 사항
  4. 행정전자서명 등 인증기록의 보존 · 활용 등에 관한 사항
  5. 기록물관리기관 간 기록물의 전자적 연계 · 활용 체계 구축에 관한 사항
- 전자적 형태로 생산되지 아니한 기록의 전자적 관리 및 기록물관리기관 간 전자화기록의 연계 · 활용을 위하여 필요한 표준 등을 작성 · 고시하여야 한다.
- 기록물관리기관이 기록을 마이크로필름 또는 전자매체에 수록하여 관리할 때에는 중앙기록물관리기관과 상호 유통 및 활용이 가능하도록 중앙기록물관리기관에서 정하는 기준에 따라 관리하여야 한다.
- 중앙기록물관리기관의 장은 기록의 과학적이고 체계적인 보존 및 복원 기술의 개발과 개발된 기술의 확산을 위하여 노력하여야 한다.

2. 진단 및 평가

- 기록물관리기관은 매년 5월 31일까지 시설·장비 및 환경 구축 현황을 중앙
  기록물관리기관에 통보하여야 하며, 중앙기록물관리기관은 이에 따른 시설·
  장비 기준을 준수하지 아니하는 기록물관리기관에 대하여는 그 시정을 요구
  할 수 있다.
- 중앙기록물관리기관은 국가기록관리위원회의 심의를 거쳐 매년 1월 31일까
  지 공공기관의 기록관리에 관한 평가계획을 수립·시행하여야 하며, 해당 공
  공기관에 평가항목 및 평가지표 등을 사전에 통보하여야 한다. 중앙행정기관
  과 광역자치단체는 그 기관 및 관할 기관의 전년도의 기록관리현황을 매년 3
  월 31일까지 중앙기록물관리기관에 제출하여야 한다. 중앙기록물관리기관은
  준공공기관에 대한 기록관리 평가가 필요한 경우 해당 공공기관의 장에게 전
  년도 기록관리현황의 제출을 요청할 수 있다. 중앙기록물관리기관은 매년 제
  출받은 기록관리현황을 평가한 후, 국가기록관리위원회의 심의를 거쳐 국무
  회의에 보고하고 그 결과를 공표하여야 한다.
- 중앙기록물관리기관의 장은 공공기관 기록의 관리 상태를 정기적으로 또는
  수시로 점검하여야 한다. 중앙기록물관리기관은 공공기관의 기록관리 실태
  를 점검한 결과 시정이 필요하다고 판단되는 경우에는 그 공공기관의 장에게
  필요한 조치를 요청할 수 있다.

3. 기타

- 지방자치단체가 지방기록물관리기관을 공동으로 설치·운영하고자 하는 경
  우에는 중앙기록물관리기관과 설치 위치, 조직 구성 및 직원 선임 방법, 예산
  확보방안 등에 대하여 협의하여야 한다.

- 기록물관리기관이 보존하는 기록 중 보존매체에 수록된 중요 기록은 안전한 분산 보존을 위하여, 기타 영구기록물관리기관은 보존매체수록 사본을 중앙기록물관리기관에 제출하고, 기록관 및 특수기록관은 작년도 보존매체 수록 현황목록을 제출하며 송부를 요청받은 경우는 그 보존매체사본을 송부해야 한다.

- 중앙기록물관리기관은 국가적으로 보존할 가치가 있는 기록에 대하여는 기록물관리기관에 그 기록을 보존매체에 수록하고 보존매체 사본을 송부하여 줄 것을 요청할 수 있다.

- 폐지되는 공공기관은 기록 인계절차의 착수 전까지 인계계획을 중앙기록물관리기관에 통보하여야 하고, 폐지되는 공공기관의 사무를 승계하는 기관의 장은 기록 인수절차 종료 시 처리 결과를 중앙기록물관리기관에 통보하여야 한다.

- 회수 기록의 보상액은 전문감정평가기관이 평가한 금액으로 하되, 전문감정평가기관이 없는 경우에는 국가기록관리위원회의 심의를 거쳐 중앙기록물관리기관이 정한다.

- 중앙기록물관리기관은 기록물관리 종사자에 대한 기록관리 전문교육훈련을 실시하여야 하며, 이를 위해 교육훈련 운영규정을 제정 시행하여야 한다. 필요한 경우 기록관리 종사자의 소속 기관장과 협의하여 국내외 기록관리 교육기관에 교육훈련을 위탁할 수 있다.

- 중앙기록물관리기관은 국가적으로 영구히 보존할 가치가 있다고 인정되는 민간기록물과 주요 기록정보 자료를 국가지정기록물로 지정 또는 수집하기 위하여 실태조사, 소재정보 데이터베이스 구축 등 관리체계를 구축하여야 한다.

- 중앙기록물관리기관은 국가기록관리위원회의 심의를 거쳐 민간기록물을 국가지정기록물로 지정하거나 해제할 수 있으며, 국가지정기록물에 대하여 매년 1회 이상 그 관리상황의 변동여부를 점검하고, 2년에 1회 이상 그 보존상태를 점검하여야 한다.

- 중앙기록물관리기관은 국내외 소재 주요 기록정보 자료 또는 민간기록물을 효과적으로 수집하기 위하여 필요하다고 인정되는 경우에는 기록조사위원 및 자문위원을 위촉할 수 있으며, 영화필름 또는 방송프로그램의 원본이나 사본의 송부를 요청할 수 있다.

법률

제7조(기록물관리의 표준화 원칙) 중앙기록물관리기관의 장은 기록물이 효율적이고 통일 적으로 관리 · 활용될 수 있도록 기록물관리의 표준화를 위한 정책을 수립하여 시행하 여야 한다.

제9조(중앙기록물관리기관) ② 제1항에 따라 행정자치부장관 소속으로 설치 · 운영되는 영구 기록물관리기관(이하 "중앙기록물관리기관"이라 한다)은 다음 각 호의 업무를 수행한다.
    2. 기록물관리 표준화 정책의 수립 및 기록물관리 표준의 개발 · 운영
    4. 기록물의 전자적 관리체계 구축 및 표준화
    5. 기록물관리의 방법 및 보존기술의 연구 · 보급

제10조(헌법기관기록물관리기관) ③ 헌법기관기록물관리기관의 장은 중앙기록물관리기관 의 장이 기록물관리에 대한 표준의 이행과 기록물관리 관련 통계현황 등 기록물의 효 율적 관리를 위하여 필요한 사항에 관하여 협조를 요청하면 협조하여야 한다.

제11조(지방기록물관리기관) ⑦ 지방기록물관리기관의 장은 중앙기록물관리기관의 장이 기록물관리에 대한 표준의 이행, 국가위임사무에 관한 기록물의 원본 또는 사본의 이 관, 그 밖에 기록물관리 관련 통계현황 등 기록물의 효율적 관리를 위하여 필요한 사항 에 관하여 협조를 요청하면 협조하여야 한다.

제15조(국가기록관리위원회) ① 다음 각 호의 사항을 심의하기 위하여 국무총리 소속으로 국가기록관리위원회(이하 "위원회"라 한다)를 둔다.
    2. 기록물관리 표준의 제정 · 개정 및 폐지

제20조(전자기록물의 관리) ① 중앙기록물관리기관의 장은 컴퓨터 등의 정보처리장치에 의하여 생산 · 관리되는 기록정보 자료(이하 "전자기록물"이라 한다)의 안전하고 체계적 인 관리 및 활용 등을 위하여 다음 각 호의 사항을 포함하는 전자기록물 관리체계를 구 축 · 운영하여야 한다.

제28조(기록물관리기관의 시설 · 장비) ① 중앙기록물관리기관의 장은 기록물의 체계적 관 리, 안전한 보존 및 효율적 활용을 위하여 대통령령으로 정하는 바에 따라 기록물관리 기관별 시설 · 장비 기준을 정하여야 한다.

제29조(기록매체 및 용품 등) ① 기록물관리기관이 기록물을 마이크로필름 또는 전자매체에 수록하여 관리할 때에는 중앙기록물관리기관과 상호 유통 및 활용이 가능하도록 중앙기록물관리기관에서 정하는 기준에 따라 관리하여야 한다.

② 중앙기록물관리기관의 장은 기록물관리에 사용되는 기록매체·재료 등에 관하여 보존에 적합한 규격을 정하여야 하며, 그 규격의 제정·관리 및 인증 등에 필요한 사항은 대통령령으로 정한다.

제30조의2(보존·복원 기술의 연구·개발) 중앙기록물관리기관의 장은 기록물의 과학적이고 체계적인 보존 및 복원 기술의 개발과 개발된 기술의 확산을 위하여 노력하여야 한다.

제39조(기록물관리의 표준화) 중앙기록물관리기관의 장은 기록물의 체계적·전문적 관리 및 효율적 활용을 위하여 다음의 사항에 대한 표준을 제정·시행하여야 한다. 다만, 기록물관리 표준과 관련된 사항이 「산업표준화법」에 따른 한국산업표준으로 제정되어 있는 경우에는 그러하지 아니하다.

  1. 전자기록물의 관리체계 및 관리항목
  2. 기록물관리 절차별 표준기능
  3. 기록물 종류별 관리 기준 및 절차
  4. 기록물관리기관의 유형별 표준모델
  5. 기록물 보안 및 재난관리 대책
  6. 그 밖에 기록물의 효율적 관리를 위하여 필요한 사항

제40조(기록물관리 표준의 제정절차 등) ① 중앙기록물관리기관의 장은 제39조에 따른 기록물관리 표준을 제정·개정 또는 폐지하려면 대통령령으로 정하는 바에 따라 그 내용을 관보 등에 고시하여 이해관계인의 의견을 들어야 한다.

② 중앙기록물관리기관의 장은 기록물관리 표준의 확대·보급을 위하여 지도·교육 등 필요한 조치를 하여야 한다.

시행령

제4조(기록물 관리의 원칙) ① 기록물은 법 제5조에 따라 기록물의 진본성(眞本性)·무결성(無缺性)·신뢰성 및 이용가능성을 보장하기 위하여 이 영이 정하는 기준과 절차에 따라 관리되어야 하며, 「산업표준화법」 제12조에 따른 한국산업표준에 적합하여야 한다.

② 공공기관 및 기록물관리기관의 장은 제1항에 따라 기록물관리 정책 및 절차를 수립·시행하며, 그 결과를 기록물로 남겨 관리하여야 한다.

제33조(처리과의 기록물생산현황 통보) 법 제19조제6항에 따라 공공기관은 매년 5월 31일까지 관할 기록관 또는 특수기록관의 장에게 전년도의 기록물 생산현황을 통보하여야 한다. 이 경우 기록물 생산현황의 통보는 중앙기록물관리기관의 장이 정하는 방식에 따

라 제20조제1항 및 제23조제2항에 따른 기록물 등록정보를 전자기록생산시스템을 통하여 제출한다.

제34조(전자기록생산시스템의 등록정보 관리) 전자기록생산시스템은 기록물 및 기록물철의 등록·분류정보에 대한 검색·활용 기능을 제공하여야 하며, 제32조 및 제33조에 따른 기록물 이관 및 생산현황 보고시 중앙기록물관리기관의 장이 정하는 방식에 따라 목록 및 전자기록물 파일에 대한 전송정보 파일 생성 및 전송 기능을 갖추어야 한다.

제34조의2(전자기록생산시스템의 구축·개선 시 사전협의 등) ① 중앙행정기관(대통령 소속 기관과 국무총리 소속 기관을 포함한다. 이하 같다)과 그 소속 기관, 지방자치단체(이하 이 조에서 "행정기관"이라 한다)의 장은 전자기록생산시스템을 구축하거나 전자기록생산시스템의 기록물관리 기능을 개선하려는 때에는 미리 중앙기록물관리기관의 장과 협의하여야 한다.

② 중앙기록물관리기관의 장은 제1항에 따라 행정기관의 장이 협의를 요청한 전자기록생산시스템의 구축 또는 기능개선에 대하여 법 제20조제1항 각 호에 따른 기록물관리 사항 등을 검토하여 행정기관의 장에게 통보하여야 한다. 이 경우 행정기관의 장은 중앙기록물관리기관의 장의 검토 결과를 반영하여야 한다.

③ 중앙기록물관리기관의 장은 행정기관이 운영하는 전자기록생산시스템의 기록물관리 기능 등을 점검하고, 전자기록생산시스템을 보완할 필요가 있다고 판단되는 경우 행정기관의 장에게 시정을 요구할 수 있다. 이 경우 시정 요구를 받은 행정기관의 장은 특별한 사유가 없으면 시정 요구에 따라야 한다.

제36조(기록관 및 특수기록관의 전자기록물 보존) ① 기록관 또는 특수기록관의 장은 인수가 종료된 전자기록물중 보존기간이 10년 이상인 전자기록물에 대해서는 제35조제5항에 따른 인수완료 결과를 통보한 후 1년 이내에 중앙기록물관리기관의 장이 정하는 바에 따라 문서보존포맷 및 장기보존포맷으로 변환하여 관리하여야 한다.

② 기록관 또는 특수기록관의 장은 제1항에 따른 장기보존포맷으로 변환하는 경우에는 행정전자서명 및 시점확인 정보를 부여하여야 한다. 다만, 행정전자서명이 아닌 전자서명을 사용하는 기관이 생산한 전자기록물의 경우에는 중앙기록물관리기관의 장과 협의하여 행정전자서명이 아닌 전자서명 및 시점확인 정보를 부여하여야 한다.

[시행일 : 2018.1.1.]

제40조(기록관 및 특수기록관의 소관 기록물 이관) ③ 기록관 또는 특수기록관의 장은 제1항에 따라 전자기록물을 이관하고자 하는 경우에는 진본성·무결성·신뢰성 및 이용가능성이 보장될 수 있도록 이관 대상 기록물을 검수하고 오류가 없는 전자기록물에 대하여 진본임을 확인하는 행정전자서명 및 시점확인 정보를 첨부한 후 이관하여야 한다. 이 경우 이관을 위한 전자매체, 포맷, 방식 및 데이터 규격은 중앙기록물관리기관의 장

이 정하는 방식에 따라야 한다.

제42조(기록물 생산현황 통보) ② 제1항에 따른 기록물생산현황의 통보는 중앙기록물관리
기관의 장이 정하는 방식에 따라 제20조제1항에 따른 기록물 등록정보를 기록관리시스템을
통하여 제출하여야 한다. 다만, 안보·정보 분야 기록물은 비밀누설의 우려가 있는 경우 중
앙기록물관리기관의 장과 협의하여 등록정보중 일부항목을 제외하고 제출할 수 있다.

제46조(영구기록물관리기관의 전자기록물 보존 및 관리) ⑤ 중앙기록물관리기관의 장은
전자기록물을 장기간 보존할 수 있도록 전자기록물의 기술정보에 대한 수집·활용 방
안과 기록물관리기관이 보존 중인 전자기록물의 행정전자서명(행정전자서명이 아닌 전
자서명을 포함한다)을 장기적으로 검증하기 위한 관리방안을 수립·시행하여야 한다.

제47조(영구기록물관리기관 보존 기록물 중 전자적 형태로 생산되지 아니한 기록물의 전
자적 관리) ② 중앙기록물관리기관의 장은 전자적 형태로 생산되지 아니한 기록물의 전
자적 관리 및 기록물관리기관 간 전자화기록물의 연계·활용을 위하여 필요한 표준 등
을 작성·고시하여야 한다.

제61조(기록매체 및 재료규격 제·개정 등) ① 법 제29조제2항에 따라 중앙기록물관리기관
의 장이 기록매체 및 재료의 규격을 제·개정, 폐지하고자 하는 경우에는 국가기록관리
위원회의 심의를 거쳐야 한다. 이 경우 표준관련 사항은 전문위원회에 사전 심의를 의
뢰할 수 있다.

② 중앙기록물관리기관의 장은 제1항에 따라 확정된 규격을 관보 또는 정보통신망을 통
하여 고시하여야 한다.

③ 기록매체 및 재료 규격 등의 인증은 중앙기록물관리기관에서 시행하되, 전문적인 시
험이 필요한 경우에는 인증업무의 일부 또는 전부를 공인된 전문시험·검사기관에 의
뢰하여 실시할 수 있다.

제75조(기록물관리 표준의 제정·개정 및 폐지절차) ① 중앙기록물관리기관의 장은 법 제
39조 각 호의 사항에 대한 기록물관리 표준을 제정·시행하기 위하여 표준화 계획을 수
립하고, 표준의 제정안·개정안 및 폐지안을 작성하여야 한다.

② 제1항에 따른 기록물관리 표준의 제정안·개정안 및 폐지안은 그 내용을 관보 및 인
터넷 홈페이지 등에 20일간 고시하여 이해관계인의 의견을 들은 후, 국가기록관리위원
회의 심의를 거쳐야 한다. 중앙기록물관리기관의 장은 국가기록관리위원회의 심의를
지원하기 위하여 국가기록관리위원회의 기록물관리 표준 관련 전문위원회에 사전 심의
를 의뢰할 수 있다.

③ 중앙기록물관리기관의 장은 제2항에 따라 국가기록관리위원회의 심의를 마친 기록
물관리 표준에 관한 사항이 다른 법에서 정한 기록물관리 표준에 관한 제정·개정 및
폐지절차를 따라야 할 경우에는 그 법에서 규정하는 절차를 거치도록 하여야 한다.

④ 제2항 및 제3항에 따라 심의를 마친 기록물관리 표준의 제정·개정 및 폐지안은 관보 또는 인터넷 홈페이지 등에 고시하여야 한다.

제77조(기록물관리 표준의 확대 보급) 중앙기록물관리기관의 장은 기록물관리 표준의 확대 보급을 위하여 다음 각 호의 사항 중 필요한 사항을 시행하여야 한다.

1. 제정·개정 및 폐지되는 기록물관리 표준에 관한 공청회
2. 제정·개정된 기록물관리 표준에 대한 교육
3. 기록물관리 표준 이행을 위한 지원 수단의 개발 보급
4. 기록물관리 표준 이행 결과에 대한 적합성 평가 절차의 운영
5. 기록물관리 표준 이행의 지속적 유지여부 점검 절차의 운영
6. 기록물관리 표준에 관한 유관기관과의 협력

법률

제9조(중앙기록물관리기관) ① 기록물관리를 총괄·조정하고 기록물을 영구보존·관리하기 위하여 행정자치부장관은 그 소속으로 영구기록물관리기관을 설치·운영하여야 한다. ② 제1항에 따라 행정자치부장관 소속으로 설치·운영되는 영구기록물관리기관(이하 "중앙기록물관리기관"이라 한다)은 다음 각 호의 업무를 수행한다.

7. 기록물관리에 관한 지도·감독 및 평가

제19조(기록물의 관리 등) ⑦ 중앙기록물관리기관의 장은 공공기관 기록물의 관리 상태를 정기적으로 또는 수시로 점검하여야 한다. 다만, 국가정보원의 소관 기록물에 대하여는 국가정보원장과 협의하여 그 방법 및 절차 등을 따로 정할 수 있다.

제28조(기록물관리기관의 시설·장비) ② 기록물관리기관의 장은 제1항에 따른 시설·장비 기준을 준수하여야 하며, 이를 준수하지 아니하는 기록물관리기관에 대하여는 중앙기록물관리기관의 장이 그 시정을 요구할 수 있다.

시행령

제34조의2(전자기록생산시스템의 구축·개선 시 사전협의 등) ③ 중앙기록물관리기관의 장은 행정기관이 운영하는 전자기록생산시스템의 기록물관리 기능 등을 점검하고, 전자기록생산시스템을 보완할 필요가 있다고 판단되는 경우 행정기관의 장에게 시정을 요구할 수 있다. 이 경우 시정 요구를 받은 행정기관의 장은 특별한 사유가 없으면 시정 요구에 따라야 한다.

제60조(기록물관리기관의 보존시설·장비 및 환경기준) ② 기록물관리기관의 장은 법 제28조제2항에 따라 매년 5월 31일까지 시설·장비 및 환경 구축 현황을 중앙기록물관리기

관에 통보하여야 하며, 중앙기록물관리기관의 장은 기록물관리기관의 시설·장비 및 환경 기준 준수 여부를 지속적으로 관리하여야 한다.

제63조(기록관리 평가) ① 중앙기록물관리기관의 장은 국가기록관리위원회의 심의를 거쳐 매년 1월 31일까지 공공기관의 기록관리에 관한 평가계획을 수립·시행하여야 하며, 해당 공공기관에 평가항목 및 평가지표 등을 사전에 통보하여야 한다.

② 시장·군수 또는 구청장(자치구의 구청장을 말한다) 및 「지방교육자치에 관한 법률」 제34조에 따른 교육지원청의 장은 당해 기관의 전년도의 기록관리현황을 매년 2월 말까지 관할 특별시장·광역시장·도지사·특별자치도지사(이하 "시·도지사"라 한다) 또는 특별시교육감·광역시교육감·도교육감·특별자치도교육감(이하 "시·도교육감"이라 한다)에게 제출하여야 한다.

③ 중앙행정기관의 장과 시·도지사 또는 시·도교육감은 제2항에 따라 제출받은 기록관리현황을 포함한 그 기관의 전년도의 기록관리현황을 매년 3월 31일까지 중앙기록물관리기관의 장에게 제출하여야 한다.

④ 중앙기록물관리기관의 장은 제3조 각 호의 어느 하나에 해당하는 공공기관에 대한 기록관리 평가가 필요한 경우 해당 공공기관의 장에게 전년도 기록관리현황의 제출을 요청할 수 있다.

⑤ 중앙기록물관리기관의 장은 제3항 및 제4항에 따라 매년 제출받은 기록관리현황을 평가한 후, 국가기록관리위원회의 심의를 거쳐 국무회의에 보고하고 그 결과를 공표하여야 한다.

제64조(기록관리실태 확인·점검의 조치) 중앙기록물관리기관의 장은 법 제19조제7항에 따라 공공기관의 기록관리 실태를 점검한 결과 시정이 필요하다고 판단되는 경우에는 그 공공기관의 장에게 필요한 조치를 요청할 수 있다.

단원학습문제   **7장 영구기록물관리기관에서의 기록관리**

01 영구기록물관리기관에 대한 설명으로 적합하지 않은 것은?
① 준영구 및 영구 보존대상만이 아니라 30년 보존대상 기록도 보존관리한다.
② 관할 범주 내 공공기관의 기록관리를 전체적으로 이끌어가는 행정기능을 담당한다.
③ 박물관, 도서관, 역사편찬위 등과 영구보존기록의 보존을 분담한다.
④ 세분화된 전문분야별 영구기록물관리기관은 법제화 되어 있지 않다.

02 영구기록물관리기관의 기록수집에 대한 설명으로 적합한 것은?
① 업무의 승계기관 없이 폐지된 기관으로부터 30년 이상 보존대상 기록을 수집한다.
② 간행물의 경우 발간 직후 송부 받아 1부는 영구보존한다.
③ 기록관으로부터 받은 생산현황자료가 이관목록이 된다.
④ 이중보존제도에 의해 기록관의 보존매체수록본 사본을 모두 이관받는다.

03 영구기록물관리기관의 보존매체수록에 대한 설명으로 적합한 것은?
① 기록관에서 평가 결과 보존기간이 재분류되어 이관된 비전자기록 중 30년 이상 기록은 보존매체수록의 대상이 된다.
② 보존가치가 매우 높은 전자기록은 종이로 출력하여 다시 전자화한다.
③ 보존상태가 급격히 나빠진 소장 기록은 대체보존을 위해 보존매체에 수록한다.
④ 영구기록물관리기관의 마이크로필름 촬영본의 일부는 그 사본을 중앙기록물관리기관으로 송부해야 한다.

04 영구기록물관리기관의 기록물 보존관리에 관한 설명으로 적합하지 않은 것은?
① 정기점검을 통해 훼손이 심하면서 보존가치가 높은 기록은 복원을 시행한다.
② 전자기록 혹은 전자화된 기록의 보존매체수록은 공개구분별로 한다.
③ 30년 이상 보존대상 기록은 서고외부로의 반출이 원칙적으로 금지된다.
④ 준영구 이상의 기록은 평가분류를 거쳐 보존가치 등급별 서고로 나누어 입고한다.

05 영구기록물관리기관의 기록물 평가와 관련된 설명으로 적합한 것은?

① 기록관리기준표의 보존기간 변경에 따라 이미 소장하고 있던 기록 중 영구
보존이 필요 없는 기록은 폐기할 수 있다.

② 기록관에서 폐기되는 기록 중에서 전시 등에 필요한 기록은 영구기록물관리
기관에서 수집한다.

③ 준영구 기록으로 보존되어온 기록은 70년 후 보존매체에 수록 후 폐기한다.

④ 기록관에서 보존되어온 준영구 기록의 평가 및 폐기는 영구기록물관리기관이
실행한다.

06 중앙기록물관리기관의 역할로서 규정되어 있지 않은 것은?

① 기록물의 보안 및 재난관리대책 등에 관한 표준의 제정

② 행정전자서명 등 인증기록의 보존과 활용 등에 관한 관리체계 구축

③ 매년 공공기관의 기록관리에 관한 평가 실시

④ 지방기록물관리기관이 설치되지 않는 경우 해당 지방자치단체 등으로부터
30년 이상 보존대상 기록의 위탁보존 실행

8장_ 기록정보의 공개와 활용

개 요

　기록의 체계적 관리나 안전한 보존 역시 궁극적인 목적은 이용에 있다. 그러나 모든 기록정보를 모든 사람들에게 보여주고 이용할 수 있도록 하는 것은 오히려 부작용을 가져올 수 있다. 공공기관에 적용하는 정보공개법 역시 국민의 알권리를 전제로 하면서도 열람과 이용에 제한을 둘 수 있는 근거를 제공하고 있다. 이처럼 이용 제한의 필요와 타당성을 합리적으로 설명하는 가장 강력한 근거는 기록정보의 성격이다. 여기서 기록정보의 성격이라고 하는 것은 기록정보의 내용과 관련된 사항을 의미하는 것뿐만 아니라, 기록의 효력과 그에 따른 사회적 영향을 함께 의미하는 것이다.

　한편, 기록의 "활용", "접근", "공개"라고 하는 개념들은 서로 유사하면서도 다소간의 차이가 있다. 공개는 일반적으로 기록을 생성한 공공기관과 국민 혹은 청구자와의 정보공유에 대한 개념이고, 접근은 해당 기록 혹은 그 기록에 대한 관련 정보의 검색, 열람, 출력, 복사, 수정, 폐기 등을 위한 다양한 시도와 그 권한을 의미한다. 활용은 통상 기록물관리기관이 소장 기록을 이용하여 전시를 하거나 자료집을 간행하거나 교육을 시키는 등 다양한 형식으로 이뤄지는 서비스를 의미한다.

　이러한 공개와 접근, 활용 등을 원활히 하기 위해서는 기본적으로 이용요구가 있어야겠지만, 기록물관리기관 스스로 기록정보를 개발하고 이용환경을 조성하며, 적극적인 이용안내를 실행할 때 보다 성과가 높을 수 있다.

　일반적으로 준현용단계의 기록을 주로 보존관리하는 (특수)기록관의 경우 주된 이용자가 기록을 생산한 업무담당자이지만, 정보공개의 요구가 사회적으로 확대되는 가운데 (특수)기록관에서 이뤄지는 정보공개의 접수와 처리도 중요한 이용방식으로 발전되어왔다. 현용 또는 준현용단계의 기록정보는 대체로 업무와 관련된 맥락에 따라 기록을 검색하고 확인할 수 있다는 점에서, 정보공개를 청구하는 사람이나 업무담당자가 기록을 검색하고 확인하는 방식은 별반 다르지는 않을 것이다.

그러나 영구기록물관리기관의 경우는 이미 업무가 종결된 지 오랜 시간이 흐르게 되어 업무의 필요로 비롯되는 이용이나 정보공개 차원의 요구보다는, 학술적인 연구나 교양 차원의 열람이 보다 많은 비중을 차지하게 된다. 이들 영구기록물관리기관의 이용자들은 업무 맥락 자체보다는 자신의 문제의식, 주제의식에 관련된 기록을 보다 광범위하게 살피려고 하고, 따라서 이들의 요구에 맞는 검색도구나 이용서비스를 개발하는 것은 (특수)기록관의 경우와 다르게 진행될 수밖에 없다.

1절 정보공개제도의 출발

1. 정보공개제도의 기초

■ 총칙

"이 법은 공공기관이 보유·관리하는 정보에 대한 국민의 공개청구 및 공공기관의 공개의무에 관하여 필요한 사항을 정함으로써 국민의 알권리를 보장하고 국정에 대한 국민의 참여와 국정운영의 투명성을 확보함을 목적으로 한다." (법률 제1조 목적)

용어의 정의 편에서는 "정보"와 "공개"의 정의에 유의해야 한다. "정보"는 사실상 우리의 기록과 같은 의미로 사용되고 있음을 알 수 있다. "공개"는 "정보를 열람하게 하거나 그 사본·복제물을 교부하는 것 또는 정보통신망을 통하여 정보를 제공하는 것 등"을 말하는 것으로, 기본적으로는 정보공개 청구자와 같은 구체적인 대상자가 있음을 의미한다. 다시 말해서 어떤 대상자에게 정보를 제공하면 공개이고, 제공하지 않으면 비공개인 셈이다.

적용범위와 관련한 공공기관의 범주는 대체로 기록관리법령과 유사하지만, 일종의 준공공기관으로서 사회복지분야의 법인체가 포함되고 있다.

■ 정보공개위원회 등

정보공개제도의 정책수립 및 제도개선사항 등에 관한 기획 및 총괄업무를 관장하는 것은 행정자치부이다. 따라서 행정자치부장관은 정보공개위원회가 정보공개제도의 효율적 운영을 위하여 필요하다고 요청하는 경우에는 공공기관

(국회·법원·헌법재판소 및 중앙선거관리위원회를 제외한다)에 대하여 정보공개제도의 운영실태를 평가할 수 있다. 행정자치부장관은 이러한 평가를 실시한 경우에는 그 결과를 위원회를 거쳐 국무회의에 보고한 후 이를 공개하여야 하며, 위원회가 개선이 필요하다고 권고한 사항에 대하여는 해당 공공기관에 시정요구 등의 조치를 취하여야 한다.

그 외에도 공공기관은 매년 정보공개운영실태를 관계 중앙행정기관의 장 또는 지방자치단체의 장에게 제출하여야 한다. 이들은 다시 행정자치부장관에게 제출하여야 하고, 행정자치부장관은 제출받은 정보공개운영실태를 종합하여 공표하여야 한다. 아울러 행정자치부장관은 전년도의 정보공개 운영에 관한 보고서를 매년 정기국회 개회 전까지 국회에 제출하여야 한다. 이 보고서에는 공공기관의 정보공개운영실태에 관한 사항, 정보공개제도 운영실태 평가에 관한 사항, 시정요구 등의 조치에 관한 사항 등이 포함되어야 한다.

"정보공개위원회"는 정보공개에 관한 정책의 수립 및 제도개선에 관한 사항이나 정보공개에 관한 기준수립에 관한 사항, 공공기관의 정보공개운영실태 평가 및 그 결과의 처리에 관한 사항 등을 심의하고 조정하기 위해 정보공개의 주무기관인 행정자치부장관 소속하에 설치된다.

위원회의 9인의 위원 중에서 위원장을 포함한 5인은 공무원이 아닌 자로 위촉하여야 하며, 법무부·행정자치부 및 기획재정부의 차관과 국무총리실 국무차장으로 구성된다. 공무원이 아닌 위원은 정보공개에 관하여 학식과 경험이 풍부한 자와 시민단체에서 추천한 자로서 행정자치부장관이 위촉한다.

위원회는 필요하다고 인정하는 때에는 관련 공공기관에 대하여 정보공개와 관련된 자료·서류 등의 제출을 요청하거나, 관계 공무원·이해관계인·참고인 등의 출석을 요청하고 의견을 청취하는 등의 조치를 취할 수 있다. 정보공개에 관한 자료의 제출은 국회사무총장·법원행정처장·헌법재판소사무처장·중앙선거관리위원회사무총장 및 행정자치부장관 등도 필요한 경우 협조를 요청할 수 있다.

한편, 정보공개의 운영과 관련해 두 가지의 존재가 규정되어 있다. 하나는 정보공개법령을 준수해야 하는 공공기관이 정보의 공개여부를 결정하기 곤란한 사항이나 이의신청이 있는 경우의 심의를 위해 외부전문가를 포함하는 "정보공개심의회"를 설치해야 하는 것이다. 다른 하나는 정보공개심의회 운영과 소속기관에 대한 정보공개 사무의 지도 · 지원, 정보공개 담당 공무원의 정보공개 사무처리능력 발전을 위한 교육 · 훈련, 정보공개 청구인에 대한 정보공개 청구 지원 등을 위해, 중앙행정기관 및 광역자치단체와 광역교육자치단체, 기초자치단체의 장이 소속 공무원 중에서 "정보공개책임관"을 지정해야 한다는 것이다.

이밖에 정보공개제도가 아니라 기록관리제도에 의해 영구기록물관리기관에 "기록물공개심의회"를 설치하는 것도 유의해야 한다. 이 심의회는 영구기록물관리기관에서 소장하는 비공개기록의 비공개기간 연장과 그 밖의 공개 여부와 관련한 사항을 심의하기 위해 7명의 위원으로 구성되는데, 해당 영구기록물관리기관의 소속 공무원 및 기록물의 공개와 관련된 지식과 경험이 풍부한 사람 중에서 임명하거나 위촉한다. 이러한 심의회가 영구기록물관리기관에 설치되도록 규정된 것은 영구기록물관리기관에 소장되는 기록들이 공개 여부의 문제만이 아니라 다양한 사회문화적 활용의 가치를 실현해야 한다는 관점에서 보다 심도 있게 검토하기 위한 것이기도 하고, 소장하게 된지 오랜 시간이 지난 기록의 경우는 생산기관이나 생산부서로부터 적절한 의견을 얻기 어려울 수 있기 때문일 것으로 생각된다. 장기보존 대상이지만 역사자료적 가치가 낮은 기록을 자체적으로 보존하는 (특수)기록관의 경우 장기보존 대상 기록의 공개여부나 공개재분류를 검토하기 위해 정보공개심의회 이외에 별도의 기록물공개심의회를 구성하지 않는 것과 구분하여 살펴둘 필요가 있다.

정보공개법률

제1조(목적) 이 법은 공공기관이 보유·관리하는 정보에 대한 국민의 공개 청구 및 공공 기관의 공개 의무에 관하여 필요한 사항을 정함으로써 국민의 알권리를 보장하고 국정 (國政)에 대한 국민의 참여와 국정 운영의 투명성을 확보함을 목적으로 한다.

제2조(정의) 이 법에서 사용하는 용어의 뜻은 다음과 같다.

1. "정보"란 공공기관이 직무상 작성 또는 취득하여 관리하고 있는 문서(전자문서를 포함한다. 이하 같다)·도면·사진·필름·테이프·슬라이드 및 그 밖에 이에 준 하는 매체 등에 기록된 사항을 말한다.

2. "공개"란 공공기관이 이 법에 따라 정보를 열람하게 하거나 그 사본·복제물을 제 공하는 것 또는 「전자정부법」 제2조제10호에 따른 정보통신망(이하 "정보통신망" 이라 한다)을 통하여 정보를 제공하는 것 등을 말한다.

3. "공공기관"이란 다음 각 목의 기관을 말한다.

   가. 국가기관

   1) 국회, 법원, 헌법재판소, 중앙선거관리위원회

   2) 중앙행정기관(대통령 소속 기관과 국무총리 소속 기관을 포함한다) 및 그 소 속 기관

   3) 「행정기관 소속 위원회의 설치·운영에 관한 법률」에 따른 위원회

   나. 지방자치단체

   다. 「공공기관의 운영에 관한 법률」 제2조에 따른 공공기관

   라. 그 밖에 대통령령으로 정하는 기관

제3조(정보공개의 원칙) 공공기관이 보유·관리하는 정보는 국민의 알권리 보장 등을 위 하여 이 법에서 정하는 바에 따라 적극적으로 공개하여야 한다.

제4조(적용 범위) ① 정보의 공개에 관하여는 다른 법률에 특별한 규정이 있는 경우를 제 외하고는 이 법에서 정하는 바에 따른다.

② 지방자치단체는 그 소관 사무에 관하여 법령의 범위에서 정보공개에 관한 조례를 정할 수 있다.

③ 국가안전보장에 관련되는 정보 및 보안 업무를 관장하는 기관에서 국가안전보장과 관련된 정보의 분석을 목적으로 수집하거나 작성한 정보에 대해서는 이 법을 적용하지 아니한다. 다만, 제8조제1항에 따른 정보목록의 작성·비치 및 공개에 대해서는 그러하 지 아니한다.

제28조(신분보장) 누구든지 이 법에 따른 정당한 정보공개를 이유로 징계조치 등 어떠한 신분상 불이익이나 근무조건상의 차별을 받지 아니한다.

정보공개시행령

제2조(공공기관의 범위) 「공공기관의 정보공개에 관한 법률」(이하 "법"이라 한다) 제2조제
3호라목에서 "대통령령으로 정하는 기관"이란 다음 각 호의 기관 또는 단체를 말한다.
1. 「유아교육법」, 「초·중등교육법」, 「고등교육법」에 따른 각급 학교 또는 그 밖의
   다른 법률에 따라 설치된 학교
2. 「지방공기업법」에 따른 지방공사 및 지방공단
3. 「지방자치단체 출자·출연 기관의 운영에 관한 법률」 제2조제1항에 따른 출자기
   관 및 출연기관
4. 특별법에 따라 설립된 특수법인
5. 「사회복지사업법」 제42조제1항에 따라 국가나 지방자치단체로부터 보조금을 받
   는 사회복지법인과 사회복지사업을 하는 비영리법인
6. 제5호 외에 「보조금 관리에 관한 법률」 제9조 또는 「지방재정법」 제17조제1항 각
   호 외의 부분 단서에 따라 국가나 지방자치단체로부터 연간 5천만원 이상의 보조
   금을 받는 기관 또는 단체. 다만, 정보공개 대상 정보는 해당 연도에 보조를 받은
   사업으로 한정한다

정보공개법률

제22조(정보공개위원회의 설치) 다음 각 호의 사항을 심의·조정하기 위하여 행정자치부
장관 소속으로 정보공개위원회(이하 "위원회"라 한다)를 둔다.
1. 정보공개에 관한 정책 수립 및 제도 개선에 관한 사항
2. 정보공개에 관한 기준 수립에 관한 사항
3. 제24조제2항 및 제3항에 따른 공공기관의 정보공개 운영실태 평가 및 그 결과 처
   리에 관한 사항
4. 그 밖에 정보공개에 관하여 대통령령으로 정하는 사항

제23조(위원회의 구성 등) ① 위원회는 위원장과 부위원장 각 1명을 포함한 9명의 위원으로
구성한다.
② 위원회의 위원은 다음 각 호의 사람이 된다. 이 경우 위원장을 포함한 5명은 공무원
이 아닌 사람으로 위촉하여야 한다.
1. 대통령령으로 정하는 관계 중앙행정기관의 차관급 공무원이나 고위공무원단에
   속하는 일반직공무원
2. 정보공개에 관하여 학식과 경험이 풍부한 사람으로서 행정자치부장관이 위촉하
   는 사람

3. 시민단체(「비영리민간단체 지원법」 제2조에 따른 비영리민간단체를 말한다)에서 추천한 사람으로서 행정자치부장관이 위촉하는 사람

③ 위원장·부위원장 및 위원(제2항제1호의 위원은 제외한다)의 임기는 2년으로 하며, 연임할 수 있다.

④ 위원장·부위원장 및 위원은 정보공개 업무와 관련하여 알게 된 정보를 누설하거나 그 정보를 이용하여 본인 또는 타인에게 이익 또는 불이익을 주는 행위를 하여서는 아니 된다.

⑤ 위원장·부위원장 및 위원 중 공무원이 아닌 사람은 「형법」이나 그 밖의 법률에 따른 벌칙을 적용할 때에는 공무원으로 본다.

⑥ 위원회의 구성과 의결 절차 등 위원회 운영에 필요한 사항은 대통령령으로 정한다.

제24조(제도 총괄 등) ① 행정자치부장관은 이 법에 따른 정보공개제도의 정책 수립 및 제도 개선 사항 등에 관한 기획·총괄 업무를 관장한다.

② 행정자치부장관은 위원회가 정보공개제도의 효율적 운영을 위하여 필요하다고 요청하면 공공기관(국회·법원·헌법재판소 및 중앙선거관리위원회는 제외한다)의 정보공개제도 운영실태를 평가할 수 있다.

③ 행정자치부장관은 제2항에 따른 평가를 실시한 경우에는 그 결과를 위원회를 거쳐 국무회의에 보고한 후 공개하여야 하며, 위원회가 개선이 필요하다고 권고한 사항에 대해서는 해당 공공기관에 시정 요구 등의 조치를 하여야 한다.

④ 행정자치부장관은 정보공개에 관하여 필요할 경우에 공공기관(국회·법원·헌법재판소 및 중앙선거관리위원회는 제외한다)의 장에게 정보공개 처리 실태의 개선을 권고할 수 있다. 이 경우 권고를 받은 공공기관은 이를 이행하기 위하여 성실하게 노력하여야 하며, 그 조치 결과를 행정자치부장관에게 알려야 한다.

⑤ 국회·법원·헌법재판소·중앙선거관리위원회·중앙행정기관 및 지방자치단체는 그 소속 기관 및 소관 공공기관에 대하여 정보공개에 관한 의견을 제시하거나 지도·점검을 할 수 있다.

제25조(자료의 제출 요구) 국회사무총장·법원행정처장·헌법재판소사무처장·중앙선거관리위원회사무총장 및 행정자치부장관은 필요하다고 인정하면 관계 공공기관에 정보공개에 관한 자료 제출 등의 협조를 요청할 수 있다.

제26조(국회에의 보고) ① 행정자치부장관은 전년도의 정보공개 운영에 관한 보고서를 매년 정기국회 개회 전까지 국회에 제출하여야 한다.

② 제1항에 따른 보고서 작성에 필요한 사항은 대통령령으로 정한다.

정보공개시행령

제19조(심의·조정 사항) 법 제22조제4호에서 "대통령령으로 정하는 사항"이란 다음 각 호의 사항을 말한다.

    1. 법 제7조제1항에 따른 행정정보의 공표에 관한 사항

    2. 그 밖에 법 제22조에 따른 정보공개위원회(이하 "위원회"라 한다)에서 심의·조정이 필요하다고 결정한 사항

제20조(위원회의 구성) ① 위원회의 위원장은 법 제23조제2항제2호 또는 제3호에 해당하는 사람 중에서, 부위원장은 법 제23조제2항제1호에 해당하는 공무원 중에서 행정자치부장관이 각각 위촉하거나 임명한다.

② 법 제23조제2항제1호에 따른 위원은 기획재정부 제2차관, 법무부 차관, 행정자치부 차관 및 국무조정실 국무1차장으로 한다.

제21조(회의 및 의결정족수) ① 위원회의 회의는 반기(半期)별로 개최한다. 다만, 위원장은 필요하다고 인정하는 경우에는 임시회를 소집할 수 있다.

② 위원회의 회의는 재적위원 과반수의 출석으로 개의(開議)하고 출석위원 과반수의 찬성으로 의결한다.

제22조(위원장의 직무) ① 위원회의 위원장은 위원회의 업무를 총괄하고 회의의 의장이 된다.

② 위원회의 부위원장은 위원장을 보좌하고, 위원장이 부득이한 사유로 직무를 수행할 수 없을 때에는 그 직무를 대행한다.

제23조(의견청취 등) 위원회는 필요하다고 인정하는 경우에는 다음 각 호의 조치를 할 수 있다.

    1. 관련 공공기관에 정보공개와 관련된 자료·서류 등의 제출요청

    2. 관계 공무원, 이해관계인, 참고인 등의 출석요청 및 의견청취

제24조(사무기구) 위원회의 업무 보좌와 그 밖에 위원회의 행정사무를 효율적으로 처리하기 위한 사무처리는 행정자치부 창조정부기획관이 수행한다.

제25조(수당 등) 위원회의 위원장 및 공무원이 아닌 위원과 제23조제2호에 따라 위원회에 참석하는 관계 공무원, 이해관계인, 참고인 등에게는 예산의 범위에서 수당·여비와 그 밖에 필요한 경비를 지급할 수 있다. 다만, 공무원이 그 소관업무와 직접 관련되어 참석하는 경우에는 그러하지 아니하다.

제26조(정보공개위원회의 운영 규정) 이 영에 규정된 것 외에 위원회의 운영에 필요한 사항은 위원회의 의결을 거쳐 위원장이 정한다.

제27조(운영실태 평가) 행정자치부장관은 법 제24조제2항에 따라 정보공개제도의 운영실태를 평가할 때에는 해당 공공기관의 장에게 평가의 취지 및 내용과 담당 공무원의 인적사항 및 방문일시를 미리 통보하여야 한다.

제28조(자료제출) ① 제2조 각 호의 기관은 전년도의 정보공개 운영실태를 매년 1월 31일까지 관계 중앙행정기관의 장 또는 지방자치단체의 장에게 제출하여야 한다.

② 시장·군수 또는 구청장은 제1항에 따라 받은 정보공개 운영실태를 포함한 전년도의 정보공개 운영실태를 매년 2월 10일까지 관할 특별시장·광역시장 또는 도지사에게 제출하여야 한다.

③ 중앙행정기관의 장과 특별시장·광역시장·특별자치시장·도지사 또는 특별자치도지사는 제1항 및 제2항에 따라 받은 정보공개 운영실태를 포함한 전년도의 정보공개 운영실태를 매년 2월 말일까지 행정자치부장관에게 제출하여야 한다.

④ 행정자치부장관은 매년 제3항에 따라 받은 정보공개 운영실태를 종합하여 공표하여야 한다.

제29조(정보공개 운영에 관한 보고서) 법 제26조에 따른 정보공개 운영에 관한 보고서에는 다음 각 호의 사항이 포함되어야 한다.

   1. 공공기관의 정보공개 운영실태에 관한 사항
   2. 법 제24조제2항에 따른 정보공개제도 운영실태 평가에 관한 사항
   3. 법 제24조제3항에 따른 시정 요구 등의 조치에 관한 사항

정보공개시행규칙

〈시행규칙〉 제9조(자료 제출) 영 제28조에 따른 정보공개 운영실태의 제출은 별지 제12호 서식에 따른다.

정보공개법률

제12조(정보공개심의회) ① 국가기관, 지방자치단체 및 「공공기관의 운영에 관한 법률」 제5조에 따른 공기업(이하 "국가기관등"이라 한다)은 제11조에 따른 정보공개 여부 등을 심의하기 위하여 정보공개심의회(이하 "심의회"라 한다)를 설치·운영한다.

② 심의회는 위원장 1명을 포함하여 5명 이상 7명 이하의 위원으로 구성한다.

③ 심의회의 위원장을 제외한 위원은 소속 공무원, 임직원 또는 외부 전문가로 지명하거나 위촉하되, 그 중 2분의 1은 해당 국가기관등의 업무 또는 정보공개의 업무에 관한 지식을 가진 외부 전문가로 위촉하여야 한다. 다만, 제9조제1항제2호 및 제4호에 해당하는 업무를 주로 하는 국가기관은 그 국가기관의 장이 외부 전문가의 위촉 비율을 따로 정하되, 최소한 3분의 1 이상은 외부 전문가로 위촉하여야 한다.

④ 심의회의 위원장은 제3항에 규정된 위원과 같은 자격을 가진 사람 중에서 국가기관 등의 장이 지명하거나 위촉한다.

⑤ 심의회의 위원에 대해서는 제23조제4항 및 제5항을 준용한다.

⑥ 심의회의 운영과 기능 등에 관하여 필요한 사항은 국회규칙·대법원규칙·헌법재판 소규칙·중앙선거관리위원회규칙 및 대통령령으로 정한다.

정보공개시행령

제11조(정보공개심의회) ① 국가기관·지방자치단체 및 「공공기관의 운영에 관한 법률」 제5조에 따른 공기업(이하 "국가기관등"이라 한다)은 업무성격이나 업무량 등을 고려하여 법 제12조에 따른 정보공개심의회(이하 "심의회"라 한다)를 그 기관 또는 소속 기관에 1개 이상 설치·운영하여야 한다.

② 심의회는 다음 각 호의 사항을 심의한다.

   1. 공개 청구된 정보의 공개 여부를 결정하기 곤란한 사항
   2. 법 제18조 및 제21조제2항에 따른 이의신청. 다만, 다음 각 목의 어느 하나에 해 당하는 이의신청은 제외한다.
      가. 공공기관의 비공개 결정 또는 부분 공개 결정에 대하여 같은 내용으로 2회 이상 반복하여 제기된 이의신청
      나. 청구인이 법 제18조제1항에 따른 기간이 지난 후에 한 이의신청
      다. 제3자가 법 제21조제2항에 따른 기간이 지난 후에 한 이의신청
      라. 청구인의 요구대로 공개 결정을 할 경우
   3. 그 밖에 정보공개제도의 운영에 관한 사항

③ 심의회의 위원의 임기는 2년으로 하며, 한 차례만 연임할 수 있다. 다만, 공무원인 위원의 임기는 그 직위에 재직하는 기간으로 한다.

④ 심의회의 위원 중 공무원이 아닌 위원에게는 예산의 범위에서 수당·여비와 그 밖에 필요한 경비를 지급할 수 있다.

⑤ 이 영에 규정된 것 외에 심의회의 운영에 필요한 사항은 심의회가 설치된 국가기관 등의 장이 정한다.

제11조의2(정보공개책임관) 중앙행정기관의 장, 특별시장·광역시장·특별자치시장·도지 사·특별자치도지사, 시장·군수·구청장(자치구의 구청장을 말한다. 이하 같다) 및 특 별시·광역시·특별자치시·도·특별자치도의 교육감은 소속 공무원 중에서 정보공개 책임관을 지정하여 정보공개에 관한 다음 각 호의 사무를 수행하게 할 수 있다.

   1. 정보공개심의회 운영
   2. 소속 기관에 대한 정보공개 사무의 지도·지원

3. 정보공개 담당 공무원의 정보공개 사무처리능력 발전을 위한 교육·훈련
4. 정보공개 청구인에 대한 정보공개 청구 지원

기록관리법률

제38조(기록물공개심의회) ① 영구기록물관리기관은 다음 각 호의 사항을 심의하기 위하여 기록물공개심의회를 설치·운영하여야 한다.

1. 제35조제4항에 따른 비공개 기간 연장 요청에 관한 사항
2. 그 밖에 기록물 공개 여부와 관련하여 영구기록물관리기관의 장이 심의를 요청한 사항

② 기록물공개심의회는 위원장 1명을 포함하여 7명의 위원으로 구성하고, 위원장과 위원의 임기는 2년으로 하며, 연임할 수 있다.

③ 기록물공개심의회의 위원은 소속 공무원 및 기록물의 공개와 관련된 지식과 경험이 풍부한 사람 중에서 영구기록물관리기관의 장이 임명하거나 위촉하며, 그 구성과 운영에 관한 사항은 대통령령으로 정한다.

④ 기록물공개심의회의 회의록 작성·보존에 관하여는 제15조제5항을 준용한다.

기록관리시행령

제74조(기록물공개심의회의 구성) ① 기록물공개심의회 위원 중 4인은 민간위원으로 위촉하고 3인은 소속 공무원으로 임명한다.

② 위원장은 영구기록물관리기관의 장이 민간위원 중에서 위촉한다.

③ 기록물공개심의회의 회의는 영구기록물관리기관의 장의 요청에 따라 소집되며, 재적위원 과반수의 출석으로 개의하고 출석위원 과반수의 찬성으로 의결한다.

④ 영구기록물관리기관의 장은 기록물공개심의회의 위촉위원에 대하여 예산의 범위 안에서 회의수당·여비, 그 밖에 필요한 경비를 지급할 수 있다.

⑤ 그 밖에 기록물공개심의회의 운영에 관하여 필요한 사항은 기록물공개심의회의 의결을 거쳐 위원장이 정한다.

2절 정보공개의 권리와 의무

    정보공개청구권자는 기본적으로 모든 국민이 해당되며, 국내에 일정한 주소를 두고 거주하거나 학술·연구를 위하여 일시적으로 체류하는 외국인, 국내에 사무소를 두고 있는 외국 법인 또는 외국 단체도 포함된다.

    정보공개를 위하여 공공기관은 소관 법령을 정비하고, 정보의 적절한 보존과 신속한 검색이 이루어지도록 정보관리체계를 정비해야 한다. 또한 정보공개업무를 주관하는 부서 및 담당하는 인력을 적정하게 두어야 하며, 정보통신망을 활용한 정보공개시스템 등을 구축하도록 노력하여야 한다.

    한편, 국민생활에 매우 큰 영향을 미치는 정책, 국가의 시책으로 시행하는 공사(工事) 등 대규모의 예산이 투입되는 사업, 예산집행의 내용과 사업평가 결과 등 행정감시 대상, 그 밖에 공공기관의 장이 정하는 사항에 대해서는 보다 능동적인 정보공개를 위해 "행정정보공표" 제도를 운영한다. 시행령에서는 이러한 정보들은 정보통신망뿐만 아니라 간행물의 발간·판매 등 다양한 방법으로 국민에게 공개하는 것으로 규정하고 있고, 이용편의를 위하여 종합목록의 발간이나 그 밖에 필요한 조치도 할 수 있도록 규정하고 있다. 그러나 이 제도는 명칭에서 기대되는 것과는 달리, 해당 정보에 대하여 공개의 구체적 범위, 공개의 주기·시기 및 방법 등을 미리 정해서 공표하고, 이에 따라 정기적으로 공개한다는 것을 의미한다. 더군다나 비공개 대상으로 판단되는 정보는 제외된다.

    공공기관이 갖추어야 할 다음의 것은 바로 정보공개의 실질적인 도구인 정보목록이다. 당해 기관이 보유·관리하는 정보에 대하여 국민이 쉽게 알 수 있도록 정보목록을 작성·비치하고, 그 목록을 정보통신망을 활용한 정보공개시스템 등을 통하여 공개하도록 하고 있다. 이 정보목록에는 기록의 제목, 생산연도, 업무담당자, 보존기간 등이 포함되어야 하는데, 기록관리법령의 등록정보를 제공할 수도 있다. 다만, 공개하지 않을 수 있는 정보에 대해서는 정보목록에 담지 않아도 된다.

이처럼 정보공개를 청구하는 국민을 위해 정보목록을 제공하는 것은 당연하다. 그러나 이를 위하여 따로 목록을 만들기보다는, 기왕에 기록관리법령에 의해 작성되는 등록정보로 대신하는 것이 바람직하다. 무엇보다 업무활동에 의해 생성되는 모든 기록이 등록되기 때문에 이용자들은 이를 통해 모든 업무활동의 내용을 살펴볼 수 있다. 등록제도가 전제가 되지 않으면 사실상 정보목록을 별도로 작성하여 제공하는 절차가 준비되어야 한다.

그러나 여기에는 두 가지 문제가 남아 있다. 하나는 비공개대상이 되는 기록에 대한 등록정보는 제공하지 않을 수 있다는 것이다. 이용자가 제공되는 목록을 살펴보고 정보공개를 청구하려고 할 때, 경우에 따라서는 원하는 정보가 목록에 없어서 정보공개청구를 포기하게 될 것이다. 하지만 실제 정보공개의 여부는 공개청구가 들어온 후 다시 검토하게 되며, 의견이 다를 경우에는 불가피하게 사법부의 대법원까지 단계를 밟으며 결정된다. 공개기록의 목록에 없다싶으면 비공개기록의 목록부터 공개청구를 해야 하는 상황이 나타나게 되는 것이다. 따라서 정보의 존재 자체가 비밀로 확정되어 있는 예외적인 경우를 제외하고, 기록정보의 존재 자체를 알려주지 않는 것은 정보공개법의 취지에 스스로 위배된다고 할 수 있다.

또 다른 하나의 문제는 등록정보라고 하더라도 어느 단계에서 제공되는가이다. 기록이 생성되고 등록된 직후부터 정보의 존재가 알려지는 것이 중요하다. 정보공개제도 자체가 주된 대상으로 하는 것은 바로 현용단계의 기록정보이기 때문이다. 정보공개를 위한 정보목록이 제공되는 민원실 혹은 열람실 등이 설치된다면, 이처럼 현용단계 기록의 등록정보가 곧바로 제공되는 체계가 만들어져야 한다. 만일 기록관리법령에서 규정하고 있는 것처럼 (특수)기록관이 이러한 정보공개 접수창구의 역할을 해야 한다면, 기록관리법령에서 이러한 체계를 제도화할 필요가 있다. 현재로서는 업무처리가 종결된 후 그 다음해에 이뤄지는 정리가 끝나고 나서야 생산현황통보를 통해 (특수)기록관으로 등록되었던 데이터가 넘겨가는 것으로 되어 있기 때문에 굳이 표현하자면 준현용단계의 기록에 대한 등록데이터만이 (특수)기록관에 넘겨지게 된다.

한편, 정보의 공개에 관한 사무를 신속하고 원활하게 수행하기 위하여 정보공개장소를 확보하고 공개에 필요한 시설을 갖추어야 한다. 바로 이곳에 정보목록이 비치되어야 하며, 정보공개 절차를 국민이 쉽게 알 수 있도록 정보공개청구 및 처리절차, 정보공개청구서식, 수수료 그 밖의 주요사항이 포함된 정보공개편람을 작성·비치하여 일반국민의 열람에 제공하여야 한다. 그밖에도 공공기관은 청구인의 편의를 도모하기 위하여 정보공개청구서식·컴퓨터단말기 등을 비치하여야 한다. 기록관리법령에서는 바로 (특수)기록관이 정보공개청구의 접수창구 역할을 하도록 규정하고 있다.

정보공개법률

제5조(정보공개 청구권자) ① 모든 국민은 정보의 공개를 청구할 권리를 가진다.
　② 외국인의 정보공개 청구에 관하여는 대통령령으로 정한다.

제6조(공공기관의 의무) ① 공공기관은 정보의 공개를 청구하는 국민의 권리가 존중될 수 있도록 이 법을 운영하고 소관 관계 법령을 정비하여야 한다.
　② 공공기관은 정보의 적절한 보존과 신속한 검색이 이루어지도록 정보관리체계를 정비하고, 정보공개 업무를 주관하는 부서 및 담당하는 인력을 적정하게 두어야 하며, 정보통신망을 활용한 정보공개시스템 등을 구축하도록 노력하여야 한다.

정보공개시행령

제3조(외국인의 정보공개 청구) 법 제5조제2항에 따라 정보공개를 청구할 수 있는 외국인은 다음 각 호의 어느 하나에 해당하는 자로 한다.
　1. 국내에 일정한 주소를 두고 거주하거나 학술·연구를 위하여 일시적으로 체류하는 사람
　2. 국내에 사무소를 두고 있는 법인 또는 단체

정보공개법률

제7조(행정정보의 공표 등) ① 공공기관은 다음 각 호의 어느 하나에 해당하는 정보에 대해서는 공개의 구체적 범위와 공개의 주기·시기 및 방법 등을 미리 정하여 공표하고, 이에 따라 정기적으로 공개하여야 한다. 다만, 제9조제1항 각 호의 어느 하나에 해당하는 정보에 대해서는 그러하지 아니하다.

   1. 국민생활에 매우 큰 영향을 미치는 정책에 관한 정보

   2. 국가의 시책으로 시행하는 공사(工事) 등 대규모 예산이 투입되는 사업에 관한 정보

   3. 예산집행의 내용과 사업평가 결과 등 행정감시를 위하여 필요한 정보

   4. 그 밖에 공공기관의 장이 정하는 정보

② 공공기관은 제1항에 규정된 사항 외에도 국민이 알아야 할 필요가 있는 정보를 국민에게 공개하도록 적극적으로 노력하여야 한다.

정보공개시행령

제4조(행정정보의 공표 등) ① 공공기관은 법 제7조제1항에 따라 다음 각 호에 해당하는 정보를 포함하여 국민에게 알려야 할 필요가 있는 정보를 공개하여야 한다.

   1. 식품·위생, 환경, 복지, 개발사업 등 국민의 생명·신체 및 재산 보호와 관련된 정보

   2. 교육·의료·교통·조세·건축·상하수도·전기·통신 등 국민의 일상생활과 관련된 정보

   3. 다음 각 목에 해당하는 정보

      가. 「국가를 당사자로 하는 계약에 관한 법률 시행령」 제92조의2에 따른 계약관련 정보

      나. 「지방자치단체를 당사자로 하는 계약에 관한 법률 시행령」 제31조에 따른 수의계약 내역 정보

      다. 「국가재정법」 제9조에 따른 재정정보

      라. 「지방재정법」 제60조에 따른 재정운용상황에 관한 정보

      마. 그 밖에 법령에서 공개, 공표 또는 공시하도록 정한 정보

   4. 국회 및 지방의회의 질의 및 그에 대한 답변과 국정감사 및 행정사무 감사 결과에 관한 정보

   5. 기관장의 업무추진비에 관한 정보

   6. 그 밖에 공공기관의 사무와 관련된 제1호부터 제5호까지에 준하는 정보

② 공공기관은 제1항 각 호에 따른 정보를 포함하여 법 제7조제1항 각 호에 해당하는 정보를 정보통신망에 게재하거나 정부간행물을 발간·판매하는 등 다양한 방법으로 국민

에게 공개하여야 한다.

③ 행정자치부장관은 공공기관이 공표한 정보의 이용편의를 위하여 종합목록을 발간하거나 그 밖에 필요한 조치를 할 수 있다.

정보공개법률

제8조(정보목록의 작성·비치 등) ① 공공기관은 그 기관이 보유·관리하는 정보에 대하여 국민이 쉽게 알 수 있도록 정보목록을 작성하여 갖추어 두고, 그 목록을 정보통신망을 활용한 정보공개시스템 등을 통하여 공개하여야 한다. 다만, 정보목록 중 제9조제1항에 따라 공개하지 아니할 수 있는 정보가 포함되어 있는 경우에는 해당 부분을 갖추어 두지 아니하거나 공개하지 아니할 수 있다.

② 공공기관은 정보의 공개에 관한 사무를 신속하고 원활하게 수행하기 위하여 정보공개 장소를 확보하고 공개에 필요한 시설을 갖추어야 한다.

정보공개시행령

제5조(정보목록의 작성·비치 등) ① 법 제8조제1항에 따른 정보목록에는 문서제목·생산연도·업무담당자·보존기간 등이 포함되어야 한다. 이 경우 「공공기록물 관리에 관한 법률 시행령」 제20조 및 제23조에 따른 등록정보의 목록으로 법 제8조제1항에 따른 정보목록을 갈음할 수 있다.

② 공공기관은 정보공개 절차를 국민이 쉽게 알 수 있도록 정보공개 청구 및 처리 절차, 정보공개 청구서식, 수수료, 그 밖의 주요 사항이 포함된 정보공개편람을 작성하여 갖추어 두고 일반국민이 열람할 수 있도록 제공하여야 한다.

③ 공공기관은 청구인의 편의를 도모하기 위하여 정보공개 청구서식, 컴퓨터단말기 등을 갖추어 두어야 한다.

제4조(적용 범위) ③ 국가안전보장에 관련되는 정보 및 보안 업무를 관장하는 기관에서 국가안전보장과 관련된 정보의 분석을 목적으로 수집하거나 작성한 정보에 대해서는 이 법을 적용하지 아니한다. 다만, 제8조제1항에 따른 정보목록의 작성·비치 및 공개에 대해서는 그러하지 아니한다.

3절 비공개 대상의 범주

정보공개법령에서는 우선 비공개 될 수 있는 정보의 일반적인 범주를 규정하고 있다. 이에 근거하여 공공기관마다 자신의 업무의 성격을 고려하여 비공개 대상정보의 범위에 관한 세부기준을 수립하고 이를 공개하여야 한다.

1. 다른 법률 또는 법률에서 위임한 명령(국회규칙·대법원규칙·헌법재판소규칙·중앙선거관리위원회규칙·대통령령 및 조례로 한정한다)에 따라 비밀이나 비공개 사항으로 규정된 정보
2. 국가안전보장·국방·통일·외교관계 등에 관한 사항으로서 공개될 경우 국가의 중대한 이익을 현저히 해칠 우려가 있다고 인정되는 정보
3. 공개될 경우 국민의 생명·신체 및 재산의 보호에 현저한 지장을 초래할 우려가 있다고 인정되는 정보
4. 진행 중인 재판에 관련된 정보와 범죄의 예방, 수사, 공소의 제기 및 유지, 형의 집행, 교정(矯正), 보안처분에 관한 사항으로서 공개될 경우 그 직무수행을 현저히 곤란하게 하거나 형사피고인의 공정한 재판을 받을 권리를 침해한다고 인정할 만한 상당한 이유가 있는 정보
5. 감사·감독·검사·시험·규제·입찰계약·기술개발·인사관리에 관한 사항이나 의사결정 과정 또는 내부 검토 과정에 있는 사항 등으로서 공개될 경우 업무의 공정한 수행이나 연구·개발에 현저한 지장을 초래한다고 인정할 만한 상당한 이유가 있는 정보. 다만, 의사결정 과정 또는 내부검토 과정을 이유로 비공개할 경우에는 의사결정 과정 및 내부검토 과정이 종료되면 제10조에 따른 청구인에게 이를 통지하여야 한다.
6. 해당 정보에 포함되어 있는 성명·주민등록번호 등 개인에 관한 사항으로서 공개될 경우 사생활의 비밀 또는 자유를 침해할 우려가 있다고 인정되는 정보
7. 법인·단체 또는 개인(이하 "법인등"이라 한다)의 경영상·영업상 비밀에 관한

사항으로서 공개될 경우 법인 등의 정당한 이익을 현저히 해칠 우려가 있다고
인정되는 정보
8. 공개될 경우 부동산 투기, 매점매석 등으로 특정인에게 이익 또는 불이익을 줄
우려가 있다고 인정되는 정보

이러한 범주에 속하는 것 중에서 유의해야 하는 것은 진행 중인 상태에서 기
록정보가 공개되면 부정적인 영향을 미치게 되는 경우이다. 8가지 항목 중 4호,
5호, 8호 등이 그에 해당한다고 이해된다. 이러한 정보들은 현용단계를 벗어나
게 되면 그 부정적인 영향도 감소되거나 소멸된다고 봐야 하기 때문에, 시간의
경과 등으로 인하여 비공개의 필요성이 없어진 경우에는 당해 정보를 공개대상
으로 하여야 한다는 규정에 의해 다시 공개로 재분류될 소지가 크다.

유의해야 할 또 다른 비공개대상 기록정보는 바로 이름·주민등록번호 등 개
인에 관한 사항으로서 개인 사생활의 비밀 또는 자유를 침해할 우려가 있는 정
보이다. 이들을 비공개하는 것은 당연하지만, 다만 이러한 비공개로부터 제외되는
경우도 제시되고 있다는 점을 유의해야 한다.

1. 법령이 정하는 바에 따라 열람할 수 있는 정보
2. 공공기관이 공표를 목적으로 작성하거나 취득한 정보로서 개인의 사생활의 비
밀과 자유를 부당하게 침해하지 않는 정보
3. 공공기관이 작성하거나 취득한 정보로서 공개하는 것이 공익 또는 개인의 권
리구제를 위하여 필요하다고 인정되는 정보
4. 직무를 수행한 공무원의 성명·직위
5. 공개하는 것이 공익을 위하여 필요한 경우로써 법령에 의하여 국가 또는 지방
자치단체가 업무의 일부를 위탁 또는 위촉한 개인의 성명·직업

이와 유사하게 법인이나 단체 등의 영업이나 경영상의 비밀에 관한 경우도
일반적으로는 비공개하지만, 사업활동에 의하여 발생하는 위해로부터 사람의
생명·신체 또는 건강을 보호하기 위하여 공개할 필요가 있는 정보나 위법·부

당한 사업활동으로부터 국민의 재산 또는 생활을 보호하기 위하여 공개할 필요가 있는 정보는 역시 비공개의 대상에서 제외된다.

결국 비공개대상이라는 것은 공개에 의해 부정적인 영향이 발생하지 않도록 특별한 성격의 기록정보를 보호하는 것이라고 할 수 있다. 그러나 이것은 기록된 정보의 성격에 대한 일반적인 판단에 불과하며, 국민 모두에게 공표해도 되는 경우를 제외하고는, 실제로 해당 기록정보를 제공할 것인가 말 것인가에 대한 판단은 구체적인 청구가 있은 후에 여러 요건을 다시 따져가며 판단하게 된다. 따라서 정보공개의 절차에 대한 이해가 필수적이다.

정보공개법률

제9조(비공개 대상 정보) ① 공공기관이 보유·관리하는 정보는 공개 대상이 된다. 다만, 다음 각 호의 어느 하나에 해당하는 정보는 공개하지 아니할 수 있다.

1. 다른 법률 또는 법률에서 위임한 명령(국회규칙·대법원규칙·헌법재판소규칙·중앙선거관리위원회규칙·대통령령 및 조례로 한정한다)에 따라 비밀이나 비공개 사항으로 규정된 정보
2. 국가안전보장·국방·통일·외교관계 등에 관한 사항으로서 공개될 경우 국가의 중대한 이익을 현저히 해칠 우려가 있다고 인정되는 정보
3. 공개될 경우 국민의 생명·신체 및 재산의 보호에 현저한 지장을 초래할 우려가 있다고 인정되는 정보
4. 진행 중인 재판에 관련된 정보와 범죄의 예방, 수사, 공소의 제기 및 유지, 형의 집행, 교정(矯正), 보안처분에 관한 사항으로서 공개될 경우 그 직무수행을 현저히 곤란하게 하거나 형사피고인의 공정한 재판을 받을 권리를 침해한다고 인정할 만한 상당한 이유가 있는 정보
5. 감사·감독·검사·시험·규제·입찰계약·기술개발·인사관리에 관한 사항이나 의사결정 과정 또는 내부검토 과정에 있는 사항 등으로서 공개될 경우 업무의 공정한 수행이나 연구·개발에 현저한 지장을 초래한다고 인정할 만한 상당한 이유가 있는 정보. 다만, 의사결정 과정 또는 내부검토 과정을 이유로 비공개할 경우에는 의사결정 과정 및 내부검토 과정이 종료되면 제10조에 따른 청구인에게 이를 통지하여야 한다.
6. 해당 정보에 포함되어 있는 성명·주민등록번호 등 개인에 관한 사항으로서 공개될 경우 사생활의 비밀 또는 자유를 침해할 우려가 있다고 인정되는 정보. 다만,

다음 각 목에 열거한 개인에 관한 정보는 제외한다.

가. 법령에서 정하는 바에 따라 열람할 수 있는 정보

나. 공공기관이 공표를 목적으로 작성하거나 취득한 정보로서 사생활의 비밀 또는 자유를 부당하게 침해하지 아니하는 정보

다. 공공기관이 작성하거나 취득한 정보로서 공개하는 것이 공익이나 개인의 권리 구제를 위하여 필요하다고 인정되는 정보

라. 직무를 수행한 공무원의 성명·직위

마. 공개하는 것이 공익을 위하여 필요한 경우로서 법령에 따라 국가 또는 지방자 치단체가 업무의 일부를 위탁 또는 위촉한 개인의 성명·직업

7. 법인·단체 또는 개인(이하 "법인등"이라 한다)의 경영상·영업상 비밀에 관한 사 항으로서 공개될 경우 법인등의 정당한 이익을 현저히 해칠 우려가 있다고 인정 되는 정보. 다만, 다음 각 목에 열거한 정보는 제외한다.

가. 사업활동에 의하여 발생하는 위해(危害)로부터 사람의 생명·신체 또는 건강 을 보호하기 위하여 공개할 필요가 있는 정보

나. 위법·부당한 사업활동으로부터 국민의 재산 또는 생활을 보호하기 위하여 공개할 필요가 있는 정보

8. 공개될 경우 부동산 투기, 매점매석 등으로 특정인에게 이익 또는 불이익을 줄 우 려가 있다고 인정되는 정보

② 공공기관은 제1항 각 호의 어느 하나에 해당하는 정보가 기간의 경과 등으로 인하여 비공개의 필요성이 없어진 경우에는 그 정보를 공개 대상으로 하여야 한다.

③ 공공기관은 제1항 각 호의 범위에서 해당 공공기관의 업무 성격을 고려하여 비공개 대상 정보의 범위에 관한 세부 기준을 수립하고 이를 공개하여야 한다.

정보공개시행규칙

제1조의2(의사결정 과정 등 종료 통지의 서식) 「공공기관의 정보공개에 관한 법률」(이하 "법"이라 한다) 제9조제1항제5호 단서에 따른 의사결정 과정 및 내부검토 과정 종료의 통지는 별지 제1호서식에 따른다.

4절 정보공개의 운용

1. 정보공개절차

정보공개의 청구를 위한 "정보공개청구서"에는 청구인 자신에 대한 정보와 청구하는 정보의 내용 및 공개방법을 기술하도록 하고 있다. 물론 접수담당자의 면전에서 구술로써 청구서를 작성할 수도 있다. 정보공개청구서는 공공기관에 직접 출석하여 제출하거나 우편·모사전송 또는 정보통신망에 의하여 제출한다.

공공기관은 정보공개청구서를 접수한 때에는 "정보공개처리대장"에 기록하고 청구인에게 접수증을 교부하여야 한다. 물론 즉시 처리가 가능하거나 직접 출석해서 제출한 경우가 아니라면 접수증을 교부할 필요가 없다. 또한 청구된 정보를 당해 공공기관이 보유·관리하지 않고 있거나, 공개청구의 내용이 민원사무에 해당하는 경우라면 민원사무로 처리할 수 있다.

어쨌든 정보공개청구의 접수와 관련해서는 청구의 목적, 제공되는 정보의 사용처 등을 기술하지 않는다는 것을 기억해두어야 한다. 다시 말하자면 해당 정보의 청구사유를 적지 않기 때문에, 공개여부를 판단하게 되는 공공기관의 업무담당자 등은 단지 기록의 성격만을 따져 정보의 제공여부를 결정하게 된다. 그만큼 이견이 발생할 여지가 크다고 하겠다.

공공기관은 청구된 정보가 법령 등에 의하여 공개를 목적으로 작성된 정보라거나 일반 국민에게 알리기 위하여 작성된 각종 홍보자료인 경우, 또는 공개하기로 결정된 정보로서 공개에 오랜 시간이 걸리지 아니하는 정보 등 즉시 또는 구술처리가 가능한 정보에 대하여는 즉시 공개하여야 한다. 이에 해당하지 않는다면, 정보공개의 청구를 접수한 날부터 10일 이내에 공개여부를 결정하여야 한다. 부득이한 경우 다시 10일 이내의 범위에서 공개여부 결정기간을 연장할 수 있다. 그러나 청구한 날부터 20일 이내에 공공기관이 공개여부를 결정하지 아니한 때에는 비공개의 결정이 있는 것으로 간주된다.

청구된 정보의 전부 또는 일부가 제3자나 다른 공공기관과 관련이 있다고 인정되는 때에는 그 사실을 제3자 및 해당 공공기관에게 지체 없이 통지하여야 하며, 필요한 경우에는 그의 의견을 청취할 수 있다. 이러한 제3자의 의견청취는 문서로 하는 것을 원칙으로 하되, 공공기관이 필요하다고 인정하는 때와 제3자가 원하는 때에는 구술로 할 수 있다.

제3자는 통지받은 날부터 3일 이내에 자신과 관련된 정보를 공개하지 아니할 것을 요청할 수 있다. 이러한 비공개요청에도 불구하고 공공기관이 공개결정을 하는 때에는 공개결정이유와 공개실시일을 명시하여 문서로 통지하여야 하며, 공공기관의 공개결정일과 공개실시일의 사이에는 최소한 30일의 간격을 두어야 한다. 제3자는 당해 공공기관에 문서로 이의신청을 하거나 행정심판 또는 행정소송을 제기할 수 있다. 이 경우 제3자의 이의신청은 통지를 받은 날부터 7일 이내에 하여야 한다.

한편, 다른 공공기관이 생산한 정보인 때에는 그 정보를 생산한 공공기관의 의견을 들어 공개여부를 결정하여야 하며, 다른 공공기관이 보유·관리하는 정보의 공개청구를 받은 때에는 지체 없이 이를 소관기관으로 이송하여야 한다. 이송을 한 공공기관은 지체 없이 소관기관 및 이송사유 등을 명시하여 청구인에게 문서로 통지하여야 한다. 특히, 기록관리법령에 따르면, 기록물관리기관의 장은 통일·외교·안보·수사·정보 분야의 기록을 정보공개청구의 처리나 재분류하는 가운데 공개하려면 미리 그 기록을 생산한 기관의 장의 의견을 들어야 하며, 공개여부 의견조회 시 해당 공공기관이 비공개 의견을 제출하는 경우에는 그 의견에 비공개 사유 및 공개가능 시기 등을 포함하여야 한다. 이 경우 정보공개 청구에 의하여 생산기관의 의견을 조회하는 때에는 그 생산기관은 7일 이내에 의견을 제출하여야 한다.

만일 이미 공개 결정의 통지를 받은 자가 다시 같은 정보를 청구하는 경우라든가, 정보가 없어서 제공할 수 없다는 통지를 받은 자가 다시 청구하는 경우 등은 공공기관이 아예 종결처리를 해버릴 수도 있다.

최종적으로 정보의 공개가 결정된 후에는 10일 이내에 공개일시·공개장소 등을 명시하여 청구인에게 통지하여야 한다. 물론 공개일시는 청구인과 협의하여 조정할 수 있다. 만일 청구인이 지정된 공개일자로부터 10일이 경과할 때까지 정당한 사유 없이 그 정보의 공개에 응하지 아니한 때에는 이를 내부적으로 종결 처리할 수 있다.

한편, 공개대상정보의 양이 과다하여 정상적인 업무수행에 현저한 지장을 초래할 우려가 있는 경우에는, 정보의 사본·복제물을 일정 기간별로 나누어 교부하거나 열람과 병행하여 교부할 수 있다. 이때에는 청구인으로 하여금 먼저 열람하게 한 후 사본·복제물을 교부하되, 특별한 사정이 없는 한 2월 이내에 교부를 완료하여야 한다. 또한 당해 정보의 원본이 오손 또는 파손될 우려가 있거나, 그 밖에 상당한 이유가 있다고 인정될 때에는 당해 정보의 사본·복제물을 공개할 수 있다.

만일 정보의 비공개 결정을 한 때에는 그 사실을 청구인에게 문서로 통지하여야 한다. 이 경우 비공개이유·불복방법 및 불복절차를 구체적으로 명시하여야 한다. 또한 비공개 부분과 공개가 가능한 부분이 혼합되어 있고 청구의 취지에 어긋나지 아니하는 범위 안에서 두 부분을 분리할 수 있는 때에는 부분공개를 하여야 한다. 물론 이 경우도 비공개하는 부분에 대하여 비공개이유·불복방법 및 불복절차를 구체적으로 명시하여야 한다.

한편 정보의 공개는 청구인 본인 또는 그 대리인에게 하는 것이 원칙이므로, 정보를 공개하는 때에 신분증명서 등에 의하여 청구인 본인 또는 그 정당한 대리인임을 확인하여야 한다. 다만, 굳이 확인할 필요가 없는 때에는 생략할 수 있다. 정보통신망을 통하여 정보를 공개하는 경우에는 필요할 경우 전자서명 등을 통하여 그 신원을 확인하여야 한다. 만일 본인 또는 그 대리인임을 굳이 확인할 필요가 없는 때에는 청구인의 요청에 따라 사본·출력물·복제물·인화물 또는 복제된 파일을 우편·모사전송 또는 전자통신망을 이용하여 송부할 수도 있다. 정보를 공개하는 방법은 다음과 같다.

- 문서 · 도면 · 사진 등은 열람 또는 사본의 교부
- 필름 · 테이프 등은 시청 또는 인화물 · 복제물의 교부
- 마이크로필름 · 슬라이드 등은 시청 · 열람 또는 사본 · 복제물의 교부
- 전자적 형태로 보유 · 관리하는 정보 등은 파일을 복제하여 전자우편으로 송부, 매체에 저장하여 제공, 열람 · 시청 또는 사본 · 출력물의 교부
- 이미 공개된 정보의 경우 그 정보 소재(所在)의 안내

특히, 전자적 형태로 보유 · 관리하는 정보에 대해여 청구인이 전자적 형태로 공개하여 줄 것을 요청하는 경우에는, 당해 정보의 성질상 현저히 곤란한 경우를 제외하고는 청구인의 요청에 응하여야 한다. 전자적 형태로 보유 · 관리하지 아니하는 정보에 대해 청구인이 전자적 형태로 공개하여 줄 것을 요청한 경우에는, 정상적인 업무수행에 현저한 지장을 초래하거나 당해 정보의 성질이 훼손될 우려가 없는 한 그 정보를 전자적 형태로 변환하여 공개할 수 있다. 이러한 정보공개청구에 대한 처리상황은 정보공개처리대장에 기록해 유지하여야 한다.

정보의 공개 및 우송 등에 소요되는 비용은 실비의 범위 안에서 청구인의 부담으로 하며, 전자지급방식이나 수입인지, 수입증지 등으로 납부하게 하며, 부득이한 경우에는 현금으로 납부할 수 있다. 학술이나 연구목적 또는 행정감시를 위하여 필요한 정보를 청구한 경우나, 교육자료나 연구목적으로 필요한 정보를 소속 기관의 확인을 받아 청구한 경우, 그 밖에 공공복리의 유지 · 증진을 위하여 감면이 필요하다고 인정되는 경우, 그 비용을 감면할 수 있다. 이러한 비용감면을 신청하는 때에는 감면사유에 관한 소명자료를 첨부하여야 한다. 정보공개청구서에는 정보공개의 사유 자체에 대해 기술할 난이 없으나, 이처럼 수수료 감면을 요청하는 이유를 기술하는 란은 마련되어 있다.

한편, 현재의 정보공개법에는 중앙행정기관 및 그 소속기관, 「행정기관 소속 위원회의 설치 · 운영에 관한 법률」에 따른 각종 위원회, 지방자치단체, 「초 · 중

등교육법」 제2조에 따른 각급 학교, 「공공기관의 운영에 관한 법률」 제5조에 따른 공기업 및 준정부기관 등은 이미 전자적 형태로 보유·관리하는 정보 중에서 공개대상으로 분류된 정보의 경우 정보공개 청구가 없더라도 정보통신망을 활용한 정보공개시스템 등을 통하여 그 원문을 공개하도록 규정하고 있다는 것도 주목할 만하다.

2. 불복구제절차

비공개 또는 부분공개의 결정에 대하여 불복이 있는 때에는 결정통지를 받은 날 또는 청구한 후 20일 동안 통지가 오지 않아 비공개의 결정이 있는 것으로 보는 날부터 30일 이내에 당해 공공기관에 문서로 이의신청을 할 수 있다. 공공기관은 7일 이내에 그 이의신청에 대하여 결정하고, 그 결과를 청구인에게 지체 없이 문서로 통지하여야 한다. 다만, 부득이한 사유로 정해진 기간이내에 결정할 수 없는 때에는 그 기간의 만료일 다음 날부터 기산하여 7일 이내의 범위에서 연장할 수 있으며, 연장사유를 청구인에게 통지하여야 한다.

이러한 이의신청을 각하 또는 기각하는 결정을 한 때에는 청구인에게 행정심판 또는 행정소송을 제기할 수 있다는 취지를 결과통지와 함께 통지하여야 한다. 공공기관은 이의신청에 대한 처리상황을 "이의신청처리대장"에 기록·유지하여야 한다.

공공기관의 결정에 대하여 청구인이 받아들일 수 없는 경우, 다시 행정심판법이 정하는 바에 따라 이의신청의 절차를 거치지 않고도 행정심판을 청구할 수 있다. 이러한 행정심판은 국가기관 및 지방자치단체 이외의 공공기관인 경우는 관계 중앙행정기관의 장 또는 지방자치단체의 장이 감독행정기관이 된다. 또한 공공기관의 결정에 대하여 불복이 있는 때 행정소송법이 정하는 바에 따라 행정소송도 제기할 수 있다.

이러한 불복절차는 기록정보의 공개를 둘러싸고 청구인과 공공기관 간의 이

견으로 발생하는 것인 만큼 불가피한 측면이 있지만, 복잡한 절차를 거치는 과정에서 여러 가지 손실이 발생할 우려도 없지 않다. 더욱이 일반적으로 비공개 처리는 기록정보를 보유하고 있는 공공기관이 국민의 알권리를 제한하는 것이므로, 기왕에 불복절차에 따라 진행되는 결과에 따라서는 마땅한 보상이나 배상 등의 행정조치가 필요하다고 이해된다.

앞서 살펴본 대로, 제3자가 비공개를 요청했음에도 불구하고 공공기관이 공개결정을 하는 때에는 공개결정이유와 공개실시일을 명시하여 문서로 당사자에게 통지하여야 하며, 제3자는 당해 공공기관에 문서로 이의신청을 하거나 행정심판 또는 행정소송을 제기할 수 있다. 이 경우 제3자의 이의신청은 통지를 받은 날부터 7일 이내에 하여야 한다.

정보공개법률

제10조(정보공개의 청구방법) ① 정보의 공개를 청구하는 자(이하 "청구인"이라 한다)는 해당 정보를 보유하거나 관리하고 있는 공공기관에 다음 각 호의 사항을 적은 정보공개 청구서를 제출하거나 말로써 정보의 공개를 청구할 수 있다.
 1. 청구인의 성명·주민등록번호·주소 및 연락처(전화번호·전자우편주소 등을 말한다)
 2. 공개를 청구하는 정보의 내용 및 공개방법
② 제1항에 따라 청구인이 말로써 정보의 공개를 청구할 때에는 담당 공무원 또는 담당 임직원(이하 "담당공무원등"이라 한다)의 앞에서 진술하여야 하고, 담당공무원등은 정보공개 청구조서를 작성하여 이에 청구인과 함께 기명날인하거나 서명하여야 한다.

정보공개시행령

제6조(정보공개의 청구방법 등) ① 법 제10조제1항에 따른 정보공개 청구서는 공공기관에 직접 출석하여 제출하거나 우편·팩스 또는 정보통신망을 이용하여 제출한다.
② 공공기관은 정보공개 청구서를 접수하면 정보공개 처리대장에 기록하고 청구인에게 접수증을 발급하여야 한다. 다만, 다음 각 호의 어느 하나에 해당하는 경우에는 청구인이 요청할 때를 제외하고는 접수증을 발급하지 아니할 수 있다.
 1. 즉시 또는 말로써 처리가 가능한 정보의 정보공개 청구서를 접수한 경우
 2. 우편·팩스 또는 정보통신망을 통하여 정보공개 청구서를 접수한 경우
③ 제2항에도 불구하고 다음 각 호의 어느 하나에 해당하는 경우로서 「민원 처리에 관

한 법률」에 따른 민원으로 처리할 수 있는 경우에는 민원으로 처리할 수 있다.

  1. 공개 청구된 정보가 공공기관이 보유·관리하지 아니하는 정보인 경우

  2. 진정(陳情)·질의 등 공개 청구의 내용이 법 및 이 영에 따른 정보공개 청구로 볼 수 없는 경우

④ 공공기관은 정보공개 청구서가 제3항에 해당하는 경우에는 다음 각 호의 사항을 구체적으로 적어 청구인에게 통지하여야 한다.

  1. 정보공개 청구에 따를 수 없는 제3항 각 호의 사유

  2. 민원으로 처리함에 따른 처리결과

⑤ 공공기관은 다음 각 호의 어느 하나에 해당하는 청구에 대해서는 종결 처리할 수 있다.

  1. 제1항에 따라 정보공개를 청구하여 정보공개 여부에 대한 결정의 통지를 받은 자가 정당한 사유 없이 해당 정보의 공개를 다시 청구한 경우

  2. 제3항에 따른 청구를 한 자가 제4항에 따른 통지를 받은 후에 다시 같은 청구를 한 경우

정보공개시행규칙

제2조(정보공개 청구서의 서식) ① 법 제10조제1항 및 「공공기관의 정보공개에 관한 법률 시행령」(이하 "영"이라 한다) 제6조제1항에 따른 정보공개 청구서는 별지 제1호의2서식에 따른다.

② 법 제10조제1항 및 제2항에 따라 말로 정보공개를 청구하는 경우에는 별지 제2호서식에 따른다.

정보공개법률

제11조(정보공개 여부의 결정) ① 공공기관은 제10조에 따라 정보공개의 청구를 받으면 그 청구를 받은 날부터 10일 이내에 공개 여부를 결정하여야 한다.

② 공공기관은 부득이한 사유로 제1항에 따른 기간 이내에 공개 여부를 결정할 수 없을 때에는 그 기간이 끝나는 날의 다음 날부터 기산(起算)하여 10일의 범위에서 공개 여부 결정기간을 연장할 수 있다. 이 경우 공공기관은 연장된 사실과 연장 사유를 청구인에게 지체 없이 문서로 통지하여야 한다.

③ 공공기관은 공개 청구된 공개 대상 정보의 전부 또는 일부가 제3자와 관련이 있다고 인정할 때에는 그 사실을 제3자에게 지체 없이 통지하여야 하며, 필요한 경우에는 그의 의견을 들을 수 있다.

④ 공공기관은 다른 공공기관이 보유·관리하는 정보의 공개 청구를 받았을 때에는 지

체 없이 이를 소관 기관으로 이송하여야 하며, 이송한 후에는 지체 없이 소관 기관 및 이송 사유 등을 분명히 밝혀 청구인에게 문서로 통지하여야 한다.

기록관리법률

제35조(기록물의 공개 여부 분류) ⑤ 기록물관리기관의 장은 통일·외교·안보·수사·정보 분야의 기록물을 공개하려면 미리 그 기록물을 생산한 기관의 장의 의견을 들어야 한다.

정보공개시행령

제7조(공개여부 결정기간의 연장) 법 제11조제2항 전단에 따른 부득이한 사유는 다음 각 호의 어느 하나에 해당하는 사유로 한다.

1. 한꺼번에 많은 정보공개가 청구되거나 공개 청구된 내용이 복잡하여 정해진 기간 내에 공개 여부를 결정하기 곤란한 경우
2. 정보를 생산한 공공기관 또는 공개 청구된 정보와 관련 있는 법 제11조제3항에 따른 제3자의 의견청취, 법 제12조에 따른 정보공개심의회 개최 등의 사유로 정해진 기간 내에 공개 여부를 결정하기 곤란한 경우
3. 전산정보처리조직에 의하여 처리된 정보가 공개 부분과 비공개 부분을 포함하고 있고, 정해진 기간 내에 부분 공개 가능 여부를 결정하기 곤란한 경우
4. 천재지변, 일시적인 업무량 폭주 등으로 정해진 기간 내에 공개 여부를 결정하기 곤란한 경우

제8조(제3자의 의견청취) ① 공공기관이 법 제11조제3항에 따라 제3자의 의견을 들을 때에는 문서로 하여야 한다. 다만, 공공기관이 필요하다고 인정하거나 제3자가 원하는 경우에는 말로 의견을 들을 수 있다.

② 담당 공무원 등이 제1항 단서에 따라 말로 의견을 듣는 경우에는 그 내용을 기록하고 본인의 확인을 받아야 한다.

기록관리법률시행령

제72조(기록물의 공개여부 분류) ④법 제35조제5항에 따른 공개여부 의견조회시 해당 공공기관이 비공개 의견을 제출하는 경우에는 그 의견에 비공개 사유 및 공개가능 시기 등을 포함하여야 한다. 이 경우 정보공개 청구에 의하여 생산기관의 의견을 조회하는 때에는 그 생산기관은 7일 이내에 의견을 제출하여야 한다.

정보공개시행규칙

제3조(정보공개 처리 관련 서식) ① 법 제11조제2항에 따른 공개 여부 결정기간 연장의 통지는 별지 제3호서식에 따르고, 같은 조 제4항에 따른 통지는 별지 제3호의2서식에 따른다.

② 영 제6조제2항 및 제16조에 따른 정보공개 처리대장은 별지 제4호서식에 따른다.

③ 영 제6조제4항에 따른 통지는 별지 제4호의2서식에 따른다.

제4조(제3자의 의견청취관련 서식) ① 법 제11조제3항에 따라 제3자에게 통지하는 정보공개 청구사실 통지는 별지 제4호의3서식에 따르고, 정보공개가 청구된 사실을 통지받은 제3자의 의견 제출 또는 법 제21조제1항에 따른 비공개 요청은 별지 제5호서식에 따른다.

② 법 제11조제3항 및 영 제8조에 따라 말로 제3자의 의견청취를 하는 경우에는 별지 제6호서식에 따른다.

정보공개법률

제13조(정보공개 여부 결정의 통지) ① 공공기관은 제11조에 따라 정보의 공개를 결정한 경우에는 공개의 일시 및 장소 등을 분명히 밝혀 청구인에게 통지하여야 한다.

② 공공기관은 청구인이 사본 또는 복제물의 교부를 원하는 경우에는 이를 교부하여야 한다. 다만, 공개 대상 정보의 양이 너무 많아 정상적인 업무수행에 현저한 지장을 초래할 우려가 있는 경우에는 정보의 사본·복제물을 일정 기간별로 나누어 제공하거나 열람과 병행하여 제공할 수 있다.

③ 공공기관은 제1항에 따라 정보를 공개하는 경우에 그 정보의 원본이 더럽혀지거나 파손될 우려가 있거나 그 밖에 상당한 이유가 있다고 인정할 때에는 그 정보의 사본·복제물을 공개할 수 있다.

④ 공공기관은 제11조에 따라 정보의 비공개 결정을 한 경우에는 그 사실을 청구인에게 지체 없이 문서로 통지하여야 한다. 이 경우 비공개 이유와 불복(不服)의 방법 및 절차를 구체적으로 밝혀야 한다.

정보공개시행령

제12조(정보공개 일시의 통지 등) ① 공공기관은 정보의 공개를 결정하였을 때(제3자의 비공개 요청에도 불구하고 법 제21조제2항에 따라 공개 결정을 한 경우는 제외한다)에는 공개를 결정한 날부터 10일 이내의 범위에서 공개 일시를 정하여 청구인에게 통지하여야 한다. 다만, 다음 각 호의 어느 하나에 해당하는 경우에는 공개 일시를 달리 정할 수 있다.

1. 청구인이 요청하는 경우
2. 청구인이 법 제17조에 따른 비용을 납부하지 아니하거나 납부한 비용이 부족한 경우

② 공공기관은 제1항제2호의 경우에는 청구인이 비용을 전부 납부한 날부터 5일 이내에 정보를 공개하여야 한다.

③ 법 제13조제2항에 따라 정보의 사본·복제물을 일정 기간별로 나누어 제공하거나 열람과 병행하여 제공하는 경우에는 청구인으로 하여금 먼저 열람하게 한 후 사본·복제물을 제공하되, 특별한 사정이 없으면 2개월 이내에 제공을 마쳐야 한다.

④ 공공기관은 제1항에 따라 통지한 공개일 후 10일이 지날 때까지 청구인이 정당한 사유 없이 그 정보의 공개에 응하지 아니하였을 때에는 내부적으로 종결 처리할 수 있다.

정보공개시행규칙

제5조(정보공개 여부 결정 통지의 서식) 법 제13조제1항 및 제4항에 따른 정보공개 여부 결정에 대한 통지는 별지 제7호서식에 따른다.

정보공개법률

제14조(부분 공개) 공개 청구한 정보가 제9조제1항 각 호의 어느 하나에 해당하는 부분과 공개 가능한 부분이 혼합되어 있는 경우로서 공개 청구의 취지에 어긋나지 아니하는 범위에서 두 부분을 분리할 수 있는 경우에는 제9조제1항 각 호의 어느 하나에 해당하는 부분을 제외하고 공개하여야 한다.

정보공개시행령

제13조(부분 공개) 공공기관은 법 제14조에 따라 부분 공개 결정을 하는 경우에는 공개하지 아니하는 부분에 대하여 비공개 이유와 불복의 방법 및 절차를 구체적으로 밝혀야 한다.

정보공개법률

제15조(정보의 전자적 공개) ① 공공기관은 전자적 형태로 보유·관리하는 정보에 대하여 청구인이 전자적 형태로 공개하여 줄 것을 요청하는 경우에는 그 정보의 성질상 현저히 곤란한 경우를 제외하고는 청구인의 요청에 따라야 한다.

② 공공기관은 전자적 형태로 보유·관리하지 아니하는 정보에 대하여 청구인이 전자적 형태로 공개하여 줄 것을 요청한 경우에는 정상적인 업무수행에 현저한 지장을 초

래하거나 그 정보의 성질이 훼손될 우려가 없으면 그 정보를 전자적 형태로 변환하여
공개할 수 있다.

③ 정보의 전자적 형태의 공개 등에 필요한 사항은 국회규칙·대법원규칙·헌법재판소
규칙·중앙선거관리위원회규칙 및 대통령령으로 정한다.

정보공개시행령

제14조(정보공개 방법) ① 정보는 다음 각 호의 구분에 따른 방법으로 공개한다.

　　1. 문서·도면·사진 등: 열람 또는 사본의 제공

　　2. 필름·테이프 등: 시청 또는 인화물·복제물의 제공

　　3. 마이크로필름·슬라이드 등: 시청·열람 또는 사본·복제물의 제공

　　4. 전자적 형태로 보유·관리하는 정보 등: 파일을 복제하여 정보통신망을 활용한 정
　　　 보공개시스템으로 송부, 매체에 저장하여 제공, 열람·시청 또는 사본·출력물의
　　　 제공

　　5. 법 제7조제1항에 따른 정보 등 공개를 목적으로 작성되고 이미 정보통신망 등을
　　　 통하여 공개된 정보: 해당 정보의 소재(所在) 안내

② 공공기관은 정보를 공개할 때 본인 또는 그 정당한 대리인임을 확인할 필요가 없는
경우에는 청구인의 요청에 따라 제1항 각 호의 사본·출력물·복제물·인화물 또는 복
제된 파일을 우편·팩스 또는 정보통신망을 이용하여 보낼 수 있다.

③ 공공기관은 제1항에 따라 정보를 공개할 때에는 타인의 지식재산권, 사생활의 비밀,
그 밖에 타인의 권리 또는 이익이 부당하게 침해되지 아니하도록 유의하여야 한다.

정보공개법률

제16조(즉시 처리가 가능한 정보의 공개) 다음 각 호의 어느 하나에 해당하는 정보로서 즉
시 또는 말로 처리가 가능한 정보에 대해서는 제11조에 따른 절차를 거치지 아니하고
공개하여야 한다.

　　1. 법령 등에 따라 공개를 목적으로 작성된 정보

　　2. 일반국민에게 알리기 위하여 작성된 각종 홍보자료

　　3. 공개하기로 결정된 정보로서 공개에 오랜 시간이 걸리지 아니하는 정보

　　4. 그 밖에 공공기관의 장이 정하는 정보

정보공개법률

제17조(비용 부담) ① 정보의 공개 및 우송 등에 드는 비용은 실비(實費)의 범위에서 청구

인이 부담한다.

② 공개를 청구하는 정보의 사용 목적이 공공복리의 유지·증진을 위하여 필요하다고 인정되는 경우에는 제1항에 따른 비용을 감면할 수 있다.

③ 제1항에 따른 비용 및 그 징수 등에 필요한 사항은 국회규칙·대법원규칙·헌법재판소규칙·중앙선거관리위원회규칙 및 대통령령으로 정한다.

정보공개시행령

제17조(비용 부담) ① 법 제17조제1항에 따른 정보의 공개 및 우송 등에 드는 비용은 수수료와 우편요금(공개되는 정보의 사본·출력물·복제물 또는 인화물을 우편으로 보내는 경우로 한정한다)으로 구분하며, 수수료 금액은 행정자치부령으로 정한다. 다만, 지방자치단체의 경우 수수료의 금액은 조례로 정한다.

② 법 제15조제1항 및 제2항에 따라 정보통신망을 통하여 정보를 전자적 형태로 공개할 때에는 공공기관(지방자치단체 및 그 소속 기관은 제외한다)의 장은 업무부담을 고려하여 제1항 본문에 따라 정한 수수료 금액의 범위에서 수수료 금액을 달리 정할 수 있다.

③ 다음 각 호의 어느 하나에 해당하는 경우에는 법 제17조제2항에 따라 수수료를 감면할 수 있다.

  1. 비영리의 학술·공익단체 또는 법인이 학술이나 연구목적 또는 행정감시를 위하여 필요한 정보를 청구한 경우
  2. 교수·교사 또는 학생이 교육자료나 연구목적으로 필요한 정보를 소속 기관의 장의 확인을 받아 청구한 경우
  3. 그 밖에 공공기관의 장이 공공복리의 유지·증진을 위하여 감면이 필요하다고 인정한 경우

④ 법 제17조제2항에 따른 비용감면을 신청할 때에는 감면사유에 관한 소명자료를 첨부하여야 한다.

⑤ 공공기관의 장은 제3항에 따른 비용의 감면비율을 정하고, 정보통신망 등을 통하여 공개하여야 한다.

⑥ 제1항에 따른 수수료는 다음 각 호의 어느 하나에 해당하는 방법으로 낸다. 다만, 부득이한 경우에는 현금으로 낼 수 있다.

  1. 「전자금융거래법」 제2조제11호에 따른 전자지급수단
  2. 수입인지(국가기관에 내는 경우로 한정한다) 또는 수입증지(지방자치단체에 내는 경우로 한정한다)

정보공개법률

제8조의2(공개대상 정보의 원문공개) 공공기관 중 중앙행정기관 및 대통령령으로 정하는 기관은 전자적 형태로 보유·관리하는 정보 중 공개대상으로 분류된 정보를 국민의 정보공개 청구가 없더라도 정보통신망을 활용한 정보공개시스템 등을 통하여 공개하여야 한다.

정보공개시행령

제5조의2(원문공개 대상기관) 법 제8조의2에서 "대통령령으로 정하는 기관"이란 다음 각호의 기관을 말한다.
  1. 중앙행정기관의 소속 기관
  2. 「행정기관 소속 위원회의 설치·운영에 관한 법률」에 따른 위원회
  3. 지방자치단체
  4. 「초·중등교육법」 제2조에 따른 각급 학교
  5. 「공공기관의 운영에 관한 법률」 제5조에 따른 공기업 및 준정부기관

정보공개법률

제18조(이의신청) ① 청구인이 정보공개와 관련한 공공기관의 비공개 결정 또는 부분 공개 결정에 대하여 불복이 있거나 정보공개 청구 후 20일이 경과하도록 정보공개 결정이 없는 때에는 공공기관으로부터 정보공개 여부의 결정 통지를 받은 날 또는 정보공개 청구 후 20일이 경과한 날부터 30일 이내에 해당 공공기관에 문서로 이의신청을 할 수 있다.
② 국가기관등은 제1항에 따른 이의신청이 있는 경우에는 심의회를 개최하여야 한다. 다만, 다음 각 호의 어느 하나에 해당하는 경우에는 개최하지 아니할 수 있다.
  1. 심의회의 심의를 이미 거친 사항
  2. 단순·반복적인 청구
  3. 법령에 따라 비밀로 규정된 정보에 대한 청구
③ 공공기관은 이의신청을 받은 날부터 7일 이내에 그 이의신청에 대하여 결정하고 그 결과를 청구인에게 지체 없이 문서로 통지하여야 한다. 다만, 부득이한 사유로 정하여진 기간 이내에 결정할 수 없을 때에는 그 기간이 끝나는 날의 다음 날부터 기산하여 7일의 범위에서 연장할 수 있으며, 연장 사유를 청구인에게 통지하여야 한다.
④ 공공기관은 이의신청을 각하(却下) 또는 기각(棄却)하는 결정을 한 경우에는 청구인에게 행정심판 또는 행정소송을 제기할 수 있다는 사실을 제3항에 따른 결과 통지와 함께 알려야 한다.

정보공개시행령

제18조(이의신청) ① 법 제18조제1항 및 제21조제2항에 따른 이의신청은 다음 각 호의 사항을 적은 서면으로 하여야 한다.
 1. 신청인의 성명, 주민등록번호 및 주소(법인 또는 단체의 경우에는 그 명칭, 사무소 또는 사업소의 소재지와 대표자의 성명)와 연락처
 2. 이의신청의 대상이 되는 정보공개 여부 결정의 내용
 3. 이의신청의 취지 및 이유
 4. 정보공개 여부의 결정통지를 받은 날 또는 정보공개를 청구한 날
② 공공기관은 법 제18조제3항 단서에 따라 이의신청결정기간의 연장을 통지할 때에는 통지서에 연장 사유, 연장기간 등을 구체적으로 밝혀야 한다.
③ 공공기관은 법 제18조제4항에 따라 이의신청을 각하 또는 기각하는 결정을 할 때에는 결정 이유와 불복의 방법 및 절차를 구체적으로 밝혀야 한다.
④ 공공기관은 이의신청에 대한 처리상황을 이의신청 처리대장에 기록·유지하여야 한다.

정보공개시행규칙

제8조(이의신청 처리 관련 서식) ① 법 제18조제1항 및 제21조제2항과 영 제18조제1항에 따른 이의신청은 별지 제9호서식에 따른다.
② 법 제18조제3항 및 제4항에 따른 이의신청 결정 통지와 법 제21조제2항에 따른 이의신청에 대한 결정의 통지는 별지 제9호의2서식에 따른다.
③ 법 제18조제3항 단서와 영 제18조제2항에 따른 이의신청 결정기간 연장의 통지는 별지 제10호서식에 따른다.
④ 영 제18조제4항에 따른 이의신청 처리대장은 별지 제11호서식에 따른다.

정보공개법률

제19조(행정심판) ① 청구인이 정보공개와 관련한 공공기관의 결정에 대하여 불복이 있거나 정보공개 청구 후 20일이 경과하도록 정보공개 결정이 없는 때에는 「행정심판법」에서 정하는 바에 따라 행정심판을 청구할 수 있다. 이 경우 국가기관 및 지방자치단체 외의 공공기관의 결정에 대한 감독행정기관은 관계 중앙행정기관의 장 또는 지방자치단체의 장으로 한다.
② 청구인은 제18조에 따른 이의신청 절차를 거치지 아니하고 행정심판을 청구할 수 있다.
③ 행정심판위원회의 위원 중 정보공개 여부의 결정에 관한 행정심판에 관여하는 위원은 재직 중은 물론 퇴직 후에도 그 직무상 알게 된 비밀을 누설하여서는 아니 된다.

④ 제3항의 위원은 「형법」이나 그 밖의 법률에 따른 벌칙을 적용할 때에는 공무원으로 본다.

제20조(행정소송) ① 청구인이 정보공개와 관련한 공공기관의 결정에 대하여 불복이 있거나 정보공개 청구 후 20일이 경과하도록 정보공개 결정이 없는 때에는 「행정소송법」에서 정하는 바에 따라 행정소송을 제기할 수 있다.

② 재판장은 필요하다고 인정하면 당사자를 참여시키지 아니하고 제출된 공개 청구 정보를 비공개로 열람·심사할 수 있다.

③ 재판장은 행정소송의 대상이 제9조제1항제2호에 따른 정보 중 국가안전보장·국방 또는 외교관계에 관한 정보의 비공개 또는 부분 공개 결정처분인 경우에 공공기관이 그 정보에 대한 비밀 지정의 절차, 비밀의 등급·종류 및 성질과 이를 비밀로 취급하게 된 실질적인 이유 및 공개를 하지 아니하는 사유 등을 입증하면 해당 정보를 제출하지 아니하게 할 수 있다.

정보공개법률

제21조(제3자의 비공개 요청 등) ① 제11조제3항에 따라 공개 청구된 사실을 통지받은 제3자는 그 통지를 받은 날부터 3일 이내에 해당 공공기관에 대하여 자신과 관련된 정보를 공개하지 아니할 것을 요청할 수 있다.

② 제1항에 따른 비공개 요청에도 불구하고 공공기관이 공개 결정을 할 때에는 공개 결정 이유와 공개 실시일을 분명히 밝혀 지체 없이 문서로 통지하여야 하며, 제3자는 해당 공공기관에 문서로 이의신청을 하거나 행정심판 또는 행정소송을 제기할 수 있다. 이 경우 이의신청은 통지를 받은 날부터 7일 이내에 하여야 한다.

③ 공공기관은 제2항에 따른 공개 결정일과 공개 실시일 사이에 최소한 30일의 간격을 두어야 한다.

정보공개시행령

제12조(정보공개 일시의 통지 등) ① 공공기관은 정보의 공개를 결정하였을 때(제3자의 비공개 요청에도 불구하고 법 제21조제2항에 따라 공개 결정을 한 경우는 제외한다)에는 공개를 결정한 날부터 10일 이내의 범위에서 공개 일시를 정하여 청구인에게 통지하여야 한다. 다만, 다음 각 호의 어느 하나에 해당하는 경우에는 공개 일시를 달리 정할 수 있다.

1. 청구인이 요청하는 경우
2. 청구인이 법 제17조에 따른 비용을 납부하지 아니하거나 납부한 비용이 부족한

    경우

② 공공기관은 제1항제2호의 경우에는 청구인이 비용을 전부 납부한 날부터 5일 이내에 정보를 공개하여야 한다.

④ 공공기관은 제1항에 따라 통지한 공개일 후 10일이 지날 때까지 청구인이 정당한 사유 없이 그 정보의 공개에 응하지 아니하였을 때에는 내부적으로 종결 처리할 수 있다.

정보공개시행규칙

제4조(제3자의 의견청취관련 서식) ① 법 제11조제3항에 따라 제3자에게 통지하는 정보공개 청구사실 통지는 별지 제4호의3서식에 따르고, 정보공개가 청구된 사실을 통지받은 제3자의 의견 제출 또는 법 제21조제1항에 따른 비공개 요청은 별지 제5호서식에 따른다.

② 법 제11조제3항 및 영 제8조에 따라 말로 제3자의 의견청취를 하는 경우에는 별지 제6호서식에 따른다.

제8조의2(제3자에 대한 정보공개 결정 통지의 서식) 법 제21조제2항에 따라 제3자에게 하는 정보공개 결정 통지는 별지 제11호의2서식에 따른다.

5절 공개구분의 등록과 재분류

　기록관리법령에 의하면 업무와 관련하여 생산, 접수된 모든 기록은 등록의 대상이 된다. 바로 이러한 등록의 주요항목으로서 건단위 기록의 공개여부에 대한 정보를 작성하게 된다. 기록의 공개여부 구분표시는 "공개, 부분공개, 비공개" 중 하나를 선택하여 표시하여야 한다. 부분공개 또는 비공개의 경우에는 해당 정보를 "부분공개( )" 또는 "비공개( )"로 표시하고, 정보공개법령에서 비공개 사유에 해당하는 번호를 괄호 안에 표시하여 함께 관리하여야 한다. 여러 사유로 비공개할 때에는 복수로 기입한다. 일반적인 공문 등에는 작성자 및 검토자, 결재자 등이 함께 해당 공문의 공개여부를 함께 검토, 결정해 공문에 표기되도록 되어 있다.

　이러한 등록정보로서의 공개구분은 해당 기록이 현용단계에 있는 동안에 적용되는 것을 의미하게 되며, 업무처리가 종결된 다음해 기록물정리행사의 일환으로 다시금 공개여부를 판단해 등록정보를 수정하고 확정짓는다.

　이외에도 기록관리법령에서는 생산·접수하거나 보존하고 있는 기록의 무결성 보장 및 비공개 기록의 체계적 관리를 위하여 접근범위를 구분하여 관리해야 한다고 규정하고, 기록 및 접근자를 기준으로 기록 내용 및 목록정보로 구분하여 접근범위를 설정하도록 규정하고 있다. 이러한 접근통제체계에 의해 전자기록생산시스템, 기록관리시스템 및 영구기록관리시스템에서 생산·보존하고 있는 기록에 대한 접근 및 접근시도에 관한 사항, 이력정보 등을 관리해야 한다. 아울러 접근이력, 처리상황 등의 관리정보는 해당 시스템으로 자동 생성되도록 하며, 임의로 수정·삭제할 수 없도록 한다.

　이러한 처리과에서의 기록 공개여부에 대한 등록관리는 기본적으로 기록관리기준표에 등록하여 운영하는 공개 및 접근권한에 대한 기준을 따르게 통제될 것이다. 다만, 기록관리기준표는 기록관리시스템으로 작성하여 운영하는 것이어서, 처리과의 기록생산시스템과 적절하게 연계되어야 하는 과제가 남겨져 있다.

한편, 기록의 공개여부는 시간의 경과 등에 의해 다시금 판단될 수 있으므로 재분류 절차를 가져야 한다. 이러한 공개재분류에 대한 제도는 정보공개법령이 아니라 기록관리법령에서 다룬다. 물론 공개로 유지되어온 기록을 비공개로 재분류하는 경우는 정보 이용의 공평성을 해치는 결과가 되므로 일반적으로는 수용하지 않는다.

문제는 기록의 공개재분류를 실시하는 계기를 어떻게 규정하는가인데, 우리의 경우 현용단계와 준현용단계를 구분하는 기록물 정리행사에서 이뤄지는 재분류와 기록의 관리주체가 변하게 되는 기록 이관시의 재분류가 대표적이라고할 수 있다. 그 외에도 재분류 검토에도 불구하고 비공개로 남겨지는 경우 5년이 경과하면 다시 공개여부를 재분류해야 하는 5년 주기 재분류 방식이 규정되어 있다. 기록관 또는 특수기록관이 영구기록물관리기관으로 기록을 이관하는경우에, 최근 5년의 기간 중 해당 기록의 공개 여부를 재분류하였다면 재분류절차를 생략하고 기록을 이관할 수 있다.

한편, 비공개 기록은 생산연도 종료 후 30년이 지나면 모두 공개하는 것을 원칙으로 하고 있는데, 두 가지의 경우가 예외로 인정된다.

하나는 특수기록관의 비공개 기록으로서 이관시기가 30년 이상으로 연장되는기록의 경우인데, 본래 특수 업무를 수행하는 기관에서 그 특수 업무로 인해 생성되는 비공개기록을 장기간 관리하기 위해 설치되는 특수기록관은 해당 비공개기록의 이관시기를 생산연도 종료 후 30년까지 연기할 수 있으며, 30년이 지난 후에도 업무수행에 사용할 필요가 있는 경우에는 계속 비공개 상태를 유지하며 이관시기 연기를 요청할 수 있다. 국가정보원의 경우는 생산연도 종료 후 50년까지 연기할 수 있으며, 공개될 경우 국가안전보장에 중대한 지장을 줄 것이 예상되는 정보 업무 관련 기록의 이관시기는 중앙기록물관리기관의 장과 협의하여 따로 정할 수 있다.

이처럼 특수기록관의 장이 소관 비공개기록의 이관시기를 연장하고자 하는경우에는, 이관연장기간, 사유 등을 중앙기록물관리기관의 장에게 통보하여야 하며, 국가기록관리위원회의 심의를 거쳐 이관시기 연장 여부 및 이관시기 등을 정하여야 한다. 반대로 특수기록관에서 보존 중인 비공개기록이 공개기록으로 변경되는 경우에는 3개월 이내에 중앙기록물관리기관에 대상목록을 통보하여야 하며, 그 기록은 중앙기록물관리기관이 이관계획을 수립해 통보한 지정 일자에 이관하여야 한다.

다른 하나는 영구기록물관리기관이 소장하고 있는 기록으로서 생산기관으로부터 기록 비공개기간의 연장 요청을 받아, 기록물공개심의회 및 국가기록관리위원회의 심의를 거쳐 비공개를 지속하기로 결정된 기록이다. 이 경우는 비공개로 결정된 기록에 대해 비공개 유형별 현황을 관보와 인터넷 홈페이지 등에 공고하여야 하고, 다시 5년마다 공개 여부를 재분류하여야 한다. 특히, 중앙기록물관리기관의 장은 영구기록물관리기관으로 이관된 기록에 대하여는 대통령령으로 정하는 바에 따라 기록의 성격별로 비공개 상한기간을 따로 정할 수 있다. 다만, 시행령에는 아직 관련된 규정이 마련되어 있지 않다.

이상 기록관 및 영구기록물관리기관에서 이뤄지는 비공개 기록의 공개재분류는 기본적으로 기록관이나 영구기록물관리기관이 결정할 사항이나, 세부적인 절차는 법령상으로는 다소 불명확하다.

중앙기록물관리기관인 국가기록원에서 제정, 운영하는 공공표준에는 다음의 사항이 추가되고 있다.

- 기록관의 경우 업무단위별 혹은 기록 유형(기록철)별 공개재분류 기준서 및 기록건별로 작성되는 검토서를 사전에 작성하고, 기록관의 공개재분류 의견이 표기된 검토서 등을 해당 기록을 생산한 처리과에 의견조회 및 협의, 조정 단계를 거쳐야 한다. 특히, 공개재분류의 신뢰성과 객관성을 확보하기 위하여 "공개재분류심의회"를 구성하여 심의하는 것을 권장한다. 위원회의 심의후 기록관장의 결재를 얻어 확정한다. 위원회의 구성과 인원 등은 기관의 상황에 따라 운영할 수 있으며, 심의회 위원은 행정학, 법학, 기록학, 역사학 등의 전문가로 구성할 것을 권장한다. (NAK/S 19-1:2012(v1.1) "기록물 공개관리 업무-제1부 : 기록물 생산부서 및 기록관")

- 영구기록물관리기관은 공개재분류 대상 기록을 유형별로 검토하여 기준서를 작성하고, 생산기관에 재분류에 대한 의견조회를 실시하며, 기록물공개심의회에 상정해 심의해 처리하며, 특히 특수기록관의 30년 경과 비공개 기록의 경우 공개심의회의 심의 후 다시 국가기록관리위원회의 심의를 거치도록 한다. (특수기록관이 설치되는 기관은 모두 중앙기록물관리기관의 관할에 해당한다는 점유의) (NAK/S 19-2:2013(v1.0) "기록물 공개관리 업무-제2부 영구기록물관리기관")

기록관리법률

제15조(국가기록관리위원회) ① 다음 각 호의 사항을 심의하기 위하여 국무총리 소속으로 국가기록관리위원회(이하 "위원회"라 한다)를 둔다.

　5. 비공개 기록물의 공개 및 이관시기 연장 승인

제19조(기록물의 관리 등) ① 공공기관은 대통령령으로 정하는 바에 따라 기록물의 보존기간, 공개 여부, 비밀 여부 및 접근권한 등을 분류하여 관리하여야 한다.

④ 특수기록관은 제3항에도 불구하고 소관 비공개 기록물의 이관시기를 생산연도 종료 후 30년까지 연장할 수 있으며, 30년이 지난 후에도 업무수행에 사용할 필요가 있는 경우에는 대통령령으로 정하는 바에 따라 중앙기록물관리기관의 장에게 이관시기 연장을 요청할 수 있다.

⑤ 국가정보원장은 제4항에도 불구하고 소관 비공개 기록물의 이관시기를 생산연도 종료 후 50년까지 연장할 수 있으며, 공개될 경우 국가안전보장에 중대한 지장을 줄 것이 예상되는 정보 업무 관련 기록물의 이관시기는 대통령령으로 정하는 바에 따라 중앙기록물관리기관의 장과 협의하여 따로 정할 수 있다.

제35조(기록물의 공개 여부 분류) ① 공공기관은 소관 기록물관리기관으로 기록물을 이관하려는 경우에는 그 기록물의 공개 여부를 재분류하여 이관하여야 한다. 다만, 공공기관의 기록관 또는 특수기록관이 영구기록물관리기관으로 기록물을 이관하는 경우로서 제2항에 따라 기록물을 이관하기 전 최근 5년의 기간 중 해당 기록물의 공개 여부를 재분류한 경우에는 공개 여부 재분류 절차를 생략하고 기록물을 이관할 수 있다.

② 기록물관리기관은 비공개로 재분류된 기록물에 대하여는 재분류된 연도부터 5년마다 공개 여부를 재분류하여야 한다.

③ 비공개 기록물은 생산연도 종료 후 30년이 지나면 모두 공개하는 것을 원칙으로 한다. 다만, 제19조제4항 및 제5항에 따라 이관시기가 30년 이상으로 연장되는 기록물의 경우에는 그러하지 아니하다.

④ 영구기록물관리기관의 장은 기록물 생산기관으로부터 기록물 비공개 기간의 연장 요

청을 받으면 제3항 본문에도 불구하고 제38조에 따른 기록물공개심의회 및 위원회의 심
의를 각각 거쳐 해당 기록물을 공개하지 아니할 수 있다. 이 경우 비공개로 재분류된 기
록물에 대하여는 비공개 유형별 현황을 관보와 인터넷 홈페이지 등에 공고하여야 하고,
재분류된 연도부터 5년마다 공개 여부를 재분류하여야 한다.
⑤ 기록물관리기관의 장은 통일·외교·안보·수사·정보 분야의 기록물을 공개하려면
미리 그 기록물을 생산한 기관의 장의 의견을 들어야 한다.

기록관리시행령

제72조(기록물의 공개여부 분류) ① 공공기관이 법 제35조제1항에 따라 공개여부를 재분류
하여 관할 기록물관리기관으로 이관하는 경우에는 기록물의 건단위 또는 쪽단위로 공
개여부를 구분하고, 비공개 기록물의 경우에는 비공개 사유를 함께 제출하여야 한다.
② 기록물관리기관의 장은 소장 기록물의 공개여부를 구분하여 관리하여야 한다.
③ 법 제35조제4항에 따라 비공개 기간의 연장이 필요한 공공기관의 장은 연장시기 및
사유 등을 해당 비공개기록물의 보존기간 기산일부터 30년이 지난 해의 전년도 말까지
영구기록물관리기관의 장에게 제출하여야 한다.
④ 법 제35조제5항에 따른 공개여부 의견조회시 해당 공공기관이 비공개 의견을 제출하
는 경우에는 그 의견에 비공개 사유 및 공개가능 시기 등을 포함하여야 한다. 이 경우
정보공개 청구에 의하여 생산기관의 의견을 조회하는 때에는 그 생산기관은 7일 이내에
의견을 제출하여야 한다.
⑤ 기록물관리기관의 장은 법 제35조에 따라 공개하기로 결정된 기록물은 해당 기록물
관리기관의 인터넷 홈페이지 등을 통하여 해당 목록을 제공하여야 한다.

기록관리시행규칙

제14조(기록물의 정리) ① 영 제24조에 따른 기록물의 정리는 다음 각호의 사항을 포함하여
실시한다.
  3. 접근권한, 공개여부, 비밀여부를 확인하여 해당 항목의 변경이 필요한 경우에는
    등록정보를 수정한다.

기록관리법률

제36조(영구기록물관리기관 보존기록물의 비공개 상한기간 지정) 중앙기록물관리기관의
장은 영구기록물관리기관으로 이관된 기록물에 대하여는 대통령령으로 정하는 바에 따라
기록물의 성격별로 비공개 상한기간을 따로 정할 수 있다.

제38조(기록물공개심의회) ① 영구기록물관리기관은 다음 각 호의 사항을 심의하기 위하여 기록물공개심의회를 설치 · 운영하여야 한다.

　　1. 제35조제4항에 따른 비공개 기간 연장 요청에 관한 사항

　　2. 그 밖에 기록물 공개 여부와 관련하여 영구기록물관리기관의 장이 심의를 요청한 사항

② 기록물공개심의회는 위원장 1명을 포함하여 7명의 위원으로 구성하고, 위원장과 위원의 임기는 2년으로 하며, 연임할 수 있다.

③ 기록물공개심의회의 위원은 소속 공무원 및 기록물의 공개와 관련된 지식과 경험이 풍부한 사람 중에서 영구기록물관리기관의 장이 임명하거나 위촉하며, 그 구성과 운영에 관한 사항은 대통령령으로 정한다.

④ 기록물공개심의회의 회의록 작성 · 보존에 관하여는 제15조제5항을 준용한다.

기록관리시행규칙

제18조(기록물 공개여부 구분표시) ① 영 제27조에 따른 기록물의 공개여부 구분표시는 "공개, 부분공개, 비공개" 중 하나를 선택하여 표시하여야 한다.

② 제1항 중 부분공개 또는 비공개의 경우에는 해당 정보를 "부분공개(　)" 또는 "비공개(　)"로 표시하고, 「공공기관의 정보공개에 관한 법률」 제9조제1항 각 호의 번호중 해당 번호를 괄호 안에 표시하여 함께 관리하여야 한다.

제40조의2(비공개 유형별 현황 서식) 법 제35조제4항 후단에 따라 공고하여야 하는 비공개로 재분류된 기록물의 비공개 유형별 현황은 별지 제13호의2서식에 따른다.

6절 기록물관리기관의 이용 활성화

　기록물관리기관은 기록의 안전한 보존만이 아니라 능동적인 활용서비스 역시 주요 사명으로 한다. 이러한 서비스는 정보공개에만 국한된 것은 아니다. 따라서 원활한 서비스를 위한 몇 가지 제도적 장치를 갖고 있는데 다음과 같다.

1. 기록관 및 특수기록관이 정보공개 접수창구가 된다.
2. 기록관, 특수기록관, 영구기록물관리기관 등은 비전자기록을 전자화한다.
3. 중앙기록물관리기관이 영구기록물관리기관으로 이관된 기록에 대해 기록의 성격별로 비공개 상한기간을 따로 정할 수 있다
4. 영구기록물관리기관은 소장 비공개 기록에 대하여 제한적으로 열람하게 할 수 있다. 비공개 기록에 관한 정보를 목적 외의 용도로 사용한 경우는 3년 이하의 징역 또는 2천만 원 이하의 벌금에 처한다.
   - 개인에 관한 정보로서 본인(상속인을 포함한다) 또는 대리인의 열람 청구
   - 권리구제 등을 위하여 열람을 청구한 경우
   - 공공기관이 직무수행 상 필요에 따라 열람을 청구한 경우
   - 학술연구 등 비영리 목적으로 열람을 청구한 경우
5. 영구기록물관리기관은 공개 및 열람 편의를 제공하기 위하여 기록을 정리(整理)·기술(記述)·편찬하고, 콘텐츠를 구축하는 등의 사업을 추진하여야 한다.
6. 보존기간이 30년 이상의 중요 비전자기록은 안전한 보존을 위해 보존매체를 사용하여 열람에 제공해야 하며, 부득이한 사유로 원본을 제공하는 때에는 열람업무 담당자가 입회하여야 한다.
7. 기록을 전시하는 경우에는 복제본을 사용하는 것을 원칙으로 한다.
8. 기록물관리기관이 적법한 기준과 절차에 따라 보존매체에 수록한 기록은 원본과 같은 것으로 추정한다.

9. 정보통신망에 의한 열람은 열람목적과 열람기간을 포함하는 열람신청서를 작성하여야 한다.

이 중에서 영구기록물관리기관이 보존하고 있는 비공개기록을 제한적으로 열람하는 절차는 정보공개법이나 (특수)기록관에서 수행하는 업무에는 없는 절차이므로 유의해야 한다. 이처럼 영구기록물관리기관의 비공개기록을 이용하려면 열람청구의 목적과 목적 내 사용에 대한 동의를 기재한 "비공개 기록물 열람신청서"를 제출하여야 한다. 이때 영구기록물관리기관은 청구 목적을 증명할 수 있는 관련 자료를 요청할 수도 있다.

영구기록물관리기관은 10일 이내에 제한적 열람 가능여부를 결정하여 신청인에게 통지하여야 한다. 다만, 생산기관 의견조회, 기록물공개심의회 심의 등이 필요한 경우에는 다시 10일의 범위 내에서 제한적 열람 결정을 연기할 수 있다. 만일 영구기록물관리기관의 결정에 불복하는 경우 신청인은 7일 이내에 재심의 요청서를 제출할 수 있으며, 영구기록물관리기관은 7일 이내에 "기록물공개심의회"에서 재결정하여야 한다.

이 제도는 2007년 개정되기 전의 정보공개법에서 정보공개청구 사유에 따라 제한적으로 제공했던 것이 개정과 더불어 폐지된 것과 대비된다.

참고로 이처럼 영구기록물관리기관이 제한적 열람의 심의 등을 위해 설치, 운영하는 기록물공개심의회는 국가기록관리위원회와 직접적인 상관은 없다.

법률

제37조(비공개 기록물의 열람) ① 영구기록물관리기관의 장은 해당 기관이 관리하고 있는 비공개 기록물에 대하여 다음 각 호의 어느 하나에 해당하는 열람 청구를 받으면 대통령령으로 정하는 바에 따라 이를 제한적으로 열람하게 할 수 있다.
  1. 개인에 관한 정보로서 본인(상속인을 포함한다) 또는 본인의 위임을 받은 대리인이 열람을 청구한 경우
  2. 개인이나 단체가 권리구제 등을 위하여 열람을 청구한 경우로서 해당 기록물이 아니면 관련 정보의 확인이 불가능하다고 인정되는 경우

　3. 공공기관에서 직무수행상 필요에 따라 열람을 청구한 경우로서 해당 기록물이 아니면 관련 정보의 확인이 불가능하다고 인정되는 경우

　4. 개인이나 단체가 학술연구 등 비영리 목적으로 열람을 청구한 경우로서 해당 기록물이 아니면 관련 정보의 확인이 불가능하다고 인정되는 경우

② 제1항에 따라 비공개 기록물을 열람한 자는 그 기록물에 관한 정보를 열람신청서에 적은 목적 외의 용도로 사용할 수 없다.

제38조의2(영구기록물관리기관 보존기록물의 활용) 영구기록물관리기관의 장은 그 기관이 보존하고 있는 기록물의 공개 및 열람 편의를 제공하기 위하여 기록물을 정리(整理)·기술(記述)·편찬하고, 콘텐츠를 구축하는 등의 사업을 추진하여야 한다.

제51조(벌칙) 다음 각 호의 어느 하나에 해당하는 자(제1호부터 제3호까지의 경우에는 기록물을 취득할 당시에 공무원이나 공공기관의 임직원이 아닌 사람은 제외한다)는 3년 이하의 징역 또는 2천만원 이하의 벌금에 처한다.

　4. 제37조제2항을 위반하여 비공개 기록물에 관한 정보를 목적 외의 용도로 사용한 자

시행령

제73조(비공개기록물의 제한적 열람절차) ① 법 제37조제1항에 따라 비공개기록물을 열람하고자 하는 경우에는 다음 각 호의 사항을 기재한 비공개 기록물 열람신청서를 제출하여야 한다.

　1. 청구인의 이름·주민등록번호·소속·주소 및 연락처(전화번호·전자우편주소 등을 말한다)

　2. 열람 청구 대상 기록물, 청구 목적

　3. 열람신청서에 기재한 목적 내 사용에 대한 동의

② 영구기록물관리기관의 장은 청구 목적을 증명할 수 있는 관련 자료를 요청할 수 있다.

③ 영구기록물관리기관의 장은 10일 이내에 제한적 열람 가능여부를 결정하여 신청인에게 통지하여야 한다. 다만, 생산기관 의견조회, 법 제38조에 따른 기록물공개심의회(이하 "기록물공개심의회"라 한다) 심의 등이 필요한 경우에는 10일의 범위 내에서 제한적 열람 결정을 연장할 수 있다. 이 경우 영구기록물관리기관의 장은 그 사실을 신청인에게 통지하여야 한다.

④ 영구기록물관리기관의 결정에 불복하는 경우 신청인은 7일 이내에 재심의 요청서를 제출할 수 있으며, 영구기록물관리기관은 7일 이내에 기록물공개심의회에서 재결정하여야 한다.

⑤ 제1항 및 제4항에 따른 열람신청서 및 재심의 요청서는 행정자치부령으로 정한다.

시행규칙

제33조(보존기록물의 원본열람) 보존기간이 30년 이상이고, 전자적 형태로 생산되지 않은 기록물의 열람은 그 기록물이 수록된 보존매체를 사용하여야 하며, 부득이한 사유로 원본을 열람에 제공하는 때에는 기록물의 열람업무를 담당하는 자가 계속하여 입회하여야 한다.

제34조(기록물의 복원·복제) ②기록물을 전시하는 경우에는 복제본을 사용하는 것을 원칙으로 한다.

제41조(비공개기록물의 제한적 열람) 영 제73조제5항에 따른 열람신청서 및 재심의 요청서는 별지 제14호 서식과 같다.

단원학습문제	8장 기록정보의 공개와 활용

01 다음 중 정보공개제도의 운영과 관련이 없는 위원회는?

① 정보공개위원회
② 대통령기록관리전문위원회
③ 기록물평가심의회
④ 국가기록관리위원회

02 다음 중 시민단체에서 추천한 사람으로 위촉되는 민간위원을 명시하고 있는 위원회는?

① 정보공개위원회
② 정보공개심의회
③ 기록물평가심의회
④ 대통령기록관리전문위원회

03 다음 중 정보공개제도에 포함되어 있지 않은 규정은?

① 비공개기록은 정보목록에서 제외할 수 있다.
② 비공개 정보는 행정정보공표제도에서 제외된다.
③ 비공개 기간의 연장과 관련해 기록물공개심의회가 심의한다.
④ 정보공개 장소에는 정보공개편람을 작성, 비치해야 한다.

04 다음 중 정보공개절차에 포함되는 것은?

① 정보공개를 청구한 날부터 20일 이내에 공개여부를 결정하지 않은 때에는 비공개 결정이 있는 것으로 간주된다.
② 청구된 정보가 제3자에 관련된 경우 반드시 그의 의견을 청취해야 한다.
③ 정보공개가 결정되어 통보한 공개일자로부터 7일이 경과하도록 청구자가 응하지 않은 경우에는 종결처리할 수 있다.
④ 정보공개 및 비공개 등의 결정에 대해 이의가 있는 경우는 정보공개위원회에 이의제기할 수 있다.

05 기록관리법령에 따라 비공개기록을 공개 재분류하는 시점에 해당하지 않는 것은?

① 비공개 기록의 폐기심사 시기
② 비밀해제시기
③ 기록물정리행사시기
④ 기록관으로의 이관시기

06 기록관리법령에 명시된 기록물관리기관의 이용제도에 포함되지 않는 것은?

① 영구기록물관리기관의 비공개 기록을 제한적으로 이용한 자가 사전에 신청서에 기재한 목적 외로 비공개 정보를 사용할 경우 벌칙을 받는다.
② 중요 비전자기록은 안전한 보존을 위해 보존매체를 사용하여 열람에 제공하고, 부득이한 사유로 원본을 열람해야 하는 경우는 이용자는 목적 외로 사용하지 않는다는 서약서를 제출해야 한다.
③ 중앙기록물관리기관은 영구기록물관리기관에 이관되는 기록에 대해 그 기록의 성격별로 비공개 상한기간을 따로 정할 수 있다.
④ 기록 전시는 복제본 사용을 원칙으로 한다.

9장_ 특수성격 기록의 관리

1절 폐지기관의 기록

일반적으로 공공기관이 폐지되는 경우 기록의 처분은 폐지된 기관의 성격에 따라 일차적인 처분의 방향이 결정된다. 만일 특정 공공기관의 소속 기관이 폐지되는 경우라면 모 기관의 (특수)기록관이 이들 기록을 수용하는 것이 마땅할 것이다. 다만 모 기관에도 (특수)기록관이 없는 경우는 관할 영구기록물관리기관이 수용해야 할 것이다. 특정 공공기관의 내부 부서의 폐지라면 해당 기록의 처분은 보다 간단하다.

또한 폐지된 기관의 사무를 승계하는 기관이 있는가의 여부에 따라, 승계기관이 수용하거나 혹은 관할 영구기록물관리기관이 수용하게 된다. 다만, 그 승계기관이 본 법령의 적용을 받는 공공기관 혹은 준공공기관인가 아니면 순전한 민간의 기관인가에 따라 달라질 수도 있다.

우선 승계기관이 전연 없다면 기록은 전량 소관 영구기록물관리기관으로 이관되어야 한다. 국가기관이나 지방자치단체 기관이 본 법령의 적용을 받지 않는 순전한 민간기관으로 승계된다면 전량 관할 영구기록물관리기관으로 이관해야 하고, 준공공기관이 승계하게 된다면 일단 폐지되는 기관의 모든 기록을 수용했다가 보존기간 30년 이상의 기록을 11년째 되는 해에 관할 영구기록물관리기관으로 이관해야 한다.

영구기록물관리기관의 장은 폐지되는 기관의 기록의 체계적인 이관 및 관리 등을 위하여 필요한 경우에는 소속 공무원을 파견할 수 있다. 다소 복잡한 행정절차가 필요하게 되는 것에 대비해서, 폐지되는 공공기관의 장은 기록물 인계절차의 착수 전까지 인계계획을 중앙기록물관리기관에 통보하여야 하고, 폐지되는 공공기관의 사무를 승계하는 기관의 장은 기록물 인수절차 종료 시 처리결과를 중앙기록물관리기관에 통보하여야 한다. 다만 이처럼 중앙기록물관리기관의 통제를 받도록 하는 것이 바람직한지, 관할 영구기록물관리기관의 역할로 규정하는 것이 나을지는 재검토가 필요하다.

법률

제25조(폐지기관의 기록물관리) ① 공공기관이 폐지된 경우 그 사무를 승계하는 기관이 없을 때에는 폐지되는 공공기관의 장은 지체 없이 그 기관의 기록물을 소관 영구기록물관리기관으로 이관하여야 한다. 다만, 국가 또는 지방자치단체의 기관이 제3조제1호에 따른 대통령령으로 정하는 기관 또는 민간기관으로 전환되는 경우의 기록물관리에 관하여는 대통령령으로 정하는 바에 따른다.

② 공공기관이 폐지된 경우에 그 사무를 승계하는 기관이 있을 때에는 폐지되는 기관의 장과 그 사무를 승계하는 기관의 장은 대통령령으로 정하는 바에 따라 기록물 인수인계가 원활하게 이루어질 수 있도록 조치하여야 한다.

③ 영구기록물관리기관의 장은 폐지되는 기관의 소관 기록물의 체계적인 이관 및 관리 등을 위하여 필요한 경우에는 소속 공무원을 파견할 수 있다.

시행령

제6조(중앙기록물관리기관) ② 중앙기록물관리기관의 장은 다음 각 호의 업무를 수행하기 위하여 법 제9조제3항에 따른 중간 관리시설을 설치 · 운영할 수 있다.

  2. 폐지기관으로부터 이관받은 기록물중 보존기간이 30년 이하인 기록물의 관리

제58조(폐지기관의 기록물관리) ① 법 제25조제1항 단서에 따라 국가 또는 지방자치단체의 기관이 제3조에 따른 공공기관으로 전환되는 경우 그 기관의 장은 보존기간이 30년 이상인 기록물을 보존기간의 기산일부터 10년이 경과한 다음 연도 중에 소관 영구기록물관리기관으로 이관하여야 한다.

② 국가 또는 지방자치단체의 기관이 민간기관으로 전환되는 경우 그 기관의 장은 모든 기록물을 지체 없이 소관 영구기록물관리기관으로 이관하여야 한다.

③ 공공기관의 장은 그 공공기관 내에서 운영된 부서가 폐지되고 업무를 승계하는 부서가 없는 경우에는 모든 기록물을 지체 없이 그 기관의 기록관 또는 특수기록관으로 이관하여야 한다.

④ 법 제25조제2항에 따라 폐지되는 공공기관의 장은 기록물 인계절차의 착수 전까지 인계계획을 중앙기록물관리기관에 통보하여야 하고, 폐지되는 공공기관의 사무를 승계하는 기관의 장은 기록물 인수절차 종료 시 처리 결과를 중앙기록물관리기관에 통보하여야 한다.

제68조(비밀기록물의 이관) ⑥영구기록물관리기관의 장은 그 기관이 관리하는 비밀기록물 중 다음 각 호의 어느 하나에 해당하는 기록물에 대하여는 재분류할 수 있다.

   2. 그 기록물의 생산기관이 폐지되고 그 기능을 승계한 기관이 분명하지 아니한 비밀기록물의 비밀 보호기간이 종료된 경우

2절 유출기록

기록의 회수제도는 본 법령의 적용을 받는 공공기록이 민간에 유출된 경우를 전제로 한다. 또한 유출의 의미는 기록이 허가받지 않은 채로 공적인 관리 및 통제의 범주를 벗어나는 경우를 의미한다. 포괄적으로는 복사나 복제된 기록도 이에 적용된다고 이해되는 만큼, 업무상의 필요로 제작된 복사본이나 복제본이 이관되지 않고 남겨지거나 담당자에 의해 외부로 반출되는 경우 적절한 보안조치가 수반되지 않는다면 논란이 발생할 수 있다. 그러나 물론 가장 쟁점이 되는 것은 원본의 경우라고 하겠다.

우선 기록의 무단 유출이나 반출에 대해서는 엄격히 처벌하도록 규정하고 있다. 공무원이나 공공기관의 임직원의 신분인 자가 기록을 무단으로 국외로 반출하는 경우라면 7년 이하의 징역 또는 3천만 원 이하의 벌금에 처하며, 국내에서라도 기록을 무단으로 은닉하거나 유출하면 3년 이하의 징역 또는 2천만 원 이하의 벌금에 처한다.

물론 공공기관의 장이나 영구기록물관리기관의 장은 기록이 유출되어 민간인이 이를 소유하거나 관리하는 경우에는 그 기록을 회수하는 것이 원칙이다. 다만 강제적인 회수의 대상이라고 보기 어려운 경우에는 위탁보존 또는 복제본 수집 등 필요한 조치를 하여야 한다. 만일 선의로 취득하여 소장해온 경우라면 일정한 보상을 강구할 수 있다. 전문감정평가기관이 평가한 금액, 혹은 전문감정평가기관이 없는 경우 국가기록관리위원회의 심의를 거쳐 중앙기록물관리기관의 장이 정한 액수를 보상할 수 있다.

이러한 유출 기록의 회수를 위하여 필요할 경우에는 관계 공무원으로 하여금 민간인이 소유하거나 관리하는 기록의 목록 및 내용의 확인, 그 밖에 필요한 조사를 하게 할 수 있으며, 이러한 조사 공무원이 그 권한을 표시하는 증표를 관계인에게 보여주는 경우에 정당한 사유 없이 조사를 거부·방해 또는 기피한 자는 2년 이하의 징역 또는 1천만 원 이하의 벌금에 처할 수 있다.

법률

제26조(기록물의 회수) ① 공공기관의 장 및 영구기록물관리기관의 장은 기록물이 유출되어 민간인이 이를 소유하거나 관리하는 경우에는 그 기록물을 회수하거나 위탁보존 또는 복제본 수집 등 필요한 조치를 하여야 한다. 이 경우 기록물을 회수하였을 때에는 선의로 취득한 제3자에게 대통령령으로 정하는 기준에 따라 필요한 보상을 할 수 있다.
② 공공기관(국가기관과 지방자치단체만 해당한다)의 장 및 영구기록물관리기관의 장은 제1항에 따른 기록물의 회수를 위하여 필요하다고 인정하면 관계 공무원으로 하여금 민간인이 소유하거나 관리하는 기록물의 목록 및 내용의 확인, 그 밖에 필요한 조사를 하게 할 수 있다.
③ 제2항에 따라 조사를 하는 공무원은 그 권한을 표시하는 증표를 관계인에게 보여주어야 한다.

제50조(벌칙) 다음 각 호의 어느 하나에 해당하는 자(기록물을 취득할 당시에 공무원이나 공공기관의 임직원이 아닌 사람은 제외한다)는 7년 이하의 징역 또는 3천만원 이하의 벌금에 처한다.
　　2. 기록물을 무단으로 국외로 반출한 자

제51조(벌칙) 다음 각 호의 어느 하나에 해당하는 자(제1호부터 제3호까지의 경우에는 기록물을 취득할 당시에 공무원이나 공공기관의 임직원이 아닌 사람은 제외한다)는 3년 이하의 징역 또는 2천만원 이하의 벌금에 처한다.
　　1. 기록물을 무단으로 은닉하거나 유출한 자

시행령

제59조(회수기록물의 보상기준) 법 제26조제1항 후단에 따른 보상액은 전문감정평가기관이 평가한 금액으로 하되, 전문감정평가기관이 없는 경우에는 국가기록관리위원회의 심의를 거쳐 중앙기록물관리기관의 장이 정한다.

시행규칙

제43조(기록물 조사관의 신분증표) 법 제26조제2항 및 법 제43조제3항에 따른 조사를 하는 공무원의 신분증표는 별지 제15호 서식에 의한다.

3절 시청각기록

시청각기록의 특성은 활자화된 기록과의 차이에서 확연히 드러난다. 우선 현장감과 생동감이 단적으로 나타난다. 일반적인 텍스트 중심의 기록에서는 표현해낼 수 없던 것이기도 하다. 따라서 현장감을 재현하거나 생동감 있게 사실을 전달할 수 있어, 사실규명의 근거나 가치 있는 현상과 형상 등을 기록하기에 적합하다. 이러한 점에 착안하여 앞에서 살펴본 대로 법령에서는 의무적인 시청각기록 생산대상의 범주를 정해놓고 있다.

뿐만 아니라, 이중에서도 대통령 취임식, 「국가장법」에 따른 장의행사(葬儀行事)와 국가적 차원에서 추진이 필요하다고 인정되어 특별법으로 정한 국제행사 또는 체육행사, 다수의 외국 국가원수 또는 행정수반이 참석하는 국제회의, 공공기관의 장과 중앙기록물관리기관의 장이 협의하여 정한 대규모 사업·공사, 그 밖에 필요하다고 인정되는 사항 등에 대해서는 동영상기록을 생산하도록 규정하고 있다. 이 경우 촬영 개요 및 시간별 촬영 세부사항 등을 포함한 설명문을 별도로 작성하여야 한다.

더욱이 영구기록물관리기관의 장은 주요 기록의 보존을 위하여 관련 기록을 직접 생산할 필요가 있다고 인정하는 경우에는, 관련 공공기관의 장과 협의하여 그 공공기관 또는 행사 등에 소속 공무원을 파견하여 기록하게 할 수도 있다. 이러한 시청각기록은 대체로 영구보존의 대상이 될 것으로 생각된다.

한편 시청각기록은 다양한 기록방식으로 진전이 가능하다. 게다가 시청각기록은 매체전환이 간편하고 유통 및 전파에 용이하며 흥미를 유발하고 설득력 있게 현상을 전달할 수 있다. 특히 21세기 정보산업의 발달로 다양한 기록매체의 출현이 가능하게 되었고, 시청각기록의 매체 역시 급속도로 발달되었다. 업무분야에서도 화상회의 방식이 확대되고 있다. 다만, 시청각기록의 기록매체와 기록방식이 기록의 가치와 성격을 이해하는 데에 결정적인 영향을 미칠 경우도 있으므로, 그 선택에 있어서 충분한 고려가 필요하며, 또한 기술적인 진보와 매체 발전을 전제로 한 관리가 필수적이다.

따라서 이러한 시청각기록을 작성하고 운용하기 위해서는 기본적인 장비와 시설, 기술인력 등이 필요하다. 처리과에서는 각종 생산장비와 편집장비가 필요할 것이며, 또한 기록물관리기관에는 보존 시설 및 장비는 물론, 이를 운용할 수 있는 전문적 기술인력도 필요할 것이다.

시청각기록 서고환경	온도(℃)	필름매체류 : -2~2℃, 자기매체류 : 13~17℃
	습도(%)	필름매체류 : 25~35%, 자기매체류 : 35~45% (변화율은 10% 이내)

특히 시청각기록의 경우 온도나 습도 등에 쉽게 손상되는 매체상의 특성으로, 안전한 보존을 위하여 보존성이 강한 매체로 전환시키는 한편, 보존환경을 안정적으로 유지하려는 노력이 필수적이다. 따라서 가급적 신속히 영구기록관리기관에서 전문적인 보존처리가 실행되도록 운영하는 것이 불가피하다. 법령에서는 보존기간이 30년 이상인 시청각기록을 보존기간의 기산일부터 5년이 경과하기 전에 관할 영구기록물관리기관으로 이관하도록 규정하고 있다. 물론 시청각기록의 보존시설 및 장비의 기준에 적합한 서고와 관리 장비를 갖춘 기관의 경우나, 또는 부득이한 사유로 이관시기의 연장이 필요하다고 인정되는 때에는 보존기간 기산일부터 10년의 범위 내에서 이관시기를 연장할 수 있다. 또한 안전한 보존을 위한 시청각기록의 상태검사와 정기적인 점검의 규정도 마련되어 있다.

한편 시청각기록의 최종 선정·편집 등은 정당한 업무처리과정이다. 이러한 최종 편집이 완료된 기록이 원본으로 인정되어야 하는 불가피한 특성을 지닌다. 따라서 법령에서도 시청각기록의 등록시기를 다음과 같이 정하고 있다. 사진·필름류의 시청각기록에 대하여는 촬영물 중 보존대상 기록으로 적합한 작품을 선정한 후 생산등록번호를 부여한다. 영화·비디오·오디오류의 시청각기록에 대하여는 촬영·녹화 또는 녹음된 기록을 편집하여 기록이 완성된 후 생산등록번호를 부여한다. 다만, 편집장비를 보유하지 않은 공공기관의 경우에는 편집되지 않은 상태의 기록을 그대로 등록할 수 있다. 그러나 이처럼 선별이나 편집 시 담당자의 의도가 개입될 수 있고 원본을 가공, 수정할 위험이 있으므로, 이 부분에 대한 교육 및 전문적인 방법론 개발이 요청된다.

또한 시청각기록은 그 자체만으로는 정식의 보고, 결재 등 문서처리 방식에 적합하지 않다. 그 자체가 보고나 결재를 위한 것이라기보다는 참고 혹은 확인·홍보·배포 등의 목적에서 작성되는 것이 대부분이고, 일반 기록의 첨부물로서 사용되는 것이 일반적이다. 분리등록의 방식이 적용될 소지가 그만큼 크다고 하겠다. 그렇기는 하지만, 현장성과 생동감을 살린 기록방식으로서, 정식의 기록물처리과정에 포함시켜 기록행정에 적극 활용할 필요가 있다는 점은 명확하다.

시청각기록은 현장을 재현하거나 생동감 있는 의사전달은 가능하지만, 해당 시청각기록의 맥락과 의미·특성 등을 충분히 이해하도록 하기 위해서는 부연설명이 불가피하다. 당시의 정황을 설명해놓지 않은 경우에는 사후에 시청각기록의 내용을 정확히 이해하기가 곤란하다는 난점도 존재한다. 따라서 시청각기록을 작성하여 등록할 경우에는 그 정황을 정확하게 이해할 수 있도록 설명항목을 설정할 필요가 있다.

법령에서는 시청각기록을 전자기록생산시스템으로 등록·관리함을 원칙으로 하며, 시행 전·시행 과정 및 시행 후의 주요상황을 체계적으로 파악할 수 있도록 생산하도록 규정하고 있다. 동영상기록의 경우는 촬영 개요 및 시간별 촬영 세부사항 등을 포함한 설명문을 별도로 작성하여야 한다. 이외에 시청각기록의 등록서식 등은 신법령에서는 제시하지 않지만, 시청각기록 중 사진·필름류의 색인목록에는 사진설명과 사진형태를 기입하도록 되어 있고, 오디오·영화·비디오류의 색인목록에는 내용요약이 기입되도록 되어 있는 것을 보건대, 대체로 등록과정에 이러한 사항을 함께 기입하도록 할 것으로 이해된다. 시청각기록에

딸린 설명서나 책자가 있는 경우는 분리등록도 강구해야 하며, 이관 시에는 함께 이관하도록 유의해야 한다. 이외에도 사진·필름류는 보존봉투를 편성하여 보관한다.

색인목록

3. 시청각기록물(사진·필름류)

기록물철 제목

분류번호 :   (생산연도 :   )

일 련 번 호	등록번호	제 목	사진 설명	사진형태	비 고

4. 시청각기록물(오디오·영화·비디오류)

기록물철 제목

분류번호 :   (생산연도 :   )

일 련 번 호	등록번호	제 목	내 용 요 약	비 고

법령에 규정되어 있지는 않지만, 최종본의 선정과 편집의 원칙 및 선정·편집 과정에서의 특이사항 등에 대한 기록도 병행할 필요가 있으며, 최종 선정되지 못했거나 편집과정에서 잘려진 부분에 대한 처리도 유의해야 한다. 시청각기록의 특성과 장점을 살려 원활히 이용될 수 있도록 보존처리하는 방안도 강구되어야 하는데, 특히 영구기록물관리기관은 복제본의 인화, 복제물 교부 등을 위한 장비도 구비할 필요가 있다.

법률

17조(기록물의 생산의무) ③ 공공기관은 주요 업무수행과 관련된 시청각 기록물 등을 대통령령으로 정하는 바에 따라 생산하여야 한다.

④ 영구기록물관리기관의 장은 주요 기록물 보존을 위하여 관련 기록물을 직접 생산할 필요가 있다고 인정하는 경우에는 관련 공공기관의 장과 협의하여 그 공공기관 또는 행사 등에 소속 공무원을 파견하여 기록하게 할 수 있다.

제23조(시청각 기록물의 관리) 공공기관은 업무수행과 관련하여 생산한 사진, 필름, 테이프, 비디오, 음반, 디스크 등 영상 또는 음성 형태의 기록물을 대통령령으로 정하는 바에 따라 관리하고 소관 영구기록물관리기관으로 이관하여야 한다.

시행령

제19조(시청각기록물의 생산) ① 법 제17조제3항에 따라 공공기관은 다음 각 호의 어느 하나에 해당하는 사항에 대하여 시청각기록물을 생산하여야 한다. 이 경우 시청각기록물은 전자기록생산시스템으로 등록·관리함을 원칙으로 하며, 시행 전·시행 과정 및 시행 후의 주요상황을 체계적으로 파악할 수 있도록 생산하여야 한다.

1. 대통령·국무총리 및 중앙행정기관의 장, 지방자치단체장 및 교육감, 교육장 등 주요 직위자의 업무 관련 활동과 인물사진
2. 외국의 원수·수상, 그 밖에 주요 외국인사의 주요 동정 중 대한민국과 관련되는 사항
3. 국가 및 지방자치단체의 주요 행사
4. 국제기구 또는 외국과의 조약·협약·협정·의정서·교류 등의 추진과 관련된 주요 활동
5. 「국가재정법 시행령」 제13조제1항 및 제14조에 해당되는 대규모 사업·공사
6. 대규모의 토목·건축공사 등의 실시로 본래의 모습을 찾기 어렵게 되는 사항
7. 철거 또는 개축 등으로 사라지게 되는 건축물이나 각종 형태의 구조물이 사료적 가치가 높아 시청각기록물로 그 모습을 보존할 필요가 있는 사항
8. 다수 국민의 관심사항이 되는 주요사건 또는 사고로서 공공기관의 장이 시청각기록물의 작성·보존이 필요하다고 인정하는 사항
9. 증명적 가치가 매우 높아 그 현장 또는 형상을 시청각기록물로 보존할 필요가 있는 사항
10. 국내 최초의 출현물로서 사료적 가치가 높은 사항
11. 그 밖에 시청각기록물의 생산이 필요하다고 인정되는 사항

② 공공기관의 장은 다음 각 호의 어느 하나에 해당하는 사항에 대해서는 동영상기록물을 생산하여야 한다. 이 경우 촬영 개요 및 시간별 촬영 세부사항 등을 포함한 설명문을

별도로 작성하여야 한다.

1. 제1항제1호 중 대통령 취임식
2. 제1항제3호 중 「국가장법」에 따른 장의행사(葬儀行事)와 국가적 차원에서 추진이 필요하다고 인정되어 특별법으로 정한 국제행사 또는 체육행사
3. 제1항제4호 중 다수의 외국 국가원수 또는 행정수반이 참석하는 국제회의
4. 제1항제5호 중 공공기관의 장과 중앙기록물관리기관의 장이 협의하여 정한 대규모 사업·공사
5. 그 밖에 동영상기록물의 생산이 필요하다고 인정되는 사항

제56조(시청각기록물의 이관시기) 법 제23조에 따라 공공기관은 보존기간이 30년 이상인 시청각기록물을 보존기간의 기산일부터 5년이 경과하기 전에 관할 영구기록물관리기관으로 이관하여야 한다. 다만, 별표 6의 시청각기록물 보존시설 및 장비의 기준에 적합한 서고와 관리장비를 갖춘 공공기관의 경우 또는 부득이한 사유로 이관시기의 연장이 필요하다고 인정되는 때에는 보존기간 기산일부터 10년의 범위 내에서 이관시기를 연장할 수 있다.

[별표 3] 기록물의 상태검사 기준(제50조제4항 관련)

[별표 6] 기록물관리기관의 보존시설 및 장비의 기준(제60조제1항 관련)

시행규칙

제5조(생산·접수등록번호의 표기) ① 영 제20조제1항에 따른 기록물의 생산기관에서 부여하는 생산등록번호는 다음 각 호의 방법으로 표기한다.

4. 사진 또는 필름류의 기록물은 사진 뒷면이나, 그 사진·필름 등을 넣은 봉투 또는 그 사진·필름 등을 부착한 종이의 좌측 상단의 여백에 별표 1의 표시방법에 따라 생산등록번호를 표기한다. 다만, 동일한 내용의 사진과 필름 등에 대하여는 동일한 생산등록번호를 표기한다.

제12조(사진·필름류의 편철 및 관리) ① 사진·필름류는 기록물철 단위로 그 사진·필름의 규격에 적합한 별표 9의 사진·필름류 보존봉투에 넣어 편철한 후 보존상자에 넣어 관리한다.

② 제1항에 따라 사진·필름류를 편철하는 경우에는 맨 위에는 별지 제1호서식의 색인목록을 놓고 그 목록순서에 따라 기록물을 배열하여야 한다.

제30조(기록물의 보존처리) ③시청각기록물 및 행정박물은 안전한 보존 및 활용을 위하여 매체변환, 매체수록 등 필요한 조치를 취하여야 한다.

[별표 14] 보존기록물점검주기[제31조관련]

4절 간행물

공공기관이 발행하는 간행물 역시 업무활동의 결과물이라는 점에서 기록의 일환으로 취급되어야 마땅하다. 물론 특수한 전문분야의 학술적 성격의 간행물로 발간되는 경우도 있겠지만, 대부분의 공공간행물은 업무활동의 내용과 사실을 반영하는 기록을 저본으로 삼아 편집, 간행된다. 오히려 기록의 가장 핵심적인 내용이 정리되어 간행되므로, 업무상으로도 단기적인 참고만이 아니라 중장기적인 참고의 가치가 있으며, 학술적 활용에도 요긴한 기록이 된다.

특히 일반 기록은 정보공개과정을 통해 제공되는 데에 반해, 간행물은 이용을 전제로 발간된다는 점에서 능동적인 이용서비스의 일환으로 이해될 수 있다. 다만, 일반적으로는 판매와 영리를 목적으로 하는 것이 아니며, 공공의 비용을 들여 대부분 한정 부수의 비매품으로 출간된다. 그런 점에서는 일반 국민의 이용에 제약이 있기 마련이고, 또한 수요에 대한 예측과 배포선 설정에 합리적 판단이 반드시 필요하다.

이러한 점에서 법령에서는 간행물을 기록관리의 대상으로 포함시키고 다음의 사항들을 주요 제도적 장치로 삼고 있다.

- 공공간행물은 기록의 일환으로 관리한다.
- 공공간행물은 관할 영구기록물관리기관의 발간등록제를 적용한다.
- 발간등록된 간행물은 발간 직후 관할 (특수)기록관과 영구기록물관리기관, 중앙기록물관리기관으로 송부하여 보존관리 한다.

공공기관은 간행물을 발간하려면 관할 영구기록물관리기관에 발간등록을 신청하여 등록번호를 부여받아 이를 해당 간행물에 표기하여 발간해야 한다. 발간

등록의 대상에서 제외되는 것은 일반적인 공문서 기록과 영구기록물관리기관이 가치가 낮다고 판단한 기록, 그리고 준공공기관에 해당하는 기관의 간행물 등이다. 이렇게 발간등록의 대상에서 제외되는 것은 송부의 대상에서도 제외된다고 이해되기 쉽지만, 과연 (특수)기록관에조차 송부하지 않을 것인지 다시 살펴보는 것이 바람직하겠다.

발간등록번호는 영구기록물관리기관기호, 발행기관의 기관코드(행정자치부장관이 정하는 행정기관코드를 포함한다), 등록일련번호 및 발간유형구분기호로 구성하며, 영구기록물관리기관기호 및 발간유형구분기호는 중앙기록물관리기관의 장이 정한다. 이 발간등록번호의 표기는 식별이 용이한 정도의 규격으로 간행물의 앞표지 좌측 상단에 기재하는 것을 원칙으로 하며, "발간등록번호"라 쓰고 그 아랫줄에 발간등록번호를 표기하는 방법으로 한다.

발간등록을 거친 모든 간행물은 발간 후 15일이 경과하기 전까지 관할 기록관 또는 특수기록관과 관할 영구기록물관리기관 및 중앙기록물관리기관에 송부하여야 한다. 이 경우 간행물에 대한 전자파일이 있는 경우에는 이를 함께 송부하여야 한다. 영구기록물관리기관에까지 송부되어 보존되므로 사실상 영구기록물에 해당하게 될 뿐 아니라, 국가적으로는 중앙기록물관리기관에도 집중보존된다.

공공기관이 발간한 간행물의 분류는 기록관리기준표의 분류기준을 따른다. 다만, 하나의 단위과제에 속하지 않고 상위의 분류 계층에 해당할 수 있다는 점을 고려하여 규정했던 구법령과 다소 차이가 있다.

영구기록물관리기관의 장은 공공기관이 발간한 간행물 중 등록되지 않은 간행물이 발견되는 경우에는 이를 직접 등록하여 보존할 수 있다. 기록물관리기관의 장은 송부 받은 간행물의 활용가치가 없어진 경우에는 보존용 1부를 제외한 나머지 간행물은 파기할 수 있다.

기록물관리기관에 송부된 간행물의 목록체계는 법령에 규정되지 않은 상태이며, 또한 보존기간을 부여하지 않고 전량 영구보존하는 방식의 타당성도 재검토의 필요가 있다고 생각된다. 아울러 일반 기록과 함께 간행물도 처리과에서 등록하는 체계를 갖출 것인지 명확하지 않으며, 특히 당해 기관에서 발간한 것이 아니라 접수한 간행물의 경우 취급방안도 명확하지 않다. 기록관이 참고자료와 같은 별도의 정보물을 취급한다면, 접수한 간행물은 이의 일환으로 취급할 수도 있을 것이다. 다만, 구법령에서는 업무에 사용되는 일반도서자료를 기록관(자료관)이 취급하도록 했었지만, 신법령에서 이러한 제도를 폐지한 이상 현재로서는 제도적으로 참고자료를 유지할 근거를 갖고 있지 않다.

다만, 간행물의 관리에 관한 공공표준에 따르면 연속간행물의 경우 최초 한 번만 발간등록하는 것으로 되어 있는데, 연속적으로 발간될 때마다 빠짐없이 송부되도록 확인하고 보장하는 데에는 다소 미흡할 우려도 있다. 또한 발간등록에서 제외되는 간행물의 사례도 제시하고 있는데, 관점의 차이일 수도 있겠지만 동의하기 어려운 부분도 있으며, 이렇게 발간등록에서 제외되는 간행물은 또한 송부의 대상이 아니라는 점을 고려한다면 적절하지 않은 사항이 적지 않아 보인다. (NAK/G 1-1:2016(v2.2) "특수유형 기록물 관리-제1부 : 간행물")

법률

제22조(간행물의 관리) ① 공공기관은 간행물을 발간하려면 대통령령으로 정하는 바에 따라 소관 영구기록물관리기관으로부터 발간등록번호를 부여받아야 한다.

② 공공기관은 발간하는 간행물에 제1항에 따른 발간등록번호를 표기하여야 하며, 간행물을 발간하였을 때에는 지체 없이 그 간행물 3부를 각각 관할 기록관 또는 특수기록관과 소관 영구기록물관리기관 및 중앙기록물관리기관에 송부하여 보존·활용되도록 하여야 한다.

시행령

제55조(간행물의 관리) ① 다음 각 호의 어느 하나에 해당하는 간행물에 대하여는 법 제22조제1항에 따른 간행물의 발간등록을 생략할 수 있다.

1. 제20조에 따라 등록되는 기록물
2. 영구기록물관리기관의 장이 보존 및 활용가치가 낮다고 정한 간행물
3. 제3조 각 호의 어느 하나에 해당하는 공공기관이 발간하는 간행물

② 간행물의 발간등록번호는 영구기록물관리기관기호, 발행기관의 기관코드(행정자치부장관이 정하는 행정기관코드를 포함한다), 등록일련번호 및 발간유형구분기호로 구

성하며, 영구기록물관리기관기호 및 발간유형구분기호는 중앙기록물관리기관의 장이 정한다.

③ 법 제22조제2항에 따른 발간등록번호의 표기는 식별이 용이한 정도의 규격으로 간행물의 앞 표지 좌측 상단에 기재하는 것을 원칙으로 하며, "발간등록번호"라 쓰고 그 아랫줄에 발간등록번호를 표기하는 방법으로 한다.

④ 공공기관의 장은 발간 등록된 간행물(제1항제3호의 간행물중 동항제1호 또는 제2호에 해당되지 아니하는 간행물을 포함한다)을 발간 후 15일이 경과하기 전까지 법 제22조제2항에 따라 관할 기록관 또는 특수기록관과 관할 영구기록물관리기관 및 중앙기록물관리기관에 송부하여야 한다. 이 경우 전자적 형태로 생산되지 아니한 간행물에 대한 전자파일이 있는 경우에는 이를 함께 송부하여야 한다.

⑤ 기록물관리기관의 장은 제4항에 따라 송부받은 간행물의 활용가치가 없어진 경우에는 보존용 1부를 제외한 나머지 간행물은 파기할 수 있다.

시행규칙

제15조(기록물관리책임자) ②기록물관리책임자는 다음 각 호의 업무를 수행한다.

　　5. 간행물의 등록 및 관리에 관한 사항

제36조(간행물 발간등록) ① 법 제22조제1항에 따른 간행물의 발간등록번호부여의 신청서식은 별지 제11호서식과 같다.

② 영구기록물관리기관의 장은 공공기관이 발간한 간행물 중 등록되지 않은 간행물이 발견되는 경우에는 이를 직접 등록하여 보존할 수 있다.

제37조(간행물의 분류) 공공기관이 발간한 간행물의 분류는 영 제25조에 따른 기록관리기준표의 분류기준을 따른다.

5절 행정박물

행정박물은 공공기관이 업무수행과 관련하여 생산·활용한 형상기록을 의미한다. 그중에서도 행정적·역사적·문화적·예술적 가치가 높은 경우 법령에 의거하여 영구기록물관리기관으로 이관하여 보존하도록 규정하고 있다.

시행령에 따르면 이에 해당하는 행정박물의 범위는 다음과 같다.

유형	범위
관인(官印)류	· 국새(國璽) 및 기관장의 직인 등
견본류	· 화폐, 우표, 훈장·포장 등의 견본류 및 도안류
상징류	· 공공기관 및 공공업무와 관련하여 상징성을 지니는 현판, 기(旗), 휘호(揮毫), 모형, 의복, 공무용품 등의 상징물
기념류	· 공공기관의 주요 홍보, 행사, 활동 중에 생산된 홍보물 및 기념물
상장·훈장류	· 국가를 위한 공로로 수여받은 훈장 및 포장 · 공공업무와 관련하여 수여받은 상장(패)류
사무집기류	· 대통령, 국무총리 등 주요 직위에 있던 사람이 업무수행에 사용하였던 사무집기류 등
그 밖의 유형	· 영구기록물관리기관의 장이 지정한 그 밖의 유형

참고로, 이 별표의 내용을 보다 자세하게 소개하고 있는 공공표준에 따르면, 앞서 간행물로서 발간등록을 생략할 수 있는 인쇄물 중에서 기념류에 해당하는 것들은 대부분 행정박물로 취급된다. (NAK/G 1-3:2011(v2.0) "특수유형 기록물 관리-제3부: 행정박물")

위의 범위에 속하는 행정박물을 생산, 접수 또는 취득하였을 경우 시행령에 따르면 중앙기록물관리기관의 장이 정하는 방식에 따라 관리번호 및 등록정보를 작성하여야 하며, 매년 (특수)기록관과 영구기록물관리기관으로 제출하는 생산현황통보에 해당 등록정보를 함께 제출하도록 규정하고 있다.

그러나 위의 범주에 속하는 행정박물이 생산, 접수, 취득되었다고 해서 모두 직접적인 기록관리의 대상으로 포함되는 것은 아닌 것으로 이해된다. 공공표준에서는 기록물관리기관이 유형별 가치 및 보존타당성 기준에 따라 관리대상 행정박물을 선별하도록 규정하고 있는 것이다. 이를 선별하는 기준으로서 일종의 체크리스트를 활용하여 관리대상의 행정박물을 선별할 수 있도록 제시하고 있다. 이렇게 기록물관리기관이 관리대상 행정박물로 선별한 후에 이들을 행정박물 관리대장에 등록하도록 규정한다.

행정박물 관리대상 선별을 위한 체크리스트			
선 별 기 준	유	무	비고
	○	×	
유형별 가치			
중요 행사 및 사업 관련			
중요 인물 행적 관련			
상징성			
예술성			
유일성 또는 희소성			
활용성			
보존타당성			
보존가능성			
훼손도			
행정박물 대상판정			

이러한 절차를 거쳐 최초 처리과에서 부여된 처리과 기관코드 – 생산연도별 일련번호로 구성되는 등록번호를 해당 행정박물에 손상을 주지 않는 방식으로 표기한다.

행정박물 관리대장			
〈식별정보〉			
등록번호		관련번호	
유형분류		재질분류	
〈관리정보〉			
이미지	제목		
	생산부서		
	생산일자		
	종료일자		
	입수일자		
	입수경위		
	수량		
	크기		
주기			
비고			
보존장소		서가위치	

여기서 관련번호는 당해 행정박물의 생산과 직접 관련된 기록의 등록번호이며, 입수경위는 행정박물의 입수 방법을 기입하는 것으로, 생산, 증정, 위탁, 구매, 활용, 종료 후 입수 등으로 기입하되, 입수경위를 파악할 수 있도록 수령인이나 증정인 등을 포함해 비교적 상세하게 기입하도록 요구하고 있다. 또한 행정박물을 유형별, 형태별, 재질별로 분류하는 분류표에 따라 해당 사항을 기입해야한다. (이상 공공표준 규정사항)

다시 기록관리법령에 의하면, 영구기록물관리기관은 접수된 생산현황자료에 포함된 행정박물 중 보존가치가 높은 경우에는 이관대상으로 지정하여 관리해야하며, 공공기관은 이관대상으로 지정된 행정박물의 이관사유 발생 시 영구기록물관리기관으로 이관해야 한다. 이러한 행정박물의 유형별 이관시기는 다음과 같이 규정하고 있다.

유형	이관시기
관인류	· 신규관인 제작, 명칭 변경, 기관 폐지 등으로 관인을 폐기하는 때
견본류	· 생산 후 60일 이내
상징류	· 명칭 변경 등으로 신규 상징물 제작 시 · 기관 폐지 시
기념류	· 행사, 사업 종료 시
상장 · 훈장류	· 수상 후 1년 이내
사무집기류	· 해당 사무집기류 활용 종료 시
그 밖의 유형	· 영구기록물관리기관의 장이 정하는 시기

이에 따르면 자칫 처리과에서 영구기록물관리기관으로 직접 이관되듯이 보이지만, 표준에 의하면 행정박물의 경우 이관 사유가 발생할 경우 일단 (특수)기록관으로 이관하는 것이 우선이고, 그중에서 영구기록물관리기관이 지정한 대상을 다시 이관하도록 규정하고 있다. 또 법령에는 별도의 행정박물류에 적용할 이관목록이 제시되고 있지 않지만, 표준에 의하면 행정박물 관리대장과 데이터를 공유하게 될 것이다.

그러나 만일 업무상의 활용이나 전시 등의 목적을 위하여 필요한 경우에는 영구기록물관리기관의 장과 협의하여 이관시기가 도래한 행정박물의 이관시기를 연장하거나, 영구기록물관리기관에서 보존 중인 행정박물을 대여받아 사용할 수도 있다. 또한, 이관대상으로 지정되지 않은 행정박물이 행정적 · 역사적 · 문화적 · 예술적 가치의 변동으로 인하여 영구보존의 필요성이 상실된 것으로 인정되는 경우나 심각한 물리적 훼손으로 복원이 불가능한 경우 폐기절차를 거쳐 폐기할 수 있다.

한편 기록물관리기관의 보존시설 및 장비기준에 따르면, 기록관의 경우는 행정박물을 위한 별도의 공간에 대한 규정은 없으나, 특수기록관과 영구기록물관리기관에는 온도 18~22℃, 습도 40~50%(변화율은 10% 이내)의 기준이 제시되고 있다. 또한 행정박물의 경우 다양한 재료와 매체로 만들어지기 때문에 상태검사 등이 주기적으로 이뤄지도록 규정하고 있다. 금속, 석재, 플라스틱 재질의 박물류는 30년마다 상태점검을 하고, 종이, 목재, 섬유재질의 박물류는 10년마다 상태를 점검하도록 되어 있다.

　이상 행정박물류의 관리에 대한 제도를 살펴보자면 아직 제도적인 완성도가 떨어지는 느낌이 없지 않다. 이는 기록관리 분야에서 박물류의 관리에 대한 경험이 미흡한 까닭도 있다고 이해된다. 앞으로 제도개선이 요구된다.

법률

제24조(행정박물의 관리) 공공기관은 업무수행과 관련하여 생산·활용한 형상기록물로서 행정적·역사적·문화적·예술적 가치가 높은 기록물을 대통령령으로 정하는 바에 따라 관리하고 소관 영구기록물관리기관으로 이관하여야 한다.

시행령

제57조(행정박물의 관리) ① 법 제24조에 따라 공공기관에서 관리해야 하는 행정박물의 범위는 별표 4와 같다.

② 공공기관이 제1항에 따른 행정박물을 생산, 접수 또는 취득하였을 경우에는 중앙기록물관리기관의 장이 정하는 방식에 따라 관리번호 및 등록정보를 생산·관리하여야 하며, 제33조 및 제42조에 따른 생산현황 보고시 해당 목록 및 등록정보를 제출하여야 한다.

③ 영구기록물관리기관의 장은 생산현황 보고된 행정박물 중 보존가치가 높은 경우에는 이관대상으로 지정·관리하여야 한다.

④ 공공기관은 제3항에 따라 이관대상으로 지정된 행정박물의 이관사유 발생시 영구기록물관리기관으로 이관하여야 하며 행정박물 유형별 이관시기는 별표 5와 같다.

⑤ 공공기관의 장은 업무활용, 전시 등의 목적을 위하여 필요한 경우에는 관할 영구기록물관리기관의 장과 협의하여 이관시기가 도래한 행정박물의 이관시기를 연장하거나, 영구기록물관리기관에서 보존 중인 행정박물을 대여받아 사용할 수 있다.

⑥ 공공기관은 제3항에 따라 이관대상으로 지정되지 않은 행정박물이 다음 각 호의 어느 하나에 해당하는 경우에는 제43조제1항에 따른 절차를 거쳐 행정박물을 폐기할 수 있다.

　1. 행정적·역사적·문화적·예술적 가치의 변동으로 인하여 영구보존의 필요성이 상실된 것으로 인정되는 경우

　2. 심각한 물리적 훼손으로 복원이 불가능한 경우

시행규칙

제30조(기록물의 보존처리) ③ 시청각기록물 및 행정박물은 안전한 보존 및 활용을 위하여 매체변환, 매체수록 등 필요한 조치를 취하여야 한다.

[별표 14] 보존기록물점검주기[제31조관련]

단원학습문제	**9장 특수성격 기록의 관리**

01 폐지기관의 기록을 관리하는 방식에 대한 규정으로 적합하지 않은 것은?

① 국가기관이 준공공기관화 하여 업무를 지속한다면 해당 기록관에서 전량 보존하다가 30년 이상 보존대상 기록을 11년째 되는 해에 관할 영구기록물관리기관으로 이관한다.

② 광역자치단체의 소속 기관이 승계기관 없이 순전한 민간기구화 할 경우 기록은 해당 지방기록물관리기관으로 이관되어야 한다.

③ 폐지되는 공공기관의 장은 인계계획을 소관 영구기록물관리기관에 제출해야 한다.

④ 영구기록물관리기관은 폐지되는 기관의 기록이 체계적으로 이관되고 관리되도록 하기 위해 필요한 경우 소속 공무원을 파견할 수 있다.

02 시청각기록의 관리방식에 대한 규정으로 적합하지 않은 것은?

① 영화, 비디오, 오디오류는 편집되어 완성된 후 등록한다.

② 사진필름류의 경우 촬영개요 및 시간별 촬영 세부사항 등을 포함한 설명문을 별도로 작성해야 한다.

③ 보존기간 30년 이상의 시청각기록은 보존기간 기산일로부터 5년이 경과하기 전에 소관 영구기록물관리기관으로 이관하는 것을 원칙으로 한다.

④ 영구기록물관리기관에 의해 중요 회의로 지정된 회의는 속기록이나 녹음기록을 생산해야 하는데 , 이때 녹음기록에는 녹취록을 포함해야 한다.

03 간행물의 발간등록 및 송부제도에 대한 설명으로 적합한 것은?

① 발간등록번호는 소관 영구기록물관리기관기호, 발행기관의 기관코드, 등록일련번호, 단위과제코드, 발간유형구분기호로 구성한다.

② 발간 후 15일 이내에 관할 (특수)기록관과 영구기록물관리기관, 중앙기록물관리기관에 1부씩 송부해야 한다.

③ 발간등록의 대상에서 제외된 것도 (특수)기록관 및 소관영구기록물관리기관, 중앙기록물관리기관으로 송부한다.

④ 소관 영구기록물관리기관으로부터 발간등록을 부여받으면 해당 간행물에 표기하여 발간해야 한다.

04 기록관리법령상 행정박물의 관리방식으로 규정되고 있지 않은 사항은?

① 처리과에서 행정박물을 생산, 접수, 취득하였을 경우 등록하여 생산현황통
   보에 포함시킨다.

② 보존관리대상 행정박물을 선별하는 것은 (특수)기록관이다.

③ 공공기관은 영구기록물관리기관에서 보존하고 있는 행정박물을 대여 받아
   전시할 수 있다.

④ 영구기록물관리기관으로 이관할 대상으로 지정되지 않은 행정박물이 영구
   보존의 필요성이 상실된 것으로 인정되는 경우 (특수)기록관에서의 폐기절차
   와 동일한 절차를 거쳐 폐기할 수 있다.

10장_ 비밀기록의 관리

개 요

　비밀기록은 마땅히 보안의 대상이지만, 또한 국가와 사회에 미치는 영향을 고려할 때 가장 중요한 기록의 하나이기도 하고, 또한 궁극적으로는 언젠가 주권자인 국민에게 알려져야 하는 대상이다.

　한편 비밀인 상태에서는 접근이 극히 제한되지만, 비밀로서의 가치는 점차 감소되어 비밀등급이 하향 조정되거나 마침내는 비밀이 해제되는 상황에 도달하게 된다. 이처럼 비밀로서의 가치는 감소되더라도 포함하고 있는 내용과 정보의 중요도가 함께 상실되기보다는 오히려 더욱 다양하고 폭넓은 수요를 창출할 수 있다. 따라서 비밀기록은 비밀인 상태와 비밀로부터 해제된 상태의 모두를 전제로 관리되어야 하며, 전 생애에 걸쳐 시행되는 관리조치가 상호 유기적으로 연계되어야 한다.

　비밀기록은 비밀인 상태에서는 일반 기록과 혼합하여 관리할 수 없으며, 보안의 유지에 적합한 전문적인 시설과 장비, 인력과 보안대책이 마련되어야 한다. 그러나 비밀로 분류되면 관리에도 특별한 주의가 요구될 뿐만 아니라, 국민의 알권리에서도 제외되고, 경우에 따라서는 보안의 명분으로 보존되지 않고 파기되는 등 일반 기록과는 전연 다른 운명을 갖게 되므로, 비밀기록의 생산과 분류부터 상당한 책임이 부여될 필요가 있다. 따라서 비밀로서의 분류와 비밀등급의 분류가 과도하게 설정된 것은 아닌지, 또한 재분류의 필요는 없는지 비밀기록 관리 담당자의 지속적인 관심이 필요하다.

　또한 비밀기록은 비밀로서의 취급이나 관리조치가 일반적으로 개별 기록건을 단위로 실행되며, 통상 원본뿐만 아니라 승인을 거쳐 제한된 부수의 사본이 생산되기도 하는데, 비밀 보호기간과 사후 처분방식 등 재분류에 대한 예고문이 부여된다. 보안차원에서 파기 위주로 관리되어서는 중요 기록정보의 보존원칙이 파괴될 우려가 있다. 사본 역시 비밀이 해제된 경우에 즉시 파기해야 하는 경우

를 제외하고는, 당해 공공기관이 수행한 업무활동의 사안별 기록과 비교·검토
하여 함께 편철하여 관리할 필요가 있는지 판단할 필요가 있다.

　이러한 의미에서 보자면, 비밀기록 역시 기록관리의 원칙을 적용해야 한다.
하나의 비밀기록철이 서로 다른 등급의 비밀문건으로 구성되는 경우도 있고,
하나의 비밀기록건의 면마다 다른 등급의 비밀이 부여될 수도 있다. 이외에도
비밀기록의 생산자체가 비밀이거나, 추진하고 있는 사안이 비밀인 경우도 있으
며, 혹은 수행하는 업무자체가 비밀일 수도 있고, 경우에 따라서는 조직 구성이
비밀인 경우도 존재할 수 있다는 것도 유의해야 한다. 기록의 연계성에 의한 관
리에 입각하여, 비밀기록의 생산 배경과 맥락은 물론, 비밀기록 간 혹은 일반기
록과의 연관성도 함께 관리되어야 한다. 특히 비밀인 상태에서는 보안이 우선
중시되어야 하지만, 비밀기록의 중요성을 감안할 때 사실 규명과 역사전승을
위하여 비밀이 해제된 후에는 공개와 활용에 제공함으로써, 당해 비밀기록이
지닌 특성과 가치를 구현하는 것이 필요하다.

1절 보안업무규정

보안업무규정은 국가정보원법 제3조(직무) 제2항 "국가 기밀에 속하는 문서 · 자재 · 시설 및 지역에 대한 보안 업무" 규정에 근거하여 관련 업무의 수행에 필요한 사항을 규정하고 있다.

비밀기록의 관리와 관련하여 보안업무규정에서 정하는 사항은 비밀로서 생산, 접수되어, 보안을 유지하는 동안의 관리방식에 대한 규정이다. 다만 이 규정은 기록관리법령이 모든 업무담당자에 적용되는 것과 달리 비밀을 취급하는 제한된 사람에 의한 세부적인 보안관리의 실행을 담고 있으며, 기록관리법령과 다소 부합되지 않는 측면이 남겨져 있다. 그렇기는 하지만 기록물관리기관의 기록관리자 역시 이 규정을 충분히 이해하고 있는 것이 바람직하다. 특히 다음 사항은 눈여겨 보아둘 필요가 있다.

- 비밀의 구분 및 분류의 원칙 (특히 대외비의 개념 유의)
- 비밀취급인가권자와 비밀취급인가자
- 예고문 및 재분류, 파기
- 비밀 보관기준 및 보호구역, 비밀의 이관
- 비밀관리기록부, 비밀열람기록전 , 비밀소유현황통보
- 비밀의 이관

보안업무규정	보안업무규정시행규칙
제1조(목적) 이 영은 「국가정보원법」 제3조 제2항에 따라 보안 업무 수행에 필요한 사항을 규정함을 목적으로 한다.	제1조(목적) 이 규칙은 「보안업무규정」의 시행에 필요한 사항을 규정함을 목적으로 한다.
제2조(정의) 이 영에서 사용하는 용어의 뜻은 다음과 같다. 　1. "비밀"이란 그 내용이 누설될 경우 국가안전보장에 해를 끼칠 우려가 있는 국가 기밀로서 이 영에 따라 비밀로 분류된 것을 말한다. 　2. "각급기관"이란 「대한민국헌법」, 「정부조직법」 또는 그 밖의 법령에 따라 설치된 국가기관(군기관 및 교육기관을 포함한다)과 지방자치단체 및 「공공기록물 관리에 관한 법률 시행령」 제3조에 따른 공공기관을 말한다. 　3. "중앙행정기관"이란 「정부조직법」 제2조제2항에 따른 부·처·청(이에 준하는 위원회를 포함한다)과 대통령소속·보좌·경호기관 및 국무총리 보좌기관을 말한다. 　4. "암호자재"란 정보통신 보안을 위하여 암호기술을 적용하여 만들어진 장치나 수단으로서 Ⅰ·Ⅱ급비밀 및 Ⅲ급비밀 소통용 암호자재로 구분하는 장치나 수단을 말한다.	제2조(비밀의 보호 등에 관한 각급기관의 장의 역할) 각급기관의 장은 「보안업무규정」(이하 "규정"이라 한다) 제5조에 따라 다음 각 호의 사항이 포함된 보안대책을 수립하여 시행하여야 한다. 　1. 소관 비밀의 생산·보호·관리 등에 필요한 기본계획 　2. 비밀 보호를 위한 전담조직 또는 인원의 지정·운영 　3. 비밀관리실태 등과 관련한 감사 및 점검 　4. 비밀소유현황 및 비밀취급인가자 현황의 기록·유지 실태조사 　5. 그 밖에 보안업무 및 비밀관리에 필요한 사항
제3조(보안책임) 국가안전보장에 관련되는 인원·문서·자재·시설 및 지역을 관리하는 사람과 관계 기관의 장은 관리 대상에 대하여 보안책임을 진다.	
제4조(비밀의 구분) 비밀은 그 중요성과 가치의 정도에 따라 다음 각 호와 같이 구분한다. 　1. Ⅰ급비밀: 누설될 경우 대한민국과 외교관계가 단절되고 전쟁을 일으키며, 국가의 방위계획·정보활동 및 국가방위에 반드시 필요한 과학과 기술의 개발을 위태롭게 하는 등의 우려가 있는 비밀 　2. Ⅱ급비밀: 누설될 경우 국가안전보장에 막대한 지장을 끼칠 우려가 있	

보안업무규정	보안업무규정시행규칙
는 비밀 　3. Ⅲ급비밀: 누설될 경우 국가안전보장에 해를 끼칠 우려가 있는 비밀	
제5조(비밀의 보호와 관리 원칙) 각급기관의 장은 비밀의 분류·취급·유통 및 이관 등의 모든 과정에서 비밀이 누설되거나 유출되지 아니하도록 보안대책을 수립하여 시행하여야 한다.	
제6조(비밀의 보호 등에 관한 국가정보원장의 역할) 국가정보원장은 비밀의 보호 및 관리와 관련하여 다음 각 호의 업무를 수행한다. 　1. 비밀의 보호와 관련된 기본정책의 수립 및 제도의 개선 　2. 비밀관리 기법의 연구·보급 및 표준화 　3. 전자적 방법에 의한 비밀보호 기술 개발 및 보급 　4. 각급기관의 보안 업무가 제1호부터 제3호까지의 사항에 따라 적절하게 수행되는지 여부의 확인 　5. 제1호부터 제3호까지의 사항에 대한 각급기관 소속 공무원 등의 교육	
제8조(비밀의 취급) 비밀은 해당 등급의 비밀취급 인가를 받은 사람만 취급할 수 있다. 제9조(비밀취급 인가권자) ① Ⅰ급비밀 취급 인가권자와 Ⅰ·Ⅱ급비밀 소통용 암호자재 취급 인가권자는 다음 각 호와 같다. 　1. 대통령 　2. 국무총리 　3. 감사원장 　4. 국가인권위원회 위원장 　5. 각 부·처의 장 　6. 국무조정실장, 방송통신위원회 위원장, 공정거래위원회 위원장, 금융위원회 위원장, 국민권익위원회 위원장 및 원자력안전위원회 위원장 　7. 대통령 비서실장 　8. 국가안보실장 　9. 대통령 경호실장	제10조(비밀의 취급) 비밀취급인가권이 있는 직위에 임명된 사람은 임명됨과 동시에 비밀을 수집·작성·관리·분류(재분류를 포함한다. 이하 같다) 및 접수·발송하는 행위(이하 "비밀취급"이라 한다)를 할 수 있다. 제11조(비밀취급의 한계) ① 비밀취급 인가를 받은 사람이 취급할 수 있는 비밀의 범위는 그 사람이 수행하는 관계 업무로 한정한다. ② 비밀취급 인가를 받지 아니한 사람(이하 "비인가자"라 한다)이 비밀을 취득하였을 때에는 지체 없이 해당 비밀취급 인가를 받은 사람에게 그 비밀을 인도하여야 한다. 제12조(비밀취급 인가의 제한) ① 비밀취급 인가권자는 임무 및 직책상 해당 등급의 비밀을 항상 취급하는 사람에 한정하여 비밀취급을 인가하여야 한다.

보안업무규정	보안업무규정시행규칙

10. 국가정보원장
11. 검찰총장
12. 합동참모의장, 각군 참모총장, 육군의 1·3군 사령관 및 2작전사령관
13. 국방부장관이 지정하는 각군 부대장
② Ⅱ급 및 Ⅲ급비밀 취급 인가권자와 Ⅲ급비밀 소통용 암호자재 취급 인가권자는 다음 각 호와 같다.
  1. 제1항 각 호의 사람
  2. 중앙행정기관인 청의 장
  3. 지방자치단체의 장
  4. 특별시·광역시·도 및 특별자치시·특별자치도의 교육감
  5. 제1호부터 제4호까지의 사람이 지정한 기관의 장
	② 비밀취급 인가권자는 소속 직원의 인사기록 카드에 기록된 비밀취급의 인가 및 인가해제 사유와 임용 시의 신원조사 회보서에 따라 새로 신원조사를 하지 아니하고 비밀취급을 인가할 수 있다. 다만, Ⅰ급비밀 취급을 인가할 때에는 새로 신원조사를 하여야 한다.
	③ 신원조사 결과 국가안전보장 상 유해한 정보가 있음이 확인된 사람은 비밀취급 인가를 받을 수 없다.
	④ 비밀취급 인가가 해제된 사람은 비밀을 취급하는 직책으로부터 해임되어야 한다.

제10조(비밀취급의 인가 및 인가해제) ① 비밀취급 인가권자는 비밀을 취급하거나 비밀에 접근할 사람에게 해당 등급의 비밀취급을 인가하고, 필요한 경우에는 인가 등급을 변경한다.
② 비밀취급 인가는 인가 대상자의 직책에 따라 필요한 최소한의 인원으로 제한하여야 한다.
③ 비밀취급 인가를 받은 사람이 다음 각 호의 어느 하나에 해당하는 경우에는 그 인가를 해제하여야 한다.
  1. 고의 또는 중대한 과실로 보안사고를 저질렀거나 이 영을 위반하여 보안업무에 지장을 주는 경우
  2. 비밀취급이 불필요하게 되었을 경우
④ 비밀취급의 인가와 인가 등급의 변경 및 인가 해제는 문서로 하여야 하며, 직원의 인사기록사항에 그 사실을 포함하여야 한다.
	제13조(비밀취급 인가의 특례) ① 비밀취급 인가권자는 업무 상 조정·감독을 받는 기업체나 단체에 소속된 사람에 대하여 소관 비밀을 계속적으로 취급하게 하여야 할 필요가 있을 때에는 미리 국가정보원장과의 협의를 거쳐 해당하는 사람에게 Ⅱ급 이하의 비밀취급을 인가할 수 있다.
	② 비밀취급 인가권자는 제1항에 따라 비밀취급을 인가하는 경우 그 비밀을 최대한 보호할 수 있는 보안대책을 마련하여야 한다.
	③ 제1항에 따라 비밀취급 인가를 받은 사람은 규정 및 이 규칙이 정하는 바에 따라 비밀을 취급하여야 한다.
	
	제14조(서약) 비밀취급 인가를 받은 사람은 인가와 동시에 별지 제5호서식의 서약서에 따라 서약을 하여야 한다.
	
	제15조(비밀취급 인가증) ① 비밀취급 인가를 받은 사람에게는 별지 제6호서식의 비밀취급 인가증을 교부하여야 한다.
	② 비밀취급 인가를 해제한 때에는 제1항에 따라 교부한 비밀취급 인가증을 회수하여야 한다.

제11조(비밀의 분류) ① 비밀취급 인가를 받은 사람은 인가받은 비밀 및 그 이하 등급	제16조(분류 금지와 대외비) ① 누구든지 행정상 과오, 업무상 과실 또는 법령 위반 사

보안업무규정	보안업무규정시행규칙
비밀의 분류권을 가진다. ② 같은 등급 이상의 비밀취급 인가를 받은 사람 중 직속 상급직위에 있는 사람은 그 하급직위에 있는 사람이 분류한 비밀등급을 조정할 수 있다. ③ 비밀을 생산하거나 관리하는 사람은 그 비밀을 분류하거나 재분류할 책임이 있다. 제12조(분류원칙) ① 비밀은 적절히 보호할 수 있는 최저등급으로 분류하되, 과도하거나 과소하게 분류해서는 아니 된다. ② 비밀은 그 자체의 내용과 가치의 정도에 따라 분류하여야 하며, 다른 비밀과 관련하여 분류해서는 아니 된다. ③ 외국 정부나 국제기구로부터 접수한 비밀은 그 생산기관이 필요로 하는 정도로 보호할 수 있도록 분류하여야 한다. 제13조(분류지침) 각급기관의 장은 비밀 분류를 통일성 있고 적절하게 하기 위하여 세부 분류지침을 작성하여 시행하여야 한다.	실을 감추거나 보호가치가 없는 정보의 공개를 제한할 목적으로 비밀이 아닌 사항을 비밀로 분류하여서는 아니 된다. ② 비밀의 제목을 표시할 때에는 비밀의 내용을 포함하여서는 아니 된다. ③ 규정 제4조에 따른 비밀 외에 직무 수행상 특별히 보호가 필요한 사항은 이를 "대외비"로 하며, 비밀과 같은 방법으로 관리한다. ④ 대외비는 그 문서의 표면 중앙 상단에 다음과 같은 예고문을 붉은색으로 기재하여야 한다. 대 외 비 제17조(비밀세부분류지침) ① 국가정보원장은 별표 1의 기본분류지침표에 따라 중앙행정기관의 장이 제출하는 자료를 바탕으로 비밀세부분류지침을 작성하여 각급기관에 배부한다. 다만, 군사비밀 세부분류지침은 별표 1의 기본분류지침표에 따라 국방부장관이 따로 작성하여 배부한다. ② 중앙행정기관의 장은 비밀세부분류지침을 새로 작성하거나 변경할 필요가 있다고 인정할 때에는 그 자료를 국가정보원장에게 제출하여야 한다.
제14조(예고문) 제12조에 따라 분류된 비밀에는 「공공기록물 관리에 관한 법률」 제33조제1항에 따른 비밀 보호기간 및 보존기간을 명시하기 위하여 예고문을 기재하여야 한다.	제18조(예고문) ① 모든 비밀에는 다음과 같은 예고문을 기재하여야 한다. ② 비밀의 보호기간은 보호되어야 할 필요가 있는 적정한 기간으로 정하여야 하고, 보존기간이 시작되는 일자는 비밀원본을 생산한 날이 속하는 해의 다음 해 1월 1일로 한다. 이 경우 보존기간은 보호기간 이상으로 정하여야 한다. ③ 예고문의 재분류 "일자" 또는 "경우"는 도래가 명확한 것이어야 하며, "처리 후", "불필요 시" 또는 "참고 후"와 같이 불확실

보안업무규정	보안업무규정시행규칙
	하게 기재해서는 아니 된다. ④ 재분류 시기를 예측할 수 없는 비밀은 통상 생산일부터 1년 이내의 일자를 기재한다. ⑤ 붙임물이 있는 본문이 붙임물로 인하여 비밀로 분류되었거나 본문의 내용보다 상위 비밀등급으로 분류되었을 때에는 본문에 다음과 같은 예고문을 기입하고, 붙임물에는 따로 제1항의 예고문을 기입하여야 한다. ┌─────────────────────┐ │ **붙임물이 분리되면** 로 재분류 │ └─────────────────────┘ ⑥ 예고문은 비밀이 문서 형태(책자를 포함한다. 이하 같다)인 때에는 본문 끝 부분 여백에 기입한다. 다만, 예고문을 비밀 자체에 기입할 수 없는 때에는 비밀관리기록부에 기록하고, 그 비밀을 발송할 때에는 송증(送證) 또는 비밀통보서 끝 부분에 기입한다.
제15조(재분류 등) ① 비밀을 효율적으로 보호하기 위하여 비밀등급 또는 예고문 변경 등의 재분류를 한다. ② 비밀의 재분류는 그 비밀의 예고문에 따르거나 생산자의 직권으로 한다. 다만, 다음 각 호의 어느 하나에 해당하는 경우에는 예고문의 비밀 보호기간 및 보존기간과 관계없이 비밀을 파기할 수 있다. 　1. 전시·천재지변 등 긴급하고 부득이한 사정으로 비밀을 계속 보관할 수 없거나 안전하게 반출할 수 없는 경우 　2. 국가정보원장의 요청이 있는 경우 　3. 비밀 재분류를 통하여 예고문에 따른 파기 시기까지 계속 보관할 필요가 없게 된 경우로서 해당 비밀취급인가권자의 사전 승인을 받은 경우 ③ 외국 정부나 국제기구로부터 접수된 비밀 중 예고문이 없거나 기재된 예고문이 비밀 관리에 적당하지 아니하다고 인정되는 경우에는 접수한 기관의 장이 그 비밀을 최대한 보호할 수 있는 범위에서 재분류할 수 있다.	제19조(재분류 검토) ① 비밀을 취급하는 사람은 계속적으로 소관 비밀의 예고문에 따라 재분류 검토를 하여야 한다. ② 비밀원본에 대해서는 재분류 일자가 도래하기 전에도 연 2회(6월과 12월을 포함한다) 이상 그 내용에 따른 재분류 검토를 하여야 하며, 원본의 표면의 적당한 여백에 다음과 같은 검토필 표시를 하여야 한다. ┌─────────────────┬─────┐ │ 검토필(　.　.　.)　│ 인 │ └─────────────────┴─────┘ 제20조(재분류 요청 등) ① 비밀을 접수한 기관의 장이 그 비밀을 검토한 결과 그 비밀이 과도하게 분류되었다고 인정되는 때에는 그 사유를 명시하여 생산기관의 장에게 재분류를 요청한다. ② 비밀이 과소하게 분류되었다고 인정되는 때에는 적절한 상위 비밀등급으로 취급·보호한 후 제1항과 같이 재분류를 요청한다. 비밀로 분류되어야 할 사항이 분류되지 아니한 때에도 또한 같다. ③ 비밀의 생산기관이 불분명하여 제1항

보안업무규정	보안업무규정시행규칙
	또는 제2항에 따른 요청을 할 수 없을 때에는 접수기관의 장이 직권으로 재분류한다. 다만, I급비밀의 재분류는 국가정보원장에게 요청하여야 한다. ④ 다른 기관으로부터 인수한 비밀원본의 재분류 권한은 인수한 기관의 장에게 있다.
	제21조(예고문의 변경요청) 비밀을 접수한 기관의 장이 비밀의 예고문에 따른 재분류가 업무수행에 지장을 준다고 인정할 때에는 그 사유를 명시하여 생산기관의 장에게 예고문의 변경을 요청할 수 있다.
	제22조(재분류 통보) ① 비밀을 생산한 기관의 장이 그 비밀의 예고문에 명시한 일자 또는 경우에 이르기 전에 생산자의 직권으로 재분류하였거나 예고문을 변경하였을 때에는 그 비밀이 배포된 모든 기관에 이를 통보하여야 한다. ② 동일한 계통의 상급기관 또는 조정·감독기관은 하급기관 또는 조정·감독을 받는 기관으로부터 접수한 비밀이 과도 또는 과소하게 분류되었다고 인정되는 때에는 생산기관의 의사에도 불구하고 재분류할 수 있다. 다만, 재분류하였을 때에는 그 사실을 생산기관에 통보하여야 한다. ③ 제2항에 따라 재분류 통보를 받은 생산기관의 장은 그 비밀을 재분류하고 그 비밀이 배포된 모든 기관에 재분류 통보를 하여야 한다.
제16조(표시) 비밀은 그 취급자 또는 관리자에게 경고하고 비밀취급 인가를 받지 아니한 사람의 접근을 방지하기 위하여 분류(재분류를 포함한다. 이하 같다)와 동시에 등급에 따라 구분된 표시를 하여야 한다.	제23조(문서 등의 비밀 표시) ① 비밀문서에는 맨 앞면과 뒷면의 표지(表紙)와 각 면 위·아래의 중앙에 별지 제7호서식에 따른 비밀등급표를 등급에 따라 붉은색으로 표시한다. ② 제1항에도 불구하고 비밀문서를 복제 또는 복사하는 때에는 복제 또는 복사물과 동일한 색으로 비밀등급표를 표시할 수 있다. 이 경우 비밀 표시는 복제 또는 복사물의 글자보다 크고 뚜렷하게 하여야 한다. ③ 단일문서로서 면마다 비밀등급이 다를

보안업무규정	보안업무규정시행규칙
	때에는 면별로 해당 등급의 비밀 표시를 한다. 이 경우 그 표지의 양면에는 면별로 표시된 비밀등급 중 최고의 비밀등급을 표시한다. ④ 비밀등급이 다른 여러 개의 문서를 하나의 문서로 철한 경우 그 문서 표지의 양면에는 각 문서에 표시된 비밀등급 중 최고의 비밀등급을 표시한다. ⑤ 비밀문서는 철하여져 있거나 보관되어 있을 때를 제외하고 별지 제8호서식부터 별지 제10호서식까지의 비밀표지를 해당 등급에 따라 첨부하고 취급한다. ⑥ 외장형 하드디스크 등 보조기억매체는 앞면 중앙에 관리번호, 건명, 비밀등급, 사본번호 등이 표시된 스티커를 부착하여 비밀의 표시를 하여야 한다.
	제24조(필름 및 사진의 표시)
	제25조(지도·괘도 등의 표시)
	제26조(상황판 등의 표시)
	제27조(증거물 등의 표시)
	제28조(비밀의 녹음 등)
	제29조(재분류 표시) ① 재분류한 비밀은 기존의 비밀 표시를 대각선으로 줄을 쳐서 삭제하고, 그 측면이나 위·아래의 적당한 여백에 변경된 비밀등급을 다시 한번 표시한다. ② 비밀을 재분류한 때에는 재분류 근거를 다음 서식에 따라 그 비밀의 첫면 적당한 여백에 기입하고 날인한다. (발행처) | 직권으로 재분류(. .) 직위 성명	인 | (접수처) | 에 따라 재분류(. .) 직위 성명	인 | ③ 책자, 팸플릿 및 그 밖에 영구적으로 철하여져 있는 비밀문서를 재분류한 때에는 양면표지의 비밀표시만을 제1항과 같이 삭제하고 표시한다. 다만, 면별로 재분류한 때에는 그 면마다 제1항 및 제2항에

보안업무규정	보안업무규정시행규칙
	따라 다시 한번 표시를 하여야 한다. 제30조(면 표시) 비밀문서가 두 장 이상으로 이루어진 때에는 문서의 중앙 하부에 총(總)면수와 그 면의 일련번호를 표시(예: 3-1, 3-2, 3-3)하여야 하며, 붙임문서에도 같은 방법으로 따로 면 표시를 한다.
제17조(비밀의 접수·발송) ① 비밀을 접수하거나 발송할 때에는 그 비밀을 최대한 보호할 수 있는 방법을 이용하여야 한다. ② 비밀은 암호화되지 아니한 상태로 전신(電信)·전화 등의 정보통신 수단을 이용하여 접수하거나 발송해서는 아니 된다. ③ 모든 비밀을 접수하거나 발송할 때에는 그 사실을 확인하기 위하여 접수증을 사용한다.	제31조(비밀의 접수·발송) ① 비밀의 접수·발송은 다음 각 호에 따른다. 다만, Ⅰ급비밀 및 Ⅰ·Ⅱ급 비밀 소통용 암호자재는 제1호 또는 제2호에 따라서만 접수·발송할 수 있다. 　1. 암호화하여 정보통신망으로 접수·발송할 것 　2. 취급자가 직접 접촉하여 인계인수할 것 　3. 각급기관의 문서수발 계통을 통하여 접수·발송할 것 　4. 등기우편으로 접수·발송할 것 ② 비밀을 발송할 때에는 별지 제11호서식의 이중 봉투로 포장하여야 한다. ③ 문서 형태 외의 비밀은 내용이 노출되지 아니하도록 완전히 포장하여야 한다. ④ 동일 기관 내에서의 비밀의 접수·발송 또는 전파절차(傳播節次)는 그 기관의 장이 정하되, 비밀이 충분히 보호될 수 있도록 정하여야 한다. ⑤ 다른 기관으로부터 접수한 비밀은 생산기관의 장의 승인 없이 다시 다른 기관으로 발송할 수 없다. 다만, 비밀을 이첩·시달하는 경우는 그러하지 아니하다. ⑥ 비밀의 접수·발송 업무에 종사하는 사람은 Ⅱ급 이상의 비밀취급 인가를 받은 사람이어야 한다. 제32조(접수증) ① 규정 제17조제3항에서 규정한 접수증은 별지 제12호서식에 따른다. ② 접수증은 발송문서의 내부봉투와 외부봉투 사이에 삽입하여 발송한다. 다만, 취급자가 직접 접촉하는 경우에는 직접 교부한다. ③ 접수기관은 비밀을 접수한 즉시 접수

보안업무규정	보안업무규정시행규칙
	증을 생산기관에 반송(返送)하여야 한다. ④ 제3항에 따라 접수증을 반송받은 비밀 생산기관은 그 접수증을 비밀송증에 원형대로 첨부하여 보관한다.
제18조(보관) 비밀은 도난·유출·화재 또는 파괴로부터 보호하고 비밀취급인가를 받지 아니한 사람의 접근을 방지할 수 있는 적절한 시설에 보관하여야 한다. 제19조(출장 중의 비밀 보관) 비밀을 휴대하고 출장 중인 사람은 비밀을 안전하게 보호하기 위하여 국내 경찰기관 또는 재외공관에 보관을 위탁할 수 있으며, 위탁받은 기관은 그 비밀을 보관하여야 한다.	제33조(보관기준) ① 비밀은 일반문서나 암호자재와 혼합하여 보관하여서는 아니 된다. ② Ⅰ급비밀은 반드시 금고에 보관하여야 하며, 다른 비밀과 혼합하여 보관하여서는 아니 된다. ③ Ⅱ급비밀 및 Ⅲ급비밀은 금고 또는 이중 철제캐비닛 등 잠금장치가 있는 안전한 용기에 보관하여야 하며, 보관책임자가 Ⅱ급비밀 취급 인가를 받은 때에는 Ⅱ급비밀과 Ⅲ급비밀을 같은 용기에 혼합하여 보관할 수 있다. ④ 보관용기에 넣을 수 없는 비밀은 제한구역 또는 통제구역에 보관하는 등 그 내용이 노출되지 아니하도록 특별한 보호대책을 마련하여야 한다.
	제34조(보관용기) ① 비밀의 보관용기 외부에는 비밀의 보관을 알리거나 나타내는 어떠한 표시도 해서는 아니 된다. ② 보관용기의 잠금장치의 종류 및 사용방법은 보관책임자 외의 사람이 알지 못하도록 특별한 통제를 하여야 하며, 다른 사람이 알았을 때에는 즉시 이를 변경하여야 한다.
제20조(보관책임자) 각급기관의 장은 소속 직원 중에서 이 영에 따른 비밀 보관 업무를 수행할 보관책임자를 임명하여야 한다.	제35조(보관책임자) ① 보관책임자는 비밀취급인가를 받은 사람 중에서 비밀등급별로 임명한다. 다만, 제33조제3항에 해당하는 경우에는 Ⅲ급비밀 보관책임자를 따로 임명하지 아니한다. ② 보관책임자는 보관부서 단위로 정책임자 1명을 두고 보관용기의 수 또는 보관장소에 따라 다수의 부책임자를 둘 수 있다. ③ 보관책임자는 다음 각 호의 임무를 수행한다. 　1. 비밀을 최선의 상태로 보관할 것 　2. 비밀의 누설·도난·분실 및 그 밖의 손괴 등의 방지를 위한 감독을 이행

보안업무규정	보안업무규정시행규칙
	할 것 3. 비밀관리기록부를 비치하고 기록을 유지하며 제45조에 따른 비밀대출부 및 비밀열람기록전(철)의 기록을 확인·유지할 것 제36조(보관책임자의 교체) ① 비밀보관 정책임자를 교체하는 때에는 소속 보안담당관의 확인을 받아 인계인수를 하여야 한다. ② 제1항에 따른 인계인수는 인계인수서를 작성하지 아니하고 비밀관리기록부에 의할 수 있다.
제21조(비밀의 전자적 관리) ① 각급기관의 장은 전자적 방법을 사용하여 비밀을 관리할 수 있다. ② 각급기관의 장은 제1항에 따라 비밀을 관리할 경우 국가정보원장이 안전성을 확인한 암호자재를 사용하여 비밀의 위조·변조·훼손 및 유출 등을 방지하기 위한 보안대책을 마련하여 시행하여야 한다.	제37조(전자적 수단에 의한 비밀의 관리) ① 각급기관의 장은 비밀을 전자적 수단으로 생산하는 경우 해당 비밀등급 및 예고문을 입력하여 열람 또는 인쇄 시 비밀등급이 자동적으로 표시되도록 하여야 한다. ② 각급기관의 장은 비밀을 전자적 수단으로 생산·보관·열람·인쇄·송수신 또는 이관하는 경우 그 기록이 유지되도록 하여야 하며, 송수신 또는 이관하는 경우에는 전자적으로 생성된 접수증을 사용하여야 한다. ③ 각급기관의 장은 전자적 수단으로 비밀을 생산한 경우 컴퓨터에 입력된 비밀내용을 삭제하여야 한다. 다만, 업무수행을 위하여 필요한 경우에는 비밀저장용 보조기억매체를 지정·사용하거나 암호자재로 암호화한 후 보관하여야 한다. 제38조(비밀의 전자적 처리규격) 국가정보원장은 비밀을 전자적으로 안전하게 보호·관리하기 위하여 필요한 사항을 수록한 전자적 비밀처리규격을 정하여 각급기관의 장에게 배포하여야 한다.
제22조(비밀관리기록부) ① 각급기관의 장은 비밀의 작성·분류·접수·발송 및 취급 등에 필요한 모든 관리사항을 기록하기 위하여 비밀관리기록부를 작성하여 갖추어 두어야 한다. 다만, Ⅰ급비밀관리기록부는 따로 작성하여 갖추어 두어야 하며, 암호자재는 암호자재 관리기록부로 관리한다.	제39조(비밀관리기록부의 사용방법) ① 비밀관리기록은 별지 제13호서식의 비밀관리기록부에 따르며, 문서 접수·발송 담당부서에서 행하는 비밀의 접수·발송 기록은 별지 제14호서식의 비밀접수 및 발송 대장에 따른다. ② 비밀을 재분류하였거나 다른 곳으로

보안업무규정	보안업무규정시행규칙
② 비밀관리기록부와 암호자재 관리기록부에는 모든 비밀과 암호자재에 대한 보안책임 및 보안관리 사항이 정확히 기록·보존되어야 한다.	이송하였을 때에는 비밀관리기록부의 해당란을 2개의 붉은색 선으로 삭제한 후 그 사유를 처리방법란에 명시한다. 다만, 삭제한 부분은 그 내용을 확인할 수 있도록 남겨 두어야 한다.
제23조(비밀의 복제·복사 제한) ① 비밀의 일부 또는 전부나 암호자재에 대해서는 모사(模寫)·타자(打字)·인쇄·조각·녹음·촬영·인화(印畵)·확대 등 그 원형을 재현(再現)하는 행위를 할 수 없다. 다만, 다음 각 호의 구분에 따른 비밀의 경우에는 그러하지 아니하다. 1. Ⅰ급비밀: 그 생산자의 허가를 받은 경우 2. Ⅱ급비밀 및 Ⅲ급비밀: 그 생산자가 특정한 제한을 하지 아니한 것으로서 해당 등급의 비밀취급 인가를 받은 사람이 공용(共用)으로 사용하는 경우 3. 전자적 방법으로 관리되는 비밀: 해당 비밀을 보관하기 위한 용도인 경우 ② 각급기관의 장은 보안 업무의 효율적인 수행을 위하여 필요하다고 인정되는 경우에는 해당 비밀의 보존기간 내에서 제1항 단서에 따라 그 사본을 제작하여 보관할 수 있다. ③ 제2항에 따라 비밀의 사본을 보관할 때에는 그 예고문이나 비밀등급을 변경해서는 아니 된다. 다만, 「공공기록물 관리에 관한 법률 시행령」 제68조제6항에 따라 비밀을 재분류하는 경우에는 그러하지 아니하다. ④ 비밀을 복제하거나 복사한 경우에는 그 원본과 동일한 비밀등급과 예고문을 기재하고, 사본 번호를 매겨야 한다. ⑤ 제4항에 따른 예고문에 재분류 구분이 "파기"로 되어 있을 때에는 원본의 파기 시기보다 그 시기를 앞당길 수 있다.	제40조(관리번호) ① 모든 비밀에는 생산 및 접수되는 순서에 따라 관리번호를 부여하여야 한다. ② 각급기관에서 생산하는 비밀의 관리번호는 최종 결재권자가 결재하여 그 내용이 확정된 후에 부여한다. ③ 관리번호는 다음 규격에 따라 문서 형태의 비밀인 경우에는 표지의 왼쪽 위에 기입하고, 문서 형태 외의 비밀인 경우에는 알아보기 쉽도록 적절한 부위에 기입한다. 제41조(복제·복사의 제한 표시) Ⅱ급비밀 및 Ⅲ급비밀의 복제·복사를 제한하려는 때에는 그 비밀의 표지 뒷면 또는 예고문 위에 다음과 같이 붉은색으로 기입한다. 이 비밀의 는 생산자의 허가없이 복제·복사할 수 없음 제42조(사본번호) 비밀의 사본을 제작하였을 경우에는 모든 사본에 대하여 각각 일련번호를 부여하며, 다음 규격에 따라 그 비밀의 표면 오른쪽 위에 기입한다. 2cm / 2cm 제43조(사본근거 표시) ① 복제 또는 복사한 비밀 원본의 끝 부분에는 사본번호를 포함한 배부처를 작성·첨부하여야 한다. ② 비밀을 접수한 기관이 접수비밀을 복제 또는 복사한 때에는 그 비밀의 첫 면 또는 끝 부분 중 적절한 여백에 사본근거를 다음과 같이 기입하여야 한다.

보안업무규정	보안업무규정시행규칙
	<table><tr><td>사본일자</td><td colspan="2">. . .</td><td>성명</td><td></td><td>(인)</td></tr><tr><td>사본부수</td><td>면부터</td><td>면까지</td><td>매</td><td></td><td>부</td></tr><tr><td>사본의 처리</td><td colspan="5"></td></tr></table>
	제44조(비밀문서의 분리) 단일문서로 된 비밀은 이를 분리할 수 없다. 다만, Ⅲ급비밀인 첩보 및 정보문서는 신속한 처리를 위하여 관계 취급자에게 분리·취급시킬 수 있으며 업무처리가 끝난 후에는 반드시 그 예고문에 따라 처리하여야 한다.
제24조(비밀의 열람) ① 비밀은 해당 등급의 비밀취급 인가를 받은 사람 중 그 비밀과 업무상 직접 관계가 있는 사람만 열람할 수 있다. ② 비밀취급 인가를 받지 아니한 사람에게 비밀을 열람하거나 취급하게 할 때에는 국가정보원장이 정하는 바에 따라 소속 기관의 장(비밀이 군사와 관련된 사항인 경우에는 국방부장관)이 미리 열람자의 인적사항과 열람하려는 비밀의 내용 등을 확인하고 열람 시 비밀 보호에 필요한 자체 보안대책을 마련하는 등의 보안조치를 하여야 한다. 다만, Ⅰ급비밀의 보안조치에 관하여는 국가정보원장과 미리 협의하여야 한다.	제45조(비밀의 대출 및 열람) ① 비밀보관책임자는 보관비밀을 대출하는 때에는 별지 제15호서식의 비밀대출부에 관련 사항을 기록·유지한다. ② 개별 비밀에 대한 열람자 범위를 파악하기 위하여 각각의 비밀문서 끝 부분에 별지 제16호서식의 비밀열람기록전을 첨부한다. 이 경우 문서 형태 외의 비밀에 대한 열람기록은 따로 비밀열람기록전(철)을 비치하고 기록·유지한다. ③ 제2항에 따른 비밀열람기록전은 그 비밀의 생산기관이 첨부하며, 비밀을 파기하는 때에는 비밀에서 분리하여 따로 철하여 보관하여야 한다. ④ 비밀열람자는 비밀을 열람하기에 앞서 비밀열람기록전에 정해진 사항을 기재하고 서명 또는 날인한 후 비밀을 열람하여야 한다. ⑤ 타자, 필경 또는 발간업무에 종사하는 사람은 비밀열람기록전에 갈음하는 작업일지에 작업에 관한 사항을 기록·유지하여야 한다.

제25조(비밀의 공개) ① 중앙행정기관의 장은 다음 각 호의 어느 하나에 해당하는 사유가 있을 때에는 그가 생산한 비밀을 제26조에 따른 보안심사위원회의 심의를 거쳐 공개할 수 있다. 다만, Ⅰ급비밀의 공개에 관하여는 국가정보원장과 미리 협의하여야 한다.
  1. 국가안전보장을 위하여 국민에게 긴급히 알려야 할 필요가 있다고 판단될 때
	제46조(보안조치) ① 규정 제24조제2항에 따라 비인가자에게 비밀을 열람하거나 취급하게 할 때에는 열람하거나 취급하려는 날부터 20일 전(긴급한 사항인 경우에는 3일 전)에 소속 기관의 장(비밀이 군사관련 사항인 경우에는 국방부장관)이 다음 각 호의 사항을 확인하여야 한다.
	  1. 열람하거나 취급하려는 사람에 관한 다음 각 목의 인적사항
	    가. 성명

보안업무규정	보안업무규정시행규칙

2. 공개함으로써 국가안전보장 또는 국가이익에 현저한 도움이 된다고 판단될 때
② 공무원 또는 공무원이었던 사람은 법률에서 정하는 경우를 제외하고는 소속기관의 장이나 소속되었던 기관의 장의 승인 없이 비밀을 공개해서는 아니 된다.
	나. 등록기준지(외국인인 경우에는 국적) 및 주소
	  다. 생년월일 및 성별
	  라. 직업
	  2. 열람하거나 취급하려는 비밀의 내용(개요)
	  3. 비밀을 열람하거나 취급하려는 이유
	  4. 비밀을 열람하거나 취급하려는 기간
	  5. 비밀을 열람하거나 취급하려는 장소
	  6. 자체 보안대책
	  7. 그 밖의 참고사항
	② 민간시설을 이용하여 비밀을 인쇄, 발간 또는 제작하거나 복제, 복사하고자 할 때에는 다음 각 호의 사항을 소속기관의 장(비밀이 군사관련 사항인 경우에는 국방부장관)이 확인하여야 한다.
	  1. 비밀의 인쇄 등을 위하여 이용하는 민간시설의 명칭, 위치 및 대표자 성명
	  2. 민간시설을 이용하여 인쇄 등을 하려는 비밀의 내용(개요)
	  3. 민간시설을 이용하여 비밀의 인쇄 등을 하려는 이유
	  4. 민간시설을 이용하여 비밀의 인쇄 등을 하려는 기간
	  5. 자체 보안대책
	  6. 그 밖의 참고사항
	③ 민간시설을 이용하여 비밀 또는 대외비 문서를 발간하였을 때에는 그 문서의 끝 부분 또는 뒤표지의 뒷면에 다음과 같은 표시를 하여야 한다.

년 월 일	부 발간	
발간업체명	전화( )	
대 표 자		
인가근거		
참여자	소속	6cm
	성명	

10cm

인가근거: 조달청의 비밀취급인가 근거와 인가 일자

보안업무규정	보안업무규정시행규칙
제26조(보안심사위원회) ① 중앙행정기관에 비밀의 공개에 관한 사항을 심의하기 위하여 보안심사위원회를 둔다.	제47조(보안심사위원회의 구성·운영) ① 규정 제26조제2항에 따른 보안심사위원회는 위원장 1명을 포함하여 3명 이상 7명 이내

보안업무규정	보안업무규정시행규칙
② 제1항에 따른 보안심사위원회의 구성·운영 등에 필요한 세부사항은 국가정보원장이 정한다.	의 위원으로 구성하며, 위원장은 부기관장이 되고, 위원은 실·국장 중에서 기관의 장이 임명한다. ② 위원장은 위원회를 대표하고, 위원회의 업무를 총괄한다. ③ 위원장이 부득이한 사유로 직무를 수행할 수 없는 때에는 기관장이 미리 지명한 위원이 그 직무를 대행한다. ④ 위원회의 회의는 위원장이 필요하다고 인정할 때 위원장이 소집하고, 위원장이 그 의장이 된다. ⑤ 위원회는 재적위원 과반수의 출석으로 개의하고, 출석 위원 과반수의 찬성으로 의결한다.
제27조(비밀의 반출) 비밀은 보관하고 있는 시설 밖으로 반출해서는 아니 된다. 다만, 공무상 반출이 필요할 때에는 소속 기관의 장의 승인을 받아야 한다.	제48조(비밀의 반출) ① 규정 제27조에 따라 비밀을 반출하려는 때에는 별지 제17호서식의 비밀반출승인서를 그 비밀의 보관책임자에게 제출하여야 한다. ② 각급기관의 장은 비밀의 반출을 승인할 때에는 보안대책을 확인하여야 한다.
제28조(안전 반출 및 파기 계획) 각급기관의 장은 비상시에 대비하여 비밀을 안전하게 반출하거나 파기할 수 있는 계획을 수립하고, 소속 직원에게 주지(周知)시켜야 한다.	제49조(안전 반출 및 파기 계획) 안전 반출 및 파기 계획은 각급기관이 소재한 지역의 특성에 따라 상황에 부합하도록 작성하여야 하며 다음 각 호의 사항이 포함되어야 한다. 1. 목적 2. 적용범위 3. 반출 또는 파기의 시기 4. 시행책임(일과 중 또는 일과 후로 구분) 5. 반출 또는 파기의 절차 및 장소 6. 최종 확인 및 보고 7. 행정사항(일과 후 비밀보관 장소 및 열쇠관리, 반출 및 파기의 우선 순위, 계획서의 비치 등)
	제50조(파기) ① 비밀을 파기할 때에는 소각, 용해 그 밖의 방법으로 원형을 완전히 소멸시켜야 한다. ② 비밀을 파기할 때에는 보관책임자 또는 그가 지정하는 비밀취급 인가자가 참여한 가운데 그 비밀의 처리담당자가 행

보안업무규정	보안업무규정시행규칙
	하며, 비밀관리기록부의 확인란에 참여자의 파기 확인을 받아야 한다. ③ 비밀을 저장·관리하였던 USB 등 보조기억매체는 보관책임자가 그 비밀의 내용을 복구할 수 없도록 완전 삭제한 후 파기하여야 한다. 다만, 보조기억매체를 비밀보관용으로 재활용할 경우에는 보안담당관의 승인을 받은 후 사용하여야 한다.
제29조(비밀문서의 통제) 각급기관의 장은 비밀문서의 접수·발송·복제·열람 및 반출 등의 통제에 필요한 규정을 따로 작성·운영할 수 있다. 제30조(비밀의 이관) 비밀은 일반문서보관소로 이관해서는 아니 된다. 다만, 「공공기록물 관리에 관한 법률」 제33조제2항 및 같은 법 시행령 제68조에 따라 기록물관리기관으로 이관하는 경우에는 그러하지 아니하다.	제51조(비밀의 인계) ① 비밀을 보관하는 기관이 해체되는 때에는 그 기관이 보유한 비밀을 인수기관에 인계하여야 한다. ② 제1항에도 불구하고 비밀의 인수기관이 없거나 불분명한 때에는 다른 기관이 생산한 비밀은 생산기관에 반납하고, 자체 생산한 비밀은 「공공기록물 관리에 관한 법률」 제3조에 따른 기록물관리기관에 이관하여야 한다.
제31조(비밀 소유 현황 통보) 각급기관의 장은 연 2회 비밀 소유 현황을 조사하여 국가정보원장에게 통보하여야 한다.	제52조(비밀 소유 현황 및 비밀취급 인가자 현황 조사의 절차 및 통보) ① 각급기관의 장은 매년 6월 30일과 12월 31일을 기준으로 하여 비밀의 재분류 검토를 실시한 후 비밀 소유 현황 및 비밀취급 인가자 현황을 조사하여야 한다. 이 경우 비밀 소유 현황 조사는 별지 제18호서식에 따른다. ② 중앙행정기관의 장은 소속 기관의 비밀 소유 현황 및 비밀취급 인가자 현황을 종합하여 조사기준 다음 달 25일까지 국가정보원장에게 통보하여야 한다.
제32조(보호구역) ① 파괴, 기능 마비 또는 비밀누설로 인하여 전략적으로 또는 군사적으로 막대한 손해를 끼치거나 국가안전보장에 연쇄적 혼란을 일으킬 우려가 있는 시설 또는 지역(이하 "국가보안시설"이라 한다)이나 선박·항공기 등 중요장비(이하 "보호장비"라 한다)를 관리하는 기관 등의 장과 각급기관의 장은 국가비밀·암호자재와 국가보안시설·보호장비의 보호를 위하여 필요한 장소에 일정한 범위의 보호구역을 설정할 수 있다.	제53조(보호구역의 설정 대상) 규정 제32조 제1항에 따라 보호구역으로 설정할 수 있는 일반적 대상은 다음 각 호와 같다. 1. 통합비밀보관실 2. 암호실 3. 중앙통제실 4. 정보보관실 5. 종합상황실 6. 통신실 7. 전산실 8. 군사시설

보안업무규정	보안업무규정시행규칙
② 제1항에 따른 보호구역은 그 중요도에 따라 제한지역, 제한구역 및 통제구역으로 나눈다. ③ 제1항에 따른 보호구역에 접근하거나 출입하려는 사람은 각급기관의 장 또는 국가보안시설·보호장비를 관리하는 기관 등의 장의 허가를 받아야 한다. ④ 보호구역을 관리하는 사람은 제3항에 따른 허가를 받지 아니한 사람의 보호구역 접근이나 출입을 제한하거나 금지할 수 있다.	9. 무기고 10. 그 밖에 보안상 특별한 통제가 요구되는 지역 또는 시설 제54조(보호구역의 구분) ① 규정 제32조제2항에 따른 제한지역, 제한구역 및 통제구역이란 각각 다음 각 호의 지역 또는 구역을 말한다. 　1. 제한지역: 비밀 또는 국·공유재산의 보호를 위하여 울타리 또는 방호·경비인력에 의하여 일반인의 출입에 대한 감시가 필요한 지역 　2. 제한구역: 비인가자가 비밀, 주요시설 및 Ⅲ급 비밀 소통용 암호자재에 접근하는 것을 방지하기 위하여 안내를 받아 출입하여야 하는 구역 　3. 통제구역: 보안상 매우 중요한 구역으로서 비인가자의 출입이 금지되는 구역 ② 보호구역에 대해서는 일반인의 출입을 제한할 수 있는 보안대책을 수립·시행하여야 하며, 제한구역 및 통제구역에는 그 구역의 기능 및 구조에 따라 다음 각 호의 대책이 마련되어야 한다. 　1. 출입 허가자의 지정과 출입 허가를 받지 아니한 사람에 대한 출입 통제 대책 　2. 주야간 경계대책 　3. 외부로부터의 투시, 도청 및 파괴물질의 투척 방지 대책 　4. 방화대책 　5. 경보대책 　6. 그 밖에 필요한 보안대책
	제55조(보호구역의 설정 방침) 제한구역 및 통제구역의 설정은 필요한 최소한의 범위로 제한되어야 한다.
제43조(보안담당관) 각급기관의 장은 소속 직원 중에서 이 영에 따른 보안업무를 수행할 보안담당관을 임명하여야 한다. 제44조(계엄지역의 보안) ① 계엄이 선포된 지역의 보안을 위하여 계엄사령관은 이 영	제68조(보안담당관의 임무) 규정 제43조에 따른 보안담당관은 다음 각 호의 업무를 수행한다. 　1. 자체 보안업무 수행에 필요한 계획 조정 및 감독

보안업무규정	보안업무규정시행규칙
에도 불구하고 특별한 보안조치를 할 수 있다. ② 계엄사령관이 제1항에 따라 특별한 보안조치를 하려는 경우 평상시 보안업무와의 연계성을 고려하여 필요하다고 인정할 때에는 미리 국가정보원장과 협의하여야 한다. 제45조(권한의 위탁) ① 국가정보원장은 제33조에 따른 신원조사와 관련한 권한의 일부를 국방부장관과 경찰청장에게 위탁할 수 있다. 다만, 국방부장관에 대한 위탁은 군인·군무원, 「방위사업법」에 따른 방위산업체 및 연구기관의 종사자와 그 밖에 군사보안에 관련된 인원의 신원조사로 한정한다. ② 국가정보원장은 필요하다고 인정할 때에는 관계 기관의 장에게 제35조에 따른 보안측정 및 제38조에 따른 보안사고 조사와 관련한 권한의 일부를 위탁할 수 있다. 다만, 국방부장관에 대한 위탁은 국방부 본부를 제외한 합동참모본부, 국방부 직할부대 및 직할기관, 각군, 「방위사업법」에 따른 방위산업체, 연구기관 및 그 밖의 군사보안대상의 보안측정 및 보안사고 조사로 한정한다. ③ 국가정보원장은 필요하다고 인정할 때에는 제2항에 따라 권한을 위탁받은 관계기관의 장에게 보안측정 및 보안사고 조사 결과의 통보를 요구할 수 있다.	2. 보안교육 3. 비밀소유현황조사 4. 서약의 집행 5. 정보통신보안과 관련된 업무 제69조(보안교육) ① 다음 각 호에 해당하는 사람에 대해서는 관계기관의 장이 사전에 충분한 보안교육·서약집행 등 보안조치를 하여야 한다. 1. 신규 채용직원 2. 비밀취급인가 예정자 3. 공무, 학술, 체육, 문화, 시찰, 유학 또는 국제기구·민간기업 파견 또는 취업 등을 목적으로 하는 해외여행자 ② 관계 각급 교육기관의 장은 비밀교재 및 비밀교육 내용을 기록한 피교육자의 필기장 등에 대한 보안대책을 마련·이행하여야 한다. 제70조(비밀관리부철의 보존) 다음 각 호의 부철(簿綴)은 해당 비밀의 보호기간이 만료된 후 5년간 보존하여야 하며, 그 이전에 폐기하고자 할 때에는 국가정보원장의 승인을 받아야 한다. 1. 서약서철 2. 비밀접수증철 3. 비밀관리기록부 4. 비밀 접수 및 발송대장 5. 비밀열람기록전(철) 6. 비밀대출부 7. 배부처(철)
제46조(고유식별정보의 처리) 각급기관의 장은 다음 각 호의 사무를 수행하기 위하여 불가피한 경우 「개인정보 보호법 시행령」 제19조제1호 또는 제4호에 따른 주민등록번호 또는 외국인등록번호가 포함된 자료를 처리할 수 있다. 1. 제32조제3항에 따른 보호구역 접근·출입 허가에 관한 사무 2. 제33조에 따른 신원조사에 관한 사무	제71조(시행세칙) ① 중앙행정기관의 장은 국가정보원장과 미리 협의하여 이 규칙 운용에 필요한 보안업무 시행세칙을 작성·시행하여야 한다. ② 국방부장관은 이 규칙에서 정한 사항 외에 국방부본부, 합동참모본부, 국방부 직할부대 및 직할기관, 각 군, 「방위사업법」에 따른 방위산업체 및 연구기관의 보안에 관하여 필요한 세부 사항을 국가정보원장과 협의를 거쳐 따로 정한다.

보안업무규정시행규칙 [별표1] 기본분류지침표(제17조제1항 관련)

I급비밀	II급비밀	III급비밀
1. 국가방위 및 외교에 결정적인 영향을 주는 사항 2. 국가 또는 우방국에게 무력침공이나 전쟁을 유발하게 하는 사항 　가. 전쟁수행에 필요한 전략계획 　나. 국내외의 전반적인 특수정보활동 계획 　다. 비밀조약 또는 협정이나 비밀합의내용 　라. 비밀무기의 설치 및 사용계획, 전시소요계획 및 비밀무기의 저장량 또는 중요한 과학기술 등의 발전계획 　마. 다음과 같은 전쟁계획 　　(1) 핵무기 사용에 관한 전시계획 요소 　　(2) 기상 및 계획제원 　　(3) 적 능력의 정보판단 　　(4) 병력구성 및 운용 3. 국가정보작전 및 특수적인 국내정보활동에 필요한 사항 　가. 국가 정보기관의 능력과 획득된 성과를 판단할 수 있을 정도로 완성된 정보계획 　나. 국가의 중요한 정보수집활동사항 　다. 전반적이고 종합된 특수한 치안 활동(특수정보) 4. 국방에 매우 중대한 과학 및 기술발전에 필요한 사항 　가. 국방에 치명적인 매우 새로운 과학 및 기술발전에 필요한 사항	1. 국가방위에 중요한 손해를 초래할 우려가 있는 것으로서 조약, 회의 등의 부분적인 사항 등 국제 관계에 중대한 영향을 미치는 비밀활동 2. 국가방위계획 및 그 효과를 매우 위태롭게 하는 사항 　가. I급비밀에 속하지 아니하는 전쟁계획 및 전략계획 　나. 적대행위를 하고 있는 아군의 병력구성 및 배치사항 　다. 장비의 성능·수량 등을 포함하는 국방상 중요한 사항 3. 국가의 중요한 정보활동계획 및 특수치안활동에 필요한 부분적인 사항 　가. 국가가 보유하고 있는 사실을 대외에 알리지 않아야 국가안보에 도움이 되는 정보 및 자재 　나. 국가 안전보장을 위하여 필요한 부분적인 특수 치안 활동에 관한 사항 　다. 국가안전보장상 중요한 첩보를 포함하는 통신수단 및 암호자재 4. 국방에 중대한 과학 및 기술발전에 필요한 사항 　가. 국방상 중대한 부분에 직접 이용할 수 있는 새로운 군사적 또는 기술적 발전을 가져 오는 자재 또는 그 개조와	1. 국가외교상황 중 공개됨으로써 적 또는 가상의 적국에게 유리하게 악용될 우려가 있는 사항 　가. 발표되기 전의 부분적인 비밀외교 사항 　나. I급비밀 및 II급비밀에 속하지 아니하는 일시적인 보호가 필요한 외사 관계사항 2. 각 군의 중요한 활동장비 및 그의 연구발전 등과 관련된 사항 　가. 적에게 가치있는 작전 및 전투보고와 정보보고 　나. I급비밀 및 II급비밀에 속하지 아니하는 군부대의 임무·특별활동 및 특수장비의 수량 　다. 가치있는 정보를 포함하고 있는 문서 교범 및 보고가 필요한 연구발표계획 　라. 부분적 동원계획 　마. 작전상 특히 보호하여야 할 사항 　바. 보안상 자주 변경이 필요한 주파수 및 호출부호 3. 국가 안전보장상 필요로 하는 특수정보 활동 계획의 일부분으로서 실시되는 국부적인 관련 사항 　가. 정보보고 　나. 필요한 존안 　다. 조직 및 배치 4. 계획단계에서 공개 또는 누설됨으로써 실적 또는 시

I 급비밀	II 급비밀	III급비밀
나. 원자 및 핵무기 저장량 지표 5. 국가정책의 전환으로 외국 또는 국민 전체에 직접적인 영향이 있는 사항 가. 계획단계에 있는 종합적인 중대한 경제정책의 급격한 전환 나. 국가관계 관련 극히 비밀로 하여야 하는 군사원조 정책	관련한 세부 사항 5. 국가정책의 전환으로 외국 또는 국민에게 직접적인 영향이 있는 부분적인 사항 가. I 급비밀에 속하는 계획을 폭로하지 않는 범위에서의 부분적인 경제정책의 급격한 변화의 일환을 이루고 있는 계획 나. 국방관계와 관련하여 비밀로 하여야 하는 전반적 군사 원조 계획의 세부적 부분	책면에 차질을 가져올 우려가 있는 계획 및 방침 가. 국가시책의 부분적인 변동 관련 사항 나. 해외공관의 설치계획

별지 제13호 서식　　　　**비밀관리기록부**

부처명 :　　　　　　　　　　　　　　　　　　　보관책임자 :

관리번호	접수·발송			문서번호	비밀등급	형태	건명	사본번호	예고문	보존기간	보관장소	처리방법				확인	
	년월일	생산처	수신처(처리담당)									등급변경	파기	보호기간만료	기타	근거(처리일자)	처리자(인)

330mm×190mm (백상지 70/m²)

[별지 제18호 서식]　　　　　　　　　비밀소유현황

소유처 :　　　　　　　　　　　　　　　　　년　　　월　　　일 현재

비밀등급＼월별	이월	월	월	월	월	월	월	현 보유량
Ⅰ								
Ⅱ								
Ⅲ								
현 보유량								

○ 세부 증감내역

비밀구분	구분＼월별		이월	월	월	월	월	월	월	계
Ⅰ		접수								
		작성								
		이첩	✕							
	원본	등급변경	✕							
		이관대기	✕							
	사본	등급변경	✕							
		일반·파기	✕							
Ⅱ		접수								
		작성								
		이첩	✕							
	원본	등급변경	✕							
		이관대기	✕							
	사본	등급변경	✕							
		일반·파기	✕							
Ⅲ		접수								
		작성								
		이첩	✕							
	원본	등급변경	✕							
		이관대기	✕							
	사본	등급변경	✕							
		일반·파기	✕							

(18절·세로)

2절 비밀기록의 보안체계

비밀기록은 비밀인 상태에서 "일반문서보관소"로 이관하는 것은 금지되어 있어, 비밀기록의 관리를 위한 전문적인 보안시설과 장비, 인원 등을 구비하는 경우에만 기록물관리기관으로 이관할 수 있다.

따라서 비밀을 관리해야 하는 기록관 및 특수기록관, 영구기록물관리기관 등은 비밀의 보안과 보존을 위한 전문시설과 장비, 인력 등을 구비하고 보안대책을 강구해야 한다. 여기서 말하는 비밀기록의 관리를 전담하는 인력이 반드시 기록물관리전문요원일 필요는 없으며, 오히려 보안관련 교육을 이수한 비밀취급 인가자로서의 자격이 우선이다. 필요한 경우 기관장 등 비밀취급인가권자는 비밀기록 전담요원에 대한 신원조사나 보안교육 등 필요한 보안조치를 국가정보원장에게 요청하여야 한다.

특히 기록물관리기관의 장 역시 비밀취급인가자여야 하고, 비밀서고 등 관련 시설을 보호구역으로 확보해야 한다. 또한 비밀기록 및 비밀기록의 관리에 관한 정보를 취급하는 과정에서 비밀이 누설되지 않도록 국가정보원장이 정하는 보안대책을 수립·시행하여야 하며, 국가정보원장은 이를 확인할 수 있다. 비밀기록 관리 업무를 담당하였거나 비밀기록에 접근·열람하였던 자는 그 과정에서 알게 된 비밀을 누설해서는 안 되며, 업무처리 중 알게 된 비밀을 누설한 자는 2년 이하의 징역 또는 1천만 원 이하의 벌금에 처하게 된다.

다만, 비밀기록의 관리에 관한 공공표준에 의하면, "비밀기록물의 취급수량, 취급기간, 서고출입방식 등을 고려하여 일반서고의 일부공간을 지정하여 사용할 수 있다. 이 경우에도 비밀기록물 관리에 적합하도록 보호구역지역, 이중출입 및 보존관리, CCTV 설치 등을 갖추어야 한다." (NAK/S 20:2016(v1.2) "비밀기록물 관리")

한편, 영구기록물관리기관은 자신이 관리하는 비밀기록 중 다음에 해당하는 경우에는 재분류할 수 있다.

1. 보존기간의 기산일부터 30년이 지난 비밀기록물. 다만, 예고문에 따라 비밀 보호기간이 남아있는 비밀기록물인 경우에는 생산기관의 동의를 얻어야 한다.
2. 그 기록물의 생산기관이 폐지되고 그 기능을 승계한 기관이 분명하지 아니한 비밀기록물의 비밀 보호기간이 종료된 경우

이러한 재분류는 곧 비밀의 해제를 의미하는 것으로 이해되지만, 보안업무규정에서 사용하는 "재분류"의 용어는 비밀등급의 조정이나 비밀보호기간의 조정 등을 포함하는 것이라는 점에서 용어의 사용에 유의해야 한다.

법률

제32조(비밀 기록물 관리의 원칙) 기록물관리기관의 장은 대통령령으로 정하는 바에 따라 비밀 기록물 관리에 필요한 별도의 전용서고 등 비밀 기록물 관리체계를 갖추고 전담 관리요원을 지정하여야 하며, 비밀 기록물 취급과정에서 비밀이 누설되지 아니하도록 보안대책을 수립·시행하여야 한다.

제47조(비밀 누설의 금지) 비밀 기록물 관리 업무를 담당하였거나 비밀 기록물에 접근·열람하였던 자는 그 과정에서 알게 된 비밀을 누설하여서는 아니 된다.

제52조(벌칙) 다음 각 호의 어느 하나에 해당하는 자는 2년 이하의 징역 또는 1천만원 이하의 벌금에 처한다.
   1. 정당한 사유 없이 제26조제2항에 따른 조사를 거부·방해 또는 기피한 자
   2. 제47조를 위반하여 업무처리 중 알게 된 비밀을 누설한 자

시행령

제66조(비밀기록물 관리 전용 서고 등) ① 기록물관리기관의 장은 법 제32조에 따라 비밀 기록물을 관리하기 위한 전용 서고 및 시설·장비 등을 설치·운영하여야 한다.

②법 제32조에 따른 비밀기록물 관리 전담 관리요원은 비밀취급 인가를 받아야 한다. 이 경우 비밀취급인가권자는 비밀의 누설 또는 유출방지를 위하여 비밀기록물 전담 관리요원에 대한 신원조사, 보안교육 등 필요한 보안조치를 국가정보원장에게 요청하여

야 한다.

③ 기록물관리기관의 장은 비밀기록물 및 비밀기록물 관리에 관한 정보를 취급하는 과정에서 비밀이 누설되지 아니하도록 국가정보원장이 정하는 보안대책을 수립·시행하여야 하며, 국가정보원장은 이를 확인할 수 있다.

제68조(비밀기록물의 이관) ⑥영구기록물관리기관의 장은 그 기관이 관리하는 비밀기록물 중 다음 각 호의 어느 하나에 해당하는 기록물에 대하여는 재분류할 수 있다.

  1. 보존기간의 기산일부터 30년이 지난 비밀기록물. 다만, 예고문에 따라 비밀 보호 기간이 남아있는 비밀기록물인 경우에는 생산기관의 동의를 얻어야 한다.
  2. 그 기록물의 생산기관이 폐지되고 그 기능을 승계한 기관이 분명하지 아니한 비밀기록물의 비밀 보호기간이 종료된 경우

3절 비밀기록의 보존기간

비밀기록은 비밀로서의 보호기간을 갖는데, 통상 비밀의 재분류 시점을 나타내는 예고문에 반영된다. 이러한 보호기간은 해당 비밀기록이 생산된 시점으로부터 시작된다고 해석된다.

이러한 보호기간과는 별도로 보존가치에 입각한 보존기간을 부여하여야 한다. 비밀기록의 보존기간은 기본적으로 비밀로 생산되는 원본에 적용한다. 특히 통상 비밀기록이 건단위의 개별 기록으로 생산되기 때문에, 비밀기록의 보존기간은 기록철인 경우 이외에도 건 단위로 정할 수 있다. 다만, 기록관리법령에 의하면 이러한 보존기간은 기록관리기준표의 단위과제에 책정된 보존기간을 적용한다. 만일 기록관리기준표의 단위과제에 비밀 관련 내용이 포함되어 있는 경우에는 그 내용이 노출되지 않도록 해당 단위과제에 대한 정보 자체를 비밀로 지정하여 별도로 관리하여야 한다.

한편, 기록관리법령과 보안업무규정시행규칙에서도 비밀기록의 보존기간이 비밀 보호기간 이상의 기간으로 책정되어야 한다는 규정이 있지만, 그 기산의 시점에 대한 해석이 다소 모호하다. 만일 비밀인 동안에는 현용단계에 해당하고, 보존기간의 개념은 비밀로서의 보호기간이 종결된 이후에 적용된다고 이해한다면, 굳이 보호기간보다 보존기간이 길어야한다는 규정은 필요 없을 것이다. 보안업무규정에 따르면 비밀기록의 보존기간 기산일은 일반 기록과 마찬가지로 다음해 1월 1일부터이지만, 일반기록은 관련 업무가 종결된 이후의 다음해이고, 주로 건단위로 만들어지는 비밀의 경우는 업무의 종결과 관련 없이 부여되는 것이다.

이러한 개념적인 혼란에도 불구하고, 단지 비밀로서 유지되는 동안에 폐기될 수는 없다는 원칙적인 수준의 규정으로 이해하는 대신, 보호기간과 보존기간 각각의 종료 일자를 따져보는 정도의 검토는 필수적으로 수행되어야 할 것이다. 다만, 비밀보호기간이 다시 연장되거나 혹은 비밀의 등급이 재분류됨에 따라 새롭게 보호기간이 부여되는 경우 다시 보존기간을 따져보면서 필요할 경우 재책정하는 등 각별한 주의가 필요할 것이다.

법률

제33조(비밀 기록물의 관리) ① 공공기관은 비밀 기록물을 생산할 때에는 그 기록물의 원본에 비밀 보호기간 및 보존기간을 함께 정하여 보존기간이 끝날 때까지 관리되도록 하여야 한다. 이 경우 보존기간은 비밀 보호기간 이상의 기간으로 책정하여야 한다. ② 비밀 기록물의 원본은 대통령령으로 정하는 바에 따라 소관 기록물관리기관으로 이관하여 보존하여야 한다.

시행령

제67조(비밀기록물의 보존기간의 적용) ① 법 제33조제1항에 따른 비밀기록물 원본(이하 "비밀기록물"이라 한다)의 보존기간은 기록물철 또는 건 단위로 정하되, 제25조제2항에 따른 기록관리기준표의 단위과제에 책정된 보존기간을 적용한다. ② 비밀기록물의 보호기간이 변경된 경우에는 변경된 보호기간 이상으로 보존기간을 재책정하여야 한다.

제69조(비밀 관련 기록관리기준표의 관리) 법 제18조에 따라 공공기관은 제25조에 따른 기록관리기준표의 단위과제에 비밀 관련 내용이 포함되어 있는 경우에는 그 내용이 노출되지 아니하도록 비밀로 지정하여 별도로 관리하여야 한다.

시행규칙

제16조(기록관리기준표) ① 영 제25조제1항에 따른 기록관리기준표 작성시 비밀 관련 정보가 포함되어 있는 경우에는 자료의 작성 및 제출은 서면으로 하고 영구기록물관리기관으로 제출된 사본의 예고문은 제출일부터 1개월이 지난 달의 말일에 파기하는 것으로 한다.

4절   비밀기록의 등록관리

　비밀기록의 등록에 관한 사항은 법령에 별도로 명시되어 있지 않지만, 생산 혹은 접수되는 모든 기록을 등록하도록 되어 있다는 점에서 등록대상인 것은 명확하다. 또한 보안업무규정에 따르면 "비밀관리기록부"에 작성·분류·수발 및 기타 취급사실에 대한 상세한 기록을 유지하도록 규정하고 있으며, 또한 모든 비밀기록에는 작성·접수되는 순서에 따른 관리번호를 부여하도록 규정되어 있다.

　법령에 등록서식이 규정되어 있지 않아서 자세한 내용은 알 수 없으나, "개별기록물이관" 서식 및 "비밀기록 생산·해제 및 재분류 현황 통보" 서식을 통해 비밀기록의 초기 등록정보에 대해 유추할 수 있다. 개별기록물이관서식에는 기록철등록번호를 기재하도록 되어 있는 것인데, 이는 비밀기록이 통상 건단위로 생성되어 별도로 관리되기 때문에, 본래 함께 편철되어야 했던 기록철을 확인해두려는 것이라고 할 수 있다. 실제로 비밀이 해제되어 일반 기록과 같이 취급되기 시작하면 본래의 기록철에 합철되어야 할 것임을 보여준다. 다만, 기록의 건단위 등록대장에 비밀기록을 등록한다면, 기록철분류번호 이외에도 보안조치를 위해서 해당 기록이 비밀이라는 점과 비밀보호기간 및 보존기간 등을 함께 표기할 수 있어야 할 것이다.

　한편, 해당 기관이 생산한 비밀기록 원본에 대하여 매년 5월 31일까지 관할 기록관 또는 특수기록관의 장에게, 기록관 또는 특수기록관의 장은 매년 8월 31일까지 관할 영구기록물관리기관의 장에게 전년도 "비밀기록물의 생산·해제 및 재분류 현황"을 통보하여야 한다. 일반 기록의 생산현황통보가 업무가 종결되어 정리까지 끝난 기록의 등록정보로 이뤄지는 것과는 다르므로 유의해야 한다.

　비밀 원본의 경우에만 이뤄지는 이 조치는 비밀을 생산한 경우에만 해당하는 것이다. 통보서식은 생산, 해제, 재분류 등의 조치가 이뤄진 비밀 기록에 대한 수량만을 제시하는 "보유현황 서식"과 연도별로 문서, 간행물, 시청각 등 유형에 따라 비밀 기록의 생산부서, 제목, 면수, 비밀등급, 보존기간, 보호기간, 전자기록여부 등의 정보를 기재한 "유형별 생산현황 목록"으로 나누어져 있다. 제목 속에 비밀 내용이 담겨 있는 경우는 해당 비밀 내용을 삭제하고 부여할 수 있다. 이 목록은 생산 후 3년이 지난 다음 연도의 5월 31일까지 관할 기록관 또는 특수기록관의 장에게 통보하여야 한다. 이 경우 비밀기록 목록의 제목 중에 비밀 정보가 포함되어 있는 경우에는 해당 정보를 삭제하고 제출할 수 있다. 다만 비밀기록의 생산, 해제 및 재분류 현황통보의 서식에는 기록철을 표기하는 란이 빠져 있어 재검토가 필요하다.

이렇게 통보받은 비밀기록의 목록을 통해 기록관 또는 특수기록관은 보존기간이 30년 이상인 기록에 대해 매년 8월 31일까지 영구기록물관리기관의 장에게 통보하여야 한다. 중앙기록물관리기관은 지방기록물관리기관에게 국가위임사무와 관련된 비밀기록으로서 보존기간이 30년 이상인 비밀기록물의 생산·해제 및 재분류 현황을 요청할 수 있다. 영구기록물관리기관은 통보 받은 생산·해제 및 재분류 현황에 관한 정보 중 비밀기록의 목록은 별도의 비밀기록 전용 전산장비에 저장·관리하여야 한다. 이 경우 해당 기록의 보호기간이 끝날 때까지 해당 목록을 역시 비밀로 관리하여야 한다.

법률

제34조(비밀 기록물 생산현황 등 통보) 공공기관의 장은 해당 기관이 생산한 비밀 기록물 원본에 대하여 대통령령으로 정하는 바에 따라 매년 그 생산·해제 및 재분류 현황을 소관 영구기록물관리기관의 장에게 통보하여야 한다. 이 경우 통보서식 등은 행정자치부령으로 정하되, 미리 국가정보원장과 협의하여야 한다.

시행령

제42조(기록물 생산현황 통보) ① 법 제19조제6항에 따라 기록관 또는 특수기록관의 장은 매년 8월 31일까지 관할 영구기록물관리기관의 장에게 전년도의 기록물 생산현황을 통

보하여야 한다. 다만, 제3조 각 호의 어느 하나에 해당하는 공공기관은 행정자치부령으로 정하는 기관을 제외하고는 관할 영구기록물관리기관으로 생산현황을 통보하지 아니하고 자체적으로 관리한다.

② 제1항에 따른 기록물생산현황의 통보는 중앙기록물관리기관의 장이 정하는 방식에 따라 제20조제1항에 따른 기록물 등록정보를 기록관리시스템을 통하여 제출하여야 한다. 다만, 안보·정보 분야 기록물은 비밀누설의 우려가 있는 경우 중앙기록물관리기관의 장과 협의하여 등록정보중 일부항목을 제외하고 제출할 수 있다.

제71조(비밀기록 생산현황의 관리) ① 법 제34조에 따라 공공기관의 장은 매년 5월 31일까지 관할 기록관 또는 특수기록관의 장에게, 기록관 또는 특수기록관의 장은 매년 8월 31일까지 관할 영구기록물관리기관의 장에게 행정자치부령이 정하는 서식에 따라 전년도 비밀기록물의 생산·해제 및 재분류 현황을 통보하여야 한다.

② 공공기관의 장은 제1항의 비밀기록 생산현황에 포함된 비밀기록물의 목록을 행정자치부령이 정하는 서식에 따라 작성·관리하여야 하며, 그 목록은 생산 후 3년이 지난 다음 연도의 5월 31일까지 관할 기록관 또는 특수기록관의 장에게 통보하여야 한다. 이 경우 비밀기록물 목록의 제목 중에 비밀 정보가 포함되어 있는 경우에는 해당 정보를 삭제하고 제출할 수 있다.

③ 기록관 또는 특수기록관의 장은 제2항에 따라 통보 받은 비밀기록물의 목록 중 보존기간이 30년 이상인 기록물에 대하여는 매년 8월 31일까지 영구기록물관리기관의 장에게 통보하여야 한다.

④ 중앙기록물관리기관의 장은 지방기록물관리기관의 장에게 국가위임사무와 관련된 비밀기록물로서 보존기간이 30년 이상인 비밀기록물의 생산·해제 및 재분류 현황을 요청할 수 있다.

⑤ 영구기록물관리기관의 장은 법 제34조에 따라 통보 받은 생산·해제 및 재분류 현황에 관한 정보 중 비밀기록물의 목록은 별도의 비밀기록물 전용 전산장비에 저장·관리하여야 한다. 이 경우 해당 기록의 보호기간이 끝날 때까지 해당 목록을 비밀로 관리하여야 한다.

시행규칙

제39조(비밀기록물의 생산현황 통보) 영 제71조에 따른 비밀기록 생산·해제 및 재분류 현황 통보서식은 별지 제12호서식과 같다

[별지 제2호서식]
이 관 목 록

2. 개별관리기록물(건)단위로 이관하는 기록물

기관명(처리과기관코드) :   인계자 직급 및 성명 :

이 관 연 도 :   인수자 직급 및 성명 :

등록 번호	제 목	기록물 형 태	쪽수*	기록물철 분류번호	공개 구분	공개제한 쪽표시	비 고

* 종이기록물의 경우에만 기재

[별지 제12호서식]
비밀기록 생산·해제 및 재분류 현황 통보

1. 연도별 비밀기록 생산·재분류·보유 현황 (생략)
2. 비밀기록물 유형별 생산현황(목록)
① 문서류

생산기관명_____   생산연도 _____

연번	식별 번호	생산 부서	제 목	면수	비밀 등급	보존 기간	보호 기간	구분

② 간행물

생산기관명_____   생산연도 _____

연번	식별 번호	생산 부서	제 목	면수	비밀 등급	보존 기간	보호 기간	구분

③ 시청각류

생산기관명_____   생산연도 _____

연번	식별 번호	생산 부서	제 목	비밀 등급	보존 기간	보호 기간	구분

비 고
1. 식별번호란에는 비밀기록관리부 관리번호를 적는다.
2. 제목에 비밀 관련 정보가 포함되어 있으면 해당 정보를 삭제할 수 있다.
3. 면수란은 전자적 형태로 생산되지 않은 기록물의 경우만 적는다.
4. 구분란은 "전자"와 "비전자" 중 어느 하나를 선택하여 적는다.

5절 비밀기록의 이관과 폐기

비밀기록이 일반문서로 재분류된 경우에는 기록관리기준표의 해당 단위과제에서 생산된 본래의 기록철에 다시 편철하여 관리하여야 한다. 다만, 관련된 기록철이 없거나 개별 기록 단위로 별도 관리가 필요한 경우에는, 그 비밀기록 자체를 기록철로 보아 관리할 수 있다. 또한 일반문서로 재분류된 기록이므로 공개여부를 새로 구분하여 관리하여야 한다.

한편, 비밀기록 원본, 다시 말해서 비밀을 생산한 기관에서의 비밀기록은 일반문서로 재분류되거나 비밀보호기간이 종료되었을 때, 혹은 비밀로서 생산된 후 30년이 지난 경우 기록관 또는 특수기록관으로 이관한다. 이렇게 이관받은 기록 중 보존기간이 30년 이상인 경우는 인수한 다음 연도 중에 관할 영구기록물관리기관이 정한 일정에 따라 이관해야 한다. 다만, 아직 보존기간의 기산일부터 10년이 지나지 않은 경우에는 남은 기간을 기록관 또는 특수기록관에서 보존해야 한다. 전자적 형태로 생산되지 않은 비밀기록의 이관은 봉인된 봉투에 건 또는 권별로 담아 이관해야 한다.

다만, 비밀기록이 생성된 업무의 기록철이 비밀기록보다 먼저 (특수)기록관에 이관될 소지가 크며, 경우에 따라서는 해당 기록철이 먼저 폐기되는 경우도 있을 수 있으므로 관리에 각별히 유의해야 한다. 특히 30년 이상 보호가 되는 비밀기록은 관련 기록철보다 훨씬 뒤늦게 이관되어, 자칫 관련 기록철이 폐기되거나 보존매체 수록 등 보존처리가 이뤄져 있을 가능성이 높다는 점도 유의할 필요가 있다. 게다가 사본의 경우는 별도의 관리규정을 갖지 않으므로 예고문에 따라 관리하되, 일반문서로 재분류될 경우 공개구분을 새로 부여하고 본래의 기록철에 합철할 수 있도록 유의해야 한다.

한편, 비밀기록 사본의 경우는 보안업무규정에 입각하여 예고문에 따라 처리해야 하는데, 비밀기록 원본이든 사본이든 일반문서로 재분류하는 경우 본래의 기록철에 합철하여 함께 폐기절차에 따르도록 유의해야 한다. 만일 사본의 예고문에 일반문서로 재분류 하지 않고 파기하도록 되어 있는 경우는 폐기절차와는 무관하게 진행될 것으로 예상되는데, 기록보존의 차원에서 그 타당성에 대한 검토가 필요할 것으로 생각된다.

법률

제33조(비밀 기록물의 관리) ② 비밀 기록물의 원본은 대통령령으로 정하는 바에 따라 소관 기록물관리기관으로 이관하여 보존하여야 한다.

시행령

제41조(특수기록관 소관 비공개 기록물의 이관시기 연장) ① 법 제19조제4항 및 제5항에 따라 특수기록관의 장이 소관 비공개기록물의 이관시기를 연장하고자 하는 경우에는 이관연장기간, 사유 등을 중앙기록물관리기관의 장에게 통보하여야 한다.

② 법 제19조제4항 및 제5항에 따라 특수기록관에서 보존중인 비공개 기록물이 법 제35조제2항에 따라 공개기록물로 변경되는 경우에는 특수기록관의 장은 발생일부터 3개월 이내에 중앙기록물관리기관의 장에게 대상목록을 통보하여야 하며, 그 기록물은 중앙기록물관리기관의 장이 지정한 날짜에 이관하여야 한다.

③ 법 제19조제4항에 따라 특수기록관의 장이 보존기간 기산일부터 30년 경과 후에 이관시기를 연장하고자 하는 경우에는 이관예정연도 6개월 전까지 대상기록물, 연장시기 및 구체적 연장 사유를 기재하여 중앙기록물관리기관의 장에게 이관시기 연장을 요청하여야 한다.

④ 법 제19조제5항에 따라 국가정보원장이 정보업무 관련 기록물의 이관시기를 따로 정하고자 하는 경우에는 대상 기록물, 사유 및 이관시기 등을 중앙기록물관리기관의 장과 협의하여야 한다.

제68조(비밀기록물의 이관) ① 공공기관이 법 제33조제1항에 따라 생산한 비밀기록물은 다음 각 호의 어느 하나에 해당하는 사유 발생시 기록관 또는 특수기록관으로 이관하여야 한다.

　1. 일반문서로 재분류한 경우
　2. 예고문에 의하여 비밀보호기간이 만료된 경우
　3. 생산후 30년이 지난 경우

② 기록관 또는 특수기록관의 장은 제1항에 따라 인수한 기록물 중 보존기간이 30년 이상인 비밀기록물은 인수한 다음 연도중에 관할 영구기록물관리기관이 정한 일정에 따라 이관하여야 한다. 다만, 인수한 기록물이 보존기간의 기산일부터 10년이 지나지 아니한 경우에는 남은 기간을 기록관 또는 특수기록관에서 보존하여야 한다.

③ 제2항에 불구하고 제3조 각 호의 어느 하나에 해당하는 공공기관은 그 공공기관에서 보존한다. 다만, 국가적 보존가치가 높아 영구기록물관리기관이 지정한 기록물의 경우에는 관할 영구기록물관리기관으로 이관하여야 한다.

④ 법 제33조제2항에 따라 전자적 형태로 생산되지 아니한 비밀기록물의 이관은 봉인된 봉투에 건 또는 권별로 담아 이관하여야 한다.

⑤ 일반문서로 재분류된 비밀기록물의 이관절차는 제32조 또는 제40조에 따른다.

⑥ 영구기록물관리기관의 장은 그 기관이 관리하는 비밀기록물 중 다음 각 호의 어느 하나에 해당하는 기록물에 대하여는 재분류할 수 있다.

    1. 보존기간의 기산일부터 30년이 지난 비밀기록물. 다만, 예고문에 따라 비밀 보호기간이 남아있는 비밀기록물인 경우에는 생산기관의 동의를 얻어야 한다.

    2. 그 기록물의 생산기관이 폐지되고 그 기능을 승계한 기관이 분명하지 아니한 비밀기록물의 비밀 보호기간이 종료된 경우

제70조(해제된 비밀기록물의 정리) ① 법 제18조에 따라 공공기관은 비밀기록물이 일반 문서로 재분류된 경우에는 기록관리기준표의 해당 단위과제에서 생산된 기록물철에 편철하여 관리하여야 한다. 다만, 관련된 기록물철이 없거나 개별 기록물 단위로 별도 관리가 필요한 경우에는 그 비밀기록물을 기록물철로 보아 관리할 수 있다.

② 공공기관의 장 또는 기록물관리기관의 장은 비밀기록물이 일반문서로 재분류된 경우에는 「공공기관의 정보공개에 관한 법률」 제9조제1항 및 법 제35조에 따라 공개여부를 구분하여 관리하여야 한다.

단원학습문제   **10장 비밀기록의 관리**

01 보안업무규정의 비밀의 분류 및 재분류와 관련한 사항으로 적당하지 않은 것은?

① 타 기관으로부터 인수한 비밀원본의 재분류권은 인수한 기관에 있다.

② 비밀 원본에 대해서는 연 2회(6월과 12월) 의무적으로 그 내용에 의한 재분류 검토를 실시해야 한다.

③ 직무수행상 특별히 보호를 요하는 사항은 이를 대외비로 하며 비밀에 준하여 보관한다.

④ 비밀을 복제 또는 복사한 경우에는 그 원본보다 한 등급 아래의 비밀등급과 예고문을 명시하고 사본번호를 부여해야 한다.

02 보안업무규정에서 비밀의 관리에 필요하여 지정한 기록류에 해당하지 않는 것은?

① 유형별 비밀기록물 생산현황

② 비밀관리기록부

③ 비밀열람기록전

④ 비밀수발대장

03 비밀기록 관리에 대한 규정으로서 적절한 것은?

① 기록물관리기관에 종사하는 인원은 비밀취급인가를 받아야 한다.

② 비밀 사본을 포함하여 매년 비밀기록 생산·해제 및 재분류 현황을 소관 기록물관리기관에 통보해야 한다.

③ 비밀 원본의 보존기간은 단위과제의 보존기간을 부여한다.

④ (특수)기록관에 이관된 비밀 기록 혹은 비밀이 해제된 기록 중 30년 이상 보존 대상은 이관받은 직후 영구기록물관리기관으로 이관한다.

11장_ 민간기록의 보존관리

개 요

신법령은 공공기관의 업무활동과 관련한 기록만이 아니라, 민간의 개인 또는 단체가 생산·취득한 기록정보 자료 중 국가적으로 보존할 가치가 있다고 인정되는 기록정보 자료도 포괄하여 적용한다. 이미 공공기관이 소유·관리하는 민간 생산의 기록정보 자료도 물론 포함된다. 결국 민간분야의 기록에 대해서 전반적으로 관여하는 것은 아니지만, 그만큼 국가적으로 중요한 경우는 그에 상응하도록 국가적인 관리를 실행하려는 것이다. 다만 민간이 소유하고 있는 기록 중에서 본 법령에 근거하여 공공기관이 관리해야 함에도 불구하고 여러 사정에 의해 민간이 소유하게 된 기록을 회수하는 제도와 혼선을 일으켜서는 안 된다.

법령에서 다루고 있는 민간기록과 관련한 부분은 크게 두 가지이다. 하나는 국가지정기록물로 지정하는 것이고, 다른 하나는 국가적으로 보존가치가 높은 국내외 소재 주요 기록정보 자료와 민간기록을 수집하는 것이다.

이들 둘 다 중앙기록물관리기관의 고유업무로 규정되어 있다. 이에 근거해 중앙기록물관리기관은 국가적으로 영구히 보존할 가치가 있다고 인정되는 민간기록과 주요 기록정보 자료를 국가지정기록물로 지정하거나 또는 중앙기록물관리기관에 수집하여 보존하기 위하여 실태조사, 소재정보 데이터베이스 구축 등 관리체계를 구축하여야 한다. 아울러 지정된 국가지정기록물이나 수집된 기록정보 자료 등을 지식정보자원으로 활용될 수 있도록 하여야 한다.

다만, 이러한 민간기록의 국가지정기록물 지정이나 수집 활동이 중앙기록물관리기관만의 역할로 제한하는 것은 재검토의 여지가 있을 것으로 이해된다. 이미 앞에서 살펴본 것처럼 지방기록물관리기관에서는 향토자료의 수집 기능이 부여되고 있듯이, 중요 민간기록의 발굴과 지원 등의 역할을 모든 영구기록물관리기관이 수행할 수도 있을 것이다.

또한, 민간의 기록은 민간 스스로가 잘 관리하고 보존해갈 수 있도록, 지정이나 수집의 차원이 아닌 다른 정책적 지원 역시 가능할 것이다. 일례로 사회적인 역할이 큰 비정부기구에 대한 정부차원의 지원정책의 일환으로, 그들의 기록관리체계를 정비하고 정상화될 수 있도록 자문과 교육 등의 실질적인 지원도 가능할 것이다. 특히 민간의 기록정보 자료 중에는 소유권, 관리권, 저작권 등의 법률적인 문제가 결부되는 경우가 많을 것으로 예상할 수 있으므로, 이에 대한 제도적 정비도 보완되어야 할 것으로 이해된다.

법률

제2조(적용 범위) 이 법은 공공기관이 업무와 관련하여 생산·접수한 기록물과 개인 또는 단체가 생산·취득한 기록정보 자료(공공기관이 소유·관리하는 기록정보 자료를 포함한다) 중 국가적으로 보존할 가치가 있다고 인정되는 기록정보 자료 등 공공기록물에 대하여 적용한다.

제11조(지방기록물관리기관)
　⑤ 시·도기록물관리기관(제2항 후단 및 제3항 후단에 따라 시·도교육감 또는 시장·군수·구청장으로부터 소관 기록물을 이관받은 경우를 포함한다), 시·도교육청기록물관리기관, 시·군·구기록물관리기관 및 제4항에 따라 공동으로 설치·운영되는 영구기록물관리기관(이하 "지방기록물관리기관"이라 한다)은 다음 각 호의 업무를 수행한다.
　　7. 관할 공공기관 관련 향토자료 등의 수집

시행령

제80조(민간기록물 관리체계 구축) ① 중앙기록물관리기관의 장은 법 제43조 내지 제46조에 따라 국가적으로 영구히 보존할 가치가 있다고 인정되는 민간기록물과 주요 기록정보 자료를 국가지정기록물로 지정 또는 수집하기 위하여 실태조사, 소재정보 데이터베이스 구축 등 관리체계를 구축하여야 한다.
② 중앙기록물관리기관의 장은 법 제43조제1항에 따라 국가지정기록물로 지정된 민간기록물과 법 제46조제1항에 따라 수집한 주요기록정보자료와 민간기록물을 지식정보자원으로 활용될 수 있도록 하여야 한다.

1절 국가지정기록물

국가적으로 보존가치가 높은 민간기록을 지정하여 보호하는 제도를 운영하는 주체는 중앙기록물관리기관으로 한정된다. 중앙기록물관리기관의 장은 개인이나 단체가 생산·취득한 기록정보 자료 등(이하 "민간기록"이라 한다)으로서 국가적으로 영구히 보존할 가치가 있다고 인정되는 민간기록을 국가기록관리위원회의 심의를 거쳐 국가지정기록물로 지정하여 관리할 수 있다.

이를 위해서는 몇 가지 절차를 거쳐야 하는데, 그 첫 번째는 관련된 조사와 신청 접수이다. 중앙기록물관리기관은 소속 공무원으로 하여금 관련 민간기록의 목록 및 내용의 확인, 그 밖에 필요한 조사를 하게 할 수 있으며, 관계전문가에게 검토를 요청할 수도 있다. 물론 민간기록을 소유하거나 관리하는 자는 중앙기록물관리기관에 그 민간기록을 국가지정기록물로 지정하여 줄 것을 신청할 수도 있다.

다음 절차는 이러한 조사 결과 등을 바탕으로 국가지정기록물로 지정하기 위해 국가기록관리위원회가 심의할 내용을 관보 또는 정보통신망에 30일 이상 예고하는 일이다. 그 이후 국가기록관리위원회는 앞서 시행한 조사·검토 결과와 심의 예고 결과를 참고하여 지정 여부를 심의한다.

최종적으로 국가지정기록물을 지정이 확정된 때에는 중앙기록물관리기관이 관보 또는 정보통신망에 고시하여야 하며, 행정자치부령이 정하는 바에 따라 이를 등록하고 국가지정기록물의 소유자 또는 관리자에게 통보하여야 한다.

이런 절차를 거쳐 지정된 국가지정기록물에 대해서 중앙기록물관리기관은 국가지정기록물의 보호를 위하여 필요한 경우 그 소유자 또는 관리자에게 필요한 보존시설을 설치하도록 요청할 수 있다. 이 경우 보존시설 설치 등에 드는 비용은 예산의 범위에서 지원할 수 있다.

만일 국가지정기록물의 소유자 또는 관리자가 보존시설을 설치할 수 없는 부득이한 사유가 있는 경우에는, 그 소유자 또는 관리자로부터 관리를 위탁받아 보존할 수도 있다. 국가지정기록물의 소유자 또는 관리자가 위탁보존을 신청하는 경우, 중앙기록물관리기관은 그 기록을 인수한 후 위탁보존을 확인하는 증서를 교부하여야 한다. 위탁기간은 국가지정기록물의 소유자 또는 관리자와 협의하여 중앙기록물관리기관의 장이 정하며, 위탁기간 만료 후 국가지정기록물의 소유자 또는 관리자와의 협의를 거쳐 기간연장을 할 수 있다.

위탁보존 중 그 공개여부는 소유자의 의견에 따른다. 만일, 소유자 또는 관리자가 위탁기록을 위탁기간 만료 전에 회수하고자 하는 때에는, 행정자치부령이 정하는 바에 따라 신청서를 제출하여야 하며, 국가기록원장은 반환과 동시에 위탁 확인증서를 회수하여야 한다.

또한 중앙기록물관리기관은 국가지정기록물을 복제하거나 사본을 제작할 필요가 있는 경우에는, 그 소유자 또는 관리자에게 이에 관한 협조를 요청할 수 있으며, 그 소유자 또는 관리자는 특별한 사유가 없으면 협조하여야 한다.

지정된 국가지정기록물의 소유자 또는 관리자는 그 국가지정기록물과 관련해 다음과 같은 변동사항이 발생한 경우에는, 그 사실을 변동일부터 30일 이내에 행정자치부령이 정하는 바에 따라 중앙기록물관리기관의 장에게 그 변동사항을 신고하여야 한다.

- 국가지정기록물의 처분·증여 또는 양도 등으로 소유자가 변경된 경우
- 소유자가 관리자를 선임하거나 해임한 경우
- 소유자나 관리자의 성명·주소 및 보관 장소가 변경된 경우
- 국가지정기록물이 멸실·도난 또는 훼손된 경우

만일 앞서 설명한 조사를 거부·방해 또는 기피한다거나, 관련된 변동 사항을 신고하지 않은 자는 중앙기록물관리기관이 100만 원 이하의 과태료를 부과하고 징수한다. 반면에 중앙기록물관리기관은 국가지정기록물에 대하여 매년 1회 이상

그 관리상황의 변동여부를 점검하고, 2년에 1회 이상 그 보존상태를 점검하여야 한다.

한편 국가지정기록물이 보존가치를 잃었다고 판단되는 경우나 국가지정기록물의 소유자 또는 관리자의 신청이 있는 경우에는, 중앙기록물관리기관이 국가기록관리위원회의 심의를 거쳐 이를 해제할 수 있다. 이 해제절차 역시 중앙기록물관리기관이 소속 공무원으로 하여금 그 기록의 보존가치 등에 대한 조사와 관계전문가에게 검토를 요청할 수 있으며, 그 소유자나 관리자가 해제를 신청하고자 할 때에는 신청서를 제출하여야 한다. 이러한 중간결과를 국가기록관리위원회의 심의 전에 관보 또는 정보통신망에 30일 이상 예고하여야 하며, 국가기록관리위원회가 해제여부를 심의하여 최종 지정을 해제하게 되는 때에는 관보 또는 정보통신망에 고시하여야 한다.

이러한 국가지정기록물 제도는 민간이 갖고 있던 기록의 소유권이나 관리권 자체를 국가가 수용하려는 의도를 갖고 있는 것은 아니다. 국가적으로 영구보존이 필요할 정도로 중요한 민간기록이 함부로 취급되거나 방치되어 산실되는 것을 방지하기 위한 것이다.

그러나 보물을 지정하듯이 최고의 가치가 있다고 판단되는 것을 선별하는 것으로 이해해서도 안 된다. 본래의 취지를 적극적으로 반영하려면, 정책적으로는 국가지정기록물의 지정대상을 확대하는 것이 바람직하고, 소유자나 관리자가 수행하기 힘든 부분을 확인하고 지원의 내용을 구체화하는 맞춤식 지원이 강구될 필요가 있다. 또한 개별적인 기록의 지정 여부를 따져보는 것도 필요하겠으나, 국가적으로 중요한 사회조직이나 개인의 기록 전체가 경우에 따라서는 대상이 될 수는 없는지 재검토할 여지는 있다고 보인다.

다만, 국가지정기록물로 지정되고 나면 관리와 보존에 국가의 개입이 이뤄지게 되어, 기존의 소유자나 관리자로서는 그만큼 번거롭게 생각될 수 있는 것도 사실이다. 특히, 이미 공공기관에서 취득하여 관리하고 있는 민간기록까지 대상으로 삼는다는 것은 재검토의 여지가 있다고 하겠다.

법률

제43조(국가지정기록물의 지정 및 해제) ① 중앙기록물관리기관의 장은 개인이나 단체가 생산·취득한 기록정보 자료 등(이하 "민간기록물"이라 한다)으로서 국가적으로 영구히 보존할 가치가 있다고 인정되는 민간기록물을 위원회의 심의를 거쳐 국가지정기록물로 지정하여 관리할 수 있다.

② 민간기록물을 소유하거나 관리하는 자는 중앙기록물관리기관의 장에게 그 민간기록물을 국가지정기록물로 지정하여 줄 것을 신청할 수 있다.

③ 중앙기록물관리기관의 장은 제1항에 따른 국가지정기록물의 지정을 위하여 필요하다고 인정하면 소속 공무원으로 하여금 관련 민간기록물의 목록 및 내용의 확인, 그 밖에 필요한 조사를 하게 할 수 있다.

④ 제3항에 따른 조사의 경우에는 제26조제3항을 준용한다.

⑤ 중앙기록물관리기관의 장은 제1항에 따라 민간기록물을 국가지정기록물로 지정한 경우에는 이를 소유하거나 관리하는 자에게 지정사실을 통보하여야 한다.

⑥ 중앙기록물관리기관의 장은 제1항에 따라 지정된 기록물이 국가지정기록물로서의 보존가치를 잃었다고 판단하는 경우나 국가지정기록물의 소유자 또는 관리자의 신청이 있는 경우에는 위원회의 심의를 거쳐 이를 해제할 수 있다.

시행령

제81조(국가지정기록물의 지정 또는 해제 절차 등) ① 법 제43조제1항 또는 제6항에 따라 국가지정기록물로 지정 또는 해제하고자 하는 경우에는 소속 공무원으로 하여금 그 기록물의 보존가치 등에 대한 조사와 관계전문가에게 검토를 요청할 수 있다.

② 법 제43조제2항 또는 제6항에 따라 국가지정기록물 지정 또는 해제를 신청하고자 하는 자는 행정자치부령이 정하는 바에 따라 중앙기록물관리기관에 신청서를 제출하여야 한다.

③ 중앙기록물관리기관의 장은 법 제43조제1항에 따라 민간기록물을 국가지정기록물로 지정하고자 하는 경우에는 국가기록관리위원회의 심의 전에 그 심의할 내용을 관보 또는 정보통신망에 30일 이상 예고하여야 한다.

④ 국가기록관리위원회는 제1항에 따른 조사·검토 결과와 제3항에 따른 예고 결과를 참고하여 지정 또는 해제여부를 심의하여야 한다.

⑤ 중앙기록물관리기관의 장은 국가지정기록물을 지정 또는 해제한 때에는 관보 또는 정보통신망에 고시하여야 하며, 행정자치부령이 정하는 바에 따라 이를 등록하고 국가지정기록물의 소유자 또는 관리자에게 통보하여야 한다.

제43조(기록물 조사관의 신분증표) 법 제26조제2항 및 법 제43조제3항에 따른 조사를 하는
공무원의 신분증표는 별지 제15호서식에 의한다.

법률

제44조(국가지정기록물의 변동사항 관리) 제43조제1항에 따라 지정된 국가지정기록물의
소유자 또는 관리자는 그 국가지정기록물에 관하여 다음 각 호의 어느 하나에 해당하는
변동사항이 발생한 경우에는 대통령령으로 정하는 바에 따라 그 사실을 중앙기록물관
리기관의 장에게 신고하여야 한다.
1. 국가지정기록물의 처분·증여 또는 양도 등으로 소유자가 변경된 경우
2. 소유자가 관리자를 선임하거나 해임한 경우
3. 소유자나 관리자의 성명·주소(단체의 경우에는 그 명칭 및 주된 사무소의 소재
   지를 말한다) 및 보관 장소가 변경된 경우
4. 국가지정기록물이 멸실·도난 또는 훼손된 경우

시행령

제82조(국가지정기록물의 변동사항 관리) 국가지정기록물의 소유자 또는 관리자는 그 기
록물의 관리 중에 법 제44조제1항 각 호의 어느 하나에 해당하는 변동사항이 발생한 때
에는 변동일부터 30일 이내에 행정자치부령이 정하는 바에 따라 중앙기록물관리기관의
장에게 그 변동사항을 신고하여야 한다.

법률

제45조(국가지정기록물의 보존·관리) ① 중앙기록물관리기관의 장은 국가지정기록물 보
호를 위하여 필요한 경우에는 국가지정기록물의 소유자 또는 관리자에게 필요한 보존
시설을 설치하도록 요청할 수 있다. 이 경우 보존시설 설치 등에 드는 비용은 예산의
범위에서 지원할 수 있다.
② 중앙기록물관리기관의 장은 국가지정기록물의 소유자 또는 관리자가 제1항에 따른
보존시설을 설치할 수 없는 부득이한 사유가 있는 경우에는 그 소유자 또는 관리자로
부터 관리를 위탁받아 보존할 수 있다.
③ 중앙기록물관리기관의 장은 국가지정기록물을 복제하거나 사본을 제작할 필요가 있

는 경우에는 그 국가지정기록물의 소유자 또는 관리자에게 이에 관한 협조를 요청할
수 있으며, 그 소유자 또는 관리자는 특별한 사유가 없으면 협조하여야 한다.
④ 제1항부터 제3항까지에서 규정한 사항 외에 국가지정기록물의 보존·관리에 필요한
사항은 대통령령으로 정한다.

시행령

제83조(국가지정기록물의 관리) ① 중앙기록물관리기관의 장은 국가지정기록물에 대하여
매년 1회 이상 그 관리상황의 변동여부를 점검하고, 2년에 1회 이상 그 보존상태를 점
검하여야 한다.
② 국가지정기록물의 소유자 또는 관리자가 법 제45조제2항에 따라 그 기록물의 위탁보
존을 신청하는 경우, 국가기록원장은 그 기록물을 인수한 후 위탁보존을 확인하는 증서
를 교부하여야 한다.
③ 위탁기간은 국가지정기록물의 소유자 또는 관리자와 협의하여 중앙기록물관리기관
의 장이 정하며, 위탁기간 만료 후 국가지정기록물의 소유자 또는 관리자와의 협의를
거쳐 기간연장을 할 수 있다.
④ 소유자 또는 관리자가 위탁기록물을 위탁기간 만료 전에 회수하고자 하는 때에는 행
정자치부령이 정하는 바에 따라 신청서를 제출하여야 하며 국가기록원장은 반환과 동
시에 제2항에 따른 증서를 회수하여야 한다.
⑤ 위탁보존 중인 국가지정기록물의 공개여부는 소유자의 의견에 따른다.

법률

제53조(과태료) ① 다음 각 호의 어느 하나에 해당하는 자에게는 100만원 이하의 과태료를
부과한다.
  1. 제43조제3항에 따른 조사를 거부·방해 또는 기피한 자
  2. 제44조에 따른 신고를 하지 아니한 자
② 제1항에 따른 과태료는 중앙기록물관리기관의 장이 부과·징수한다.

국내외 소재의 주요 기록정보 자료를 수집하는 역할 역시 법령상으로는 중앙기록물관리기관의 몫이다. 중앙기록물관리기관은 국가적으로 보존가치가 높은 국내외 소재 주요 기록정보 자료와 민간기록을 수집할 수 있다. 이를 위해 중앙기록물관리기관은 국가적으로 보존가치가 높은 국내외 소재 주요 기록정보 자료와 민간기록에 대한 조사를 실시하게 되고, 효과적인 수집을 위하여 필요할 경우 기록조사위원 및 자문위원을 위촉할 수 있으며, 그 소유자 또는 관리자에게 해당 기록정보 자료 또는 민간기록의 목록이나 그 사본의 제출을 요청할 수 있다. 이 경우 그 기록정보 자료 또는 민간기록의 소유자 또는 관리자는 특별한 사유가 없으면 협조하여야 한다. 다만 이에 대해 거부하거나 회피하더라도 벌칙이나 과태료의 대상이 되지는 않는다.

중앙기록물관리기관은 「영화 및 비디오물의 진흥에 관한 법률」에 따라 상영등급을 분류 받은 영화 중에서 국가적으로 영구히 보존할 가치가 있다고 판단하여 문화체육관광부장관과 협의하여 지정하는 영화에 대하여는 그 영화의 소유자 또는 관리자에게 원판필름 또는 그 복사본 1벌과 대본 1부를 송부하여 줄 것을 요청할 수 있다.

또한 중앙기록물관리기관은 방송(재송신은 제외한다)된 프로그램 중에서 국가적으로 영구히 보존할 가치가 있다고 판단되는 방송프로그램에 대해서도 방송통신위원회와 협의하여 수집대상 방송프로그램으로 지정할 수 있다. 이 경우 중앙기록물관리기관은 「방송법」에 따른 지상파방송사업자에게 해당 방송프로그램의 원본 또는 사본 1부를 송부하여 줄 것을 요청할 수 있다.

이처럼 영화제작업자 또는 지상파방송사업자가 영화필름 또는 방송프로그램의 원본이나 사본의 송부를 요청받은 경우에는, 요청일로부터 3개월 이내에 중앙기록물관리기관으로 송부하여야 하며, 불가피한 경우에는 중앙기록물관리기관과 협의하여 3개월의 범위 내에서 송부시기를 연기할 수 있다.

이러한 민간의 주요 기록정보 자료의 수집은 국가지정기록물을 지정해가는 일련의 절차 안에서 이뤄질 수도 있을 것이다. 물론 국가적으로 영구히 보존할 가치가 있는 민간기록이 국가지정기록물로 지정되는 것인 만큼, 지정되지 못하는 기록은 영구보존까지는 필요하지 않다고 이해되는 점도 있다. 이처럼 영구보존 대상도 아닌 민간기록을 중앙기록물관리기관에서 수집할 필요가 있는가 하는 문제는 여전히 남는다고 할 수 있다. 이는 지정제도와 수집제도가 다소 개념적인 혼선을 가질 수밖에 없는 측면이 있음을 보여준다.

민간기록을 공공기관인 중앙기록물관리기관이 수집하려는 이유는 역사의 다양한 측면, 특히 공공분야에서는 기록으로 남겨지기 힘든 역사적 사실들을 담고 있는 기록이 민간에서 생성되고 남겨지기 때문이다. 그렇기 때문에 수집대상 민간기록의 경우는 공공기록과 같은 기준으로 중요도를 따질 수는 없으며, 따라서 설령 국가지정기록물로 지정되지는 못하더라도 수집대상이 될 수 있다고 이해된다. 또한 기록 하나하나의 가치를 판단하여 수집대상을 선별하는 것 말고도, 주요 단체나 인물 등의 기록을 일괄적으로 수집하는 방식도 얼마든지 가능하고, 또 그런 방식을 충분히 개발할 필요도 있다고 하겠다.

한편, 중앙기록물관리기관인 국가기록원은 민간기록의 수집 및 관리 절차에 대한 원내표준을 제정해서 운영하고 있는데, 그중 눈여겨 볼만한 것은 수집의 원칙으로 "결락보완, 원본수집, 기증우선"을 내세우고, 민간기록 수집자문위원회를 구성하고 민간기록조사위원을 위촉하여 운영하며, 가치평가기준을 운용하고 있다는 점, 수집을 위한 수집카드 및 수집진행카드 등 리드화일을 규정하고 있다는 점, 기증협약서 및 구입계약서, 감정평가서 등의 실무서식을 제공하고 있다는 점 등이다. 특히 수집대상으로는, "1894년 이후부터 현재까지 생산된 기록물, 공공기관의 정책, 사업, 행사 또는 국민적 관심이 높았던 사건, 사고, 인물 등과 관련된 기록물, 역사적 가치가 높아 수집의 필요성이 인정되는 기록물"을 명시하고, 반대로 "소장 경위나 출처, 소유권 등이 분명하지 않거나 자체 관리 또는 다른 기관에서의 관리가 더 적합한 경우, 국가적 보존의 가치가 낮은 경우"
등은 제외한다고 명시하고 있다. 수집 결정을 위한 가치평가 기준으로는 적격성,
보완성, 진본성, 희소성, 최초성, 대표성, 정보성, 증명성, 활용성, 보존성 등을
지표로 제시하고 있다. (NAK/ 14:2011(v1.0) "민간기록물 수집 및 관리절차")

　또한 마찬가지의 원내표준으로 해외 기록의 수집 및 관리 절차에 대한 표준
을 마련하고 있는데, 수집대상으로는 "대한민국의 정치, 경제, 사회, 문화, 외교
등에 관하여 외국 정부, 외국 공공기관이나 해외 소재 민간단체, 개인이 생산,
접수한 기록물, 대한민국 정부에서 생산하여 외국정부, 외국 공공기관이나 민간
단체, 개인에 발송한 기록물로서 대한민국 정부의 의사결정 과정 등을 파악하는
데에 기여할 수 있는 기록물, 대한민국 역사 및 사회 변화과정 등을 파악할 수
있는 기록물, 기타 수집이 필요하다고 인정되는 기록물"로 규정하고 있다. 그밖
에 자문위원회와 조사위원의 위촉, 유관기관 실무협의회의 운영, 수집 방법으로
사본 수집과 기증, 구입 등을 제시하고 있다. (NAK/A 13:2011(v1.0) "해외기록물
수집 및 관리절차")

법률

제46조(주요 기록정보 자료 등의 수집) ① 중앙기록물관리기관의 장은 국가적으로 보존가
　치가 높은 국내외 소재 주요 기록정보 자료와 민간기록물을 수집할 수 있다.
　② 중앙기록물관리기관의 장은 국가적으로 보존가치가 높은 국내외 소재 주요 기록정
　보 자료와 민간기록물의 소유자 또는 관리자에게 그 기록정보 자료 또는 민간기록물의
　목록이나 그 사본의 제출을 요청할 수 있다. 이 경우 그 기록정보 자료 또는 민간기록
　물의 소유자 또는 관리자는 특별한 사유가 없으면 협조하여야 한다.
　③ 중앙기록물관리기관의 장은 「영화 및 비디오물의 진흥에 관한 법률」 제29조제1항에
　따라 상영등급을 분류받은 영화 중에서 국가적으로 영구히 보존할 가치가 있다고 판단
　하여 문화체육관광부장관과 협의하여 지정하는 영화에 대하여는 그 영화의 소유자 또
　는 관리자에게 원판필름 또는 그 복사본 1벌과 대본 1부를 송부하여 줄 것을 요청할 수
　있다.
　④ 중앙기록물관리기관의 장은 방송(재송신은 제외한다)된 프로그램 중에서 국가적으
　로 영구히 보존할 가치가 있다고 판단되는 방송프로그램에 대하여는 미래창조과학부장

관 또는 방송통신위원회와 협의하여 수집대상 방송프로그램으로 지정할 수 있다. 이 경우 중앙기록물관리기관의 장은 「방송법」 제2조제3호가목에 따른 지상파방송사업자에게 해당 방송프로그램의 원본 또는 사본 1부를 송부하여 줄 것을 요청할 수 있다.
⑤ 제1항부터 제4항까지의 규정에 따른 기록정보 자료 및 민간기록물 등의 수집·보존 등에 필요한 사항은 대통령령으로 정한다.

시행령

제84조(주요 기록정보 자료의 수집 등) ① 중앙기록물관리기관의 장은 법 제46조제1항에 따라 국내외 소재 주요 기록정보 자료 또는 민간기록물을 효과적으로 수집하기 위하여 필요하다고 인정되는 경우에는 기록조사위원 및 자문위원을 위촉할 수 있다. 이 경우 기록조사위원 및 자문위원에 대하여는 예산의 범위 안에서 기록 수집에 소요되는 경비와 수당을 지급할 수 있다.
② 법 제46조제3항 및 제4항에 따라 영화제작업자 또는 지상파방송사업자가 영화필름 또는 방송프로그램의 원본이나 사본의 송부를 요청받은 경우에는 요청일로부터 3월 이내에 중앙기록물관리기관으로 송부하여야 하며, 불가피한 경우에는 중앙기록물관리기관과 협의하여 3개월의 범위 내에서 송부 시기를 연장할 수 있다.

01 기록관리법령상 민간기록의 보존관리와 관련된 규정으로 적합하지 않은 것은?

  ① 국가지정기록이나 주요 기록정보 자료의 수집은 국가적인 영구보존의 필요를 반영한다.

  ② 조사위원 및 자문위원 등 관련 민간전문가의 도움과 참여를 활용한다.

  ③ 국가기록물로 지정되지 못한 기록도 중앙기록물관리기관의 수집대상이 될 수 있다.

  ④ 국가기록물로 지정된 민간기록은 매매나 대여 등의 거래가 제한된다.

02 다음 중 국가지정기록물 제도와 관련 없는 것은?

  ① 국가지정기록물이 멸실·도난 또는 훼손된 경우 30일 이내에 중앙기록물관리기관에 신고해야 한다.

  ② 중앙기록물관리기관에 위탁하여 보존하는 국가지정기록물의 공개여부는 국가기록물관리위원회가 결정한다.

  ③ 국가지정기록물의 안전한 보존을 위하여 그 소유자나 관리자에게 필요한 보존시설의 설치를 요구할 수 있다.

  ④ 국가지정의 해제는 중앙기록물관기관과 해당 기록의 소유자나 관리자가 요청할 수 있다.

03 다음 중 주요 기록정보자료의 수집과 관련된 규정은?

  ① 전란 및 재난 등 유사시 민간에 의해 수습되어 보존되어온 기록에 대하여 보상할 수 있다.

  ② 사립 대학교가 생산하여 보유하고 있는 기록으로서 국가적으로 보존할 가치가 높은 기록을 수집할 수 있다.

  ③ 외국의 공공기관이나 해외 소재 민간단체 등이 생산한 기록으로서 우리나라와 관련하여 보존가치가 높은 기록은 사본 형태로 구입할 수 있다.

  ④ 공공기관이 수집하여 보존하고 있는 영화 등 영상물로서 국가적으로 영구보존할 필요가 있는 기록을 수집할 수 있다.

12장_ 대통령기록의 관리

개 요

대통령기록은 당대 공공분야에서 가장 중요한 기록에 해당한다. 대통령은 행정의 수반이자 국가 원수로서 국정운영과 관련한 최고 결정권자이며 가장 큰 영향력을 행사하는 만큼 가장 막중한 책임을 지닌다. 결국 당대의 역사상을 후대에 전승하고, 국정운영의 가장 핵심적인 사실의 철저한 규명을 위해서는 대통령기록의 체계적 관리와 보존이 필수적이다.

또한 대통령기록은 대통령과 직접 관련된 기관, 예를 들면 법령에서 정의하는 대통령기록물생산기관에서 단독으로 생산하는 경우뿐만 아니라, 업무기능의 특성상 일반 각급 공공기관과 왕래하며 발생되는 기록을 포함하게 된다. 따라서 각급 공공기관에서 생성된 관련 기록과 연계하여 관리되어야 하는 동시에, 본래의 업무수행과 관련한 기타의 기록과도 분리되지 않도록 해야 하는 이중의 과제를 지니게 된다는 점을 유의해야 한다.

한편, 대통령실 및 보좌기관의 업무활동은 매우 폭넓고 다양하며, 그로 인해 산출된 기록 역시 매우 광범위한 성격을 지닌다. 특히 공식적이고 일상적인 단위과제로 파악하기 힘든 경우도 많으며, 통치행위 차원의 활동이나 정치적 활동에서 비롯되는 기록 역시 관리대상으로 포괄하기 위해서는 이러한 특수성을 보장하는 방법론이 개발될 필요가 있다.

무엇보다 대통령실이나 보좌기관은 선거에 의해 선출된 대통령에 의해 구성되고 운영되므로, 정권교체에 의해 국정운영의 핵심적 사안들이 크게 변동하며, 따라서 자칫 기록의 관리가 정략적으로 이용되지 않도록 제도적 보장이 필요하다. 더구나 5년 단임제라는 특성을 고려할 때, 정권교체에도 불구하고 국정의 현안과 주요 사업에 대한 검토가 지속되어야 하므로, 기본적인 업무수행상 필요한 전임 대통령의 기록은 지속적으로 활용될 수 있도록 해야 업무효율을 보장

한다는 점을 각별히 유의해야 한다. 결국 대통령기록은 정치적 변동에 의해 영향 받게 되는 사안의 기록과, 지속적인 업무수행에 활용되는 기록 등의 구분을 충분히 인식하며 관리할 수 있는 역량이 필요하다. 특히 대통령 탄핵이나 대통령 기록을 둘러싼 정치적 정쟁과 같은 일대 격변일 발생할 경우에도 대통령기록의 체계적 관리와 안전한 보존에 대한 충격을 최소화할 수 있도록 제도적 대응책이 강구되어야 한다.

대통령기록관리제도의 이해

1. 연혁

1999년 1월 제정되어 2000년 1월부터 실행된 구법령에서는 대통령기록의 관리를 법령 안에 포함하였으나, 2007년 7월 "대통령기록물관리에 관한 법률 및 시행령"(이하 "대통령기록법")으로 단독 법제화되었다. 다만, 시행규칙은 마련되지 않았다. 대통령기록물의 관리에 관해서는 다른 법률에 우선하여 대통령기록법을 적용하지만, 이 법에 세부적으로 규정되지 않은 부분에 대해서는 기록관리법령을 적용하도록 되어 있다.

2. 구제도의 특성

현재의 대통령기록법과 상이한 구법령의 특성은 다음과 같다.

(1) 적용 범주가 대통령 및 대통령실의 기록물, 대통령 가족의 업무활동 기록물, 각급 기관이 생산, 접수한 "대통령관련기록물", 기타 중앙기록물관리기관이 지정한 기록물 등 매우 광범위하였다. 이에 비해 현재의 대통령기록법에서는 대통령기록물생산기관을 법령에 명시하고, 일반 공공기관의 대통령관련기록물의 개념은 삭제했다.

(2) 경호실 및 비서실 등의 "자료관" 설치 근거가 명확하지 않았고, 중앙기록물관리기관 소속의 대통령기록관 이외의 개별적인 대통령기록관은 규정되지 않았다.

현재의 대통령기록법에서는 대통령기록물생산기관에 기록관을 설치하도록 규정하였으며, 특정 대통령의 기록을 관리하기 위하여 중앙기록물관리기관이 "개별대통령기록관"을 설치하거나 혹은 개인 또는 단체가 관련 시설을 건립하여 국가에 기부채납할 경우 심의 후 개별대통령기록관으로 인정하는 규정을 마련하였다.

(3) 모든 대통령기록물과 대통령관련기록물을 영구보존 대상으로 분류하고, 최종적으로는 중앙기록물관리기관으로 일괄 이관하여 대통령기록관에 보존하도록 규정하고 있었다. 현재의 대통령기록법에서는 이와 관련해 별도의 규정이 없어 결국 대통령기록물생산기관의 대통령기록물은 일반 공공기관의 기록과 마찬가지로 보존기간을 구분하여 적용하게 될 것이며, 그 중에서 이관대상 기록만 중앙기록물관리기관을 거쳐 대통령기록관에서 보존하도록 규정되었다.

(4) 이관절차와 관련하여, 구법령에서는 각 기관이 대통령기록물, 대통령관련기록물을 생산 및 접수한 목록을 별도로 작성하여 매년 중앙기록물관리기관에 제출하고, 중앙기록물관리기관이 이를 취합하여 임기 종료 40일 전까지 차기 대통령 당선자가 지명한 사람에게 제출하며, 20일 전까지 차기 대통령 측에서 인계받을 기록을 선별하여 중앙기록물관리기관에 통보해오면, 이를 제외한 나머지 기록만 중앙기록물관리기관이 수집하고, 제외되었던 기록은 차기 대통령과 보좌기관이 계속 활용할 수 있도록 규정했었다. 현재의 대통령기록법에서는 대통령기록물생산기관이 중앙기록물관리기관에 생산현황통보를 하도록 되어 있으며, 그중 이관대상 기록을 임기가 종료되기 전까지 중앙기록물관리기관에 이관해야 한다. 또한 경호 관련 기록을 제외하고는 이관연기 제도를 규정하고 있지 않다.

(5) 대통령기록물과 대통령관련기록물은 기록 등록대장에 등록할 때에 "특수기록란"에 표기하도록 되어 있었으나, 현재의 대통령기록법에서는 별도의 규정을 갖고 있지 않다.

(6) 구법령에서는 대통령기록물의 지정 및 보호제도를 두고 있지 않았으나, 대통령기록법에서는 "대통령지정기록물"의 보호제도를 새로 규정하고 있다.

3. 대통령기록의 정의

대통령기록은 "대통령"의 직무수행과 관련하여 대통령 및 "대통령기록물생산기관"이 생산, 접수하여 보유하고 있는 기록 및 "물품"을 말한다. 여기서 "대통령"이란 헌법 71조의 대통령권한대행과 헌법 67조 및 공직선거법 187조의 대통령당선인을 포함한다. "대통령기록물생산기관"은 대통령의 보좌기관, 자문기관, 경호기관, 대통령직인수위원회를 말한다. 또한 "물품"이란 국가적 보존가치가 있는 대통령상징물 (대통령 상징의 문양이 새겨진 물품 및 행정박물 등), 공직자윤리법에 의한 대통령선물 등을 말한다.

이외에도 대통령의 사적인 일기, 일지 또는 개인의 정치활동과 관련된 기록 등으로서, 대통령의 직무와 관련되지 아니하거나 그 수행에 직접적인 영향을 미치지 아니하는 대통령의 사적인 기록인 "개인기록물"도 대통령기록관의 수집, 보존대상으로 포함한다.

대통령기록법률

제1조(목적) 이 법은 대통령기록물의 보호 · 보존 및 활용 등 대통령기록물의 효율적 관리와 대통령기록관의 설치 · 운영에 관하여 필요한 사항을 정함으로써 국정운영의 투명성과 책임성을 높이는 것을 목적으로 한다.

제2조(정의) 이 법에서 사용하는 용어의 정의는 다음과 같다.

   1. "대통령기록물"이란 대통령(「대한민국 헌법」 제71조에 따른 대통령권한대행과 「대한민국 헌법」 제67조 및 「공직선거법」 제187조에 따른 대통령당선인을 포함한다. 이하 같다)의 직무수행과 관련하여 다음 각 목의 기관이 생산 · 접수하여 보유하고 있는 기록물 및 물품을 말한다.

      가. 대통령

      나. 대통령의 보좌기관 · 자문기관 및 경호업무를 수행하는 기관

      다. 「대통령직인수에 관한 법률」 제6조에 따른 대통령직인수위원회(이하 "대통령직인수기관"이라 한다)

   1의2. 제1호의 기록물 및 물품이란 다음 각 목에 해당하는 것을 말한다.

      가. 「공공기록물 관리에 관한 법률」 제3조제2호에 따른 기록물(이하 "기록물"이라 한다)

나. 국가적 보존가치가 있는 대통령상징물(대통령을 상징하는 문양이 새겨진 물품 및 행정박물 등을 말한다. 이하 같다)

다. 대통령선물(「공직자윤리법」 제15조에 따른 선물을 말한다. 이하 같다)

2. "대통령기록관"이란 대통령기록물의 영구보존에 필요한 시설 및 장비와 이를 운영하기 위한 전문인력을 갖추고 대통령기록물을 영구적으로 관리하는 기관을 말한다.

3. "개인기록물"이란 대통령의 사적인 일기·일지 또는 개인의 정치활동과 관련된 기록물 등으로서 대통령의 직무와 관련되지 아니하거나 그 수행에 직접적인 영향을 미치지 아니하는 대통령의 사적인 기록물을 말한다.

제3조(소유권) 대통령기록물의 소유권은 국가에 있으며, 국가는 대통령기록물을 이 법으로 정하는 바에 따라 관리하여야 한다.

제4조(다른 법률과의 관계) 대통령기록물의 관리에 관하여는 다른 법률에 우선하여 이 법을 적용하되, 이 법에 규정되지 아니한 사항에 관하여는 「공공기록물 관리에 관한 법률」(이하 "공공기록물관리법"이라 한다)을 적용한다.

제7조(생산·관리원칙) ① 대통령과 제2조제1호나목 및 다목의 기관의 장은 대통령의 직무수행과 관련한 모든 과정 및 결과가 기록물로 생산·관리되도록 하여야 한다.

② 공공기록물관리법 제9조에 따른 중앙기록물관리기관(이하 "중앙기록물관리기관"이라 한다)의 장은 대통령기록물을 철저하게 수집·관리하고, 충분히 공개·활용될 수 있도록 하여야 한다.

제8조(전자적 생산·관리) 제2조제1호나목 및 다목의 기관(이하 "대통령기록물생산기관"이라 한다), 대통령기록물생산기관의 기록관 및 대통령기록관의 장은 대통령기록물이 전자적으로 생산·관리되도록 하여야 하며, 전자적 형태로 생산되지 아니한 기록물에 대하여도 전자적으로 관리되도록 하여야 한다.

제19조(대통령지정기록물의 누설 등의 금지) 대통령기록물 관리업무를 담당하거나 담당하였던 자 또는 대통령기록물에 접근·열람하였던 자는 그 과정에서 알게 된 비밀 및 보호기간 중인 대통령지정기록물에 포함되어 있는 내용을 누설하여서는 아니 된다. 다만, 전직 대통령 또는 전직 대통령이 지정한 대리인이 제18조에 따라 열람한 대통령지정기록물에 포함되어 있는 내용 중 비밀이 아닌 사실에 대하여는 그러하지 아니하다.

제29조(벌칙 적용에서의 공무원 의제) 전문위원회의 위원 중 공무원이 아닌 위원은 「형법」 제129조부터 제132조까지의 규정에 따른 벌칙의 적용에서는 공무원으로 본다.

제30조(벌칙) ① 다음 각 호의 어느 하나에 해당하는 자는 10년 이하의 징역 또는 3천만원 이하의 벌금에 처한다.

1. 제14조를 위반하여 대통령기록물을 무단으로 파기한 자

2. 제14조를 위반하여 대통령기록물을 무단으로 국외로 반출한 자

② 다음 각 호의 어느 하나에 해당하는 자는 7년 이하의 징역 또는 2천만원 이하의 벌금에 처한다.

1. 제14조를 위반하여 대통령기록물을 무단으로 은닉 또는 유출한 자

2. 제14조를 위반하여 대통령기록물을 무단으로 손상 또는 멸실시킨 자

③ 제19조에 따른 비밀누설의 금지 등을 위반한 자는 3년 이하의 징역이나 금고 또는 7년 이하의 자격정지에 처한다.

④ 중대한 과실로 대통령기록물을 멸실하거나 일부 내용이 파악되지 못하도록 손상시킨 자는 1천만원 이하의 벌금에 처한다.

2절 대통령기록관리체계

1. 대통령기록물생산기관 및 기록관

대통령의 보좌기관(비서실), 자문기관, 경호업무를 수행하는 기관(경호실), 대통령직인수위원회 등을 대통령기록물생산기관으로 규정하고 있다. 대통령기록물생산기관은 대통령의 직무수행과 관련한 모든 과정과 결과가 기록으로 생산, 관리되도록 해야 한다.

이러한 대통령기록물생산기관 중에서도 다음의 기관은 기록관을 설치해야한다. 대통령실(비서실과 경호실), 국민경제자문회의, 국가안전보장회의, 국가교육과학기술자문회의, 민주평화통일자문회의, 기타 대통령기록관의 장이 설치가 필요하다고 인정하여 해당 기관과 협의하여 지정한 대통령 자문기관 (해당기관장이 지정하는 부서에 설치) 등이다. 다만, 이러한 기관들 중에서 기록관의 설치가 곤란할 경우 대통령보좌기관(비서실)이 설치한 기록관이 당해 기관의 정보공개 접수업무를 제외한 일반적인 기록관 업무를 대신 수행한다.

물론, 이러한 대통령기록물생산기관에 특수기록관을 설치할 수 있는가의 문제는 토론의 여지가 있을 수 있다. 그러나 기관의 주된 업무의 성격이 특수기록관의 설치 대상기관과 유사할 수 있으나, 현재 특수기록관의 설치대상 기관은 시행령에 명시되어 있고, 필요에 따라 중앙기록물관리기관과 협의하여 설치할수 있다는 규정도 없어, 현행 법체계로는 대통령기록물생산기관에는 특수기록관을 둘 수 없는 것으로 이해된다.

한편 2014년 3월 제정되어 6월부터 시행된 특별감찰관법에 의한 특별감찰관조직은 대통령의 배우자 및 4촌 이내의 친족, 대통령비서실의 수석비서관 이상의 공무원의 비위행위에 대한 감찰을 맡는 기관이라는 점을 감안하자면 대통령기록물생산기관으로 지정할 대상은 아닌지 검토될 필요가 있다.

위에서 언급한 대통령기록물생산기관의 기록관이 담당해야 하는 업무는 다음과 같다.

- 당해 기관의 대통령기록물 관리에 관한 기본계획의 수립·시행
- 당해 기관의 대통령기록물 수집·관리·활용 및 폐기
- 중앙기록물관리기관으로의 대통령기록물의 이관
- 당해 기관의 대통령기록물에 대한 정보공개의 접수
- 관할 대통령기록물생산기관의 대통령기록물관리에 대한 지도·감독 및 지원
- 그밖에 대통령기록물의 관리에 관한 사항

2. 대통령기록관

대통령기록관은 기본적으로 중앙기록물관리기관의 소속으로 설치되며 영구기록물관리기관에 해당한다. 다만, 특정 대통령의 기록을 관리하기 위한 개별대통령기록관이 설치될 수도 있다. 대통령기록법에서 "개별대통령기록관"으로 명시하지 않은 채 대통령기록관으로 표현하는 경우는 대체로 현재의 국가기록원 소속 대통령기록관을 의미하는 것으로 해석되지만, 반드시 그러한 것은 아니므로 보다 명확히 규정해둘 필요가 있다고 판단된다.

■ 대통령기록관

중앙기록물관리기관의 소속으로 영구기록물관리기관에 해당하는 대통령기록관을 설치해 대통령기록물의 관리에 관한 기본계획을 수립, 시행하고, 보존과 이용을 위한 실질적인 관리업무를 담당케 한다.

- 대통령기록물의 관리에 관한 기본계획의 수립과 시행
- 대통령기록물의 수집, 분류, 평가, 기술, 보존, 폐기, 및 통계
- 대통령지정기록물의 보호조치 해제
- 대통령기록물의 공개열람, 전시, 교육, 홍보
- 대통령기록물 관련 연구활동의 지원
- 개인기록물의 수집 및 관리
- 기타

대통령기록물에 대한 효율적 활용 및 홍보를 위하여 필요할 경우에는 대통령
기록관에 전시관, 도서관, 연구지원센터 등을 둘 수 있다. 전문위원회가 개최될
경우 대통령기록관의 주요 업무현황에 대하여 보고하여야 한다.

다만, 대통령기록물생산기관으로부터의 이관 등을 실행하는 일과 대통령기록의
연구를 수행하는 교육연구기관에 대한 연구비용의 지원 등의 일은 중앙기록물
관리기관의 역할로 규정되어 있으나, 결국은 대통령기록관의 업무로 개선하는
것이 필요할 듯하다.

한편, 대통령기록관의 장의 임기는 5년이며, 별도의 자격이나 임명권 등에 대
한 규정은 마련되어 있지 않아, 결국 현직 대통령의 인사권에 해당하는 것으로
이해된다.

■ 개별대통령기록관

개별대통령기록관은 중앙기록물관리기관이 특정 대통령의 기록을 관리하기
위하여 그 소속으로 설치하는 경우와, 개인이나 단체가 기준에 적합한 시설을
기부채납하여 승인받는 경우가 있다. 이들 모두 중앙기록물관리기관의 소속으
로 만들어지는 대통령기록관의 2차 소속기관이라고 이해된다.

특히, 개인 또는 단체가 특별한 시설을 건립하여 국가에 기부채납하는 경우
는 적절한 기준을 충족해야 하며, 전문위원회의 심의를 거치게 되어 있는데, 정

작 이를 승인하는 권한의 소재나 절차는 명확하지 않다. 건립기준은 총면적이 3,000~5,000m²이며, 기록관리법령 시행령의 영구기록물관리기관의 시설, 장비, 환경기준을 충족해야 한다. 기부채납할 목적으로 시설을 건립할 경우 전문위의 심의를 거쳐 필요 경비의 일부를 지원할 수도 있다.

개인 또는 단체가 개별대통령기록관을 건립한 경우에는 해당 전직 대통령이 그 개별대통령기록관장을 추천할 수 있다. 그밖에 개별대통령기록관의 장에 대한 자격이나 임기, 임명권 등에 대한 별도의 규정은 마련되어 있지 않다.

한편 이러한 개별대통령기록관이 앞에서 살펴본 대통령기록관의 업무를 분담하게 되는 것인지는 명확하지 않다. 더구나 현재 몇몇 전직 대통령 기념사업회에서 추진하고 있는 기념관 등이 개별대통령기록관으로서의 법적 지위를 갖기 위해서는 기부채납이 전제되어야 한다.

3. 대통령기록관리전문위원회

국가기록관리위원회 산하에 각종 심의를 위한 대통령기록관리전문위원회를 둔다. 전문위의 위원은 국가기록관리위원회의 위원장이 임명 또는 위촉하는데, 국가기록관리위원회의 위원, 대통령기록관(개별대통령기록관 역시 포함될지는 명확하지 않지만, 이하 9인 이내로 위원회를 구성한다는 것을 보건대는 이에 포함하지는 않는 것으로 이해됨)의 장, 대통령기록의 관리에 관한 학식과 경험이 풍부한 자 등 9인 이내로 구성하되, 특히 학식과 경험이 풍부한 자로서 전문위의 위원으로 위촉된 인원을 1/2 이상(5명 이상)으로 구성한다. 공무원의 신분이 아닌 전문위 위원의 임기는 3년으로 하되, 연임에 대한 규정은 없다. 전문위의 위원장은 위원 중에서 국가기록관리위원회의 위원장이 지명한다.

전문위의 위원은 다음의 사항을 심의하며, 정치적 중립성과 업무의 독립성 및 객관성을 유지해야 한다.

- 대통령기록물의 관리 및 전직 대통령의 열람에 관한 기본정책

- 대통령기록물의 폐기 및 (경호업무 기록물의) 이관 연기의 승인
- (사실상 보호의 필요성이 없어졌다고 인정되는) 대통령지정기록물의 보호조치 해제
- 비밀기록물 및 비공개 대통령기록물의 재분류
- 개별대통령기록관의 설치
- 대통령기록관의 운영 (개별대통령기록관도 포함될 것으로 이해됨)
- 기타 (개인기록물의 보상액 심의, 대통령기록물의 연구를 수행하는 교육연구기관에 대한 연구비용의 지원 등)

대통령기록관리전문위원회의 회의는 분기별로 정기회의를 개최하며, 위원장이 필요하다고 인정하거나 재적위원의 1/3 이상의 요구가 있을 경우 회의를 소집할 수 있다. 재적위원의 과반수 출석으로 개의하고 출석 위원의 과반수의 찬성으로 의결한다. 심의에 필요할 경우, 대통령기록물생산기관의 기록관, 대통령기록관 등에 필요한 자료의 제출을 요청하거나, 관계 공무원이나 이해관계인, 참고인 등을 출석하여 의견을 들을 수 있다. 대통령기록관의 장은 전문위의 효율적인 운영을 위해 관련 사항을 지원해야 하며, 전문위 위원장은 사무 지원을 위하여 대통령기록관의 소속 공무원 중에서 1인을 전문위 간사로 지명한다.

대통령기록법률

제9조(대통령기록물생산기관의 기록관) ① 대통령기록물생산기관의 장은 대통령기록물의 체계적 관리를 위하여 대통령령으로 정하는 바에 따라 기록관을 설치·운영하여야 한다. 다만, 기록관 설치가 곤란한 대통령기록물생산기관에 대하여는 대통령보좌기관이 설치한 기록관이 제2항제1호부터 제3호까지, 제5호 및 제6호의 업무를 수행한다.
② 대통령기록물생산기관의 기록관의 장은 다음 각 호의 업무를 수행한다. (생략)

대통령기록법률 시행령

제3조(기록관의 설치) ① 법 제9조에 따라 기록관을 설치·운영하여야 하는 대통령기록물

생산기관은 다음 각 호와 같다.
1. 대통령비서실, 국가안보실 및 대통령경호실
2. 국민경제자문회의, 국가안전보장회의, 국가과학기술자문회의 및 민주평화통일자
   문회의
3. 그 밖에 대통령기록관의 장이 기록관 설치가 필요하다고 인정하여 대통령기록물
   생산기관의 장과 협의하여 지정한 대통령 자문기관
② 대통령기록물생산기관의 기록관은 기록물관리부서에 설치하는 것을 원칙으로 한다.
다만, 제1항제3호에 따른 대통령기록물생산기관의 기록관은 그 기관의 장이 지정하는
부서에 설치할 수 있다.

대통령기록법률

제21조(대통령기록관의 설치) 대통령기록물의 효율적 보존·열람 및 활용을 위하여 중앙
기록물관리기관의 장은 그 소속에 대통령기록관을 설치하여야 한다.

제22조(대통령기록관의 기능) 대통령기록관은 다음 각 호의 업무를 수행한다. (생략)

제23조(대통령기록관의 장) ① 대통령기록관의 장은 대통령기록물의 관리 및 대통령기록
관의 운영과 관련한 제반 사무를 통할하고, 소속 직원을 지휘·감독한다.
② 대통령기록관의 장의 임기는 5년으로 한다.

제24조(대통령기록관의 운영) ① 대통령기록관의 장은 대통령기록관의 운영에 관한 주요
사항을 결정하려는 경우에는 전문위원회의 심의를 거쳐야 하며, 전문위원회의 심의 결
과를 존중하여야 한다.
② 대통령기록관의 장은 대통령기록물에 대한 효율적 활용 및 홍보를 위하여 필요한 때
에는 대통령기록관에 전시관·도서관 및 연구지원센터 등을 둘 수 있다.
③ 그 밖에 대통령기록관의 운영에 관한 사항은 대통령령으로 정한다.

〈부칙〉

제2조 (대통령기록관의 설치·운영에 관한 특례) 중앙기록물관리기관의 장은 제21조에 따
라 대통령기록관의 설치 등에 관한 계획을 행정자치부장관 및 기획예산처장관 등 관계
기관과 협의하여 이 법 시행 후 3개월 내에 수립하여야 하며, 대통령기록관의 설치·운
영에 필요한 조치를 강구하여야 한다.

대통령기록법률 시행령

제12조(대통령기록관의 운영 사항 등) ① 대통령기록관의 장은 법 제24조제2항에 따라 전

시관·도서관 및 연구지원센터 등을 두는 경우에는 다양한 전시·교육프로그램을 운영하고, 국내외 대통령기록물 관리와 관련된 기관과의 교류를 통하여 대통령기록물을 연구·활용하거나 이를 지원할 수 있다.

③ 대통령기록관의 장은 제1항에 따라 전시관 등을 운영하는 경우에는 이관·수집 및 기증된 전직 대통령 기록물의 수량에 따라 전시 공간 등을 달리 할 수 있다.

⑤ 대통령기록관의 장은 전문위원회가 개최되는 경우에는 대통령기록관의 주요 업무현황에 대하여 전문위원회에 보고하여야 한다.

⑥ 대통령기록관의 장은 대통령기록관을 효율적으로 운영하기 위한 세부운영계획을 수립·시행하여야 한다.

대통령기록법률

제25조(개별대통령기록관의 설치 등) ① 중앙기록물관리기관의 장은 특정 대통령의 기록물을 관리하기 위하여 필요한 경우에는 개별대통령기록관을 설치할 수 있다.

② 개인 또는 단체가 대통령령으로 정하는 기준에 따라 특정 대통령의 기록물을 관리하기 위한 시설을 건립하여 「국유재산법」 제13조에 따라 국가에 기부채납하는 경우에는 전문위원회의 심의를 거쳐 이를 제1항에 따라 설치한 개별대통령기록관으로 본다.

③ 중앙기록물관리기관의 장은 개인 또는 단체가 국가에 기부채납할 목적으로 특정 대통령의 기록물을 관리하기 위한 시설을 건립하고자 하는 경우에는 전문위원회의 심의를 거쳐 필요한 경비의 일부를 예산의 범위 안에서 지원할 수 있다.

④ 제1항 및 제2항에 따른 개별대통령기록관의 장은 당해 대통령기록물에 대하여 제22조제2호부터 제8호까지의 규정에 따른 업무를 수행한다.

⑤ 제2항에 따라 개별대통령기록관을 설치하는 경우에 해당 전직 대통령은 그 개별대통령기록관의 장의 임명을 추천할 수 있다.

대통령기록법률 시행령

제13조(개별대통령기록관 시설의 건립기준 등) ① 법 제25조제2항에서 "대통령령으로 정하는 기준"이란 다음 각 호와 같다.

  1. 건립하고자 하는 건물의 총 면적은 최소 3천 제곱미터, 최대 5천 제곱미터 이내일 것
  2. 건립하려는 건물의 부지의 위치는 다음 각 목의 어느 한 지역에 해당되지 아니할 것
      가. 홍수로 인한 상습 침수지역
      나. 화재 및 폭발 위험지역
  3. 시설·장비 등은 「공공기록물 관리에 관한 법률 시행령」 별표 6에서 정하는 영구기록물관리기관의 시설·장비 및 환경기준에 따를 것

대통령기록법률

제5조(대통령기록관리전문위원회) ① 대통령기록물의 관리에 관한 사항을 심의하기 위하여 공공기록물관리법 제15조제1항에 따른 국가기록관리위원회(이하 "국가기록관리위원회"라 한다)에 대통령기록관리전문위원회를 둔다.

② 제1항에 따른 대통령기록관리전문위원회(이하 "전문위원회"라 한다)는 다음 각 호의 사항을 심의한다. (생략)

③ 전문위원회는 위원장 1인을 포함한 9인 이내의 위원으로 구성하며, 위원은 다음 각 호에 해당하는 자 중에서 국가기록관리위원회 위원장이 임명 또는 위촉한다. 다만, 위원의 2분의 1 이상은 제3호에 규정된 자 중에서 위촉하여야 한다.

    1. 국가기록관리위원회의 위원

    2. 대통령기록관의 장

    3. 대통령기록물의 관리에 관한 학식과 경험이 풍부한 자

④ 전문위원회의 위원장은 제3항에 따른 위원 중에서 국가기록관리위원회 위원장이 지명한다.

⑤ 공무원이 아닌 위원의 임기는 3년으로 한다.

⑥ 전문위원회의 사무를 지원하기 위하여 전문위원회에 간사 1인을 두되, 간사는 대통령기록관의 소속 공무원 중에서 전문위원회의 위원장이 지명하는 자가 된다.

⑦ 제2항제2호부터 제4호까지, 제6호 및 제7호의 사항에 대하여 전문위원회의 심의를 거친 사항은 공공기록물관리법 제15조에 따른 국가기록관리위원회의 심의를 거친 것으로 본다.

⑧ 전문위원회의 구성 및 운영 등에 관하여 필요한 사항은 대통령령으로 정한다.

제6조(위원의 정치적 중립성 유지 등) 전문위원회의 위원은 그 권한에 속하는 업무를 수행함에 있어서 정치적 중립성과 업무의 독립성 및 객관성을 유지하여야 한다.

제29조(벌칙 적용에서의 공무원 의제) 전문위원회의 위원 중 공무원이 아닌 위원은 「형법」 제129조부터 제132조까지의 규정에 따른 벌칙의 적용에서는 공무원으로 본다.

〈부칙 〉

②(대통령기록관리위원회 명칭 변경에 따른 위원 구성에 관한 경과조치) 이 법 시행 당시 종전의 규정에 따라 임명 또는 위촉된 대통령기록관리위원회의 위원은 이 법에 따라 임명 또는 위촉된 대통령기록관리전문위원회의 위원으로 본다.

대통령기록법률 시행령

제2조(대통령기록관리전문위원회의 운영) ① 「대통령기록물 관리에 관한 법률」(이하 "법"이라 한다) 제5조에 따른 대통령기록관리전문위원회(이하 "전문위원회"라 한다)의 위원장(이하 "위원장"이라 한다)은 전문위원회의 업무를 총괄하고 회의의 의장이 된다.

② 전문위원회의 회의는 분기별로 개최한다. 다만, 위원장이 필요하다고 인정하거나 재적위원 3분의 1 이상의 요구가 있을 때에는 회의를 소집할 수 있다.

③ 전문위원회의 회의는 재적위원 과반수의 출석으로 개의하고, 출석위원 과반수의 찬성으로 의결한다.

④ 위원장은 법 제5조제2항 각 호의 사항을 심의하기 위하여 필요하다고 인정하는 경우에는 법 제2조제1호나목 및 다목의 기관(이하 "대통령기록물생산기관"이라 한다), 법 제9조제1항에 따른 대통령기록물생산기관의 기록관(이하 "관할 기록관"이라 한다) 및 대통령기록관의 장에게 관련 대통령기록물 관리에 필요한 자료의 제출을 요청하거나 관계 공무원, 이해관계인, 그 밖의 참고인 등을 출석하게 하여 의견을 들을 수 있다.

⑤ 전문위원회의 위원에게 예산의 범위에서 수당·여비, 그 밖에 필요한 경비를 지급할 수 있다. 다만, 공무원인 위원이 그 소관업무와 직접 관련하여 전문위원회에 참석하는 경우에는 그러하지 아니하다.

⑥ 제1항부터 제5항까지에서 규정한 사항 외에 전문위원회의 운영에 필요한 사항은 전문위원회의 의결을 거쳐 위원장이 정한다.

⑦ 대통령기록관의 장은 전문위원회를 효율적으로 운영하기 위하여 다음 각 호의 사항을 지원하여야 한다.

1. 전문위원회의 운영에 필요한 예산, 인력 및 사무에 관한 사항
2. 전문위원회의 회의 준비와 안건 작성에 관한 사항
3. 전문위원회의 기능과 관련된 업무의 조사 및 연구에 관한 사항
4. 그 밖에 전문위원회의 업무 지원과 관련하여 위원장이 요청하는 사항

대통령기록법률

제28조(연구활동 등 지원) 중앙기록물관리기관의 장은 전문위원회의 심의를 거쳐 대통령기록물의 연구를 수행하는 교육연구기관 등에 대하여 연구비용의 일부를 예산의 범위 안에서 지원할 수 있다.

3절 대통령기록의 이관과 수집

대통령기록의 관리 절차와 관련해서는 생산현황의 통보로부터 규정하고 있어, 생산, 등록, 분류, 편철, 정리 등 처리과의 기록관리는 물론이고, 기록관리기준표의 작성과 운영에 대해서도 별도로 규정하고 있지 않다. 따라서 이들과 관련해서는 기록관리법령을 적용하는 것으로 이해되지만, 사실상 대통령기록물생산기관의 기본적인 성격이나 처리과에서 수행하는 업무기능의 특성, 대통령기록의 중요도와 특성 등을 종합적으로 고려할 때, 일반 공공기관을 주된 대상으로 한 기록관리법령으로 충분히 제도적인 통제가 가능한지 재검토가 필요하다.

1. 대통령기록의 생산현황 통보

대통령기록물생산기관은 관할 기록관에 5월 31일까지, 기록관은 중앙기록물관리기관에 8월 31일까지 전년도 생산현황을 통보해야 한다. 임기 종료되는 해와 그 전년도의 기록물 생산현황은 임기 종료 전까지 통보해야 한다. 생산현황에는 생산부서, 생산연도, 기능명, 기능별 생산수량 등의 정보가 적혀 있는 목록이 포함되어야 한다.

기록관리법령에서 등록데이터로 대신할 수 있는 것으로 규정하는 것과 달리, 대통령기록의 생산현황통보는 그저 수량의 보고라는 점을 유의할 필요가 있다. 이는 대통령기록물생산기관의 경우 기록물 등록제도를 갖추지 않아서가 아니라, 생산 혹은 접수된 대통령기록 중에는 향후 지정 및 보호의 대상이 되는 매우 민감한 기록도 포함되기 때문에 일반 공공기관과 같이 등록정보를 모두 제공하기 곤란하다고 판단하기 때문으로 이해된다. 그러나 어차피 처리과에서 기록관으로 이관할 때에는 지정대상이라는 것을 밝혀둔 채로 기록도 이관하게 되므로 지정 및 보호의 대상이라고 해서 굳이 수량 정보로서만 생산현황을 파악하는 것은 바람직하지 않을 수 있다. 앞서 살펴본 기록물의 생산현황통보제도의 취지를 모두 살리기에 충분하지 않은 것은 물론이다. 특히 처리과에서의 초기 기록관리를 투명하게 들여다보면서 엄격히 제어할 수 있도록 하는 제도적 장치가 한층 취약하다는 점이 시사하는 바가 크다.

2. 대통령기록물생산기관의 처리과에서 기록관으로의 이관

대통령기록물생산기관의 처리과는 보존기간 기산일로부터 2년 이내에 관할 기록관으로 이관하며, 폐지되고 사무를 승계하는 부서가 없을 경우는 지체 없이 기록관으로 이관해야 한다. 임기 종료되는 해와 그 전년도 기록은 임기 종료 전까지 기록관으로 이관해야 한다.

다만, 기록관이 설치되지 않았거나 업무에 수시로 참고할 필요가 있는 경우에는 이관시기를 임기가 종료되는 해의 전년도 말까지 이관을 연기할 수 있다. 물론 이렇게 이관을 연기하려는 기록은 기록물철 목록을 본래의 이관시기, 즉 보존기간 기산일로부터 2년 이내에 관할 기록관으로 제출해야 한다.

또한 대통령기록물생산기관 자체가 폐지되어 사무를 승계하는 기관이 없는 경우는 해당 기관의 기록을 관할하던 기록관(해당 기관 자체에 기록관이 없어서 대통령보좌기관이 설치한 기록관, 즉 대통령비서실 기록관) 혹은 중앙기록물관리기관으로 이관해야 한다.

특히, 대통령 당선인으로서 활동하는 가운데 생성된 기록은 임기가 시작되자마자 대통령비서실, 국가안보실, 대통령경호실의 기록관으로 이관해야 한다. 또한 대통령권한대행의 직무수행 기록의 경우라면 권한대행의 자격이 상실되면 지체 없이 대통령비서실, 국가안보실, 대통령경호실의 기록관으로 이관해야 한다.

반면에 대통령직인수기관(대통령직위원회)의 기록은 위원회의 존속기한이 경과되기 전까지 중앙기록물관리기관으로 이관한다. 이 기관은 사실상 한시적인 기관으로서 자체 기록관을 설립해야 하는 기관도 아니므로 일종의 폐지기관으로 취급하는 것이 타당하기는 하지만, 그렇다고 기록을 새로 구성될 대통령기록물 생산기관의 기록관(즉 대통령비서실 기록관)을 거치지 않고 곧장 중앙기록물관리기관으로 이관하도록 규정하고 있는 것이 타당한지는 재검토가 필요하다고 이해된다.

3. 대통령기록물생산기관의 기록관으로부터 중앙기록물관리기관으로 이관

대통령기록물생산기관으로부터의 기록 이관과 인수의 주체는 대통령기록관이 아니라 중앙기록물관리기관이다. 기본적으로는 이관대상 기록으로 한정하여 임기가 종료되기 전까지 이관해야 한다. 이관을 연기하는 제도는 반영되어 있지 않다. 임기종료 6개월 전부터 이관대상 기록의 확인, 목록작성, 정리 등 이관에 필요한 조치를 취해야 하며, 중앙기록물관리기관은 정리인력 등 필요 사항을 지원할 수 있다. 중앙기록물관리기관은 이렇게 이관받은 기록을 대통령기록관에서 관리하도록 내부적으로 다시 인계해야 한다.

다만, 경호기관(경호실)의 경호 관련 기록은 이관을 연기할 수 있도록 규정하고 있는데, 임기가 끝나기 6개월 전에 대상 기록의 목록, 연장시기, 사유 등을 기재해 중앙기록물관리기관에 이관시기 연기를 요청해야 한다.

이상의 규정을 볼 때 중앙기록물관리기관으로 이관하는 대상이 과연 30년 이상 보존대상을 의미하는 것인지 아니면 별도의 다른 선별과정이나 기준을 적용할 것인지 명확하지 않다. 대통령기록법이 제정되고 현재까지 실행된 것과 같이 업무상의 참고를 위한 이관연기를 제도적으로 보장하지 않고 전량 이관하도록 한다면 후임 대통령의 업무에 차질이 생기는 것은 너무도 자명한 일이다. 그렇다고 이 때문에 사본을 만들어서 남긴다면 또한 근거가 취약한 행위가 될 것이다. 결국 업무 지속성의 유지를 목표로 한다면 후임 대통령에게 전할 수 없는 대통령지정기록물만 임기종료와 함께 우선 이관하고, 다른 기록들은 생산기관 의 기록관에서 업무상의 참고를 보장해가며 보존관리하다가, 장기보존대상은 적정한 시기에 이관하고 그렇지 않은 것은 기록관에서 폐기 절차를 수행하는 것이 합리적일 것으로 이해된다.

4. 중앙기록물관리기관의 회수

중앙기록물관리기관은 대통령기록이 공공기관 외부로 유출되거나 정상적으로 이관되지 않은 경우 이를 회수하거나 이관받기 위해 필요 조치를 강구해야 한다. 이는 결국 대통령기록물생산기관의 기록관 혹은 처리과에서 발생하는 문제를 중앙기록물관리기관이 능동적으로 해결해가도록 근거를 마련해 놓은 것으로 이해된다.

5. 대통령 "개인기록물"의 수집

이외에 대통령의 사적인 일기, 일지 또는 개인의 정치활동과 관련된 기록 등으로서, 대통령의 직무와 관련되지 아니하거나 그 수행에 직접적인 영향을 미치지 아니하는 대통령의 사적인 기록인 "개인기록물"도 수집, 보존대상이 된다.

이러한 대통령기록의 수집 주체는 중앙기록물관리기관이 아니라 대통령기록관이다. 대통령기록관은 역대 대통령이 재임 전후 및 재임 당시에 생산한 개인기록에 대해서도, 국가적으로 보존할 가치가 있다고 인정되는 경우 당해 대통령 및 해당 기록의 소유자의 동의를 받아 수집, 관리할 수 있다. 이때 당해 대통령 및 이해관계인과 해당 기록의 소유권, 공개 및 자료제출 여부 등 관리조건에 대해 구체적 사항을 협의해 정해야 하며, 대통령기록관의 장은 필요할 경우 보

상을 할 수 있다. 전문적인 감정평가인 2인 이상의 평가액을 대통령기록관리전
문위원회가 심의해 결정하는데, 전문 감정평가인이 없을 경우는 전문위원회 심
의를 거쳐 대통령기록관장이 결정한다.

　여기에는 개별대통령기록관도 포함되는 것으로 이해하는 것이 합리적일 것
으로 생각되는데 조문 상으로는 명확하지 않다. 물론 개별대통령기록관은 당해
대통령의 개인기록물을 의미하는 것이라고 해석되어야 할 것이다. 또한 이미
대통령기념관 성격의 기관이 여러 곳에 만들어져 있는 오늘날의 상황을 볼 때
이들이 소장하고 있는 개인기록물도 수집의 대상으로 삼을 것인지 역시 검토의
여지는 있을 것이다.

대통령기록법률

제7조(생산·관리원칙) ① 대통령과 제2조제1호나목 및 다목의 기관의 장은 대통령의 직무
　수행과 관련한 모든 과정 및 결과가 기록물로 생산·관리되도록 하여야 한다.
　② 공공기록물관리법 제9조에 따른 중앙기록물관리기관(이하 "중앙기록물관리기관"이라
　한다)의 장은 대통령기록물을 철저하게 수집·관리하고, 충분히 공개·활용될 수 있도
　록 하여야 한다.

제8조(전자적 생산·관리) 제2조제1호나목 및 다목의 기관(이하 "대통령기록물생산기관"이
　라 한다), 대통령기록물생산기관의 기록관 및 대통령기록관의 장은 대통령기록물이 전
　자적으로 생산·관리되도록 하여야 하며, 전자적 형태로 생산되지 아니한 기록물에 대
　하여도 전자적으로 관리되도록 하여야 한다.

대통령기록법률

제10조(생산현황의 통보) ① 대통령기록물생산기관의 장은 대통령기록물의 원활한 수집
　및 이관을 위하여 매년 대통령기록물의 생산현황을 소관 기록관의 장에게 통보하고, 소
　관 기록관의 장은 중앙기록물관리기관의 장에게 통보하여야 한다. 다만, 임기가 종료되
　는 해와 그 전년도의 생산현황은 임기가 종료되기 전까지 통보하여야 한다.
　② 대통령기록물 생산현황의 통보방법 및 시기 등의 절차에 관하여 필요한 사항은 대통
　령령으로 정한다.

대통령기록법률 시행령

제4조(생산현황의 통보시기 및 방법) ① 법 제10조제2항에 따라 대통령기록물생산기관의 장은 매년 5월 31일까지 관할 기록관의 장에게, 기록관의 장은 매년 8월 31일까지 「공공기록물 관리에 관한 법률」 제9조에 따른 중앙기록물관리기관(이하 "중앙기록물관리기관"이라 한다)의 장에게 전년도의 대통령기록물 생산현황을 통보하여야 한다.

② 제1항에 따른 생산현황에는 대통령기록물의 생산부서, 생산연도, 기능명, 기능별 생산수량 등의 정보가 적혀 있는 목록이 포함되어야 한다.

대통령기록법률

제11조(이관) ① 대통령기록물생산기관의 장은 대통령령으로 정하는 기간 이내에 대통령기록물을 소관 기록관으로 이관하여야 하며, 기록관은 대통령의 임기가 종료되기 전까지 이관대상 대통령기록물을 중앙기록물관리기관으로 이관하여야 한다. 다만, 대통령직인수기관의 기록물은 「대통령직인수에 관한 법률」 제6조에 따른 존속기한이 경과되기 전까지 중앙기록물관리기관으로 이관하여야 한다.

② 제1항에도 불구하고 대통령 경호업무를 수행하는 기관의 장이 대통령 경호 관련 기록물을 업무수행에 활용할 목적으로 이관시기를 연장하려는 때에는 대통령령으로 정하는 바에 따라 중앙기록물관리기관의 장에게 이관시기의 연장을 요청할 수 있다. 이 경우 중앙기록물관리기관의 장은 대통령 경호기관의 장과 협의하여 이관시기를 따로 정할 수 있다.

③ 중앙기록물관리기관의 장은 제1항 및 제2항에 따라 대통령기록물을 이관받은 때에는 대통령기록관에서 이를 관리하게 하여야 한다.

④ 대통령기록물생산기관의 기록관의 장은 대통령 임기종료 6개월 전부터 이관대상 대통령기록물의 확인·목록작성 및 정리 등 이관에 필요한 조치를 강구하여야 한다. 이 경우 중앙기록물관리기관의 장은 기록물정리인력 등 대통령기록물의 이관에 관하여 필요한 사항을 지원할 수 있다.

대통령기록법률 시행령

제5조(이관 시기) ① 대통령기록물생산기관의 장은 대통령기록물을 「행정 효율과 협업 촉진에 관한 규정」 제3조제4호에 따른 처리과(이하 "처리과"라 한다)에서 보관한 후 법 제11조제1항 본문에 따라 보존기간의 기산일부터 2년 이내에 관할 기록관으로 이관하여야 한다. 다만, 대통령기록물생산기관의 처리과가 폐지되어 그 사무를 승계하는 부서가 없을 경우에는 지체 없이 관할 기록관으로 이관하여야 한다.

② 제1항에도 불구하고 대통령의 임기가 종료되는 해와 그 전년도에 생산된 대통령기록물은 대통령의 임기가 종료되기 전까지 관할 기록관으로 이관하여야 한다.

③ 제1항에도 불구하고 법 제9조제1항 본문에 따른 기록관이 설치되지 아니하거나 업무에 수시로 참고할 필요가 있는 경우에는 대통령기록물 이관 시기를 대통령의 임기가 종료되는 해의 전년도 말까지 연장할 수 있다.

④ 제3항에 따라 이관 시기를 연장하려는 경우에는 이관 시기를 연장하려는 기록물철 목록을 작성하여 제1항에 따른 이관 시기까지 관할 기록관에 제출하여야 한다.

⑤ 대통령비서실, 국가안보실 및 대통령경호실 기록관의 장은 대통령의 임기가 시작되면 지체 없이 대통령이 대통령당선인으로서 직무수행과 관련하여 생산한 대통령기록물을 대통령비서실, 국가안보실 및 대통령경호실의 기록관으로 이관받아야 한다.

⑥ 대통령권한대행은 권한대행의 자격이 상실되면 지체 없이 대통령권한대행인으로서의 직무수행과 관련하여 생산한 대통령기록물을 대통령비서실, 국가안보실 및 대통령경호실의 기록관으로 이관하여야 한다.

⑦ 대통령기록물생산기관이 폐지되어 그 사무를 승계하는 기관이 없을 경우에는 대통령기록물생산기관의 장은 지체 없이 그 기관의 대통령기록물을 관할 기록관 또는 중앙기록물관리기관으로 이관하여야 한다.

제6조(대통령 경호 관련 기록물의 이관시기 연장 등) ① 대통령 경호업무를 수행하는 기관의 장은 법 제11조제2항에 따라 대통령 경호 관련 기록물의 이관시기를 연장하려는 경우에는 대통령의 임기가 끝나기 6개월 전에 대상 대통령기록물의 목록, 연장시기 및 사유 등을 기재하여 중앙기록물관리기관의 장에게 이관시기 연장을 요청하여야 한다.

② 제1항에 따라 이관시기의 연장을 요청받은 중앙기록물관리기관의 장은 전문위원회의 심의를 거쳐 이관시기의 연장 여부 및 이관시기 등을 정하여야 한다.

대통령기록법률

제12조(회수) 중앙기록물관리기관의 장은 대통령기록물이 공공기관 밖으로 유출되거나 제11조제1항 및 제2항에 따라 이관되지 아니한 경우에는 이를 회수하거나 이관받기 위하여 필요한 조치를 강구하여야 한다.

대통령기록법률

제2조(정의) 이 법에서 사용하는 용어의 정의는 다음과 같다.

3. "개인기록물"이란 대통령의 사적인 일기 · 일지 또는 개인의 정치활동과 관련된 기록물 등으로서 대통령의 직무와 관련되지 아니하거나 그 수행에 직접적인 영향을 미치지

아니하는 대통령의 사적인 기록물을 말한다.

제26조(개인기록물의 수집·관리) ① 대통령기록관의 장은 역대 대통령(제25조에 따른 개별대통령기록관의 경우에는 당해 전직 대통령을 말한다)이 재임 전·후 및 재임 당시에 생산한 개인기록물에 대하여도 국가적으로 보존할 가치가 있다고 인정되는 경우에는 당해 대통령 및 해당 기록물 소유자의 동의를 받아 이를 수집·관리할 수 있다.

② 대통령기록관의 장은 제1항의 개인기록물을 수집하는 때에는 대통령 및 이해관계인과 해당 기록물의 소유권·공개 및 자료제출 여부 등 관리조건에 관한 구체적 사항을 협의하여 정하여야 한다.

③ 대통령기록관의 장은 제1항의 개인기록물을 수집하기 위하여 필요한 경우에는 보상을 할 수 있으며, 보상 금액 및 절차 등에 관하여 필요한 사항은 대통령령으로 정한다.

대통령기록법률 시행령

제14조(개인기록물의 보존·복원 등) ① 대통령기록관의 장은 법 제26조에 따라 수집·관리되는 개인기록물이 멸실·훼손되지 아니하도록 지속적으로 관리 상태를 점검하고, 필요한 경우에는 해당 개인기록물을 보존·복원할 수 있다.

② 대통령기록관의 장은 법 제26조에 따라 수집·관리되는 개인기록물 중에서 보존가치가 높은 개인기록물을 복제하거나 사본을 제작할 수 있다.

③ 대통령기록관의 장은 제1항 또는 제2항에 따라 개인기록물을 보존·복원·복제하거나 사본을 제작하려는 경우 소유권이 대통령기록관으로 이전되지 아니한 개인기록물에 대해서는 소유자의 동의를 받아야 한다.

제15조(개인기록물의 보상기준) ① 대통령기록관의 장은 법 제26조제3항에 따라 개인기록물을 수집하는 과정에서 해당 대통령 및 이해관계인이 수집에 따른 보상을 요구하는 경우에는 관련 분야의 전문 감정평가인 2명 이상에게 가격 산정에 관한 평가를 의뢰하여야 한다. 이 경우 그 대통령 또는 이해관계인이 추천하는 전문 감정평가인 1명을 선정할 수 있다.

② 보상액은 각 전문 감정평가인이 평가한 평가액의 산술평균치를 기준으로 산정하되, 전문위원회의 심의를 거쳐 결정한다.

③ 제1항에 따른 전문 감정평가인이 없는 경우에는 전문위원회의 심의를 거쳐 대통령기록관의 장이 정한다.

4절 대통령기록의 폐기와 보존

1. 대통령기록의 폐기

대통령기록의 폐기는 대통령기록물생산기관의 기록관과 대통령기록관에서 모두 실행될 수 있다. 다만, 생산기관 혹은 처리과의 의견조회와 전문요원의 심사, 심의위의 심의 등을 거치는 일반적인 폐기절차를 따를 것인지는 다소 불명확하다. 물론 별도의 절차로 규정하고 있지 않은 관계로 일단은 일반적인 폐기절차로 해석할 수밖에 없다. 단지, 대통령기록물생산기관의 기록관에서 폐기를 실행하려면 국가기록관리위원회 산하의 대통령기록관리전문위원회의 심의를 거쳐 폐기하여야 한다고 규정하고 있어, 명확하지는 않지만 일반 공공기관처럼 폐기심의위원회를 구성하지는 않는 것으로 이해된다.

우선, 대통령기록물생산기관의 기록관이 보존하고 있는 대통령기록 중에서 보존기간이 경과하여 폐기하려고 하는 경우에는, 폐기대상의 목록을 폐기 예정일의 60일 전까지 대통령기록관에 보내야 한다. 이때에는 목록별 주요 내용과 폐기에 관한 의견 등을 함께 보내야 한다. 이것은 곧 처리과의 의견 조회와 전문요원의 심사가 포함되는 절차로 이해될 수 있을 것이다.

대통령기록관은 목록을 받은 후 50일 이내에 전문위원회의 심의를 거쳐 그 결과를 통보해야 한다. 최종 폐기가 결정된 대통령기록의 경우 그 목록을 관보 또는 정보통신망에 10일 이상 고시해야 한다. 물론 보류로 결정되는 경우 아래에 소개하고 있는 것처럼 대통령기록관에서 시행하는 재평가와 같은 방식을 채택할 것인지 명확한 규정을 갖고 있지 않다.

한편, 대통령기록관에 이관되어 보존하고 있는 기록 중에서 보존기간이 경과하여 폐기하려고 하는 경우에도 전문위원회의 심의를 거쳐야 하며, 최종적으로 폐기할 대통령기록의 목록을 관보나 정보통신망에 10일 이상 고시해야 한다. 만일 보류로 구분된 대통령기록물에 대해서는 30년마다 폐기절차를 거치며 보존가치를 재평가하여야 한다.

참고로, 공공기록물의 관리에 관한 법령에 따르자면, 기록관 단계의 폐기 절차를 거친 결과 보류로 정해지는 경우의 처리방안이 규정되어 있지 않고, 영구기록물관리기관의 경우만 규정되어 있다. 이에 따르자면 보존기간이 30년 이하인 보존 기록물의 폐기 절차를 통해 보류로 구분된 기록물은 5년마다 보존가치를 재평가하여야 하고, 보존기간이 준영구인 보존 기록물이 보류로 될 때에는 10년마다 보존가치를 재평가하여야 한다.

대통령기록의 폐기는 녹이거나 부수는 방법으로 실행하며 전자적으로 생산된 기록은 저장장치에서 복원할 수 없도록 삭제하여야 한다.

이러한 폐기제도가 규정되어 있는 것을 본다면, 대통령기록물생산기관에서 모든 기록을 중앙기록물관리기관을 통해 대통령기록관으로 이관하는 것은 아니라고 해석된다. 그렇다고 30년 이상 보존대상으로 국한해 이관하게 한다거나, 혹은 이런 장기보존 대상 중에서도 일부는 기록관에 남길 수 있다는 공공기록관리법령의 규정을 적용할 수 있는지도 명확하지 않다. 또 일반 공공기관에 적용되는 기록관리법령에서는 영구기록물관리기관의 수집계획에 의한 이관이 이뤄지도록 규정하고 있지만, 대통령기록법에는 수집계획의 작성 등이 규정되어 있지 않고 임기 종료 전에 이관을 완료하도록 되어 있어 수집의 권한에 대한 해석 역시 다소 애매하다고 이해된다.

또한 이미 설명했듯이 생산현황으로 통보되는 정보가 단지 수량에 불과하므로 실제 이관을 진행할 때에 서로 대조해가며 활용할 구체적인 목록이나 도구가 별도로 마련되어 있지 못하다는 점도 유념해둘 필요가 있다.

반면에 국가기록관리위원회 산하의 대통령기록관리전문위원회의 역할이 폐기제도와 관련하여 매우 중요하다는 것을 유념해두어야 할 것이다.

2. 대통령기록의 보존관리

대통령기록관에서 소장하게 되는 기록을 서고에 배치할 때에는 대통령별, 형태별, 출처별 등으로 구분하여 배치하도록 규정하고 있으며, 특별한 보호가 필요한 대통령지정기록물의 경우 별도의 저장장소나 별도의 전용서고 및 시설 등에서 보존관리하도록 규정하고 있다. 물론 규정상으로는 승인기준이나 시설 및 장비기준 등을 보건대는 개별대통령기록관도 나름의 보존관리 역량을 요구하고 있는 것으로 보이나, 지정기록물을 비롯해 대통령별 기록을 개별대통령기록관에서 보존하도록 허용할 것인지 여부에 대해서도 명확하지 않다고 보인다.

대통령기록법률

제13조(폐기) ① 대통령기록물생산기관의 장은 보존기간이 경과된 대통령기록물을 폐기하려는 때에는 전문위원회의 심의를 거쳐 폐기하여야 한다.

② 대통령기록물생산기관의 장은 제1항에 따라 대통령기록물을 폐기하려는 경우에는 폐기대상 목록을 폐기하려는 날부터 60일 전까지 대통령기록관의 장에게 보내야 하며, 대통령기록관의 장은 목록을 받은 날부터 50일 이내에 전문위원회의 심의를 거쳐 그 결과를 대통령기록물생산기관의 장에게 통보하여야 한다. 이 경우 대통령기록물생산기관의 장은 폐기가 결정된 대통령기록물의 목록을 지체 없이 관보 또는 정보통신망에 고시하여야 한다.

③ 대통령기록관의 장은 제11조제1항 및 제2항에 따라 이관된 대통령기록물 중 보존기간이 경과된 대통령기록물을 폐기하려는 경우에는 전문위원회의 심의를 거쳐야 한다. 이 경우 대통령기록관의 장은 전문위원회의 심의를 거쳐 폐기가 결정된 대통령기록물의 목록을 지체 없이 관보 또는 정보통신망에 고시하여야 한다.

④ 대통령기록물의 폐기 절차 등에 관하여 필요한 사항은 대통령령으로 정한다.

대통령기록법률 시행령

제7조(재평가 및 폐기절차 등) ① 대통령기록관의 장은 「공공기록물 관리에 관한 법률 시행령」 제53조제1항 전단에 따라 보존기간이 보류로 구분된 대통령기록물에 대해서는 같은 항 후단에도 불구하고 30년마다 보존가치를 재평가하여야 한다.

② 대통령기록물생산기관의 장은 법 제13조제2항에 따라 대통령기록관의 장에게 폐기대상 대통령기록물의 목록을 보내는 경우에는 목록별 주요 내용과 폐기에 관한 의견 등을 함께 통보하여야 한다.

③ 대통령기록물생산기관 및 대통령기록관의 장은 법 제13조제2항 및 제3항에 따라 폐기가 결정된 대통령기록물의 목록을 10일 이상 고시한 후에 녹이거나 부수는 등의 방법으로 폐기하고, 전자적으로 생산된 대통령기록물은 저장장치에서 복원을 할 수 없도록 삭제하여야 한다.

대통령기록법률 시행령

제12조(대통령기록관의 운영 사항 등) ② 대통령기록관의 장은 법 제11조제1항에 따라 대통령기록물을 이관받아 서고에 배치할 때에는 대통령별, 기록물 형태별, 출처별 등으로 구분하여 배치하여야 한다
④ 대통령기록관의 장은 대통령지정기록물이 전자적으로 생산된 경우에는 별도의 저장장소에서, 비전자적으로 생산된 경우에는 별도의 전용서고 및 시설 등에서 보존·관리하여야 한다.
⑥ 대통령기록관의 장은 대통령기록관을 효율적으로 운영하기 위한 세부운영계획을 수립·시행하여야 한다.

대통령기록법률

제15조(보안 및 재난대책) 대통령기록물생산기관의 장 및 대통령기록관의 장은 소관 대통령기록물의 보호 및 안전한 관리를 위하여 대통령령으로 정하는 바에 따라 대통령기록물에 대한 보안 및 재난대책을 수립·시행하여야 한다.

대통령기록법률 시행령

제8조(보안 및 재난대책의 수립·시행) 법 제15조에 따라 대통령기록물생산기관 및 대통령기록관의 장은 대통령기록물의 보관·보존시설에 대한 다음 각 호의 보안 및 재난대책을 수립·시행하여야 한다.
  1. 출입자 관리·잠금장치 및 전산장비 등에 대한 보안대비책
  2. 화재 및 수해 등에 의한 재난이 발생할 경우에 대통령기록물의 대피 우선순위와 근무자 안전규칙 등의 재난대비책
제14조(개인기록물의 보존·복원 등) ① 대통령기록관의 장은 법 제26조에 따라 수집·관리되는 개인기록물이 멸실·훼손되지 아니하도록 지속적으로 관리 상태를 점검하고, 필요한 경우에는 해당 개인기록물을 보존·복원할 수 있다.
② 대통령기록관의 장은 법 제26조에 따라 수집·관리되는 개인기록물 중에서 보존가치가 높은 개인기록물을 복제하거나 사본을 제작할 수 있다.
③ 대통령기록관의 장은 제1항 또는 제2항에 따라 개인기록물을 보존·복원·복제하거나 사본을 제작하려는 경우 소유권이 대통령기록관으로 이전되지 아니한 개인기록물에 대해서는 소유자의 동의를 받아야 한다.

5절 대통령기록의 공개와 보호

1. 대통령기록의 공개

대통령기록의 경우도 공공기관의 정보공개에 관한 법령과 기록관리법령의 공개제도에 적용된다. 다만 다음의 사항은 다소 상이하므로 유의해야 한다.

우선, 일반 공공기관의 기록물관리기관에서의 공개재분류는 5년을 주기로 하며, 법령상 근거는 명확하지 않으나 생산기관 혹은 처리과의 의견을 청취하는 절차를 거친다. 특히 영구기록물관리기관에 이관된 후에는 비공개인 상태로 30년이 지나면 공개로 재분류하는 것을 원칙으로 하지만, 그 이상 비공개를 유지할 것을 생산기관으로부터 요청받은 경우 해당 영구기록물관리기관의 정보공개 심의회와 국가기록관리위원회의 심의를 거쳐 비공개를 연장해갈 수 있다.

하지만, 대통령기록관에 이관되어 온 대통령기록 중에서 비공개로 분류되어 있는 경우는, 이관된 날로부터 5년이 지난 후 1년 이내에 공개 여부를 재분류하고, 그 이후에도 비공개인 기록은 2년마다 전문위원회의 심의를 거쳐 공개 여부를 재분류해야 한다. 대통령기록의 경우 역시 생산연도 종료 후 30년이 경과하면 공개로 재분류하는 것을 원칙으로 하나, 국가안전보장에 중대한 지장을 초래할 것으로 예상되는 경우는 전문위의 심의를 거쳐 계속 비공개로 유지할 수 있으며, 필요시에는 현재의 보좌기관, 자문기관, 경호기관 등의 의견을 청취할 수 있다.

여기서 주목되는 것은 생산기관 혹은 처리과가 대체로 새로운 대통령이 구성하는 조직이 될 것이므로, 공개 재분류에 대한 의견의 제시나 혹은 비공개의 연장을 요청하는 주체로서 적합한가이다. 일반 공공기관의 경우도 일부 이러한 문제가 있겠으나, 대통령기록생산기관의 경우 이러한 조직과 기능의 변화가 작지 않을 것을 감안할 필요가 있다고 이해된다. 특히, 필요시 현재의 보좌기관, 자문기관, 경호기관 등의 의견을 청취한다는 것이, 해당 기록을 생산했던 기관의 성격과 업무기능 등과 상관없이 기록된 정보의 성격상 관련 있는 기관의 의견을 조회한다는 것인지도 다소 불확실하다.

2. 대통령지정기록물의 보호

대통령기록의 경우 정보공개제도와 관계없이 열람, 사본제작 등을 허용하지 않거나 자료제출의 요구에도 응하지 않을 수 있는 특별한 제도를 도입하고 있는데, 이것이 바로 "대통령지정기록물의 보호제도"이다.

본 제도의 취지는 기록된 정보의 민감성으로 인해 정상적으로 관리되지 않을 우려가 있는 경우, 철저한 접근 통제와 보호를 통해 보존과 활용의 부작용을 최소화하기 위한 것으로 이해된다. 특히 대통령 중심제를 채택하고 있으면서도 국정 운영의 가장 중요한 기록이라고 할 대통령기록이 제대로 보존되지 않아온 우리의 관행을 혁신하기 위한 적극적인 제도화의 결실이라고 이해된다. 이러한 제도의 골자는 미국의 대통령기록관리제도에서 차용된 것으로 알려져 있다.

다만, 이렇게 보호대상으로 지정되면 정해진 기간 동안에는 기본적으로 국민의 알권리의 대상으로부터도 벗어나게 되고, 관련 업무를 하는 경우에도 참고할 수 없게 된다는 치명적인 제약이 주어진다는 점을 유의해야 한다. 다시 말해서 민주주의의 유지와 업무지속성의 유지라는 기록관리의 본분을 해치지 않는 선에서, 정치적 논란과 국가적 손실을 방지하고 대통령기록을 온전하게 보존한다는 목표를 달성하도록 최대한 공을 들여 운영해야 할 제도라고 할 것이다.

■ 지정대상

이러한 보호대상으로 지정할 수 있는 기록의 범주는 다음과 같이 규정되어 있다.

- 법령에 따른 군사·외교·통일에 관한 비밀기록물로서 공개될 경우 국가안전보
  장에 중대한 위험을 초래할 수 있는 기록물
- 대내외 경제정책이나 무역거래 및 재정에 관한 기록물로서 공개될 경우 국민경
  제의 안정을 저해할 수 있는 기록물
- 정무직공무원 등의 인사에 관한 기록물
- 개인의 사생활에 관한 기록물로서 공개될 경우 개인 및 관계인의 생명·신체·
  재산 및 명예에 침해가 발생할 우려가 있는 기록물
- 대통령과 대통령의 보좌기관 및 자문기관 사이, 대통령의 보좌기관과 자문기관
  사이, 대통령의 보좌기관 사이 또는 대통령의 자문기관 사이에 생산된 의사소
  통기록물로서 공개가 부적절한 기록물
- 대통령의 정치적 견해나 입장을 표현한 기록물로서 공개될 경우 정치적 혼란을
  불러일으킬 우려가 있는 기록물

여기서 한 가지 눈여겨 볼 점은 첫 번째의 경우라고 하겠다. 이미 비밀로 지
정된 기록이면서 또한 보호대상으로 지정될 수 있다는 것이다. 일단 비밀로 지
정한다는 것은 내용과 성격상 접근을 철저히 통제하더라도, 해당 업무와 관련
하여 사전에 승인된 경우라면 접근이 허용되는 것이다. 곧, 정보공개에서는 제
외되지만 업무지속성은 보장되는 것이다. 이런 기록을 다시 보호대상으로 지정
하면 정보공개에서도 제외되고 업무상의 활용 측면도 배제되는 것이다. 따라서
해당되는 종류의 비밀이라도 모두 보호대상으로 지정해서는 안 되며, 무엇보다
업무상 참고해야 할 비밀정보라면 결코 보호대상으로 지정해서는 안될 일이다.

■ 보호기간의 지정

지정된 기록의 보호기간은 기록건별로 15년 이내의 범위에서 지정하되, 개인
의 사생활과 관련된 경우는 30년의 범위 이내로 지정할 수 있다.

지정절차는 대통령기록물생산기관의 각 처리과가 기록관으로 기록을 이관할
때에, 지정대상이 될 만하다고 판단되는 기록에 대해 지정 여부와 보호기간의

지정 등에 대한 의견을 첨부하여 이관해야 한다. 그리고 최종적으로는 해당 기록을 중앙기록물관리기관으로 이관하기 전에 기존에 첨부된 의견을 참고해, 대통령이 대통령지정기록물을 지정하고 보호기간을 정해야 한다. 보호기간은 대통령의 임기가 끝나는 날 다음 날부터 시작한다.

하지만 문제는 남아 있다. 처리과에서 해당 기록이 만들어진 직후부터 기록관에 이관하기 전까지, 그리고 기록관에서 보관하다가 최종적으로 대통령이 정식으로 지정해서 중앙기록물관리기관으로 이관하기까지 소위 "가지정" 단계에서의 통제가 불명확하다는 점이다. 대통령만 접근할 수 있어야 하는 지정기록물에 해당하는 것이라면 생산 직후부터 철저한 통제가 필요한 것은 너무나 명확하다. 더욱이 대통령기록 전량이 중앙기록물관리기관으로 이관되는 것이 아닌 이상, 혹여 최종 지정여부의 판단이 내려지지 않은 채 남게 되는 '가지정' 기록이 없도록 유의해야 할 것이다. 물론 거기다가 갑작스러운 대통령의 궐위가 발생할 경우 대처할 방법도 강구될 필요가 있다.

■ 보호조치의 해제

대통령이 지정하는 기록의 보호를 해제할 권한은 기본적으로 해당 기록을 보호대상으로 지정했던 그 대통령에게 있다고 보는 것이 타당하겠지만 법령에는 명확하게 규정되어 있지 않다. 다만, 해당 전직 대통령 혹은 그가 지정한 대리인이 열람한 내용 중에서, 비밀이 아닌 내용을 출판하거나 언론매체 등을 통해 이미 공표함으로써 사실상 보호의 필요가 없게 되었다고 인정되는 경우, 대통령기록관장이 전문위원회의 심의를 거쳐 보호조치를 해제할 수 있다. 그렇기는 하지만, 과연 해당 대통령 측의 의사를 물어볼 필요도 없는 것인지, 또 개별대통령기록관장에게도 같은 권한을 줄 것인지 검토가 필요할 것이다.

■ 대통령지정기록물의 제한적인 열람

대통령지정기록물은 기본적으로는 열람과 복제, 자료제출 등의 요구에 응하지 않을 수 있도록 보호하는 대상이지만, 예외적으로 다음의 경우에는 최소한의 범위 내에서 열람, 사본제작 및 자료제출을 허용한다.

- 국회 재적의원 3분의 2 이상의 찬성의결이 이루어진 경우
- 관할 고등법원장이 해당 대통령지정기록물이 중요한 증거에 해당한다고 판단하여 발부한 영장이 제시된 경우. 다만, 관할 고등법원장은 열람, 사본제작 및 자료제출이 국가안전보장에 중대한 위험을 초래하거나 외교관계 및 국민경제의 안정을 심대하게 저해할 우려가 있다고 판단하는 경우 등에는 영장을 발부하여서는 아니 된다.
- 대통령기록관 직원이 기록관리 업무수행상 필요에 따라 대통령기록관의 장의 사전 승인을 받은 경우

　대통령기록관장은 국회의장의 요구가 있거나 고등법원장이 영장을 발부하는 경우 10일 이내에 열람에 응하되, 열람의 장소를 지정하여 열람하게 하고, 사본제작과 자료제출을 담당하는 직원을 지정하여 실행해야 한다. 또한 이관업무나 보호조치 해제 등의 업무를 위해 직원이 열람 등을 실행하게 될 때에는, 그 직원의 인적사항과 수행업무의 내역, 장소, 향후 계획 등을 포함하는 내용으로 승인하는 절차를 거쳐야 한다.

　물론 이렇게 예외적으로 제공되었다고 하더라도 이후 곧장 보호가 해제되는 것은 아닐뿐더러, 또한 제한적으로나마 제공된 사본에 대해 사후 회수할 것인지 아니면 파기할 것인지 그에 대한 권한과 책임은 어떻게 되는지 보다 명확히 해야 한다.

　또한, 전직 대통령과 그 대리인이 지정기록을 비롯하여 해당 대통령의 기록물에 대한 열람을 희망하는 경우 대통령기록관 장에게 필요한 편의 제공을 요청하여 협의할 수 있으며, 지정기록 및 비밀기록을 제외하고는 정보통신망을 이용한 열람("온라인 열람")을 위한 편의 제공도 요청할 수 있다. 이럴 경우에는 대통령기록관의 장은 사저나 사무실 중에서 한 곳에 전용회선 및 열람 전용 개

인용 컴퓨터나 그 밖에 필요한 열람장비를 충분한 보안대책과 함께 설치할 수 있고, 국가정보원장은 그 안전성을 확인하여야 한다.

3. 대통령기록관의 비밀기록물 관리

대통령기록으로서 비밀인 기록은 전문위의 심의를 반드시 거쳐 처리하도록 되어 있다. 특히 대통령기록법에서는 대통령기록관으로 이관되어 보존되는 비밀기록의 비밀해제나 보호기간 연장 등의 재분류에 대해 자세히 규정하고 있다. 만일, 해당 비밀기록이 동시에 보호대상의 지정기록인 경우는, 우선 지정된 보호기간을 경과한 후에 비밀 해제 등의 재분류를 실시할 수 있다. 또한 이러한 비밀기록의 재분류와 관련해서는 관계 기관의 의견을 청취할 수 있다.

비밀로서의 보호기간이 종료되면 그 해가 끝나기 전에 전문위의 심의를 거쳐 비밀을 해제하거나, 혹은 비밀로서의 보호기간을 연장해야 한다. 일단 보호기간이 연장되면 5년마다 다시 전문위의 심의를 거쳐 재연장 여부를 결정해야 한다. (사실상 연장기간은 5년이라고 이해된다.)

다만, 비밀로서의 보호기간이 30년을 넘는 경우는 30년이 되는 해 안에 재분류를 해야 한다. (비밀 보호기간이 몇 차례 연장되는 경우에는 합산을 해서 30년을 기준으로 비밀 해제를 하려는 것으로 이해된다.) 그러나 다음의 경우는 비밀을 해제하지 않고 전문위의 심의를 거쳐 보호기간을 재지정하고, 5년마다 전문위의 심의를 통해 비밀 해제나 보호기간 연장 여부를 결정한다.

- 유효한 전시계획 또는 비상대비계획
- 국방, 외교, 통일 등의 국가안전보장에 치명적인 위험을 초래할 수 있는 사항
- 신원정보를 포함한 정보활동의 출처, 수단, 기법에 관한 사항
- 국가 암호체계에 관한 사항
- 비밀의 해제로 인하여 법률, 조약, 국제협약을 위반하게 될 수 있는 사항

4. 전직 대통령의 당해 대통령기록 열람

대통령기록법 제정 이후 전직 대통령의 열람 편의를 위한 준비가 미흡한 상태에서, 중앙기록물관리기관으로 이관하는 기록의 사본을 제작해 사저에서 이용하는 상황이 문제가 된 바 있다. 이에 2010년 개정된 대통령기록법에서는 전직 대통령의 방문열람과 온라인 열람을 보장하는 규정을 마련하였다.

이에 따르자면 전직 대통령이 직접 대통령기록관을 방문하여 열람하려는 경우 대통령기록관은 관내에 전용 장소와 시설 등의 편의를 제공해야 하며, 비서관 중 1명을 포함해 필요한 인원만큼의 대리인을 지정해서 재임 시의 기록을 열람할 수도 있다. 전자적으로 관리하는 기록은 대통령기록관이 지정한 시스템으로 열람하고, 전자적 기록이 아닌 경우는 사본으로 열람하되, 열람이 끝나면 해당 사본은 파기한다.

전직 대통령이 온라인 방식으로 열람하기를 원하는 경우, 전용회선이나 열람 전용 개인용 컴퓨터 등의 열람장비를 사저에 설치할 수 있다. 온라인 열람은 지정기록과 비밀기록은 제외되며, 열람장비의 관리와 보안대책 등을 충분히 협의하여 수립, 시행해야 한다. 국가정보원장이 보안조치와 이의 이행 여부를 확인할 수 있다.

대통령기록법률

제16조(공개) ① 대통령기록물은 공개함을 원칙으로 한다. 다만, 「공공기관의 정보공개에 관한 법률」 제9조제1항에 해당하는 정보를 포함하고 있는 경우에는 이를 공개하지 아니할 수 있다.

② 대통령기록물생산기관의 장은 소관 기록관으로 대통령기록물을 이관하려는 때에는 당해 대통령기록물의 공개 여부를 분류하여 이관하여야 한다.

③ 대통령기록관의 장은 비공개로 분류된 대통령기록물에 대하여는 이관된 날부터 5년이 경과한 후 1년 내에 공개 여부를 재분류하고, 그 첫 번째 재분류 시행 후 매 2년마다 전문위원회의 심의를 거쳐 공개 여부를 재분류하여야 한다.

④ 비공개 대통령기록물은 생산연도 종료 후 30년이 경과하면 공개함을 원칙으로 한다.

⑤ 제4항에도 불구하고 대통령기록관의 장은 공개될 경우 국가안전보장에 중대한 지장을 초래할 것이 예상되는 대통령기록물에 대하여는 전문위원회의 심의를 거쳐 당해 대통령기록물을 공개하지 아니할 수 있다. 이 경우 제2조제1호나목의 기관의 장의 의견을 들을 수 있다.

대통령기록법률

제17조(대통령지정기록물의 보호) ① 대통령은 다음 각 호의 어느 하나에 해당하는 대통령기록물(이하 "대통령지정기록물"이라 한다)에 대하여 열람·사본제작 등을 허용하지 아니하거나 자료제출의 요구에 응하지 아니할 수 있는 기간(이하 "보호기간"이라 한다)을 따로 정할 수 있다.

1. 법령에 따른 군사·외교·통일에 관한 비밀기록물로서 공개될 경우 국가안전보장에 중대한 위험을 초래할 수 있는 기록물
2. 대내외 경제정책이나 무역거래 및 재정에 관한 기록물로서 공개될 경우 국민경제의 안정을 저해할 수 있는 기록물
3. 정무직공무원 등의 인사에 관한 기록물
4. 개인의 사생활에 관한 기록물로서 공개될 경우 개인 및 관계인의 생명·신체·재산 및 명예에 침해가 발생할 우려가 있는 기록물
5. 대통령과 대통령의 보좌기관 및 자문기관 사이, 대통령의 보좌기관과 자문기관 사이, 대통령의 보좌기관 사이 또는 대통령의 자문기관 사이에 생산된 의사소통 기록물로서 공개가 부적절한 기록물
6. 대통령의 정치적 견해나 입장을 표현한 기록물로서 공개될 경우 정치적 혼란을 불러일으킬 우려가 있는 기록물

② 보호기간의 지정은 각 기록물별로 하되, 중앙기록물관리기관으로 이관하기 전에 하여야 하며, 지정 절차 등에 관하여 필요한 사항은 대통령령으로 정한다.

③ 보호기간은 15년의 범위 이내에서 정할 수 있다. 다만, 개인의 사생활과 관련된 기록물의 보호기간은 30년의 범위 이내로 할 수 있다.

④ 보호기간 중에는 다음 각 호의 어느 하나에 해당하는 경우에 한하여 최소한의 범위 내에서 열람, 사본제작 및 자료제출을 허용하며, 다른 법률에 따른 자료제출의 요구 대상에 포함되지 아니한다.

1. 국회재적의원 3분의 2 이상의 찬성의결이 이루어진 경우
2. 관할 고등법원장이 해당 대통령지정기록물이 중요한 증거에 해당한다고 판단하여 발부한 영장이 제시된 경우. 다만, 관할 고등법원장은 열람, 사본제작 및 자료제출이 국가안전보장에 중대한 위험을 초래하거나 외교관계 및 국민경제의 안정을 심대

하게 저해할 우려가 있다고 판단하는 경우 등에는 영장을 발부하여서는 아니 된다.
3. 대통령기록관 직원이 기록관리 업무수행상 필요에 따라 대통령기록관의 장의 사전 승인을 받은 경우

⑤ 대통령기록관의 장은 전직 대통령 또는 전직 대통령이 지정한 대리인이 제18조에 따라 열람한 내용 중 비밀이 아닌 내용을 출판물 또는 언론매체 등을 통하여 공표함으로 인하여 사실상 보호의 필요성이 없어졌다고 인정되는 대통령지정기록물에 대하여는 전문위원회의 심의를 거쳐 보호조치를 해제할 수 있다.

⑥ 제4항에 따른 열람, 사본제작 및 자료제출의 방법과 절차 등에 관하여 필요한 사항은 대통령령으로 정한다.

대통령기록법률 시행령

제9조(대통령지정기록물의 지정 절차 등) ① 대통령기록물생산기관의 장은 대통령기록물이 법 제17조제1항 각 호의 어느 하나에 해당된다고 판단되는 경우에는 제5조에 따라 그 대통령기록물을 관할 기록관으로 이관할 때에 대통령지정기록물의 지정 여부 및 보호기간 지정에 대한 의견을 첨부하여야 한다.

② 대통령은 대통령기록물을 중앙기록물관리기관으로 이관하기 전에 제1항에 따라 첨부된 의견을 참고하여 대통령지정기록물을 지정하고 보호기간을 정하여야 한다.

③ 법 제17조제3항에 따른 보호기간의 기산일은 대통령의 임기가 끝나는 날의 다음 날로 한다.

제10조(대통령지정기록물의 열람 등의 방법과 절차) ① 국회의장은 법 제17조제4항제1호에 따라 대통령지정기록물의 열람, 사본제작 및 자료제출(이하 "열람등"이라 한다)을 요구하는 경우에는 대통령기록관의 장에게 국회재적의원 3분의 2 이상의 찬성 의결이 이루어졌다는 증거자료를 제시하고, 열람등을 하려는 대통령지정기록물과 열람등의 방법(열람, 사본제작 및 자료제출 중 선택한다)을 밝혀야 한다.

② 관할 고등법원장이 법 제17조제4항제2호에 따라 영장을 발부하는 경우에는 해당 대통령지정기록물과 열람등의 방법(열람, 사본제작 및 자료제출 중 선택한다)을 밝혀야 한다.

③ 대통령기록관의 장은 제1항에 따른 국회의장의 요구가 있거나 제2항에 따른 관할 고등법원장이 발부하는 영장이 제시된 경우에는 10일 이내에 열람등에 응하여야 한다. 이 경우 열람등의 방법은 다음 각 호와 같다.
1. 열람의 경우에는 대통령기록관의 장이 정하는 별도의 장소에서 열람하게 할 것
2. 사본제작 및 자료제출의 경우에는 제4항에 따라 승인 받은 직원이 사본을 제작하고, 송달은 대통령기록관의 장이 지정하는 직원이 직접 전달하는 방법을 원칙으로 할 것

④ 대통령기록관의 장은 법 제17조제4항제3호에 따라 다음 각 호의 어느 하나에 해당하는 업무의 수행에 필요한 경우에만 소속 직원에게 열람등을 승인하여야 한다.

　　1. 법 제11조에 따른 대통령기록물의 이관업무

　　1의2. 법 제15조에 따른 대통령기록물의 보안 및 재난대책의 수립·시행에 관한 업무

　　2. 법 제17조제1항에 따른 보호기간의 만료에 따른 보호조치 해제업무

　　3. 법 제17조제4항제1호 및 제2호에 따른 대통령지정기록물의 열람, 사본제공 및 자료제출에 관한 업무

　　4. 법 제17조제5항에 따른 보호조치 해제업무

　　5. 법 제18조에 따른 전직 대통령의 열람에 필요한 편의제공 업무

　　6. 대통령지정기록물의 보존 및 관리를 위하여 필요하다고 인정하여 실시하는 대통령지정기록물과 그 보존매체에 대한 상태검사나 상태검사 결과 복원 또는 보존매체 수록 등에 관한 업무

⑤ 대통령기록관의 장이 제4항에 따라 직원에게 열람등을 승인하는 경우에는 그 내용에 직원의 인적 사항, 수행업무의 내역·장소 및 앞으로의 계획 등이 포함되어야 한다.

대통령기록법률

제18조(전직 대통령에 의한 열람) ① 대통령기록관의 장은 제17조제4항에도 불구하고 전직 대통령이 재임 시 생산한 대통령기록물에 대하여 열람하려는 경우에는 열람에 필요한 편의를 제공하는 등 이에 적극 협조하여야 하며, 편의 제공에 관한 협의 진행상황 및 편의 제공의 내용 등을 문서로 기록하여 별도로 관리하여야 한다.

② 제1항에 따른 열람을 위하여 전직 대통령은 「전직대통령 예우에 관한 법률」 제6조제1항에 따른 비서관 중 1명을 포함하여 필요한 범위에서 대리인을 지정할 수 있다.

③ 대통령기록관의 장은 제1항에 따라 대통령지정기록물 및 비밀기록물을 제외한 기록물에 대하여 「정보통신망 이용촉진 및 정보보호 등에 관한 법률」 제2조제1항제1호에 따른 정보통신망을 이용한 열람(이하 "온라인 열람"이라 한다)을 위한 편의를 제공할 수 있다.

④ 제1항부터 제3항까지의 규정에 따른 전직 대통령과 대리인의 열람 방법·절차 및 온라인 열람에 대한 보안대책 등에 관하여 필요한 사항은 대통령령으로 정한다.

대통령기록법률 시행령

제10조의2(전직 대통령의 방문 열람) ① 대통령기록관의 장은 전직 대통령이 법 제18조제1항에 따라 재임 시 생산한 대통령기록물을 열람하려는 경우에는 열람을 위한 전용 장소 및 시설이나 그 밖에 열람에 필요한 편의를 제공하여야 한다. 이 경우 열람을 위한 전용 장소 및 시설은 대통령기록관 내에 둔다.

② 제1항에 따라 열람하려는 전직 대통령 또는 법 제18조제2항에 따라 전직 대통령이 지정한 대리인(이하 "대리인"이라 한다)은 대통령기록관의 장이 정한 열람신청서를 제출하여야 한다. 이 경우 대리인은 대리 권한을 증명하는 서면을 대통령기록관의 장에게 제출하여야 한다.

③ 제1항에 따른 열람의 방법은 다음 각 호와 같다.

    1. 전자적 형태로 보유 또는 관리하는 대통령기록물은 대통령기록관의 장이 정한 시스템으로 열람

    2. 전자적 형태로 보유 또는 관리하지 아니하는 대통령기록물은 사본으로 열람

④ 대통령기록관의 장은 제3항제2호에 따라 전직 대통령 또는 대리인이 열람한 대통령기록물 사본을 열람 후 즉시 파기하여야 한다.

제10조의3(전직 대통령의 온라인 열람) ① 대통령기록관의 장은 전직 대통령이 법 제18조제3항에 따른 온라인 열람(이하 "온라인 열람"이라 한다)을 요구하는 경우에는 전용회선 및 열람 전용 개인용 컴퓨터나 그 밖에 온라인 열람에 필요한 장비(이하 "열람장비"라 한다)를 설치할 수 있다. 이 경우 열람장비의 설치 장소는 전직 대통령의 사저(私邸) 또는 사무실 중 대통령기록관의 장이 전직 대통령과 협의하여 정한 한 곳으로 한정한다.

② 대통령기록관의 장은 열람장비를 설치하려는 경우에는 열람장비의 관리, 대리인의 지정 및 그 밖에 온라인 열람에 필요한 사항 등을 전직 대통령과 협의하여야 한다.

③ 대통령기록관의 장은 열람장비를 설치하여 온라인 열람 서비스를 제공하는 경우에 열람장비에 대한 불법 접근 차단, 서버 침해 방지, 사용자 식별 및 인증 강화 등 대통령기록물의 위조, 변조, 훼손 또는 유출을 방지하기 위한 보안대책을 수립·시행하여야 한다.

④ 대통령기록관의 장은 제3항에 따른 보안대책을 수립·시행하기 위하여 「전자정부법」 제56조제3항에 따라 국가정보원장이 안전성을 확인한 보안조치를 하여야 하고, 국가정보원장은 그 이행 여부를 확인할 수 있다.

⑤ 대통령기록관의 장은 온라인 열람을 한 전직 대통령 또는 대리인이 열람한 해당 기록물의 사본 제공을 요청하면 이를 제공하여야 한다.

대통령기록법률

제19조(대통령지정기록물의 누설 등의 금지) 대통령기록물 관리업무를 담당하거나 담당하였던 자 또는 대통령기록물에 접근·열람하였던 자는 그 과정에서 알게 된 비밀 및 보호기간 중인 대통령지정기록물에 포함되어 있는 내용을 누설하여서는 아니 된다. 다만, 전직 대통령 또는 전직 대통령이 지정한 대리인이 제18조에 따라 열람한 대통령지정기록물에 포함되어 있는 내용 중 비밀이 아닌 사실에 대하여는 그러하지 아니하다.

제30조(벌칙) ③ 제19조에 따른 비밀누설의 금지 등을 위반한 자는 3년 이하의 징역이나 금고 또는 7년 이하의 자격정지에 처한다.

대통령기록법률

제20조(비밀기록물의 재분류) ① 대통령기록관의 장은 보존 중인 비밀기록물에 대하여 비밀을 해제하거나 보호기간 등을 연장하려는 경우에는 대통령령으로 정하는 바에 따라 전문위원회의 심의를 거쳐 재분류를 실시하여야 한다. 이 경우 관계 기관의 의견을 들을 수 있다.

② 제1항의 경우에 그 대통령지정기록물이 비밀기록물인 경우에는 그 보호기간이 종료된 후에 재분류를 실시하여야 한다.

대통령기록법률 시행령

제11조(비밀기록물의 해제 및 보호기간의 연장 등) ① 대통령기록관의 장은 비밀기록물의 비밀 보호기간이 끝나면 법 제20조제1항에 따라 전문위원회의 심의를 거쳐 그 보호기간이 끝나는 날이 속하는 해의 12월 31일까지 그 비밀을 해제하여야 한다.

② 대통령기록관의 장은 제1항에도 불구하고 계속해서 비밀로 보호할 필요가 있다고 판단되는 비밀기록물은 보호기간이 끝나기 전에 전문위원회의 심의를 거쳐 그 비밀기록물의 보호기간을 연장할 수 있다. 이 경우 대통령기록관의 장은 보호기간이 연장되는 날부터 5년마다 전문위원회의 심의를 거쳐 보호기간의 연장 여부를 정하여야 한다.

③ 대통령기록관의 장은 제1항과 제2항에도 불구하고 보호기간이 30년이 넘는 비밀기록물은 전문위원회의 심의를 거쳐 최초로 보호기간을 지정한 날부터 30년이 되는 날이 속하는 해의 12월 31일까지 재분류를 하여야 한다. 이 경우 다음 각 호의 어느 하나에 해당하는 기록물에 대해서는 비밀을 해제하지 아니한다.

  1. 유효한 전시계획 또는 비상대비계획
  2. 국방·외교 또는 통일 등의 국가안전보장에 치명적인 위험을 초래할 수 있는 사항
  3. 신원정보를 포함한 정보활동의 출처·수단 또는 기법에 관한 사항
  4. 국가 암호체계에 관한 사항
  5. 비밀의 해제로 인하여 법률·조약 또는 국제협약을 위반하게 될 수 있는 사항

④ 대통령기록관의 장은 제3항 각 호 외의 부분 후단에 따라 비밀이 해제되지 아니한 기록물에 대하여는 전문위원회의 심의를 거쳐 보호기간을 재지정하여야 한다. 이 경우 대통령기록관의 장은 보호기간을 재지정한 날부터 5년마다 전문위원회의 심의를 거쳐 그 비밀기록물의 비밀의 해제 또는 보호기간의 연장 여부를 정하여야 한다.

01 대통령기록관리제도의 규정사항에 해당하는 것은?

① 공공기관이 대통령 및 대통령보좌기관 등과 발송, 접수한 대통령관련기록도 본 법령에 적용된다.

② 대통령기록관은 개별대통령기록관을 설치, 운영할 수 있다.

③ 모든 대통령기록은 영구보존 대상으로 전량 중앙기록물관리기관으로 이관한다.

④ 대통령경호실에는 특수기록관을 설치한다.

02 대통령기록관에 대한 설명으로서 적당하지 않은 것은?

① 대통령기록관장의 임기는 5년이다.

② 대통령기록관에는 전시관, 도서관, 연구지원센터 등을 둘 수 있다.

③ 개인이나 단체가 기부채납해서 승인되는 개별대통령기록관의 장은 해당 전직 대통령이 추천할 수 있다.

④ 대통령 임기종료까지 보존기간 30년 이상의 기록을 중앙기록물관리기관으로 이관한다.

03 대통령기록관리전문위원회의 심의사항이 아닌 것은?

① 개별대통령기관의 설치

② 대통령기록관에 이관된 대통령기록 중 비밀기록 및 비공개 기록의 재분류

③ 대통령기록의 폐기

④ 대통령 보호기록의 지정

04 대통령기록의 수집 및 이관과 관련하여 잘못된 설명은?

① 대통령기록물생산기관의 생산현황통보 자료는 등록정보로 대신할 수 있다.

② 대통령직인수위원회의 기록은 위원회의 해산 이전에 중앙기록물관리기관으로 이관한다.

③ 대통령기록관은 대통령의 사적인 일기, 정치활동 기록 등을 수집할 수 있다.
④ 대통령 권한대행의 기록은 대행의 자격이 상실되면 비서실 및 국가안보실, 경호실의 기록관으로 이관해야 한다.

05 대통령지정기록의 대상이 되는 기록으로서 적당하지 않은 것은?

① 대내외 경제정책 관련 기록으로서 공개될 경우 국민경제의 안정을 저해할 수 있는 기록
② 정무직 공무원 등의 인사에 관한 기록
③ 대통령이 되기 전 정치적 견해나 입장을 표현한 기록으로서 공개될 경우 정치적 혼란을 불러일으킬 우려가 있는 기록
④ 군사 및 외교, 통일 등에 관한 비밀로서 공개될 경우 국가안전보장에 중대한 위험을 초래할 수 있는 기록

06 대통령지정기록에 대한 설명으로 적당하지 않은 것은?

① 해당 전직 대통령 유고시 대통령기록관장이 지정보호조치를 해제할 수 있다.
② 대통령기록물생산기관의 기록관으로 이관할 때에 지정대상으로 표기하는 것은 처리과의 역할이다.
③ 중요한 증거로 판단되어 고등법원장의 영장 발부가 있는 경우 예외적인 열람과 복제 등이 가능하다.
④ 보호대상으로 지정된 비밀기록인 경우 지정된 보호기간을 경과한 후에 비밀해제 등의 재분류를 실시한다.

단원학습문제 모범해답

1장 기록관리법령의 개관

1. ③   2. ②   3. ④

2장 기록관리기구

1. ③   2. ④   3. ④   4. ②   5. ②   6. ③

3장 기록관리인력

1. ③   2. ①   3. ③

4장 기록관리기준표

1. ③   2. ③   3. ④   4. ②

5장 처리과에서의 기록관리

1. ①   2. ④   3. ③   4. ①   5. ②   6. ④

6장 (특수)기록관에서의 기록관리

1. ③   2. ②   3. ④   4. ①   5. ④   6. ③

7장 영구기록물관리기관에서의 기록관리

1. ③ 2. ② 3. ③ 4. ④ 5. ① 6. ④

8장 기록정보의 공개와 활용

1. ③ 2. ① 3. ③ 4. ① 5. ① 6. ②

9장 특수성격 기록의 관리

1. ③ 2. ② 3. ④ 4. ②

10장 비밀기록의 관리

1. ④ 2. ① 3. ③

11장 민간기록의 보존관리

1. ④ 2. ② 3. ③

12장 대통령기록의 관리

1. ② 2. ④ 3. ④ 4. ① 5. ③ 6. ①

저자 소개

이원규

1997~2000   총무처 정부기록보존소(현 행정자치부 국가기록원) 전문위원
2001~2002   사단법인 한국국가기록연구원 사무국장, 연구부장
2013~2016   한국기록전문가협회 제2대, 제3대 협회장
2004~현재   연세대학교 박물관 아키비스트

저서 :『한국 기록물관리제도의 이해』(진리탐구, 2002)

연락처 : searock1@hanmail.net